westermann

Autoren: Manuela Döbl, Iris Faßbender-Busch, Werner Pawlicki, Sven Schauer

Reihenkonzept von: Sabine Dietlmeier, Manuela Schmidt

Sicher vorbereiten und bestehen

Automobilkauffrau/-kaufmann

3. Auflage

Bestellnummer 27418

Die in diesem Produkt gemachten Angaben zu Unternehmen (Namen, Internet- und E-Mail-Adressen, Handelsregistereintragungen, Bankverbindungen, Steuer-, Telefon- und Faxnummern und alle weiteren Angaben) sind i. d. R. fiktiv, d. h., sie stehen in keinem Zusammenhang mit einem real existierenden Unternehmen in der dargestellten oder einer ähnlichen Form. Dies gilt auch für alle Kunden, Lieferanten und sonstigen Geschäftspartner der Unternehmen wie z. B. Kreditinstitute, Versicherungsunternehmen und andere Dienstleistungsunternehmen. Ausschließlich zum Zwecke der Authentizität werden die Namen real existierender Unternehmen und z. B. im Fall von Kreditinstituten auch deren IBANs und BICs verwendet.

westermann GRUPPE

© 2021 Bildungsverlag EINS GmbH, Ettore-Bugatti-Straße 6–14, 51149 Köln,
www.westermann.de

Das Werk und seine Teile sind urheberrechtlich geschützt. Jede Nutzung in anderen als den gesetzlich zugelassenen bzw. vertraglich zugestandenen Fällen bedarf der vorherigen schriftlichen Einwilligung des Verlages. Nähere Informationen zur vertraglich gestatteten Anzahl von Kopien finden Sie auf www.schulbuchkopie.de.

Für Verweise (Links) auf Internet-Adressen gilt folgender Haftungshinweis: Trotz sorgfältiger inhaltlicher Kontrolle wird die Haftung für die Inhalte der externen Seiten ausgeschlossen. Für den Inhalt dieser externen Seiten sind ausschließlich deren Betreiber verantwortlich. Sollten Sie daher auf kostenpflichtige, illegale oder anstößige Inhalte treffen, so bedauern wir dies ausdrücklich und bitten Sie, uns umgehend per E-Mail davon in Kenntnis zu setzen, damit beim Nachdruck der Verweis gelöscht wird.

Druck und Bindung:
Westermann Druck GmbH, Georg-Westermann-Allee 66, 38104 Braunschweig

ISBN 978-3-427-**27418**-6

Vorwort

Teil 1 der Abschlussprüfung zur Automobilkauffrau oder zum Automobilkaufmann liegt hinter Ihnen? Sie befinden sich in der Vorbereitung auf Teil 2 der gestreckten Prüfung? Dann haben wir hier das richtige Buch zur Prüfungsvorbereitung für Sie.

Die Verordnung über die Berufsausbildung zur Automobilkauffrau und zum Automobilkaufmann sieht vor, dass die Abschlussprüfung in einer gestreckten Form durchgeführt wird. Die Prüfung besteht aus einem Teil 1, der ca. nach der Hälfte der Ausbildungszeit stattfinden soll, und einem Teil 2 zum Ende der Ausbildung.

Auch ohne im Besitz von Teil 1 dieser Buchreihe zu sein, kann dieses Prüfungsvorbereitungsbuch Sie dabei unterstützen, sich auf den zweiten Teil der Prüfung vorzubereiten und gleichzeitig den prüfungsrelevanten Unterrichtsstoff zu wiederholen und zu vertiefen. Der Aufbau dieses Buches orientiert sich am Ausbildungsrahmenplan und den damit zu vermittelnden Fertigkeiten, Kenntnissen und Fähigkeiten.

Welche Themengebiete beinhaltet Teil 2 der Abschlussprüfung?

Der schriftliche Teil der Abschlussprüfung beinhaltet die Prüfungsbereiche Fahrzeugvertriebsprozesse und Finanzdienstleistungen, sowie die kaufmännischen Unterstützungsprozesse und den Teil Wirtschafts- und Sozialkunde. Zusätzlich beinhaltet Teil 2 der Abschlussprüfung auch ein fallbezogenes Fachgespräch.

Bei den Fahrzeugvertriebsprozessen werden alle Themen, von der Marktanalyse und Produktpolitik über die Disposition und Auslieferung, bis hin zur Aftersalesbetreuung des Kunden aufgegriffen.

Im Rahmen der Finanzdienstleistungen werden die Möglichkeiten des Unternehmens in Hinsicht auf das Angebot von Kreditfinanzierung, Leasing und deren Absicherung, aber auch auf die Chancen in Bezug auf die Vermittlung von Kfz-Versicherungen ausgearbeitet.

Die kaufmännischen Unterstützungsprozesse bestehen aus personalbezogenen Aufgaben wie Beschaffung und Planung, sowie der Steuerung und Kontrolle des Unternehmens. Bei Letzterem handelt es sich sowohl um die Erfassung und Auswertung der Buchhaltung, als auch um gängige Kalkulationsverfahren.

Der Prüfungsteil Wirtschafts- und Sozialkunde beinhaltet Themen rund um die rechtlichen Rahmenbedingungen des Wirtschaftens bis hin zu den Grundzügen der Wirtschaftspolitik.

Wie hilft Ihnen dieses Buch bei der Prüfungsvorbereitung?

Zu den genannten prüfungsrelevanten Themen finden Sie Aufgaben und Lösungen sowie ausführliche Erläuterungen. Viele komplexe Zusammenhänge werden durch zahlreiche Abbildungen anschaulich gemacht.

So können Sie nicht nur Ihr vorhandenes Wissen wiederholen und trainieren, sondern gleichzeitig auch eventuelle Verständnislücken schließen.

Auf jeder Seite finden Sie in der Kopfzeile auf der linken Seite den Prüfungsbereich und auf der rechten Seite das behandelte Thema. Dazu finden Sie auf der Vorderseite mehrere Aufgaben, bei denen Sie Ihre Lösung direkt eintragen können. Die meisten Aufgaben sind in der Form gestellt, wie sie auch in der Prüfung vorkommen wird. Wenn Sie umblättern, sehen Sie auf der Rückseite die Lösungen zu den Aufgaben (in grauer Schrift) und die Erklärungen (in schwarzer Schrift). Häufig finden Sie hier auch Schaubilder, die den Ablauf oder Zusammenhang übersichtlich zusammenfassen.

Am Ende des Buches befindet sich zudem ein Kapitel mit Tipps und einigen Musterfällen zu Ihrem fallbezogenen Fachgespräch. Auch hierzu finden Sie die Lösungsvorschläge im Anschluss.

Im Sachwortverzeichnis können Sie gezielt nach Aufgaben und Erläuterungen zu bestimmten Themen suchen.

Ob Sie die Themen in der Reihenfolge bearbeiten, die das Buch vorgibt, oder einzelne Themengebiete aufgreifen wollen, bleibt Ihnen überlassen. Auf jeden Fall kann dieses Buch Sie bei Ihrer Prüfungsvorbereitung unterstützen.

Wir wünschen Ihnen viel Erfolg bei Ihrer Prüfung.

Das Autorenteam

P.S. Sollten Sie bei einer Lösung einmal anderer Meinung sein, schreiben Sie uns eine Mail an: service@westermanngruppe.de

Inhaltsverzeichnis

Vorwort 3

Prüfung Fahrzeugvertriebsprozesse und Finanzdienstleistungen

Fahrzeughandel und Vertrieb – Fahrzeugbeschaffung und Fahrzeugarten 7

Fahrzeughandel und Vertrieb – Vertriebswege und Händlervertrag 9

Fahrzeughandel und Vertrieb – Marktanalyse und Produktpolitik 11

Fahrzeughandel und Vertrieb – Organisation von Probefahrten 17

Fahrzeughandel und Vertrieb – Angebotserstellung und Kaufvertrag 19

Fahrzeughandel und Vertrieb – Disposition und Auslieferung 23

Fahrzeughandel und Vertrieb – Zulassung und Kennzeichen 25

Fahrzeughandel und Vertrieb – Gebrauchtwagenankauf und Bewertung 27

Fahrzeughandel und Vertrieb – Gebrauchtwagenkalkulation 29

Fahrzeughandel und Vertrieb – Gebrauchtwagen – Kapitalbedarf 31

Fahrzeughandel und Vertrieb – Gebrauchtwagenverkauf 33

Fahrzeughandel und Vertrieb – Aftersales, Kundenzufriedenheit 37

Finanzdienstleistungs-Produkte im Fahrzeughandel – Finanzierungsarten 39

Finanzdienstleistungs-Produkte im Fahrzeughandel – Kreditfinanzierung 41

Finanzdienstleistungs-Produkte im Fahrzeughandel – Leasing 55

Finanzdienstleistungs-Produkte im Fahrzeughandel – Kreditsicherheiten 69

Finanzdienstleistungs-Produkte im Fahrzeughandel – Kfz-Versicherung 75

Prüfung Kaufmännische Unterstützungsprozesse

Personalbezogene Aufgaben – Personalbedarfsplanung 81

Personalbezogene Aufgaben – Personalbeschaffung 83

Personalbezogene Aufgaben – Personalakte, Arbeitsvertrag, Datenschutz 87

Personalbezogene Aufgaben – Personalstatistiken 89

Personalbezogene Aufgaben – Arbeitszeitmodelle, Urlaubsplanung 91

Personalbezogene Aufgaben – Entgeltabrechnung 93

Kaufmännische Steuerung und Kontrolle –
   Einflussgrößen auf die Wirtschaftlichkeit der betrieblichen Leistungserstellung 97

Kaufmännische Steuerung und Kontrolle – Buchungsvorgänge bearbeiten 107

Kaufmännische Steuerung und Kontrolle – Kassenbücher führen 113

Kaufmännische Steuerung und Kontrolle – Bestands- und Erfolgskonten führen 115

Kaufmännische Steuerung und Kontrolle – Zahlungsein- und -ausgänge kontrollieren 137

Kaufmännische Steuerung und Kontrolle –
   Inventuren durchführen und für die Vorbereitung des Jahresabschlusses nutzen 141
Kaufmännische Steuerung und Kontrolle – Am buchhalterischen Jahresabschluss mitwirken 145
Kaufmännische Steuerung und Kontrolle – Auftragsbezogene Kosten überwachen und kontrollieren 157
Kaufmännische Steuerung und Kontrolle – Verkaufspreise kalkulieren 161
Kaufmännische Steuerung und Kontrolle –
   Betriebliche Kennzahlen unter Anwendung der Teilkostenrechnung ermitteln 163

Prüfung Wirtschafts- und Sozialkunde

Beschreibung des Modellunternehmens 167
Grundlagen des Wirtschaftens – Notwendigkeit des Wirtschaftens 169
Rechtliche Rahmenbedingungen des Wirtschaftens – Rechtssubjekte, Rechtsobjekte, Rechtsgeschäfte ... 171
Rechtliche Rahmenbedingungen des Wirtschaftens – Rechtsformen der Unternehmen 181
Rechtliche Rahmenbedingungen des Wirtschaftens – Finanzierung und Kreditsicherung 187
Menschliche Arbeit im Betrieb – Handlungsvollmacht und Prokura 191
Menschliche Arbeit im Betrieb – Arbeitsrecht 195
Menschliche Arbeit im Betrieb – Arbeitsschutzbestimmungen 203
Menschliche Arbeit im Betrieb – Soziale Sicherung der Arbeitnehmer 209
Menschliche Arbeit im Betrieb – Mitwirkung und Mitbestimmung der Arbeitnehmer 213
Steuern – Grundzüge der Besteuerung 221
Markt und Preis/Wirtschaftsordnung – Begriff, Funktionen und Arten des Marktes 223
Markt und Preis/Wirtschaftsordnung – Kooperation und Konzentration in der Wirtschaft 227
Markt und Preis/Wirtschaftsordnung – Soziale Marktwirtschaft und staatliche Wettbewerbspolitik 229
Grundzüge der Wirtschaftspolitik in der sozialen Marktwirtschaft –
   Wirtschaftskreislauf mit staatlicher Aktivität und Außenwirtschaft 231
Grundzüge der Wirtschaftspolitik in der sozialen Marktwirtschaft – Ziele und Zielkonflikt 233
Grundzüge der Wirtschaftspolitik in der sozialen Marktwirtschaft – Konjunkturpolitik 235
Grundzüge der Wirtschaftspolitik in der sozialen Marktwirtschaft – Wachstum und Wachstumspolitik .. 237

Prüfung Kundendienstprozesse

Fallbezogenes Fachgespräch – Allgemeines 239
Fallbezogenes Fachgespräch – Übungsfälle 241

Bildquellenverzeichnis 247
Sachwortverzeichnis 248

Prüfung Fahrzeugvertriebsprozesse und Finanzdienstleistungen

Fahrzeughandel und Vertrieb – Fahrzeugbeschaffung und Fahrzeugarten

Aufgabe

Situation
Rechtlich und auch nach Herkunft lassen sich Fahrzeuge in verschiedene Fahrzeugarten einteilen.

Erklären Sie kurz folgende gängige Begriffe.

Fahrzeugart	Erklärung
Neuwagen	
Gebrauchtwagen	
Vorführfahrzeug	
Tageszulassung	
Jahreswagen	
Werkswagen	
Lagerfahrzeug	
Kundenfahrzeug	
Orderfahrzeug	
Reimport-Fahrzeug	

Prüfung Fahrzeugvertriebsprozesse und Finanzdienstleistungen　　　Fahrzeughandel und Vertrieb – Fahrzeugbeschaffung und Fahrzeugarten

Erläuterungen und Lösungen

Das Kraftfahrtbundesamt (KBA) in Flensburg teilt Fahrzeuge in unterschiedliche Kategorien ein. Neben dem klassischen Personenkraftwagen (Pkw) unterscheidet man im Nutzfahrzeugbereich u. a. Lastkraftwagen (Lkw), Busse und Sonderfahrzeuge wie Abschleppfahrzeuge, Autokräne, Wohnmobile usw. Daneben stehen die Krafträder.

Pkw lassen sich auch nach ihrer Karosserieform einteilen. Man unterscheidet z. B. Limousine, Coupé, Cabriolet, Kombi, SUV, Van usw. (vgl. AP Teil 1).

Daneben sind folgende Fahrzeugarten gängig:

Neuwagen sind unbenutzte (geringer Kilometerstand, < 100 km) und noch nicht zugelassene Fahrzeuge. Zwischen Herstellung und Abschluss des Kaufvertrags dürfen nicht mehr als zwölf Monate liegen. Auch muss es sich um ein Modell handeln, das noch produziert wird.

Gebrauchtwagen sind Fahrzeuge, denen mindestens ein Kriterium des Neuwagens fehlt.

Vorführfahrzeuge sollen es dem potenziellen Autokäufer ermöglichen, sein gewünschtes Modell in der Realität auszuprobieren. Es sind Fahrzeuge, die auf das Autohaus zugelassen sind. Deshalb gehören sie zum Anlagevermögen des Unternehmens. Oft schreibt der Hersteller im Händlervertrag die Anzahl und die Ausstattung der Vorführfahrzeuge vor, die im Autohaus zur Verfügung gestellt werden müssen.

Tageszulassungen sind Neufahrzeuge, die für kurze Zeit (ein bis drei Tage) auf das Autohaus zugelassen werden. Danach werden sie wieder abgemeldet und zu einem günstigeren Verkaufspreis angeboten, da sie nun keine Neuwagen mehr sind. Dieser „vorsätzliche Wertverlust" hat allerdings gute Gründe. Besteht zum Ende eines Geschäftsjahres die Gefahr, die Jahresabsatz-Zielvereinbarungen mit dem Hersteller nicht zu erreichen, lässt der Vertragshändler die fehlenden Einheiten auf sich zu. Damit erreicht er sein Jahresziel doch noch und rettet seine Absatzboni. Freilich hat er dann im nächsten Jahr ein neues Problem:
Die Kunden, die eine Tageszulassung kaufen, fehlen ihm dann als Neuwagenkunden und wieder ist das neue Jahresabsatzziel in Gefahr.

Jahreswagen sind laut Gerichtsurteilen „junge Gebrauchte aus erster Hand". Zwischen der Herstellung und der Erstzulassung darf kein längerer Zeitraum als ein Jahr liegen. Er wurde also schon im Straßenverkehr genutzt. Die Erstzulassung auf einen Werksangehörigen des Herstellers ist nicht mehr nötig.

Lagerfahrzeuge im weiteren Sinne sind alle Fahrzeuge, die ein Autohaus in seinem Lagerbestand führt. Auch Gebrauchtwagen aller Art gehören hierzu. Im engeren Sinne versteht man unter diesem Begriff Neufahrzeuge im Lagerbestand des Autohauses. Sie wurden beim Hersteller in gängigen Farben und entsprechender Ausstattung bestellt, um längere Lieferzeiten zu vermeiden und den Kundenwunsch nach einem neuen Auto schnell erfüllen zu können.

Kundenfahrzeuge sind alle Fahrzeuge, die im Eigentum der Kunden sind. Durch Auftragserteilung, z. B. für Reparaturen, befinden sie sich jedoch in der Obhut des Autohauses.

Orderfahrzeuge sind Fahrzeuge, die beim Hersteller bestellt wurden, aber noch nicht an das Autohaus ausgeliefert sind. Hierbei kann es sich um eine Bestellung im Kundenauftrag handeln. Oftmals bestellen Autohändler aber auch Fahrzeuge „im Vorlauf". Die Herstellung von Autos ist ein komplexer technischer Vorgang. In der Produktionsplanung werden pro Auto, das bestellt ist, Zeitfenster in der Fließband-Fertigung festgelegt. Um lange Lieferzeiten zu vermeiden, bestellen deshalb viele Autohändler allgemein konfigurierte Fahrzeuge. Wird ein solches Fahrzeug dann tatsächlich während des Vorlaufs verkauft, so lassen sich noch Änderungen bis ca. drei Wochen vor tatsächlicher Produktion einplanen. So bekommt der Kunde ohne lange Lieferzeit sein Wunschfahrzeug. Nicht verkaufte Orderfahrzeug werden Lagerfahrzeuge.

Reimport-Fahrzeuge sind Fahrzeuge, die nicht für den deutschen Markt produziert und ins Ausland verbracht wurden. Sind im Bestimmungsland deutlich höhere Umsatzsteuersätze als in Deutschland für diese Fahrzeuge fällig, wird der Nettolistenpreis vom Hersteller günstiger als in Deutschland angesetzt. So bleibt das Auto auch im Ausland bezahlbar. Freie Händler in Deutschland versuchen nun, solche Fahrzeuge aus dem Ausland wieder zu reimportieren. Sie kaufen die Autos zu einem niedrigeren Nettolistenpreis ein und versteuern dann mit dem in Deutschland gültigen Umsatzsteuersatz. Es ergibt sich ein niedrigerer Bruttoverkaufspreis als für ein vergleichbares für den deutschen Markt hergestelltes Fahrzeug.

Prüfung Fahrzeugvertriebsprozesse und Finanzdienstleistungen

Fahrzeughandel und Vertrieb – Vertriebswege und Händlervertrag

Situation zur 1. bis 3. Aufgabe
Ein Kunde beschwert sich: „Wieso kostet denn dasselbe Fahrzeug bei Ihnen 850,00 € mehr als bei Ihrem Konkurrenten? Außerdem habe ich dort mehrere Marken zur Auswahl, bei Ihnen gibt es nur eine! Sie wollen wohl, dass ich Ihr tolles Gebäude mitbezahle!"

Sie erkundigen sich und finden heraus, dass der Mitbewerber kein Vertragshändler, sondern „freier Händler" ist.

1. Aufgabe

Grenzen Sie anhand zweier Aspekte einen Vertragshändler von einem freien Händler ab.

- _____

- _____

2. Aufgabe

Welche Rechte und Pflichten ergeben sich für ein Autohaus u. a. aus einem Händlervertrag?

Rechte	Pflichten

3. Aufgabe

Viele Autohersteller vertreiben ihre Fahrzeuge neben dem Vertragshändlernetz auch über eigene Niederlassungen. Geben Sie jeweils drei Vor- und Nachteile dieses Vertriebswegs aus Sicht des Herstellers an.

Vorteile

- _____

- _____

- _____

Nachteile

- _____

- _____

- _____

Prüfung Fahrzeugvertriebsprozesse und Finanzdienstleistungen

Fahrzeughandel und Vertrieb – Vertriebswege und Händlervertrag

Erläuterungen und Lösungen

1. Aufgabe

Ein Vertragshändler bezieht seine Neufahrzeuge im eigenen Namen auf eigene Rechnung bei *einem Hersteller* und verkauft diese an seine Kunden weiter. Durch den Händlervertrag bindet er sich an *eine bestimmte Automarke*.

Dem freien Händler stehen zwar alle Bezugsquellen für seine Fahrzeuge offen, fabrikneue Autos erhalten jedoch nur Vertragshändler beim Hersteller.

2. Aufgabe

Beispiele für Rechte und Pflichten eines Händlervertrags:

Rechte	Pflichten
Unterstützung und Beratung	Vertrieb der festgelegten Marke
Grundmarge	Vertrieb nicht außerhalb des Europäischen Wirtschaftsraums
Teilnahme an Bonussystemen	Kein Verkauf an markenfremde Wiederverkäufer
Erstattung von Sachmängel-, Garantie- und Kulanzleistungen	Einhaltung von Jahreszielvorgaben
Bezug fabrikneuer Fahrzeuge	Erfüllung bestimmter qualitativer Standards

Bindet sich ein Autohaus durch einen Händlervertrag an einen bestimmten Hersteller, erhält es bei Erfüllung der vertraglichen Pflichten eine Reihe von Rechten. Diese hat ein ungebundener Händler nicht.

Neben der kaufmännischen und technischen Beratung erhält der Vertragshändler beim Kauf eines Neufahrzeugs einen Grundrabatt auf den Listenverkaufspreis (UPE) des Autos.

Diese Grundmarge stellt damit die Basis für den Bruttoertrag dar, also die Differenz zwischen Händlereinkaufspreis und tatsächlich erzieltem Verkaufspreis (abzgl. aller Verkaufsnachlässe).

Erfüllt der Vertragshändler bestimmte qualitative Vorgaben, erhält er zusätzlich rückwirkend auf seine Umsätze bestimmte Boni. So kann er seine Bruttoerträge rückwirkend verbessern, wenn er z. B. Corporate Design-Vorgaben wie Gebäudeform, Showroom-Gestaltung usw. einhält, Anforderungen an sein Personal (Schulungen, Verkäufer-Zertifizierungen, ...) erfüllt oder auch bestimmte Absatzziele für die angebotenen Modelle erreicht und dafür jeweils einen zusätzlichen Bonus erhält.

Verstößt ein Vertragshändler erheblich gegen seine vereinbarten Pflichten, kann der Hersteller den Vertrag fristlos kündigen. Fristgerecht können diese Verträge i. d. R. mit einer Frist von zwei Jahren gekündigt werden.

3. Aufgabe

Verkaufsniederlassungen stellen eine Möglichkeit des direkten Vertriebswegs dar. Hier erhalten die Kunden ihr Fahrzeug nicht indirekt über rechtlich selbstständige Vertragshändler, sondern ohne Zwischenhandel direkt über regionale Niederlassungen des Herstellers.

Vorteile sind z. B.:

- die Absatzmarktnähe des Herstellers
- die volle Wertschöpfungskette, die beim Hersteller bleibt
- die Imagepflege durch Vorzeigebetrieb und Flagship-Stores

Nachteile sind z. B.:

- hohe Kosten für Immobilien und Personal
- das vollständige Verkaufsrisiko, das der Hersteller nun selbst trägt
- die Konkurrenz für das eigene Vertragshändlernetz

Eine Sonderform stellt das Agenturgeschäft dar. Hierbei vermittelt das Autohaus nur zwischen Kunden und Hersteller. Der Hersteller bleibt Eigentümer des Fahrzeugs. Das Autohaus erhält lediglich eine Vermittlungsprovision. Eine Verpflichtung zur Erreichung von Jahreszielen oder auch Lagerwagenanzahl besteht i. d. R. nicht.

© Westermann Gruppe

Prüfung Fahrzeugvertriebsprozesse und Finanzdienstleistungen

Fahrzeughandel und Vertrieb – Marktanalyse und Produktpolitik

Situation zur 1. und 2. Aufgabe
Die Geschäftsleitung des Autohauses Schmidt bittet Sie, für anstehende Entscheidungen den Automarkt in Ihrem Marktzuständigkeitsgebiet zu analysieren. Hierzu beschaffen Sie sich entsprechende Auswertungen beim Statistischen Bundesamt bzw. der Zulassungsstelle und werten diese aus.

1. Aufgabe

Handelt sich bei diesem Vorgehen um Primär- oder Sekundärforschung?

Begründen Sie kurz.

2. Aufgabe

Ihnen liegen folgende Daten für Ihr Zuständigkeitsgebiet vor:

Einwohner insgesamt	Kfz insgesamt	Davon Pkw
120 300	69 363	61 312

Ermitteln Sie die Fahrzeugdichte, also die Anzahl der Pkw auf 1 000 Einwohner (Ergebnis mit einer Nachkommastelle).

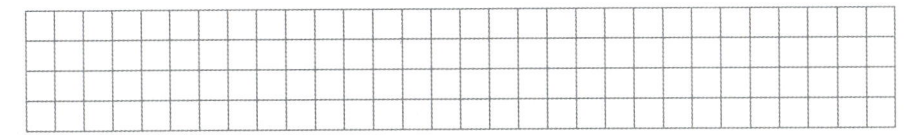

Fortführung der Situation zur 3. bis 5. Aufgabe
Aus statistischen Informationen kennen Sie die durchschnittlichen prozentualen Marktanteile von drei Modellen sowie den tatsächlichen Fahrzeugbestand für jedes Modell.

Modell	X	Y	Z
Marktanteil in Deutschland (in %)	1,3	2,5	3,2
Mögliche Fahrzeuge im Zuständigkeitsgebiet (Stück)			
Aktueller Fahrzeugbestand im Zuständigkeitsgebiet (Stück)	815	1 605	1 340
Marktausschöpfung (in %)			

3. Aufgabe

Ermitteln Sie die Anzahl der Modelle, die aufgrund der Gesamtmarktanteile in Ihrem Gebiet zu erwarten wären (Rundung auf ganze Stück).

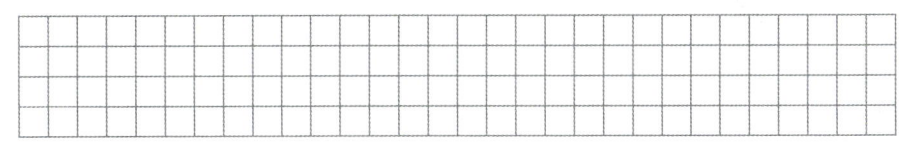

4. Aufgabe

Ermitteln Sie die Marktausschöpfung, also die prozentuale Abweichung von der möglichen Anzahl der Fahrzeuge (Rundung auf zwei Nachkommastellen).

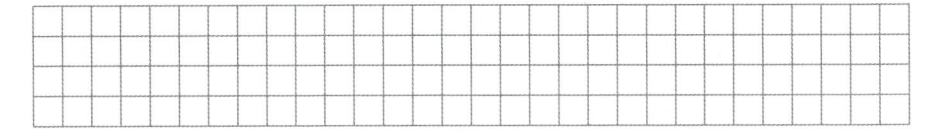

5. Aufgabe

Bei welchem Modell sehen Sie den größten Handlungsbedarf?

Prüfung Fahrzeugvertriebsprozesse und Finanzdienstleistungen

Fahrzeughandel und Vertrieb – Marktanalyse und Produktpolitik

Erläuterungen und Lösungen

1. Aufgabe

Es handelt sich hier um Sekundärforschung, da schon vorhandene Daten neu aufbereitet werden.

Bei der Primärforschung werden die marktrelevanten Daten neu erhoben. Diese sind zwar aktuell und treffsicher erhoben. Eine erstmalige Erhebung von Daten ist jedoch sehr teuer und aufwendig.

2. Aufgabe

Rechenweg:

Anzahl der Einwohner : 1 000 = 120 300 : 1 000 = 120,3

Anzahl der Pkw : 120,3 = 61 312 : 120,3 = 509,7 (Pkw pro 1 000 Einwohner)

3. Aufgabe

Rechenweg:

Anzahl der Pkw · Marktanteil in % = mögliche Fahrzeuge im Zuständigkeitsbereich (Stück),

61 312 · 1,3 % = 797 (Stück)

61 312 · 2,5 % = 1 533 (Stück)

61 312 · 3,2 % = 1 962 (Stück)

4. Aufgabe

Rechenweg:

$$\frac{\text{Aktueller Fahrzeugbestand im Zuständigkeitsgebiet (Stück)}}{\text{Mögliche Fahrzeuge im Zuständigkeitsgebiet (Stück)}} \cdot 100$$

815 : 797 · 100 = 102,26 (%)

1 605 : 1 533 · 100 = 104,70 (%)

1 340 : 1 962 · 100 = 68,30 (%)

Lösung 3 und 4

Modell	X	Y	Z
Marktanteil in Deutschland (in %)	1,3	2,5	3,2
Mögliche Fahrzeuge im Zuständigkeitsgebiet (Stück)	797	1 533	1 962
Aktueller Fahrzeugbestand im Zuständigkeitsgebiet (Stück)	815	1 605	1 340
Marktausschöpfung (in %)	102,26	104,70	68,30

Die Marktanalyse hilft dem Unternehmen, die eigene Stellung im Markt zu bestimmen. Darauf basierend können dann Marketingziele festgelegt werden. Sind diese bestimmt, entwickelt man Marketingstrategien zur Erreichung dieser Ziele. Mit konkreten Marketingmaßnahmen werden diese Strategien dann umgesetzt.

Die Fahrzeugdichte in unserem Absatzgebiet gibt z. B. Auskunft über die Sättigung des Pkw-Markts. Das Marktpotenzial informiert darüber, welche Wachstumsmöglichkeiten für den Absatz bestimmter Modelle bestehen.

Kombiniert man diese Werte mit der Marktausschöpfungsquote, ergeben sich konkrete Handlungsempfehlungen.

In unserem Beispiel erkennt man, dass für die Fahrzeugmodelle X und Y der Markt schon relativ gesättigt ist. Hier gilt es also, die Marktanteile zu halten und die Absatzpotenziale durch Kundenbindungsmaßnahmen zu sichern. Sonderevents für Stammkunden, Anschlussfinanzierungen oder auch besondere Leasingaktionen sind denkbar.

5. Aufgabe

Beim Modell Z ist das Absatzpotenzial noch zu einem großen Teil ungenutzt. Hier sind Sonderverkaufsaktionen zur Gewinnung von Neukunden ein guter Weg, den Markt besser auszuschöpfen.

Prüfung Fahrzeugvertriebsprozesse und Finanzdienstleistungen

Fortführung der Situation zur 6. bis 8. Aufgabe
Die Geschäftsleitung des Autohauses Schmidt bittet Sie nun, die Ergebnisse der Marktanalyse auf den Produktlebenszyklus zu übertragen.

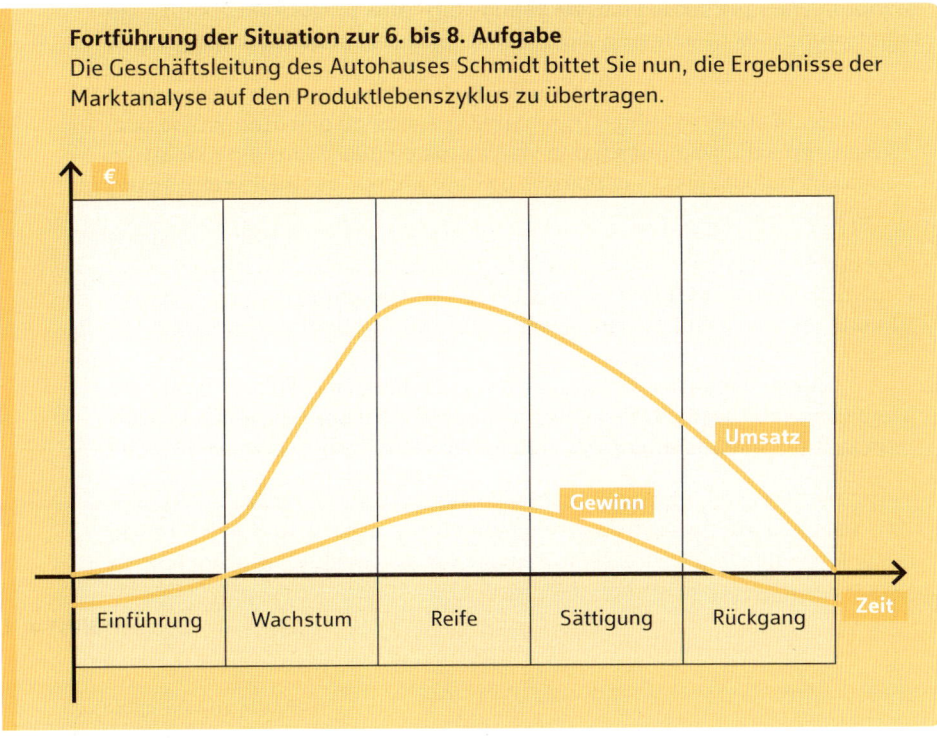

6. Aufgabe

In welcher Phase des Produktlebenszyklus befindet sich das jeweilige Modell? (Nutzen Sie die Ergebnisse aus Aufgabe 4.)

Modell Y _____

Modell Z _____

7. Aufgabe

Begründen Sie kurz, weshalb

a) in der Einführungsphase die Gewinne noch negativ sind.

_____

_____

_____

b) in der Reifephase trotz steigender Umsätze die Gewinne sinken.

_____

_____

_____

8. Aufgabe

Stellen Sie den Umsatzverlauf des Lebenszyklus inklusiv eines erfolgreichen Relaunches durch z. B. ein Modell-Facelift dar.

Zeichnen Sie hierzu in das Koordinatensystem ein.

Prüfung Fahrzeugvertriebsprozesse und Finanzdienstleistungen

Fahrzeughandel und Vertrieb – Marktanalyse und Produktpolitik

Erläuterungen und Lösungen

6. Aufgabe

Modell Y hat durch die hohe Marktausschöpfung wahrscheinlich die Wachstums- und Reifephase schon hinter sich. Es befindet sich also in der Sättigungs- oder Degenerationsphase.
Modell Z dagegen hat sein Marktpotenzial noch nicht ausgeschöpft. Es befindet sich daher noch in der Wachstums- bzw. Reifephase.

Mit dem Modell des Produktlebenszyklus wird die Lebensdauer eines Produkts in verschiedene „Lebensphasen" eingeteilt. Weiß man, in welcher Phase sich ein Produkt befindet, können entsprechend Marketingmaßnahmen effektiver eingesetzt werden. Die Dauer der einzelnen Phasen kann in der Praxis sehr unterschiedlich sein. Je schneller die Entwicklungen in der automobilen Welt voranschreiten, desto kürzer wird z. B. die Lebensdauer der Automodelle. Hatte der VW Käfer z. B. ein „ewiges" Leben, so werden die Phasen aktueller Modelle immer kürzer.

7. Aufgabe

a) In der **Einführungsphase** eines Produkts muss dieses erst einmal im Markt bekannt gemacht werden. Erst langsam wird es gekauft. Hohe Kosten in der Markteinführung fallen an. Deshalb werden noch keine Gewinne erzielt.

Ist das Produkt erfolgreich, so beginnt die **Wachstumsphase**. Umsatz und Gewinn steigen kräftig an. Steigende Gewinne locken allerdings auch die Konkurrenz. Erste Nachahmer drängen auf den wachsenden Markt.

b) In der **Reifephase** wächst der Umsatz bis zu seinem Maximum. Da immer mehr Konkurrenz vorhanden ist, beginnt ein Preiskampf. Hinzu kommen hohe Werbekosten usw. Sinkende Preise und steigende Kosten führen zu sinkenden Gewinnen.

Die **Sättigungsphase** erkennt man an sinkenden Umsätzen und sinkenden Gewinnen. Die Unternehmen versuchen, durch Veränderungen das schon lang eingeführte und bewährte Produkt noch möglichst lange im Markt zu halten, denn es wird immer noch Gewinn erzielt.

In der **Rückgangsphase** schließlich gehen die Umsätze so weit zurück, dass die Verlustzone erreicht wird. Die Kunden warten bereits auf neue Produkte. Die Zeit für ein neues Modell ist gekommen. Hoffentlich wurde es schon entwickelt.

8. Aufgabe

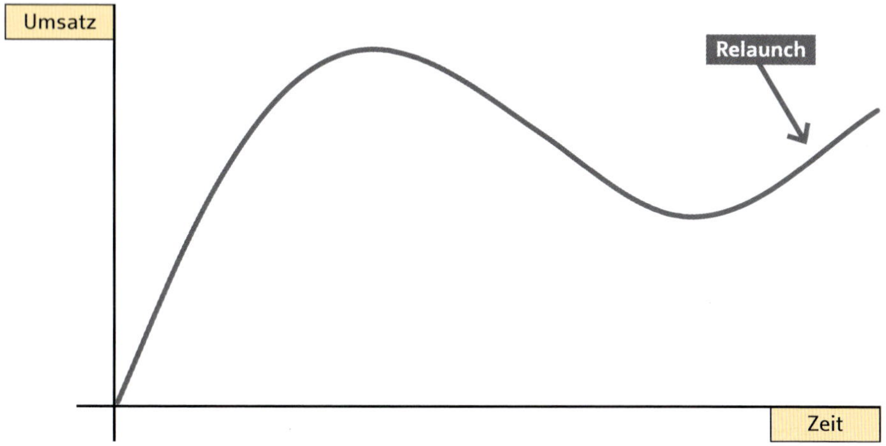

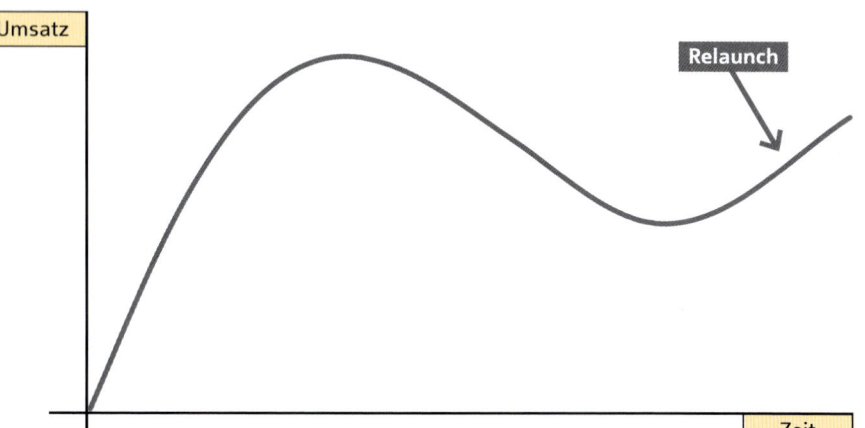

Der Relaunch (= Wiedereinführung, Durchstarten) dient dem Wiederbeleben eines Produkts, das schon lange erfolgreich verkauft wurde, jedoch bereits in der Sättigungs- oder Rückgangsphase ist. Man will durch Face-Lifts oder auch Weiterentwicklungen an den Erfolg des alten Modells anknüpfen und die gewonnenen Marktanteile so erhalten. Ist der Relaunch erfolgreich, beginnt eine neue Wachstumsphase. Paradebeispiel hierfür ist der VW Golf, der ständig durch Folgeentwicklungen relaunched wird.

Eine andere Darstellungsform des Produktlebenszyklus ist die Portfolio-Analyse-Matrix der Boston Consulting Group (BCG-Matrix).

Bei Markteinführung wissen die Unternehmen noch nicht, wie sich ein Produkt entwickeln wird. Es stellt ein Fragezeichen (question mark) in einem wachsenden Markt dar. Ist es erfolgreich, erzielt es einen hohen Marktanteil in einem immer noch wachsenden Markt. Ein Stern (star) ist geboren. Danach ist der Markt ausgeschöpft, die Marktanteile sind gesichert. Wie eine Kuh werden jetzt Gewinne „gemolken" (cash cow). Schließlich sinken auch hier die Marktanteile in einem schrumpfenden Markt. Das Produkt wird zum armen Hund (poor dog).

Prüfung Fahrzeugvertriebsprozesse und Finanzdienstleistungen

Fortführung der Situation zur 9. und 10. Aufgabe
Aufgrund der Marktdaten entscheidet der Autohersteller, Modell Y vom Markt zu nehmen und dafür ein komplett neues Modell E mit Elektroantrieb einzuführen.

9. Aufgabe

Um welche produktpolitische Maßnahme handelt es sich jeweils?

Modell Y _____

Modell Z _____

10. Aufgabe

Geben Sie jeweils ein Beispiel aus der Automobilbranche zu folgenden produktpolitischen Maßnahmen an:

a) Produktvariation

_____
_____

b) Produktdifferenzierung

_____
_____
_____

c) Laterale Produktdiversifikation

_____
_____

Fortführung der Situation zur 11. und 12. Aufgabe
Sie erhalten für Ihren Ausstellungsraum das neue Modell E und müssen nun das Ausstellungsfahrzeug mit einem Preisschild und dem „Hinweis auf Kraftstoffverbrauch, CO_2-Emmission und Stromverbrauch" versehen.

11. Aufgabe

Laut Preisangabenverordnung (PAngVO) ist dem Endverbraucher auf Preisauszeichnungen der Endpreis des Fahrzeugs zu nennen.
Welche Angaben müssen Sie bei der Erstellung des Preisschilds daher unbedingt machen? Nennen Sie drei solcher Angaben.

- _____
- _____
- _____

12. Aufgabe

Das Fahrzeug ist nach der Pkw-Energieverbrauchskennzeichnungsverordnung (Pkw-EnVKV) mit einem entsprechenden Hinweis zu versehen.
Welche Angaben sind hier zu machen?
Listen Sie die fünf wichtigsten Angaben auf:

1. _____
2. _____
3. _____
4. _____
5. _____

Prüfung Fahrzeugvertriebsprozesse und Finanzdienstleistungen

Fahrzeughandel und Vertrieb – Marktanalyse und Produktpolitik

Erläuterungen und Lösungen

9. Aufgabe

Die produktpolitischen Maßnahmen lassen sich in folgende Einzelinstrumente einteilen:

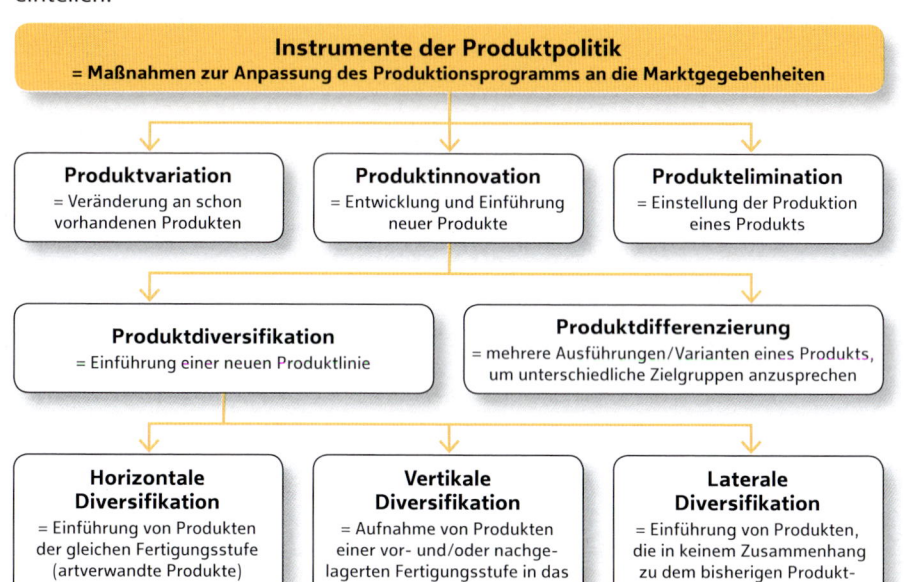

Bei Modell Y handelt sich um eine Produktelimination, da dieses Modell komplett vom Markt genommen wird.

Modell E wird als Neuentwicklung eingeführt. Hier handelt es sich um horizontale Produktdiversifikation.

10. Aufgabe

a) Beispiele für Produktvariation: zusätzliche Motorvarianten an bestehenden Modellen, Sonderausstattungslinien wie Cross-Pakete usw.

b) Beispiel für Produktdifferenzierung: Ausbau der Modellpalette durch eine neue Luxusschiene, vgl. Toyota und Lexus, Nissan und Infiniti, Citroen und DS.

c) Beispiel für laterale Produktdiversifikation: Ein Autohersteller verkauft auch Nahrungsmittel, vgl. VW und seine berühmte Currywurst.

11. Aufgabe

Verbrauchern ist der Endpreis inklusive aller Nebenkosten zu nennen. Es sind also z. B. Überführungskosten und der Umsatzsteueranteil sowohl getrennt auszuweisen als auch im Endpreis mit einzurechnen.

Um dem Kunden transparent zu machen, welche Preisvorteile er z. B. durch Sondermodelle oder Rabatte erhält, muss auch die ursprüngliche unverbindliche Preisempfehlung des Herstellers (UPE) und der Listenpreis der Ausstattungen auf dem Preisschild angegeben werden. Komplexer werden die Pflichtangaben bei Finanzierungs- und Leasingangeboten. Neben den Zinsangaben sind sämtliche Finanzierungsbeispiele so zu wählen, dass mindestens $2/3$ der umworbenen Verbraucher auch zu den Beispielkonditionen ihr Fahrzeug bekommen könnten.

12. Aufgabe

Sämtliche Neufahrzeuge sind (auch bei Internetangeboten) mit einem Pkw-Label zu versehen. Dieses enthält nach Pkw-EnVKV folgende Angaben:

1. Angaben zum Fahrzeug
2. offizielle Verbrauchs- und CO_2-Werte
3. Effizienz-Skala
4. Einordnung des Fahrzeugs in die Effizienzklasse
5. Kraftstoffkosten und Kfz-Steuer pro Jahr

© Westermann Gruppe

Prüfung Fahrzeugvertriebsprozesse und Finanzdienstleistungen

Fahrzeughandel und Vertrieb – Organisation von Probefahrten

Situation zur 1. und 2. Aufgabe
Sie befinden sich im Beratungsgespräch mit einem Kunden. Dieser ist sehr interessiert am neuen Modell E. Nachdem Sie ihn ausführlich beraten haben, möchte der Kunde das Auto gerne Probe fahren.

1. Aufgabe

Geben Sie zwei Vorteile von Probefahrten aus Sicht des Autohauses an.

- _____

- _____

3. Aufgabe

Fortführung der Situation
Während der Kunde die Probefahrt durchführt, bereiten Sie für den Verkäufer schon einmal Unterlagen vor, die für das weitere Verkaufsgespräch benötigt werden.

2. Aufgabe

Welche Kontrollen und Tätigkeiten sind von Ihnen bei der Organisation einer Probefahrt durchzuführen? Ergänzen Sie die Checkliste.

Probefahrt – Was ist zu tun???	
✓	
✓	
✓	
✓	
✓	
✓	
✓	
✓	
✓	

Welche Unterlagen benötigt der Neuwagenverkäufer für das anschließende Verkaufsgespräch?

Nennen Sie mindestens fünf Beispiele.

- _____
- _____
- _____
- _____
- _____

Prüfung Fahrzeugvertriebsprozesse und Finanzdienstleistungen

Fahrzeughandel und Vertrieb – Organisation von Probefahrten

Erläuterungen und Lösungen

1. Aufgabe

- Der Kunde kann das Fahrzeug im echten Fahrbetrieb testen. Fehlkäufe und damit unzufriedene Kunden werden so vermieden.
- Begleitet der Verkäufer den Kunden bei der Probefahrt, kann er direkt auf Fragen eingehen. Das Verkaufsgespräch wird so gezielt geführt.

2. Aufgabe

- Ausweis und Führerschein kontrolliert
- Probefahrtvereinbarung ausgefüllt und unterschrieben
- Dauer besprochen
- Kilometerzahl vereinbart
- Versicherung und Selbstbeteiligung erläutert
- Fahrzeug erklärt
- Vorschäden festgehalten
- Betankung geregelt
- Sauberkeit des Fahrzeugs kontrolliert usw.

Für die korrekte und rechtssichere Abwicklung einer Probefahrt erstellt der ZDK Muster-Probefahrtvereinbarungen sowie Hinweise für den Verwender. Diese helfen dabei, nichts Wesentliches zu vergessen.

Quelle: Zentralverband Deutsches Kraftfahrzeuggewerbe e. V.: ZDK-Formular. Vereinbarung über eine Probefahrt, Januar 2017, Seite 1–3.

Deutsches Kraftfahrzeuggewerbe Zentralverband

ZDK-Formular: Vereinbarung über eine Probefahrt

Hinweise für den Verwender der Formulare:

Das vorliegende Formular umfasst ausschließlich den Fall einer Probefahrt eines Kaufinteressenten und nicht den Fall einer Probefahrt des Käufers mit dem von ihm bestellten Neufahrzeug, um die vertragsgemäße und fehlerfreie Beschaffenheit des Fahrzeugs zu überprüfen.

Stellen Sie sicher, dass der Kunde voll geschäftsfähig, d. h., **18 Jahre** alt ist, und prüfen Sie den Führerschein des Kunden. Tragen Sie die erforderlichen Daten des Kunden, wie z. B. vollständige Anschrift und Namen, in das Formular ein und prüfen Sie die Übereinstimmung der Daten mit den Eintragungen im Personalausweis oder Pass des Kunden.

Es wird ferner empfohlen, **klare Absprachen** über Dauer, Fahrtstrecke und ggf. Kosten der Probefahrt zu treffen.

Sofern das Fahrzeug mit einem roten Kennzeichen ausgestattet ist, wird empfohlen, den Kunden darauf hinzuweisen, dass das rote Kennzeichen nicht missbräuchlich verwendet wird. Erkundigt sich der Kunde danach, ob Vollkaskoversicherungsschutz besteht, muss ihn der Händler, wenn er ein Fahrzeug mit rotem Kennzeichen übergibt, darüber belehren, dass der Versicherungsschutz nicht für andere als in § 16 FZV (Probefahrten; siehe Verwendungszweck) geregelte Fahrten besteht.

Bei der Vereinbarung einer Probefahrt mit einem Kraftfahrzeug wird regelmäßig ein jedenfalls stillschweigender Haftungsausschluss des Inhalts anzunehmen sein, dass der Fahrer für **Beschädigungen des Fahrzeugs** nur bei Vorsatz und grober Fahrlässigkeit aufzukommen hat, wenn die Schäden mit den einer Probefahrt eigentümlichen Gefahren zusammenhängen. Grund dafür ist, dass der Händler das Risiko kennt und sich durch den Abschluss einer Vollkaskoversicherung absichern kann. Der Fahrer haftet daher grundsätzlich nicht für **leicht fahrlässig** verursachte Schäden. Dieser von der Rechtsprechung entwickelte Haftungsausschluss greift (möglicherweise) dann nicht ein, wenn der Händler den Kunden vor Fahrtantritt auf das volle Haftungsrisiko ausdrücklich, insbesondere auch mündlich (vgl. Formular, Abschnitt Versicherung), hingewiesen hat. Eine entsprechende Regelung in den Allgemeinen Geschäftsbedingungen reicht für diesen ausdrücklichen Hinweis allerdings nicht aus. Bitte beachten Sie, dass hierzu noch keine höchstrichterliche Rechtsprechung vorliegt. Es wird daher eine entsprechende **Absicherung durch eine Vollkaskoversicherung** empfohlen.

Stand: 01/2017

Vereinbarung über eine Probefahrt
(Unverbindliche Empfehlung des
Zentralverband Deutsches Kraftfahrzeuggewerbe e. V. (ZDK))

Zwischen der Firma (**als Verleiher**)

und Herrn/Frau/Firma (**als Benutzer**)

Name, Vorname

Straße, Hausnummer

PLZ, Ort

Geburtsdatum

Telefon E-mail

☐ Personalausweis
☐ Reisepass

Ausstellungsbehörde:

Ausstellungsdatum: Nr.:

Führerscheindaten

☐ Kopie
☐ Daten:

Fahrerlaubnisklasse: Erteilungsdatum:

Führerscheinnummer:

Ausstellungsdatum: Ablaufdatum:

Ausstellungsbehörde:

wird unter den nachfolgenden und umseitigen Geschäftsbedingungen folgende Probefahrt-Vereinbarung geschlossen:

Fahrzeug
Dem Benutzer wird folgendes Fahrzeug überlassen:

Fabrikat: Fahrzeugart:

Typ:

Fahrzeug-Ident-Nr./
Fahrgestell-Nr:

Amtliches Kennzeichen: km-Stand:

Verwendungszweck
Die Probefahrt soll dem Kaufinteressenten die Möglichkeit geben, das Fahrzeug im Hinblick auf Funktion, Fahreigenschaften, Bedienungskomfort, Verwendungsmöglichkeiten etc. – d. h. Gebrauchsfähigkeit – kennenzulernen und sich damit über den Kauf dieses oder eines anderen Wagens schlüssig zu werden.
Das Fahrzeug darf nur vom Benutzer persönlich im Rahmen der vereinbarten Probefahrt gefahren werden, soweit nicht nachfolgend eine abweichende Regelung getroffen wird.

Der Benutzer darf das Fahrzeug nur zu dem obigen Verwendungszweck gebrauchen, insbesondere ist ihm untersagt, das Fahrzeug zu verwenden:

- zur Teilnahme an motorsportlichen Veranstaltungen und Fahrzeugtests,
- zur Beförderung von leicht entzündlichen, giftigen oder sonst gefährlichen Stoffen,
- zum Transport von Gütern,
- zur Weitervermietung.

Die Benutzung des Fahrzeugs ist grundsätzlich nur im Inland gestattet.

Nutzungsdauer & Kosten der Probefahrt
Dem Benutzer wird das Fahrzeug

☐ vom (Datum, Uhrzeit)
bis (Datum, Uhrzeit) überlassen.

☐ Die Probefahrt ist bis zu einer km-Leistung von unentgeltlich. Mehrkilometer werden mit 0,30 Euro pro gefahrenen Kilometer berechnet.

3. Aufgabe

- Prospekte
- Formular „Verbindliche Neuwagenbestellung"
- Anträge für eventuelle Sonderprämien
- Unterlagen zu erwerbbaren Garantien
- Datenschutzerklärung
- Bei Finanzierung oder Leasing:
  – Formular „Selbstauskunft"
  – Formular „Kreditanfrage"
  – Formular für Restschuldversicherung, GAP-Versicherung usw.
  – SECCI
  – Formular für Inzahlungnahme des alten Kundenfahrzeugs

Neben diesen Unterlagen sollte natürlich auch noch alles vorbereitet sein, das für eine angenehme Verkaufsatmosphäre sorgt.

© Westermann Gruppe

Prüfung Fahrzeugvertriebsprozesse und Finanzdienstleistungen

Fahrzeughandel und Vertrieb – Angebotserstellung und Kaufvertrag

Situation zur 1. und 2. Aufgabe
Ihr Kunde will das Modell E kaufen. Der Listenpreis für das Grundmodell beträgt 21.257,00 €. Hinzu kommen Sonderausstattungen in Höhe von 3.270,00 €.
Statt eines Rabatts erhält der Kunde einen Satz Winterräder im Wert von 750,00 € sowie die Überführungs- und Zulassungskosten in Höhe von 595,00 € ohne Berechnung.

1. Aufgabe

Berechnen Sie den Rechnungsendbetrag im Angebot.

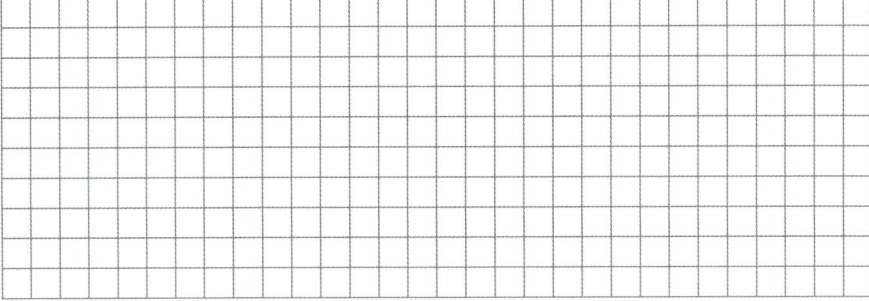

2. Aufgabe

Wie hoch ist die Ersparnis in Prozent für den Kunden?

Fortführung der Situation zur 3. und 4. Aufgabe
Der Neuwagenverkäufer freut sich über das Geschäft. Er erzählt Ihnen, dass er für jeden Kaufabschluss Provision erhält.

3. Aufgabe

Man unterscheidet u. a. Bruttoertragsprovision und Umsatzprovision. Erklären Sie die beiden Begriffe.

a) Bruttoertragsprovision

b) Umsatzprovision

4. Aufgabe

Welche der beiden Provisionsarten erscheint sinnvoller für das Autohaus? Begründen Sie kurz.

Prüfung Fahrzeugvertriebsprozesse und Finanzdienstleistungen

Fahrzeughandel und Vertrieb – Angebotserstellung und Kaufvertrag

Erläuterungen und Lösungen

1. Aufgabe

Grundpreis Modell E	21.257,00 €
+ Sonderausstattung	3.270,00 €
+ Winterräder	0,00 €
+ Überführung/Zulassung	0,00 €
= Rechnungsbetrag	**24.527,00 €**
+ 19 % Umsatzsteuer	4.660,13 €
= Rechnungsendbetrag	**29.187,13 €**

Beachten Sie bei der Angebotserstellung unbedingt auch die Preisangabenverordnung. Endbeträge sind immer inklusive Umsatzsteuer auszuweisen. Die Umsatzsteuer ist darüber hinaus gesondert auszuweisen.

2. Aufgabe

Ohne Rabatt müsste der Kunde zahlen:

Grundpreis Modell E	21.257,00 €
+ Sonderausstattung	3.270,00 €
+ Winterräder	750,00 €
+ Überführung/Zulassung	595,00 €
= Rechnungsbetrag	**25.872,00 €**

Er erhält die Winterräder und die Überführung/Zulassung ohne Berechnung als „Rabatt-Ersatz".

Winterräder	750,00 €
+ Überführung/Zulassung	595,00 €
= Ersparnis (absolut)	1.345,00 €

Daraus ergibt sich:

$$\text{Ersparnis (\%)} = \frac{1.345,00 \text{ €}}{25.872,00 \text{ €}} \cdot 100 = 5,2 \text{ \%}$$

Die Umsatzsteuer ist hier irrelevant.

3. Aufgabe

a) Bruttoertragsprovision = Provision, also ein bestimmter Prozentsatz, auf den erzielten Bruttoertrag eines Verkaufs

b) Umsatzprovision = Provision, also ein bestimmter Prozentsatz, auf den erzielten Umsatz eines Verkaufs

Der Bruttoertrag berechnet sich aus der Differenz zwischen Verkaufspreis und Einkaufspreis eines Fahrzeugs.

Hier müssen jedoch alle Rabatte und Zugaben, wie z. B. Zusatzausstattung ohne Berechnung, Wartungsgutscheine, berücksichtigt werden. Diese mindern den Bruttoertrag und somit die Provision, die der Verkäufer erhält.

Bei der Umsatzprovision erhält der Verkäufer einen Prozentsatz auf den getätigten Umsatz (Verkaufspreis · Menge) aus einem Verkauf.

Daneben wird u. a. im Gebrauchtwagengeschäft die **Stückprovision** angewendet. Hier erhält der Verkäufer z. B. für jedes verkaufte Auto einen festen Provisionsbetrag. Da gerade im Gebrauchtwagenhandel der Verkäufer weder den Ankauf noch den Verkaufspreis, der ja vom Markt vorgegeben wird, aktiv beeinflussen kann, wäre hier jede andere Provisionsform unfair.

Zieht man vom Bruttoertrag die Verkäuferprovision ab, so ergibt sich der **Rohüberschuss**.

4. Aufgabe

Am sinnvollsten für das Autohaus ist die Bruttoertragsprovision.

Je höher der Bruttoertrag aus dem Verkauf eines Autos ist, desto mehr Provision erhält der Verkäufer. Es liegt also in seinem eigenen Interesse, einen möglichst hohen Bruttoertrag zu erzielen. Damit steigt die Qualität der Verkaufsabschlüsse, „Rabattschlachten" werden vermieden und der Einzelgewinn steigt.

Bei der Umsatzprovision strebt der Verkäufer zwar auch einen möglichst hohen Umsatz an, die Ertragsqualität ist aber nicht so hoch. Es wird hier oft versucht, möglichst schnell zu verkaufen, um den Umsatz nicht über den Preis, sondern über die Menge zu steigern. Hohe Rabatte sorgen am schnellsten für viele Verkäufe. Der Ertrag für das Autohaus ist trotz mehr verkaufter Fahrzeuge gering.

© Westermann Gruppe

Prüfung Fahrzeugvertriebsprozesse und Finanzdienstleistungen

5. Aufgabe

Fortführung der Situation
Der Kunde hat alles Notwendige unterschrieben. Der Verkäufer beauftragt Sie nun, das Weitere zu veranlassen.

Stellen Sie den zeitlichen Ablauf eines Neufahrzeuggeschäfts übersichtlich dar. Ergänzen Sie dazu das nebenstehende Schaubild.

Beachten Sie auch die Auszüge aus den Neuwagen-Verkaufsbedingungen.

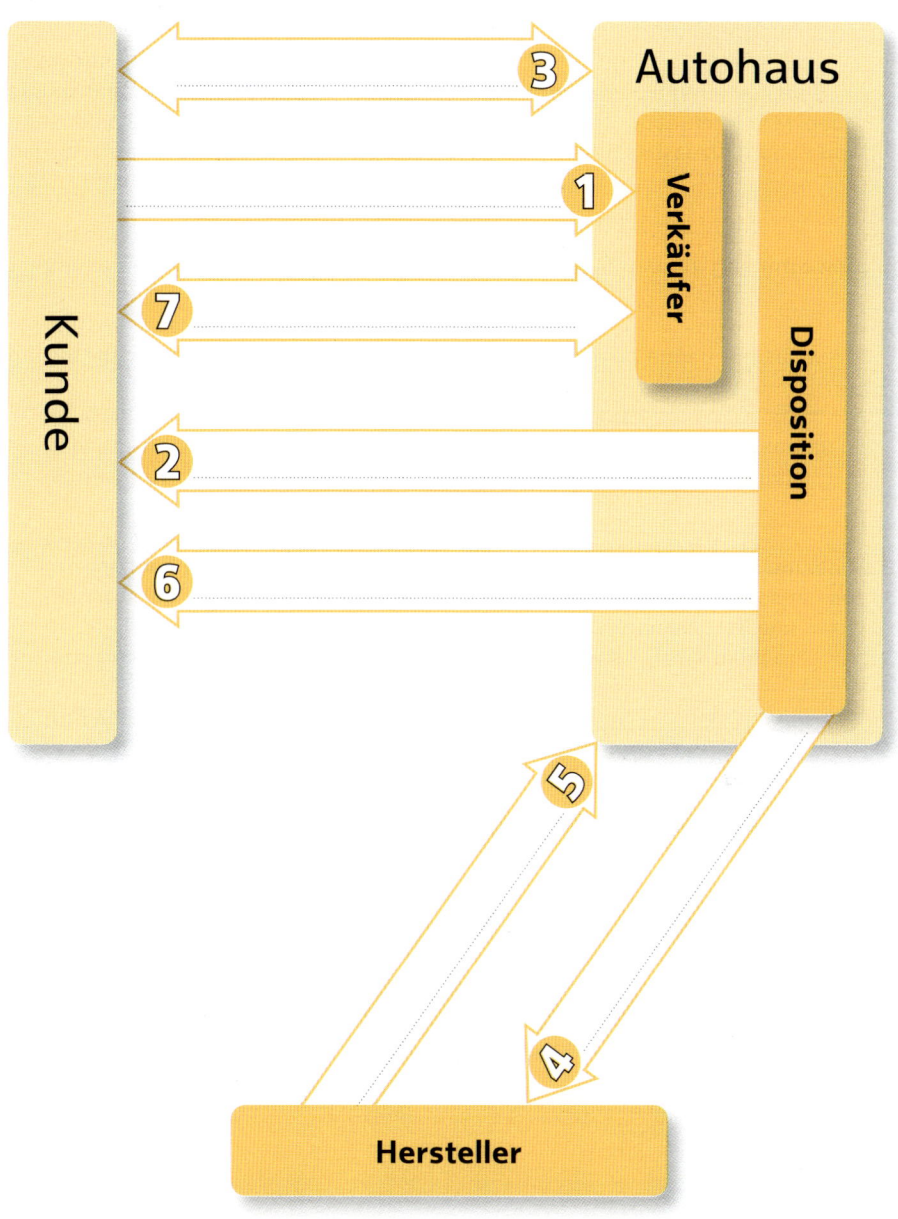

Neuwagen-Verkaufsbedingungen
(Kraftfahrzeuge und Anhänger)

Unverbindliche Empfehlung des Verbandes der Automobilindustrie e. V. (VDA), des Verbandes der Internationalen Kraftfahrzeughersteller e. V. (VDIK) und des Zentralverbandes Deutsches Kraftfahrzeuggewerbe e. V. (ZDK)

Stand: 11/2015

I. Vertragsabschluss/Übertragung von Rechten und Pflichten des Käufers

1. Der Käufer ist an die Bestellung höchstens bis drei Wochen, bei Nutzfahrzeugen bis sechs Wochen gebunden. Diese Frist verkürzt sich auf zehn Tage (bei Nutzfahrzeugen auf zwei Wochen) bei Fahrzeugen, die beim Verkäufer vorhanden sind. Der Kaufvertrag ist abgeschlossen, wenn der Verkäufer die Annahme der Bestellung des näher bezeichneten Kaufgegenstandes innerhalb der jeweils genannten Fristen schriftlich bestätigt oder die Lieferung ausführt. Der Verkäufer ist jedoch verpflichtet, den Besteller unverzüglich zu unterrichten, wenn er die Bestellung nicht annimmt.
2. Übertragungen von Rechten und Pflichten des Käufers aus dem Kaufvertrag bedürfen der schriftlichen Zustimmung des Verkäufers.

II. Preise
...

III. Zahlung

1. Der Kaufpreis und Preise für Nebenleistungen sind bei Übergabe des Kaufgegenstandes und Aushändigung oder Übersendung der Rechnung zur Zahlung fällig.
2. Gegen Ansprüche des Verkäufers kann der Käufer nur dann aufrechnen, wenn die Gegenforderung des Käufers unbestritten ist oder ein rechtskräftiger Titel vorliegt; ein Zurückbehaltungsrecht kann er nur geltend machen, soweit es auf Ansprüchen aus dem Kaufvertrag beruht.

IV. Lieferung und Lieferverzug

1. Liefertermine und Lieferfristen, die verbindlich oder unverbindlich vereinbart werden können, sind schriftlich anzugeben. Lieferfristen beginnen mit Vertragsabschluss. [...]

V. Abnahme

1. Der Käufer ist verpflichtet, den Kaufgegenstand innerhalb von 14 Tagen ab Zugang der Bereitstellungsanzeige abzunehmen.
2. Im Falle der Nichtabnahme kann der Verkäufer von seinen gesetzlichen Rechten Gebrauch machen. Verlangt der Verkäufer Schadensersatz, so beträgt dieser 15 % des Kaufpreises. Der Schadenersatz ist höher oder niedriger anzusetzen, wenn der Verkäufer einen höheren Schaden nachweist oder der Käufer nachweist, dass ein geringerer oder überhaupt kein Schaden entstanden ist.

VI. Eigentumsvorbehalt

1. Der Kaufgegenstand bleibt bis zum Ausgleich der dem Verkäufer aufgrund des Kaufvertrages zustehenden Forderungen Eigentum des Verkäufers. [...]

Quelle: Zentralverband Deutsches Kraftfahrzeuggewerbe e. V.: Neuwagen-Verkaufsbedingungen 10–2015, Oktober 2015, Seite 1 und 2

Prüfung **Fahrzeugvertriebsprozesse und Finanzdienstleistungen**　　　　　Fahrzeughandel und Vertrieb – Angebotserstellung und Kaufvertrag

Erläuterungen und Lösungen

5. Aufgabe

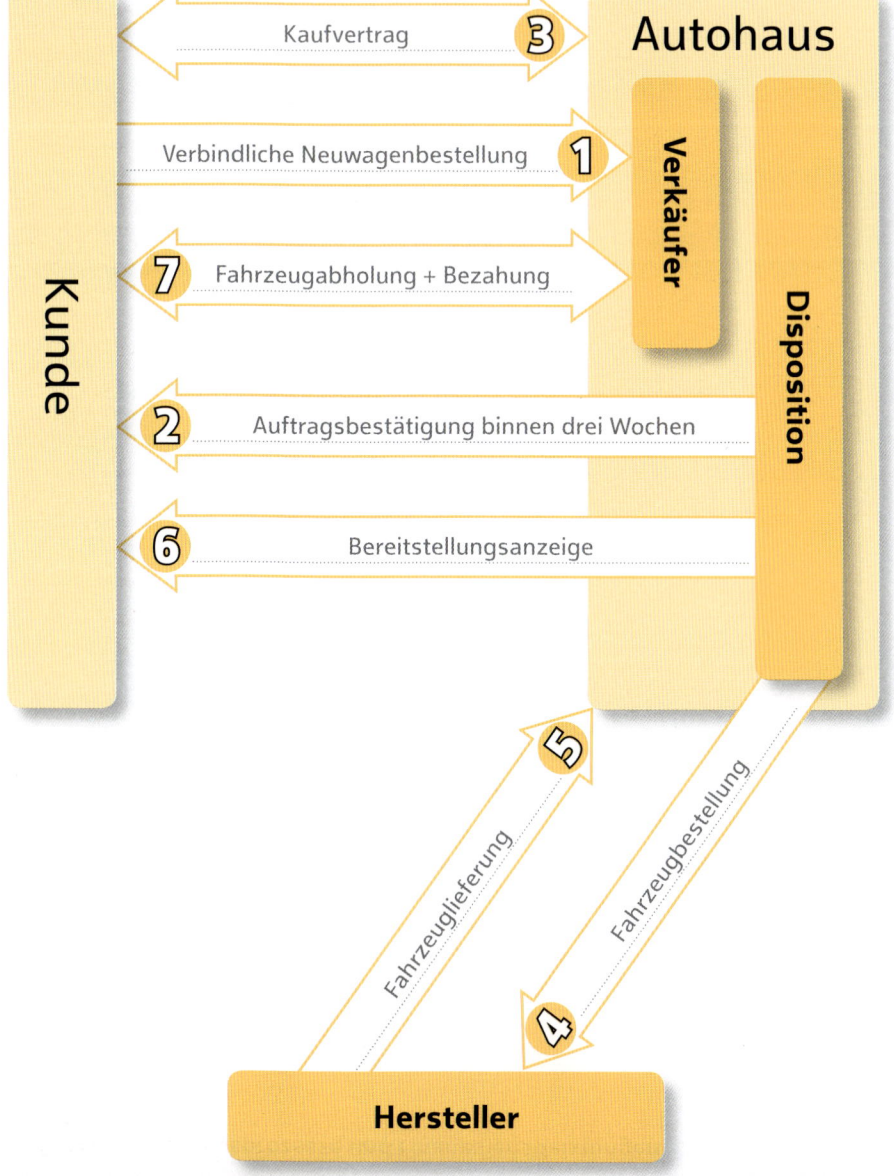

1. Hat der Kunde sich für ein Fahrzeug entschieden, unterschreibt er im Regelfall eine **verbindliche Neuwagenbestellung**. Diese ist zunächst als Kaufantrag nur für den Kunden rechtlich bindend.

2. Nun hat das Autohaus maximal drei Wochen Zeit, um nochmals zu prüfen, ob das Fahrzeug wie bestellt überhaupt lieferbar ist. Ist dies der Fall, schickt die Dispositionsabteilung (= Dispo) dem Kunden innerhalb der drei Wochen eine **Auftragsbestätigung** zu.

3. Erst jetzt ist der Kaufantrag des Kunden angenommen und ein **Kaufvertrag** geschlossen worden. In Ausnahmefällen kann aber auch sofort ein Kaufvertrag von beiden Seiten unterschrieben werden.

4. Jetzt **bestellt** die Dispo **das Fahrzeug beim Hersteller**. Dieser plant die Bestellung in seiner Produktion ein und nennt einen voraussichtlichen Liefertermin. Die Dispo überwacht den Liefertermin. Bis ca. drei Wochen vor Produktionsdatum könnten auch noch Änderungen am bestellten Fahrzeug berücksichtigt werden.

5. Ist das Auto gebaut, so erfolgt die **Fahrzeuglieferung** an das Autohaus. Beliebt sind auch Werksabholungen durch den Kunden selbst. Markenbindung und Faszination für Technik werden so gefördert.

6. Die Dispo schickt eine **Bereitstellungsanzeige** an den Kunden. Dieser weiß nun, dass sein Auto abholbereit ist.

7. Kunde und Verkäufer vereinbaren einen Auslieferungstermin. **Das Auto wird bezahlt und übergeben.**

Bei Finanzierung und Leasing wird zusätzlich ein Vertrag zwischen Kunde und Bank geschlossen. Das Fahrzeug wird bei Bezahlung der Anzahlung bzw. der ersten Leasingrate übergeben. Den Restbetrag überweist die Bank an das Autohaus.

Prüfung Fahrzeugvertriebsprozesse und Finanzdienstleistungen

Fahrzeughandel und Vertrieb – Disposition und Auslieferung

1. Aufgabe

Situation
Der Hersteller hat die Produktion des bestellten Fahrzeugs an die Dispositionsabteilung gemeldet.

Welche Aufgaben hat die Dispositionsabteilung in einem Autohaus? Nennen Sie mindestens fünf.

- _____
- _____
- _____
- _____
- _____

Fortführung der Situation zur 2. und 3. Aufgabe
Der Kunde möchte sein Fahrzeug im Autohaus abholen. Sie vereinbaren einen Termin und bereiten alles Nötige dafür vor.

2. Aufgabe

Welche Vorteile hat das Autohaus durch die persönliche Übergabe des Fahrzeugs an den Kunden?

_____
_____
_____
_____
_____

3. Aufgabe

Überlegen Sie, welche Schritte bis zur kundenbindenden Fahrzeugübergabe zu erfolgen haben. Ergänzen Sie die Checklisten um konkrete Tätigkeiten.

Checkliste Fahrzeugvorbereitung
✓
✓
✓
✓
✓

Checkliste notwendige Papiere
✓
✓
✓
✓
✓

Checkliste Fahrzeugübergabe
✓
✓
✓
✓
✓

Prüfung Fahrzeugvertriebsprozesse und Finanzdienstleistungen

Fahrzeughandel und Vertrieb – Disposition und Auslieferung

Erläuterungen und Lösungen

1. Aufgabe

Die Dispositionsabteilung stellt im Autohaus die Verbindungs- und Koordinationsstelle zwischen sämtlichen Abteilungen dar, die mit dem An- und Verkauf von Fahrzeugen zu tun haben. Hierbei spielt es keine Rolle, ob es sich um Neu- oder Gebrauchtwagen handelt. Sämtliche Tätigkeiten bis auf den direkten Kundenkontakt werden von der Dispo verwaltet und überwacht.

Konkrete Aufgaben sind z. B.:

- Anlage und Führen der Kunden- und Fahrzeugakten
- Kontrolle, ob Fahrzeug wie bestellt lieferbar ist
- Erstellung und Versand der Auftragsbestätigung
- Bestellung von verkauften Fahrzeugen beim Hersteller
- Bestellung von Fahrzeugen im Vorlauf beim Hersteller
- Terminüberwachung bei bestellten Fahrzeugen
- Information und Organisation von Änderungen an der Ausstattung bestellter Fahrzeuge
- Erfassung der Fertigstellungsmeldung des Herstellers
- Organisation der Lieferung an das Autohaus
- Versenden der Bereitstellungsanzeige an den Kunden
- Organisation der Ablieferungsdurchsicht
- Organisation der Auslieferung mit dem Verkäufer
- Zulassungsdienst
- Abrechnung mit dem Hersteller
- Rechnungserstellung an den Kunden

2. Aufgabe

Holt der Kunde sein Fahrzeug persönlich im Autohaus ab, ergeben sich zahlreiche Vorteile:

- Das Autohaus kann sich als kompetenter Vertragspartner erneut positiv präsentieren.
- Das Autohaus schafft dadurch eine starke Kundenbindung.
- Der Anschlusskontakt zum Kunden ist persönlicher oder einfacher.
- Zusatzverkäufe wie Anschlussgarantien oder Wartungsverträge sind möglich.

Bei vielen Herstellern besteht die Möglichkeit einer Werksabholung. Der Kunde holt hier sein Fahrzeug direkt im Auslieferungszentrum des Herstellers ab. Durch das damit verbundene Rahmenprogramm, wie z. B. Produktionsführungen, Besuch eines Markenmuseums bis hin zum exklusiven Catering, entsteht eine starke Bindung zur Automarke. Der emotionale Aspekt beim Autokauf wird hier genutzt.

3. Aufgabe

Holt der Kunde dagegen sein Auto direkt im Autohaus ab, sind viele Vorbereitungen zu treffen:

Checkliste Fahrzeugvorbereitung, z. B.:

- Abgleich mit der Bestellung
- Durchsicht auf Schäden, Vollständigkeit und Sauberkeit
- Übergabe-Inspektion
- Probefahrt
- Eventuell Zulassung (mit Wunschkennzeichen)
- Fahrzeugschlüssel bereitlegen

Checkliste notwendige Papiere, z. B.:

- Eintrag der Fahrzeugdaten in das Garantieheft
- Erstellung der Rechnung
- Begleitpapiere bereitlegen (Zulassungsbescheinigung I und II, Garantieerklärung; Kundendienst-Scheckheft; Bedienungsanleitung; Übernahmebestätigung, COC-Papiere)

Checkliste Fahrzeugübergabe, z. B.:

- Termin einplanen
- Platzierung des Fahrzeugs, eventuell Abdeckung mit Tuch / Schleife
- Bereitstellung von Sekt und Blumen
- Fotoapparat für Erinnerungsfoto bereitlegen
- Checkliste für die Fahrzeugerklärung und gemeinsame Probefahrt erstellen
- kurze Betriebsbegehung und Vorstellung von Ansprechpartnern

Die Fahrzeugübergabe ist in jedem Fall ein wesentliches Instrument, um den Kunden an die Marke und das Autohaus zu binden.

© Westermann Gruppe

Prüfung Fahrzeugvertriebsprozesse und Finanzdienstleistungen — Fahrzeughandel und Vertrieb – Zulassung und Kennzeichen

Situation zur 1. und 2. Aufgabe
Ihr Kunde möchte, dass sein Fahrzeug bei Abholung bereits zugelassen ist. Sie übernehmen die Aufgabe.

1. Aufgabe

Welche Unterlagen benötigt die Zulassungsbehörde zur Zulassung des Neufahrzeugs auf Ihren Kunden?

2. Aufgabe

Was ist zusätzlich zu beachten bei:

a) Zulassung eines Firmenfahrzeugs?

b) Zulassung eines gebrauchten Fahrzeugs?

3. Aufgabe

Fortführung der Situation
Bei der Zulassungsbehörde erhalten Sie die amtlichen Kennzeichen für das Kundenfahrzeug.

Welche Kennzeichenarten gibt es? Ergänzen Sie die Übersicht.

Bezeichnung	Kennzeichen
	MK GG 23
	HH EE 11 (04/10)
	OHZ AB 10
	MK GG 23H
	HB 06199
	HH HU 199
	BRB 04567 (09/03/10)
	HA 45 A (09/09/10)
	MK GG 23E

Prüfung **Fahrzeugvertriebsprozesse und Finanzdienstleistungen**   Fahrzeughandel und Vertrieb – Zulassung und Kennzeichen

Erläuterungen und Lösungen

1. Aufgabe

Zur Zulassung eines Fahrzeugs auf eine Privatperson werden folgende Unterlagen benötigt:

- Zulassungsbescheinigung Teil II, alt: Fahrzeugbrief (Teil I wird bei Neuzulassung ausgestellt)
- Personalausweis oder Reisepass mit Meldebescheinigung (Kopie genügt i. d. R.)
- Zulassungsvollmacht, da das Autohaus im Kundenauftrag zulässt
- Versicherungsnachweis (bei Neuzulassung: 7-stellige Versicherungs-bestätigungsnummer, kurz VB-Nummer bzw. eVB, die der Kunde von seinem Versicherer erhält)
- Unterschriebene SEPA-Lastschrift des Kunden für die Kfz-Steuer
- COC-Papier (EU-Typgenehmigung)

2. Aufgabe

Zusätzlich wird benötigt bei

a) Zulassung eines Firmenfahrzeugs

- Handelsregisterauszug oder Gewerbeanmeldung
- Personalausweis oder Reisepass mit Meldebescheinigung der bevollmächtigten Person des Unternehmens
- Nachweis der Bevollmächtigung

b) Zulassung eines gebrauchten Fahrzeugs

- Bescheinigung über die letzte HU/AU
- Abmeldebestätigung oder Zulassungsbescheinigung Teil I (alt: Fahrzeugschein)

3. Aufgabe

Bezeichnung	Kennzeichen
Regelkennzeichen	MK GG 23
Saisonkennzeichen	HH EE 11 04/10
Wechselkennzeichen Eine amtliche Zulassung für mehrere Fahrzeuge	OHZ AB 10 8H 2
Oldtimerkennzeichen H-Kennzeichen, für historisch wertvolle Fahrzeuge	MK GG 23H
Rotes Kennzeichen Für Überführungs- und Probefahrten z. B. der Werkstatt, beginnen immer mit „06"	HB 06199
Grünes Kennzeichen Steuerbefreite Fahrzeuge z. B. in der Landwirtschaft	HH HU 199
Kurzzeitkennzeichen Datumsfeld gelb	BRB 04567 09/03/10
Ausfuhrkennzeichen Datumsfeld rot	HA 45 A 09/09/10
Kennzeichen für Elektrofahrzeuge	MK GG 23E

© Westermann Gruppe

Prüfung: Fahrzeugvertriebsprozesse und Finanzdienstleistungen

Fahrzeughandel und Vertrieb – Gebrauchtwagenankauf und Bewertung

Situation zur 1. bis 4. Aufgabe
Ein Kunde möchte seinen Gebrauchtwagen in Zahlung geben. Sie haben die Aufgabe, den Ankaufpreis zu ermitteln. Hierzu müssen Sie den Zustand des Fahrzeugs prüfen. Sie arbeiten das Formular „Zustandsbewertung" ab.

1. Aufgabe

Markieren Sie in der „Zustandsbewertung" die Hauptprüfpunkte.

2. Aufgabe

Neben dem technischen Zustand sind Sonderausstattungen eines Gebrauchtfahrzeugs ein großer wertbeeinflussender Faktor.

Nennen Sie jeweils drei Beispiele für

a) *werterhöhende Sonderausstattungen.*

- _____
- _____
- _____

b) *wertmindernde Sonderausstattungen.*

- _____
- _____
- _____

3. Aufgabe

Welche weiteren Hilfsmittel zur Fahrzeugbewertung kennen Sie?

_____
_____
_____

4. Aufgabe

Außer Inzahlungnahmen gibt es für Autohäuser auch noch andere Ankaufmöglichkeiten für Gebrauchtfahrzeuge. Geben Sie mindestens drei solcher Bezugsquellen an.

- _____
- _____
- _____

Prüfung **Fahrzeugvertriebsprozesse und Finanzdienstleistungen**

Fahrzeughandel und Vertrieb – Gebrauchtwagenankauf und Bewertung

Erläuterungen und Lösungen

1. Aufgabe

Prüfpunkte stellen die Hauptkomponenten eines Fahrzeugs wie Karosserie, Antriebsaggregate, Fahrwerk und auch Innenraum dar. Daneben erfolgen eine Mängelbeschreibung sowie eine grobe Kostenschätzung.

2. Aufgabe

a) Werterhöhende Sonderausstattungen sind z. B. hochwertige Soundsysteme, Spezialfelgen in gutem Zustand, Massagesitze, Xenon-Scheinwerfer, Komplett-Airbags usw.

b) Wertmindernde Sonderausstattungen sind z. B. benutzte Anhängerkupplung, Sonderlackierungen, Extrem-Tuning usw.

Sonderausstattungen haben beim Kauf des Neuwagens immer viel Geld gekostet. Für den Käufer hatten sie einen entsprechenden Nutzwert. Wird das Fahrzeug dann als Gebrauchtwagen weiterverkauft, bestimmt den Wert des Fahrzeugs nicht mehr die Verkaufspreisliste, sondern die allgemeine Nachfrage nach genau diesem individuellen Fahrzeug.

Beispiele:

- Hat ein Kleinwagen eine Volllederausstattung, hat der Erstkäufer mit Sicherheit viel Geld dafür bezahlt. Ein potenzieller Käufer des Kleinwagens als Gebrauchtfahrzeug sucht aber in erster Linie ein günstiges, praktisches Auto. Er freut sich zwar über die Lederausstattung, zahlt aber deshalb bestimmt nicht mehr Geld als für die „Normalausstattung". Eine solche Sonderausstattung ist also mit Sicherheit nicht werterhöhend.

- Hat das Fahrzeug eine Anhängerkupplung, die auch genutzt wurde, sind der Antriebsstrang, die Kupplung und auch das Getriebe stärker belastet worden. Solche „Zugfahrzeuge" sind schwerer zu vermarkten. Eine entsprechende Wertminderung trotz Sonderausstattung ist die Folge in der Ankaufkalkulation.

3. Aufgabe

Neben der technischen Bewertung finden Bewertungsprogramme wie z. B. „SilverDAT" oder „EUROTAX" Anwendung.

Auch Bewertungskataloge wie die „Schwacke-Liste" oder der „DAT Marktspiegel" werden verwendet.

Die für die Fahrzeugbewertung notwendigen Daten werden von solchen Programmen direkt aus diversen Fahrzeug-Onlinebörsen gewonnen. Angepasst werden diese dann durch Informationen der Autohäuser, die diese Programme nutzen. Die Echtdaten jeder Gebrauchtwagenbewertung werden in das jeweilige Bewertungsprogramm eingepflegt.

Darüber hinaus kann dann die allgemeine Bewertung individuell für das betroffene Fahrzeug auf den echten Zustand hin angepasst werden.

Je mehr Autohäuser also ein bestimmtes Programm nutzen, desto mehr „echte" Daten fließen in die Bewertung ein und desto exakter wird der Ankaufwert des Fahrzeugs ermittelt.

4. Aufgabe

Weitere Ankaufmöglichkeiten für Gebrauchtfahrzeuge sind z. B.:

- Gebrauchtwagenbörsen im Internet

- Ankauf von anderen Händlern

- Ankauf vom Hersteller

- Leasingrückläufer

- Ankauf von Autovermietungen, Taxi-Unternehmen usw.

- Reimporte aus dem Ausland

Eine Sonderform stellt das **Agenturgeschäft** dar. Das Autohaus vermittelt hier im Kundenauftrag ein Gebrauchtfahrzeug an einen Käufer. Dieses bleibt bis zum Verkauf im Eigentum des Kunden. Der Kaufvertrag wird zwischen Kunde und Käufer geschlossen. Das Autohaus erhält nur eine Vermittlungsprovision.
Es trägt kein Vermarktungsrisiko, denn bei Nichterkauf innerhalb einer Frist geht das Auto wieder an den Kunden zurück.

© Westermann Gruppe

Prüfung Fahrzeugvertriebsprozesse und Finanzdienstleistungen

Fahrzeughandel und Vertrieb – Gebrauchtwagenkalkulation

Situation zur 1. und 2. Aufgabe
Sie nehmen einen Gebrauchtwagen für 10.000,00 € in Zahlung. Zur Kalkulation des Verkaufspreises benötigen Sie die anfallenden Kosten.

1. Aufgabe

Kalkulieren Sie die täglichen Standkosten des Fahrzeugs anhand der nachfolgenden Zahlen:

Kostenart	Jährlich/€
Kalkulatorische Miete	600,00
Sonstige Kosten (Pflege, Versicherung,...)	480,00
Werbekosten 1,5 % vom Einstandspreis	
Kapitalverzinsung 5 % p. a. vom Einstandspreis	
Wertverlust (AfA = 36 Monate)	
Gesamt	

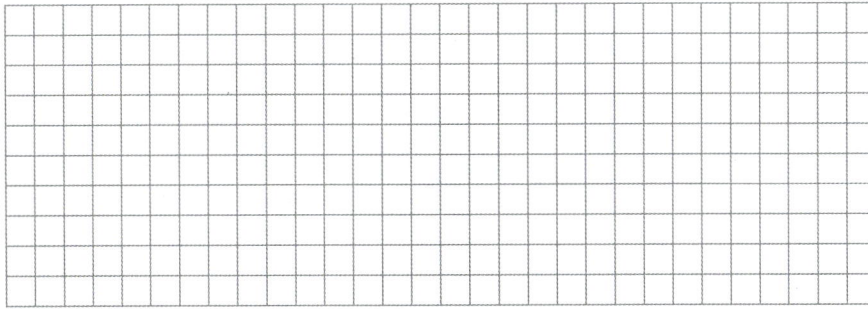

(1 Jahr = 360 Tage)

2. Aufgabe

Welchen Mindestpreis (ohne Gewinn) müssen Sie für das Fahrzeug erzielen, wenn es nach 30 Tagen Standzeit verkauft werden soll und außerdem an Instandsetzungskosten 450,00 € sowie Verkäuferprovision pauschal 300,00 € anfielen?

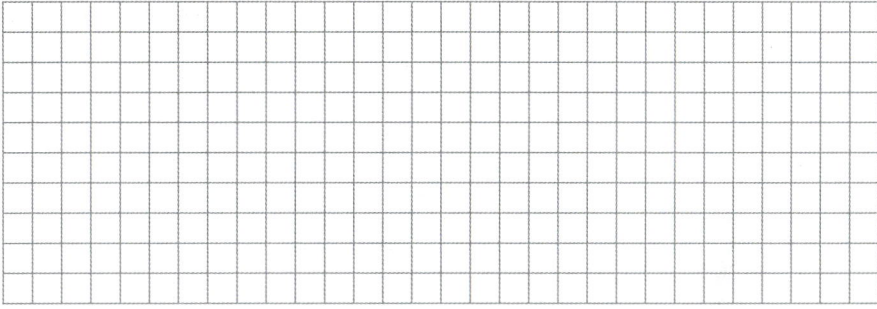

3. Aufgabe

Fortführung der Situation
Das Fahrzeug wird nach 20 Tagen für 12.000,00 € (netto) verkauft.

Wie hoch ist der Gewinn/Verlust in Prozent?

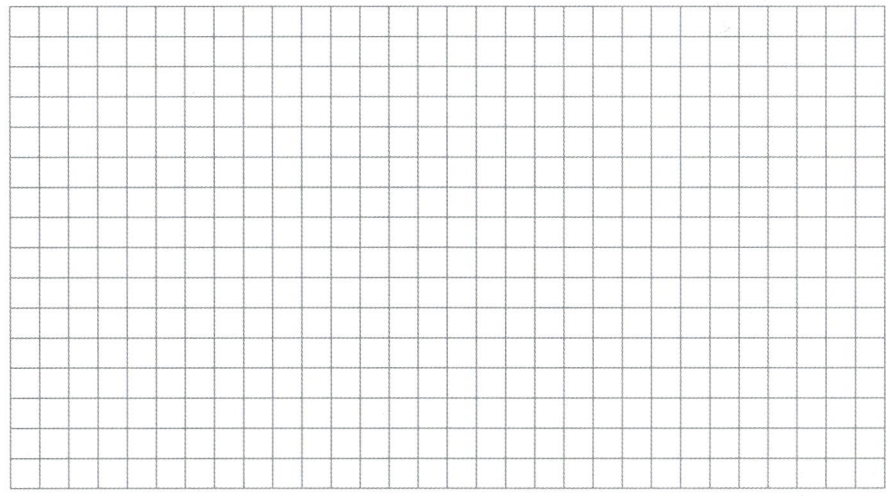

Prüfung **Fahrzeugvertriebsprozesse und Finanzdienstleistungen**

Fahrzeughandel und Vertrieb – Gebrauchtwagenkalkulation

Erläuterungen und Lösungen

1. Aufgabe

Kostenart	Jährlich/€
Kalkulatorische Miete	600,00
Sonstige Kosten (Pflege, Versicherung,…)	480,00
Werbekosten 1,5 % vom Einstandspreis	150,00
Kapitalverzinsung 5 % p. a. vom Einstandspreis	500,00
Wertverlust (AfA = 36 Monate)	3.333,36
Gesamt	5.063,36

* *AfA = Absetzung für Abnutzung, hier: Nach 36 Monaten wäre das Fahrzeug nichts mehr wert.*

Berechnung des Wertverlusts:

10.000,00 € : 36 Monate = 277,78 €

277,78 € · 12 Monate = 3.333,36 € Wertverlust pro Jahr

Berechnung der täglichen Standkosten

Tägliche Standkosten = 5.063,36 € : 360 Tage = **14,06 €/Tag**

2. Aufgabe

30 Standtage · 14,06 €/Tag =	421,80 €
+ Instandsetzung	450,00 €
+ Verkäuferprovision	300,00 €
+ Hereinnahmepreis	10.000,00 €
= **Mindestpreis**	**11.171,80 €**
(= **Selbstkostenpreis**)	

3. Aufgabe

20 Standtage · 14,06 €/Tag =	281,20 €
+ Instandsetzung	450,00 €
+ Verkäuferprovision	300,00 €
+ Hereinnahmepreis	10.000,00 €
= **Mindestpreis**	**11.031,20 €**
(= **Selbstkostenpreis**)	

12.000,00 € – 11.031,20 € = 968,80 € Gewinn

$$\frac{968,80 \ € \cdot 100 \ \%}{11.031,20 \ €} = \textbf{8,78 \%}$$

Je länger ein Fahrzeug steht, desto geringer wird der Gewinn beim Verkauf des Gebrauchtwagens. Deshalb ist es schon beim Ankauf wichtig, die Absatzchancen für ein Auto richtig einzuschätzen. Lohnt sich die Investition in z. B. Aufbereitung und Werbung für ein Fahrzeug? Handelt es sich um einen „Schnelldreher", also ein Fahrzeug, das sich mit Gewinn schnell weiterverkaufen lässt, oder besteht die Gefahr, einen „Langsteher" angekauft zu haben?

Oft werden die Risiken bei Inzahlungnahmen von Gebrauchtwagen durch schnelle Verkäufe an Aufkäufer aus dem Ausland umgangen. Diese haben in ihren Heimatländern z. B. andere Kostenstrukturen und Absatzchancen und können so Autos, die auf dem deutschen Markt nicht mehr gewinnbringend verkauft werden können, erfolgreich absetzen.

1. Aufgabe

Situation
Der Verkaufsleiter muss den künftigen Kapitalbedarf für das Gebrauchtwagengeschäft mit der Firmenleitung abstimmen. Sie sollen für ihn die Daten ermitteln.

Folgende Zahlen liegen Ihnen vor:

Absatzziel pro Jahr	630 Gebrauchtwagen
Durchschnittlicher Händler-Einkaufspreis	5.800,00 €
Durchschnittliche Standzeit (Dauer bis Zahlungseingang berücksichtigt)	120 Tage

Ermitteln Sie den durchschnittlichen jährlichen Kapitalbedarf auf Basis der Angaben.

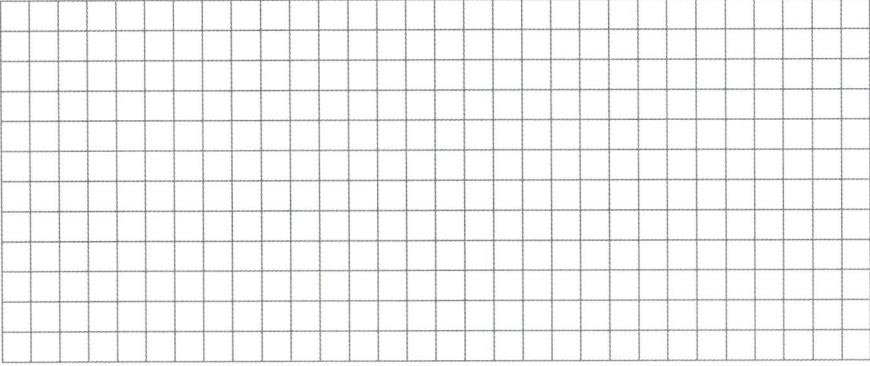

2. Aufgabe

Fortführung der Situation
Weiter werden Sie gebeten, zu prüfen, ob das Gebrauchtwagengeschäft gewinnbringend war.

Hierzu haben Sie folgende Daten:

Verkaufte Gebrauchtwagen	587 Stück
Gemeinkosten Sparte Gebrauchtwagen	360.715,00 €
Durchschnittlicher Bruttoertrag	580,00 €

Berechnen Sie den durchschnittlichen Gewinn/Verlust pro Fahrzeug.

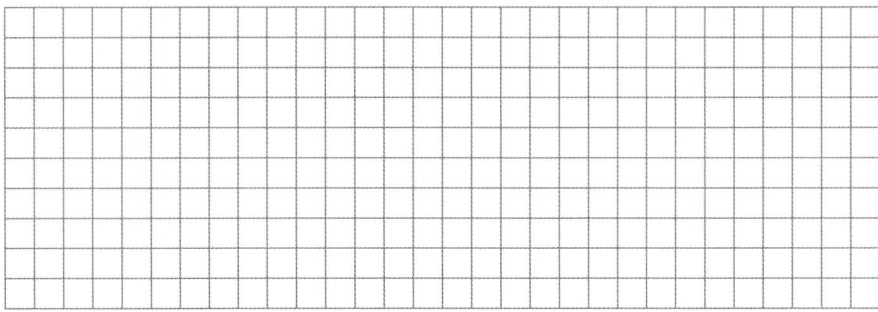

3. Aufgabe

Fortführung der Situation
Bei der Kontrolle des Ergebnisses fällt Ihnen auf, dass viele in Zahlung genommene Gebrauchtfahrzeuge überhöht angekauft wurden.

Geben Sie einen Grund an, warum Gebrauchtfahrzeuge überhöht in Zahlung genommen werden.

_____

_____

_____

Prüfung **Fahrzeugvertriebsprozesse und Finanzdienstleistungen**

Fahrzeughandel und Vertrieb – Gebrauchtwagen – Kapitalbedarf

Erläuterungen und Lösungen

1. Aufgabe

630 Gebrauchtwagen · 5.800,00 €/Stück =
3.654.000,00 € Gesamtkapitalbedarf

3.654.000,00 €/360 Tage =
10.150,00 € Kapitalbedarf/Tag

10.150,00 € · 120 Tage =
1.218.000,00 € durchschnittlicher Kapitalbedarf

Da sich die Fahrzeuge 360/120 Tage = dreimal im Jahr umschlagen, „stecken" im Durchschnitt 1.218.000,00 € gebundenes Kapital im Gebrauchtwagenbereich.

2. Aufgabe

587 verkaufte Einheiten · 580,00 € Bruttoertrag =
340.460,00 € Gesamtbruttoertrag

340.460,00 € – 360.715,00 € (Gemeinkosten) =
– 20.255,00 € (Verlust)

– 20.255,00 €/587 verkaufte Einheiten =
– 34,51 € Verlust pro Fahrzeug

3. Aufgabe

Gründe, Gebrauchtfahrzeuge überhöht in Zahlung zu nehmen, können z. B. sein:

- Verdeckter Preisnachlass beim Neuwagenverkauf

- Fehler bei der Hereinnahmepreis-Kalkulation

- Ankauf-Sonderaktionen

Um langwierige Verkaufsverhandlungen um Rabatte im Neuwagenverkauf abzukürzen, werden statt eines Nachlasses höhere Preise für Gebrauchtwagen-Inzahlungnahmen geboten. Diese Überzahlung muss natürlich dem Geschäftsfeld „Neuwagen" angelastet werden. Somit sinkt der Bruttoertrag des Neuwagenverkaufs. Der Neuwagenkunde bleibt dem Autohaus aber damit erhalten. Gewinne können dann über das anschließende Werkstatt- und Servicegeschäft erzielt werden.

Hat der Ankäufer die Marktsituation oder auch die Standzeit falsch eingeschätzt, kann es ebenfalls zu überhöhten Ankäufen kommen. Gute Bewertungs- und Kalkulationsprogramme sind hier ein wichtiges Instrument, um solche Fehler zu vermeiden.

Abwrackprämien, Umweltzuschüsse und Ähnliches führen ebenfalls oft zu überhöhten Ankäufen. Freilich werden hier die Verluste durch Zuschüsse des Staates bzw. der Hersteller zumindest zum Teil wieder kompensiert.

> **Merke**
>
> *„Der Grundstein liegt im Einkauf."*

Da der Verkaufspreis für Gebrauchtfahrzeuge durch den Markt vorgegeben wird, ist der entscheidende Faktor der Ankaufpreis des Fahrzeugs. Durch einen möglichst knapp kalkulierten Ankauf entscheidet sich, ob aus dem Verkauf ein Gewinn erzielt wird, lediglich Geld den Eigentümer wechselt oder gar Verlust gemacht wird. Entsprechend hoch ist dann das unnötig gebundene Kapital im Gebrauchtwagenbestand.

> **Kalkulation des Hereinnahmepreises**
>
> *Erzielbarer Marktpreis*
> *– Verkäuferprovision*
> *– Tägliche Standkosten*
> *– Sonstige Gemeinkosten*
> *– Gewinnerwartung*
> *= maximal möglicher Hereinnahmepreis*

Prüfung Fahrzeugvertriebsprozesse und Finanzdienstleistungen

Fahrzeughandel und Vertrieb – Gebrauchtwagenverkauf

1. Aufgabe

Situation
Ein Kunde interessiert sich für ein Gebrauchtfahrzeug. Sie zeigen ihm einige Autos in Ihrem Gebrauchtwagenbestand. Dem Kunden fällt auf, dass an einigen Preisschildern der Hinweis „Mehrwertsteuer ausweisbar", an anderen „Besteuerung nach § 25a UStG" zu finden ist.

Erklären Sie dem Kunden die Bedeutungen der Hinweise:

a) „Mehrwertsteuer ausweisbar"

_____
_____
_____
_____

b) „Besteuerung nach „§ 25a UStG"

_____
_____
_____
_____

2. Aufgabe

Fortführung der Situation
Sie finden ein passendes Fahrzeug. Der Kunde hat sich für einen Jahreswagen zum Preis von 15.000,00 € entschieden. Sie fragen sich, wo die Unterschiede zu der Abwicklung beim Verkauf eines Neufahrzeugs liegen, und vergleichen hierzu die Neuwagen- und Gebrauchtwagen-AGB (nach den unverbindlichen Empfehlungen des ZDK).

Ergänzen Sie die Tabelle.

	Regelung laut Neuwagen-AGB	Regelung laut Gebrauchtwagen-AGB
Vertragsabschluss		
Zahlung		
Abnahme		
Eigentumsvorbehalt		

Prüfung **Fahrzeugvertriebsprozesse und Finanzdienstleistungen**

Fahrzeughandel und Vertrieb – Gebrauchtwagenverkauf

Erläuterungen und Lösungen

1. Aufgabe

a) Das Fahrzeug wurde regelbesteuert von einem Unternehmen angekauft. Deshalb wird es auch regelbesteuert weiterverkauft.

Es kann sich z. B. um einen Leasingrückläufer oder ein ehemaliges Mietfahrzeug handeln.

Der Verkaufspreis enthält die volle Umsatzsteuer. Diese kann auch auf der Verkaufsrechnung ausgewiesen werden. Ist der Käufer vorsteuerabzugsberechtigt, erhält er die ausgewiesene Umsatzsteuer vom Finanzamt wieder zurück.

b) Das Fahrzeug wurde steuerfrei von privat angekauft. Deshalb wird es differenzbesteuert weiterverkauft.

Der Verkaufspreis enthält lediglich den Umsatzsteueranteil, der **in der Differenz** zwischen Verkaufs- und Einkaufspreis steckt. Auf der Verkaufsrechnung darf keine Umsatzsteuer ausgewiesen werden. Sie trägt stattdessen den Hinweis „Differenzbesteuert nach § 25 a UStG", o. Ä.

Solche Fahrzeuge sind i. d. R. für vorsteuerabzugsberechtigte Unternehmen uninteressant, da keine Umsatzsteuer vom Finanzamt zurückerstattet wird.

2. Aufgabe

> **Hinweis**
>
> *Zur Bearbeitung der folgenden Aufgaben empfiehlt es sich, mit den aktuellen Versionen der AGB-Empfehlungen zu arbeiten. Diese können von der Homepage des ZDK, der Kfz-Innungen usw. heruntergeladen werden, z. B. unter*
> *www.kfz-bayern.de/mitglieder/mitgliederservice/downloads/agb/ neuwagen-verkaufsbedingungen.html;*
> *www.kfzbayern.de/mitglieder/mitglieder-service/downloads/agb/ gebrauchtwagenverkaufsbedingungen.html.*

	Regelung laut Neuwagen-AGB	Regelung laut Gebrauchtwagen-AGB
Vertragsabschluss	Nach Bestätigung der verbindlichen Neuwagenbestellung innerhalb einer Frist von 3 Wochen	Nach Bestätigung der verbindlichen Gebrauchtwagenbestellung innerhalb einer Frist von 10 Tagen, entfällt i. d. R., da Fahrzeug auf Lager
Zahlung	Bei Übergabe des Fahrzeugs und Aushändigung oder Übersendung der Rechnung	Bei Übergabe des Fahrzeugs und Aushändigung oder Übersendung der Rechnung
Abnahme	Innerhalb von 14 Tagen nach Bereitstellungsanzeige	Innerhalb von 8 Tagen nach Bereitstellungsanzeige
Eigentumsvorbehalt	Fahrzeug bleibt bis zum Ausgleich der dem Verkäufer zustehenden Forderungen Eigentum des Verkäufers.	Fahrzeug bleibt bis zum Ausgleich der dem Verkäufer zustehenden Forderungen Eigentum des Verkäufers.

Prüfung Fahrzeugvertriebsprozesse und Finanzdienstleistungen

Fahrzeughandel und Vertrieb – Gebrauchtwagenverkauf

3. Aufgabe

Fortführung der Situation
Der Kunde unterschreibt alles Nötige.
Wie vereinbart erscheint er drei Tage später, um sein Fahrzeug abzuholen.
Er hat den Kaufpreis in Höhe von 15.000,00 € in bar dabei.

Was ist neben der Kontrolle der Geldscheine auf Echtheit bei der Annahme des Kaufpreises noch zu beachten?

4. Aufgabe

Fortführung der Situation
Auf jedes verkaufte Gebrauchtfahrzeug gibt Ihr Autohaus ein Jahr Gebrauchtgarantie. Natürlich freut sich Ihr Kunde darüber. Sie wundern sich jedoch etwas, da in den AGB doch ohnehin eine Haftung für Sachmängel, also Gewährleistung, geregelt ist.

Wodurch unterscheidet sich die Gewährleistung von einer Garantie?

a) Gewährleistung

b) Garantie

Situation zur 5. und 6. Aufgabe
Ein anderer Kunde hat vor 13 Monaten bei Ihnen ein Gebrauchtfahrzeug gekauft.
Nun kommt er zu Ihnen, weil das Getriebe defekt ist.

5. Aufgabe

Hat der Kunde Ansprüche aus der gesetzlichen Gewährleistung oder der Gebrauchtwagengarantie? Begründen Sie kurz.

6. Aufgabe

Wie können Sie dem Kunden im Rahmen der Kundenbindung helfen?

Prüfung Fahrzeugvertriebsprozesse und Finanzdienstleistungen

Fahrzeughandel und Vertrieb – Gebrauchtwagenverkauf

Erläuterungen und Lösungen

3. Aufgabe

Es sind die Regelungen des Geldwäschegesetzes zu beachten.

Der Vertragspartner ist zu identifizieren und die Aufzeichnungen hierüber sind für genau fünf Jahre zu dokumentieren. Die Identifizierung natürlicher Personen erfolgt über einen gültigen Personalausweis oder Reisepass (nicht Führerschein). Die Ausweisdokumente müssen im Original vorgelegt (keine Kopien per Fax oder E-Mail) und vollständig kopiert, gescannt oder fotografiert werden (ohne Schwärzung).

4. Aufgabe

a) Gewährleistung ist die im BGB geregelte gesetzliche Verpflichtung des Verkäufers, für die Mangelfreiheit einer Sache einzustehen.

Ein Mangel liegt z. B. vor, wenn eine Sache zum Zeitpunkt der Übergabe nicht die Beschaffenheit hat, die vereinbart wurde. In diesem Fall hat der Käufer vorrangig das Recht auf Nacherfüllung. Er kann entweder Nachbesserung oder Neulieferung verlangen. Scheitert die Nacherfüllung zweimal, können nachrangige Rechte wie Rücktritt vom Vertrag, Preisminderung sowie Schadenersatz beansprucht werden. Die gesetzliche Gewährleistungsfrist beträgt zwei Jahre. Für gebrauchte Sachen kann die Frist auf ein Jahr verkürzt werden. Innerhalb der ersten sechs Monate der Gewährleistungsfrist gilt die Beweislastumkehr. Hier muss der Verkäufer beweisen, dass ein Mangel bei Übergabe nicht vorhanden war. Danach gilt wieder die „normale" Beweislast. Der Käufer muss beweisen, dass der Mangel schon bei Übergabe vorhanden war.

In unserem Beispiel ist die Gewährleistung durch die Gebrauchtwagen-AGB auf ein Jahr verkürzt worden.

b) Garantie ist die vertraglich geregelte Verpflichtung des Garantiegebers, für den vereinbarten Zeitraum die Kosten für die Beseitigung der in den Garantiebedingungen beschriebenen Mängel zu übernehmen.

An die Garantie kann die Erfüllung bestimmter Bedingungen geknüpft sein. Für Anschlussgarantien muss z. B. gezahlt werden, Mobilitätsgarantien gelten nur bei regelmäßiger Wartung und Inspektion des Fahrzeugs in einer Fachwerkstatt usw. Die Garantieleistung beschränkt sich bei Autos auf die in den Garantiebedingungen aufgelisteten Baugruppen. Verschleißteile, wie z. B. Bremsscheiben, Bremsklötze, Auspuff-Endtöpfe, Scheibenwischerblätter, sind meist ausgeschlossen.

Die Garantie greift auch dann, wenn ein Mangel erst bei Benutzung auftritt.

5. Aufgabe

Die Gewährleistungsfrist wurde in den AGB auf zwölf Monate verkürzt. Nach 13 Monaten sind die gesetzlichen Gewährleistungsansprüche deshalb verjährt. Auch die Garantie ist abgelaufen. Der Kunde hat also weder gesetzliche noch vertragliche Ansprüche.

6. Aufgabe

Es bietet sich eine Regelung über die Kulanz an. Hierbei handelt es sich um eine freiwillige Leistung des Herstellers oder Händlers.

Je nach Alter und Laufleistung des Fahrzeugs wird ein Teil der Kosten übernommen. Listen der Hersteller geben z. B. Auskunft über die Höhe der Kulanz, die als Prozentsatz angegeben sind. Der „gute Ruf" des Autohauses oder auch der Marke bleibt so erhalten.

> **Merke**
>
> *Gewährleistung = gesetzlich*
> *Garantie = vertraglich*
> *Kulanz = freiwillig*
>
> *Gewährleistet wird Mangelfreiheit,*
> *garantiert wird die Funktion.*

Prüfung Fahrzeugvertriebsprozesse und Finanzdienstleistungen

Fahrzeughandel und Vertrieb – Aftersales, Kundenzufriedenheit

Situation zur 1. und 2. Aufgabe
Der Verkaufsleiter bittet Sie, bei den Autokunden der letzten Woche anzurufen.
Sie sollen diese befragen, wie zufrieden sie mit der Abwicklung ihres Autokaufs waren.

Fortführung der Situation zur 3. und 4. Aufgabe
Neben den Kundenbefragungen gibt es eine Vielzahl von Möglichkeiten, Kunden durch gute Betreuung nach einem Vertragsabschluss (Aftersales-Maßnahmen) langfristig an das Autohaus zu binden.

3. Aufgabe

Nennen Sie fünf weitere typische Aftersales-Maßnahmen im Autohaus.

1. Aufgabe

Formulieren Sie drei sinnvolle Fragestellungen in diesem Zusammenhang.

2. Aufgabe

Welche Ziele verfolgt der Verkaufsleiter mit solchen Kundenzufriedenheitsbefragungen? Geben Sie vier Beispiele an.

4. Aufgabe

Sie wollen im Rahmen von Aftersales-Maßnahmen Ihre Kunden anschreiben. Welche rechtlichen Aspekte sind hier zu beachten? Erläutern Sie kurz.

Prüfung **Fahrzeugvertriebsprozesse und Finanzdienstleistungen**

Fahrzeughandel und Vertrieb – Aftersales, Kundenzufriedenheit

Erläuterungen und Lösungen

1. Aufgabe

Beispiele:

- Waren die technischen Erklärungen für Sie verständlich?
- Wurde eine Probefahrt angeboten?
- War der Verkäufer bei Fragen erreichbar?
- Wo sehen Sie Verbesserungsmöglichkeiten für uns?
- Würden Sie Ihr nächstes Fahrzeug wieder bei uns kaufen?

2. Aufgabe

- Erfüllen der Vorgaben des Herstellers
- Aufdecken von Verbesserungspotenzialen
- Sammeln neuer Ideen
- Kundenbindung, da Wertschätzung der Kundenmeinung

Ziel jeder Maßnahme nach dem direkten Fahrzeugverkauf (= Aftersales-Maß-nahme) ist die langfristige Bindung des Kunden an das Autohaus. Eine Kunden-zufriedenheitsbefragung ist hier sicherlich nur der erste Schritt, dem weitere folgen müssen.

Durch den reinen Verkauf eines Autos sind die Erträge für ein Unternehmen nicht zufriedenstellend. Im Servicebereich liegt die Hauptertragsquelle. Deshalb kommt es darauf an, alles dafür zu tun, den Fahrzeugkunden auch als Werk-stattkunden zu gewinnen und weiter an das Autohaus zu binden. Aftersales-Maßnahmen sollen hierbei helfen.

3. Aufgabe

Beispiele:

- Aufmerksam-Machen auf möglichen Zusatzservice, z. B. Notfallnummer bei Unfall, Schneeketten-Verleih, Räder-Einlagerung
- Erinnerung an Service-Termin oder Ölwechsel
- Einladungen zu Winter-, Licht- oder Urlaubs-Checks
- Erinnerung an HU-Termin
- Einladungen zur Vorstellung von neuen Modellen oder anderen Events im Autohaus
- Onlinebefragungen einige Wochen nach Fahrzeugkauf
- Persönliche Geburtstags- oder Weihnachtsgrüße

4. Aufgabe

Die Erhebung, Verarbeitung und Verwendung personenbezogener Daten unterliegt strengen gesetzlichen Regelungen. Rechtsgrundlage hierfür bildet die Datenschutz-Grundverordnung (DSGVO) sowie das Gesetz gegen Wettbe-werbsbeschränkung (GWB).

Viele der genannten Maßnahmen können nur durchgeführt werden, wenn der Kunde vorher zugestimmt hat. Er muss mit seiner Unterschrift bestätigen, dass er mit der Kontaktaufnahme einverstanden ist und dass seine Daten zweckge-bunden gespeichert und verarbeitet werden.

Prüfung Fahrzeugvertriebsprozesse und Finanzdienstleistungen

Finanzdienstleistungs-Produkte im Fahrzeughandel – Finanzierungsarten

Situation zur 1. und 2. Aufgabe

Das Autohaus Schmidt plant die Modernisierung ihres Showrooms für die Neufahrzeuge. Die Umbaumaßnahmen werden 1.500.000,00 € betragen. Vom Hersteller bekommen Sie einen Zuschuss von 450.000,00 € und 350.000,00 € sind als Eigenkapital vorhanden. Somit hat die Geschäftsleitung beschlossen, die fehlenden 700.000,00 € über ein langfristiges Darlehen bei der Hausbank abzudecken. Hierzu haben Sie die folgenden drei Angebote erhalten.
Alle Darlehen haben eine Laufzeit von zehn Jahren.

Angebot 1:
Gewerbliches Baudarlehen über 700.000,00 €, effektiver Jahreszins 3,5 %, Tilgung 2,0 % der Darlehenssumme mit gleichbleibender jährlicher Rate

Angebot 2:
Gewerbliches Baudarlehen über 700.000,00 €, effektiver Jahreszins 3,5 %, Tilgung des Darlehens am Ende der Laufzeit

Angebot 3:
Gewerbliches Baudarlehen über 700.000,00 €, effektiver Jahreszins 3,95 %, es werden jährlich 70.000,00 € getilgt.

1. Aufgabe

Geben Sie bitte an, um welche Art Darlehen es sich bei dem jeweiligen Angebot handelt.

Begriff	Beschreibung
Angebot 1	
Angebot 2	
Angebot 3	

2. Aufgabe

Erstellen Sie für das Angebot 1 und 3 einen Finanzierungsplan der ersten drei Jahre.

Finanzierungsplan Angebot 1

Jahr	Schuld am Jahresanfang	Tilgung	Zinsen	Jährliche Gesamtzahlung	Schuld am Jahresende
1					
2					
3					

Platz für Nebenrechnungen:

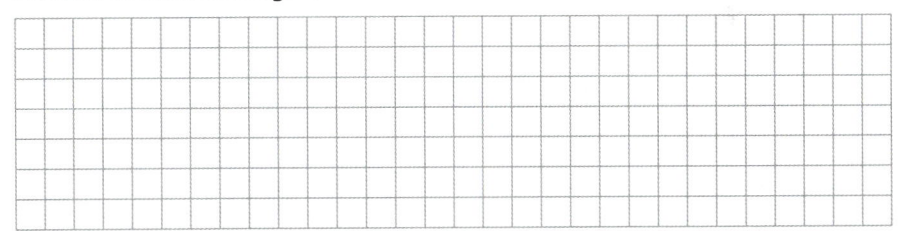

Finanzierungsplan Angebot 3

Jahr	Schuld am Jahresanfang	Tilgung	Zinsen	Jährliche Gesamtzahlung	Schuld am Jahresende
1					
2					
3					

Platz für Nebenrechnungen:

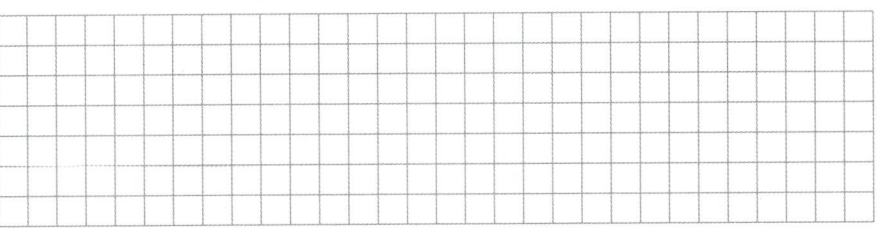

Prüfung Fahrzeugvertriebsprozesse und Finanzdienstleistungen

Finanzdienstleistungs-Produkte im Fahrzeughandel – Finanzierungsarten

Erläuterungen und Lösungen

1. Aufgabe

Bei der Vergabe der Darlehen können verschiedene Darlehensarten vom Autohaus Schmidt in Betracht gezogen werden.

Begriff	Beschreibung
Angebot 1	Annuitätendarlehen
Angebot 2	Fälligkeitsdarlehen
Angebot 3	Abzahlungsdarlehen

Annuitätendarlehen: Der Darlehensnehmer hat eine immer gleichbleibende Annuität zu bezahlen. Die Annuität setzt sich aus Tilgungsanteil und Zinsanteil zusammen.

Fälligkeitsdarlehen: Bei dieser Darlehensart tilgt der Kreditnehmer den Kredit am Ende der Laufzeit mit einer Einmalzahlung. Während der Darlehenslaufzeit zahlt der Kreditnehmer nur die Zinsen für den Kredit.

Abzahlungsdarlehen: Beim Abzahlungsdarlehen tilgt der Kreditnehmer immer einen festen Betrag. Die Zinsen werden anhand der Restdarlehenssumme berechnet und nehmen kontinuierlich ab.

2. Aufgabe

Finanzierungsplan für das Annuitätendarlehen

Jahr	Schuld am Jahresanfang	Tilgung	Zinsen	Jährliche Gesamtzahlung	Schuld am Jahresende
1	700.000,00	14.000,00	24.500,00	38.500,00	686.000,00
2	686.000,00	14.490,00	24.010,00	38.500,00	671.510,00
3	671.510,00	14.997,15	23.502,85	38.500,00	656.512,85

Berechnung Jahr 1:

Berechnung der Tilgung:
2,0 % von 700.000,00 € = 14.000,00 €

Berechnung der Zinsen:
3,5 % von 700.000,00 € = 24.500,00 €

Berechnung Annuität:
Tilgung + Zinsen = Annuität 14.000,00 € + 24.500,00 € = 38.500,00 €

Berechnung der Schuld am Jahresende:
Darlehenssumme – Tilgung 700.000,00 € – 14.000,00 € = 686.000,00 €

Berechnung Jahr 2:

Es handelt sich um ein Annuitätendarlehen, daher ist die Annuität immer gleich. Annuität = 38.500,00 € (siehe Berechnung 1. Jahr)

Berechnung der Zinsen:
3,5 % von 686.000,00 € = 24.010,00 €

Berechnung der Tilgung:
38.500,00 € – 24.010,00 € = 14.490,00 €

Berechnung der Schuld am Jahresende:
686.000,00 € – 14.490,00 € = 671.510,00 €

Finanzierungsplan für das Abzahlungsdarlehen

Jahr	Schuld am Jahresanfang	Tilgung	Zinsen	Jährliche Gesamtzahlung	Schuld am Jahresende
1	700.000,00	70.000,00	27.650,00	97.650,00	630.000,00
2	630.000,00	70.000,00	24.885,00	94.885,00	560.000,00
3	560.000,00	70.000,00	22.120,00	92.120,00	490.000,00

Berechnungen:

Tilgung ist über die Laufzeit immer gleich = 70.000,00 €

Berechnung der Zinsen: Schuld am Jahresanfang · Zinssatz

Zinsen 1. Jahr: 3,95 % von 700.000,00 € = 27.650,00 €

Zinsen 2. Jahr: 3,95 % von 630.000,00 € = 24.885,00 €

Zinsen 3. Jahr: 3,95 % von 560.000,00 € = 22.120,00 €

Berechnung der jährlichen Gesamtzahlung = Tilgung + Zinsen

Berechnung der Schuld am Jahresende = Schuld am Jahresanfang – Tilgung

© Westermann Gruppe

Prüfung: Fahrzeugvertriebsprozesse und Finanzdienstleistungen

Finanzdienstleistungs-Produkte im Fahrzeughandel – Kreditfinanzierung

1. Aufgabe

Situation

Sie sind aktuell in der Neuwagenabteilung eingesetzt. Dort interessiert sich die junge Kundin Lisa Klose für einen Kleinwagen. Frau Klose hat lange für ihr erstes Fahrzeug gespart und ein Budget von 13.000,00 €. Sie ist sich unsicher, ob sie das Fahrzeug bar bezahlen oder doch eine Finanzierung in Anspruch nehmen soll. Durch die Medien hat sie erfahren, dass die aktuellen Zinssätze sehr niedrig sind.

1.1 Nennen Sie Frau Klose drei Vorteile einer Finanzierung gegenüber einer Barzahlung.

-
-
-
-

1.2 Nennen Sie Frau Klose die zwei Grundfinanzierungsarten, welche in Betracht kommen.

-
-

1.3 Erklären Sie Frau Klose den Unterschied der beiden Finanzierungsvarianten.

1.4 Welche Vorteile ergeben sich für Ihr Autohaus, wenn sich Frau Klose für eine Finanzierung, statt für einen Barkauf entscheidet.

2. Aufgabe

Fortführung der Situation

Frau Klose hat sich für eine Finanzierung des neuen Fahrzeugs entschieden. Allerdings ist Frau Klose über den effektiven Jahreszinssatz von 0,9 % sehr erstaunt. Ein Vergleichsangebot ihrer Hausbank hat einen effektiven Jahreszinssatz von 3,9 % ergeben.

Erklären Sie Frau Klose, wie dieser Unterschied zustande kommt.

Prüfung Fahrzeugvertriebsprozesse und Finanzdienstleistungen

Finanzdienstleistungs-Produkte im Fahrzeughandel – Kreditfinanzierung

Erläuterungen und Lösungen

1. Aufgabe

1.1 Die Finanzierung eines Fahrzeugs hat gegenüber einer Barzahlung für den Privatkunden erhebliche Vorteile:

- Kein Liquiditätsabfluss
Frau Klose müsste ihre Ersparnisse nicht komplett für die Bezahlung des Fahrzeugs hernehmen, sondern könnte z. B. nur eine Anzahlung mit den Ersparnissen leisten.

- Finanzierung eines höherwertigen Fahrzeugs möglich.

- Feste monatliche Raten, daher gut planbar

- Keine Zinsverluste

- Bei der Entscheidung einer 3-Wege-Finanzierung hat die Kundin kein Gebrauchtwagenrisiko.

1.2 Frau Klose kann aus zwei Finanzierungsarten wählen:

- 3-Wege-Finanzierung (Schlussratenkredit, Ballonfinanzierung)

- Klassischer Ratenkredit

1.3 Die Vertragsarten lassen sich wie folgt erklären:

3-Wege-Finanzierung

Bei der 3-Wege-Finanzierung leistet der Darlehensnehmer oft eine Anzahlung, danach zahlt der Kunde seine monatlichen Finanzierungsraten. Am Ende der Finanzierung bleibt noch eine Schlussrate übrig. Diese Schlussrate kann der Kunde entweder bezahlen, weiter finanzieren oder das Fahrzeug an das Autohaus zurückgeben.

Klassischer Ratenkredit

Beim Ratenkredit kann der Kunde ebenfalls eine Anzahlung leisten, dies verringert die monatliche Rate. Danach bezahlt der Kunde die monatliche Rate. Am Ende der Darlehenszeit ist das Fahrzeug komplett abbezahlt und geht in das Eigentum des Kunden über. Eine Schlussrate ist hier nicht mehr notwendig.

1.4 Vorteile einer Finanzierung für das Autohaus:

- Das Autohaus erhält eine zusätzliche Provision für die Vermittlung der Finanzierung.

- Das Autohaus kann noch zusätzliche Produkte, wie eine Restschuldversicherung, verkaufen und auch hier zusätzliche Provisionen erwirtschaften.

- Das Autohaus muss keine rechtlichen Bestimmungen bezüglich des Geldwäschegesetzes beachten.

- Das Bargeld muss nicht auf Falschgeld geprüft werden.

- Das Autohaus kann eventuell ein teureres Fahrzeug verkaufen, weil der Kunde sich dies über eine Finanzierung eher leisten kann.

- Das Autohaus bleibt über die Finanzierung ständig in Kontakt.

- Bei einer 3-Wege-Finanzierung ist ein Neugeschäft in regelmäßigen Abständen möglich.

2. Aufgabe

Die Banken der Autohersteller können oft günstigere Zinssätze bieten, weil die Banken und Hersteller voneinander abhängig sind und die Zinssätze von den Herstellern subventioniert werden. Dadurch erhoffen sich die Hersteller hohe Produktionszahlen und viele Neugeschäfte.

Prüfung Fahrzeugvertriebsprozesse und Finanzdienstleistungen

Finanzdienstleistungs-Produkte im Fahrzeughandel – Kreditfinanzierung

3. Aufgabe

Fortführung der Situation
Sie bereiten den Kreditvertrag von Frau Klose vor. Frau Klose hat sich für eine Ballonfinanzierung entschieden. Sie leistet eine Anzahlung von 4.000,00 €; der Finanzierungsvertrag geht über 48 Monate. Sie erklären Frau Klose die nächsten Schritte ganz genau und welche Unterlagen nun benötigt werden.

3.1 Zuerst überprüfen Sie die Kreditfähigkeit von Frau Klose. Was ist unter der Kreditfähigkeit zu verstehen und wie kann diese geprüft werden?

Definition Kreditfähigkeit einer Privatperson:

Notwendige Unterlagen zur Prüfung der Kreditfähigkeit von Frau Klose:

3.2 Sie erklären Frau Klose, dass der nächste Schritt die Prüfung ihrer Bonität ist. Was ist darunter zu verstehen?

3.3 Im Rahmen der Bonitätsprüfung füllt Frau Klose eine Selbstauskunft aus. Nennen Sie mindestens sechs Inhalte, die im Rahmen einer Selbstauskunft vom Kreditnehmer abgefragt werden können.

-
-
-
-
-
-

3.4 Neben der Selbstauskunft können weitere Materialien zur Prüfung der Kreditwürdigkeit herangezogen werden. Nennen Sie drei.

-
-
-

4. Aufgabe

Fortführung der Situation
Im Rahmen der Darlehenserstellung erklären Sie Frau Klose, dass sie die sogenannte „Schufa-Klausel" unterschreiben muss.

Füllen Sie folgende Tabelle rund um die Schufa aus.

Was ist die Schufa?	
Welche Informationen speichert die Schufa?	
Was sind sogenannte „Negativmerkmale" bei der Schufa?	
Welche Informationen werden bei der Schufa nicht gespeichert?	

Prüfung **Fahrzeugvertriebsprozesse und Finanzdienstleistungen**

Finanzdienstleistungs-Produkte im Fahrzeughandel – Kreditfinanzierung

Erläuterungen und Lösungen

3. Aufgabe

3.1 Eine natürliche Person mit unbeschränkter Geschäftsfähigkeit besitzt die Fähigkeit, rechtsgültige Verträge abzuschließen, und ist somit auch kreditfähig.

Dies ist der Fall, wenn der Vertragspartner das 18. Lebensjahr vollendet hat. Ist der Kreditnehmer beschränkt geschäftsfähig (er hat das 18. Lebensjahr noch nicht vollendet), benötigt er die Zustimmung des Familiengerichts und seiner gesetzlichen Vertreter. Bei einem Unternehmen muss geprüft werden, ob dieses bereits existiert. Dies geschieht durch einen Handelsregisterauszug und den Personalausweis des Bevollmächtigten.

Die Kreditfähigkeit von Frau Klose kann durch den Personalausweis oder durch den Reisepass mit einer Meldebescheinigung überprüft werden.

3.2 Unter der Bonität wird die Kreditwürdigkeit des Kreditnehmers verstanden. Diese sagt aus, ob vom Kreditnehmer eine vertragsgemäße Rückzahlung des Darlehens erwartet werden kann.

Eine umfassende Prüfung der Kreditwürdigkeit umfasst zwei Bereiche. Es müssen die persönlichen Faktoren und die wirtschaftlichen Faktoren geprüft werden. Die Überprüfung der persönlichen Faktoren ist allerdings sehr schwierig, da es keine belegbaren Informationen sind. Hier ist viel Menschenkenntnis gefordert. Bei Unternehmen muss die Kreditwürdigkeit geprüft werden durch Bilanzen, Bankenbestätigungen, wirtschaftliche Auswertungen oder CREDITREFORM.

3.3 aktueller Arbeitgeber, Zeit der Beschäftigung beim Arbeitgeber, monatliches Einkommen des Kreditnehmers und Ehepartners, Familienstand, Mietkosten, Finanzierungsrate für das Eigenheim, weitere Kredite, Unterhaltsverpflichtungen usw.

3.4 Einkommensnachweise der letzten drei Monate des Kreditnehmers, Kontounterlagen oder Bankbescheinigungen über vorhandenes Vermögen, Grundbuchauszüge von vorhandenem Immobilienbesitz, Auskünfte von Dateien (z. B. Schufa, Bürgel), Aufstellung über Einnahmen und Ausgaben des Kreditnehmers (Haushaltsrechnung)

4. Aufgabe

Was ist die Schufa?	= Schutzgemeinschaft für allgemeine Kreditsicherung Die Schufa verfolgt das Ziel, ihre Vertragspartner vor Kreditausfällen zu schützen. Vertragspartner der Schufa sind Kreditinstitute, Banken, Leasinggesellschaften, Versandhandelsunternehmen.
Welche Informationen speichert die Schufa?	Personendaten (Name, Geburtsdatum, Geburtsort, Anschrift, frühere Anschriften), laufende Kredit- und Leasingverträge, Girokonten, Kreditkarten, Telekommunikationskonten
Was sind sogenannte „Negativmerkmale" bei der Schufa?	Bei Negativmerkmalen handelt es sich um Eintragungen in der Schufa, die eine schlechte Bonität des Kreditnehmers belegen: • Beantragung einer Privatinsolvenz • Durchgeführte Zwangsvollstreckungen • Nicht ordnungsgemäß getilgte Kredite • Abgabe einer eidesstaatlichen Versicherung • Durchgeführte Lohn- und Gehaltspfändungen
Welche Informationen werden bei der Schufa nicht gespeichert?	• Einkommen oder das Vermögen • der Arbeitgeber • Familienstand

5. Aufgabe

Situation

Im Kalender des Verkäufers Neunte können Sie sehen, dass heute ein Beratungstermin zu einer Autofinanzierung ansteht:

15:00 Uhr Familie Meister, Kombi, 3-Wege-Finanzierung oder Ratenfinanzierung.

Herr Neunte ist aktuell noch mit einem Großkunden im Gespräch und hat Ihnen den Auftrag gegeben, die notwendigen Berechnungen für das Gespräch mit Familie Meister vorzunehmen.

Familie Meister interessiert sich für einen Kombi, Listenpreis 34.000,00 €. Frau Meister wählt noch das Businesspaket für 4.500,00 €, Restschuldversicherung 2,45 € pro Monat. Die Familie gibt ihr Altfahrzeug für 2.700,00 € in Zahlung. Der Rest soll über die Herstellerbank finanziert werden. Es fallen Zinsen von 1.480,00 € an. Nach vier Jahren soll der Familie das Fahrzeug gehören.

Ihnen liegen folgende Informationen zu Familie Meister vor:

Selbstauskunft der SCHMIDT BANK

Name	Thomas Meister	Corinna Meister
Familienstand	verh.	verh.
Kinder im Haushalt	1, aus erster Ehe	2 (Kindergeld = 194,00 € pro Kind)
Monatliches Einkommen	3.250,00 € netto	Teilzeit: 980,00 €
Sonst. Einnahmen	Vermietung Einliegerwohnung: 550,00 €/mtl.	
Ratenkredite, Verbindlichkeiten, Unterhaltszahlungen	Versicherungen inkl. Kfz: 230,00 €/mtl. Weiterbildung: 260,00 €/mtl. Unterhaltszahlungen: 440,00 €/mtl.	
Miete/Verpflichtungen Hauskredit	Belastung Eigenheim: 1.600,00 €/mtl.	

5.1 Berechnen Sie die monatliche Rate von Familie Meister.

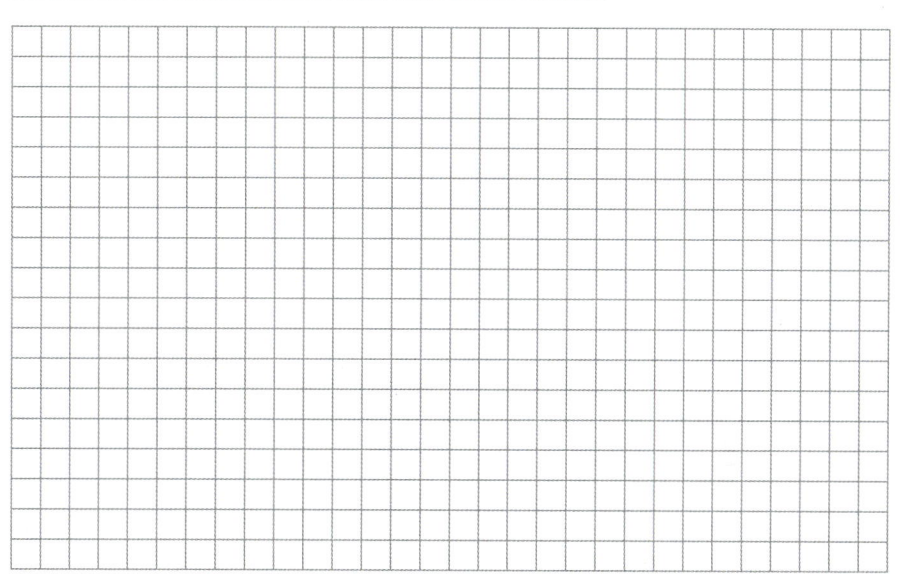

5.2 Überprüfen Sie mithilfe der Selbstauskunft, ob Familie Meister die Kreditraten bezahlen kann. Gehen Sie von Lebenshaltungskosten von 1.300,00 € pro Monat für die Familie aus.

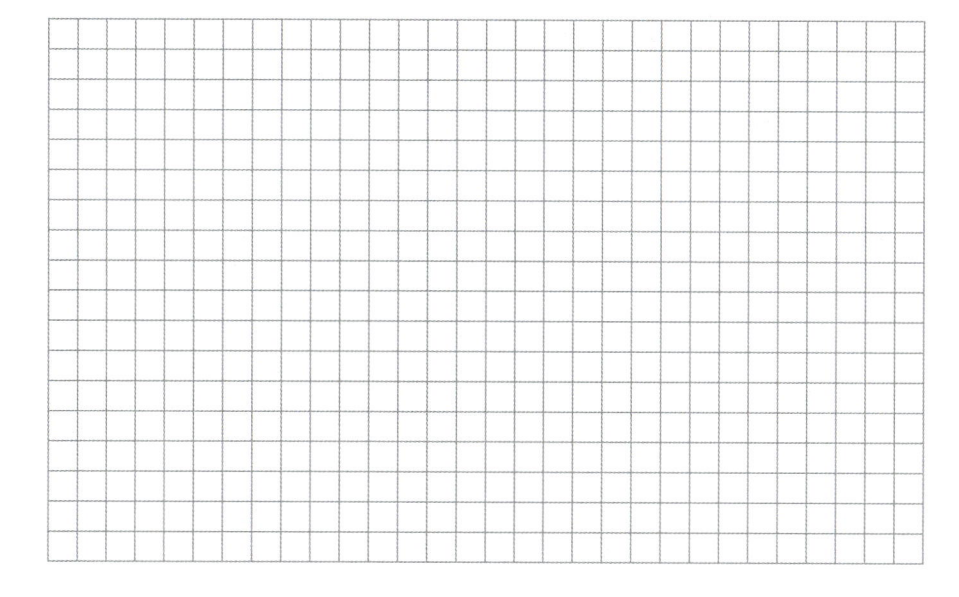

Prüfung Fahrzeugvertriebsprozesse und Finanzdienstleistungen

Finanzdienstleistungs-Produkte im Fahrzeughandel – Kreditfinanzierung

Erläuterungen und Lösungen

5. Aufgabe

5.1 **1. Schritt: Berechnung des Gesamtfinanzierungsbedarfs**

Listenpreis ohne Sonderausstattung
+ Sonderausstattung

= Listenpreis inkl. Sonderausstattung
– Nachlass/Rabatt
– Anzahlung/Inzahlungnahme

= Nettokreditbetrag
+ sonstige Leistungen, z. B. Restschuldversicherung

= Finanzierungssumme
+ Zinsen (bezogen auf die Finanzierungssumme)

= Gesamtfinanzierungsbedarf (Gesamtdarlehensbetrag)

2. Schritt: Berechnung der monatlichen Raten

$$\text{Berechnung der monatlichen Raten:} \quad \frac{\text{Gesamtdarlehensbetrag}}{\text{Anzahl der monatlichen Raten}}$$

Listenpreis	34.000,00 €
+ Sonderausstattung	4.500,00 €
= Listenpreis inkl. Sonderausstattung	38.500,00 €
– Inzahlungnahme	2.700,00 €
= Nettokreditbetrag	35.800,00 €
+ Restschuldversicherung	117,60 €
= Finanzierungssumme	35.917,60 €
+ Zinsen	1.480,00 €
= Gesamtfinanzierungsbedarf	37.397,60 €

Monatliche Raten: 37.397,60 € : 48 Monate = 779,12 €

5.2 Verkäufer und Vermittler sind verpflichtet, die Monatsraten so zu wählen, dass der Kunde diese neben seinen weiteren finanziellen Ausgaben aufbringen kann. Um dies zu ermitteln, ist es sinnvoll, mit dem Kunden eine Haushaltsrechnung durchzuführen.

Einnahmen pro Monat	Gehalt von Herrn Meister	3.250,00 €
	Gehalt von Frau Meister	980,00 €
	Mieteinnahmen	550,00 €
	Kindergeld*	388,00 €
Summe Einnahmen		**5.168,00 €**
Ausgaben pro Monat	Versicherungen	230,00 €
	Kredit Eigenheim	1.600,00 €
	Lebenshaltungskosten	1.300,00 €
	Unterhaltskosten	440,00 €
	Weiterbildungskosten	260,00 €
Summe Ausgaben		**3.830,00 €**

Ermittlung des verfügbaren Kapitals:

Summe Einnahmen – Summe Ausgaben
5.168,00 € – 3.830,00 € = 1.338,00 €

Antwort: Die Raten könnten durch den Betrag gedeckt werden, allerdings hat die Familie Meister dann kaum noch finanzielle Reserven. Es sollte von diesem Vertrag abgeraten werden.

* Laut der Selbstauskunft von Familie Meister hat Herr Meister ein Kind aus einer früheren Ehe. Da aus der Selbstauskunft nicht ersichtlich ist, wer das Kindergeld für dieses Kind erhält, sollte dieses nicht in die Kalkulation mit eingerechnet werden.

© Westermann Gruppe

Prüfung Fahrzeugvertriebsprozesse und Finanzdienstleistungen

Finanzdienstleistungs-Produkte im Fahrzeughandel – Kreditfinanzierung

5.3 Familie Meister möchte die monatliche Rate etwas senken. Welche Möglichkeiten können Sie der Familie nennen?

5.4 Erklären Sie Familie Meister, welche Risiken durch die Restschuldversicherung abgedeckt sind und welche Zahlung der Kreditnehmer im Versicherungsfall zu erwarten hat.

5.5 Erklären Sie Familie Meister, welche Kriterien bei der Ermittlung des Werts für das Altfahrzeug eine Rolle spielen.

6. Aufgabe

> **Fortführung der Situation**
> Die monatlichen Raten sind Familie Meister zu hoch. Sie empfehlen ihnen, das Fahrzeug mit einem Schlussratenkredit (Ballonfinanzierung) zu finanzieren.
>
> Sie bekommen von der Bank folgende Vorgaben:
>
> Zinsen: 1.760,00 €
> Höhe der Schlussrate 48. Monatsrate: 18 % vom Fahrzeuggesamtpreis.
> Das Altfahrzeug soll weiterhin mit 2.700,00 € in Zahlung genommen werden.
> Die Restschuldversicherung wird mit 2,45 € pro Monat für die Monate 1 bis 47 mit berücksichtigt.

6.1 Erstellen Sie das Angebot für Familie Meister.

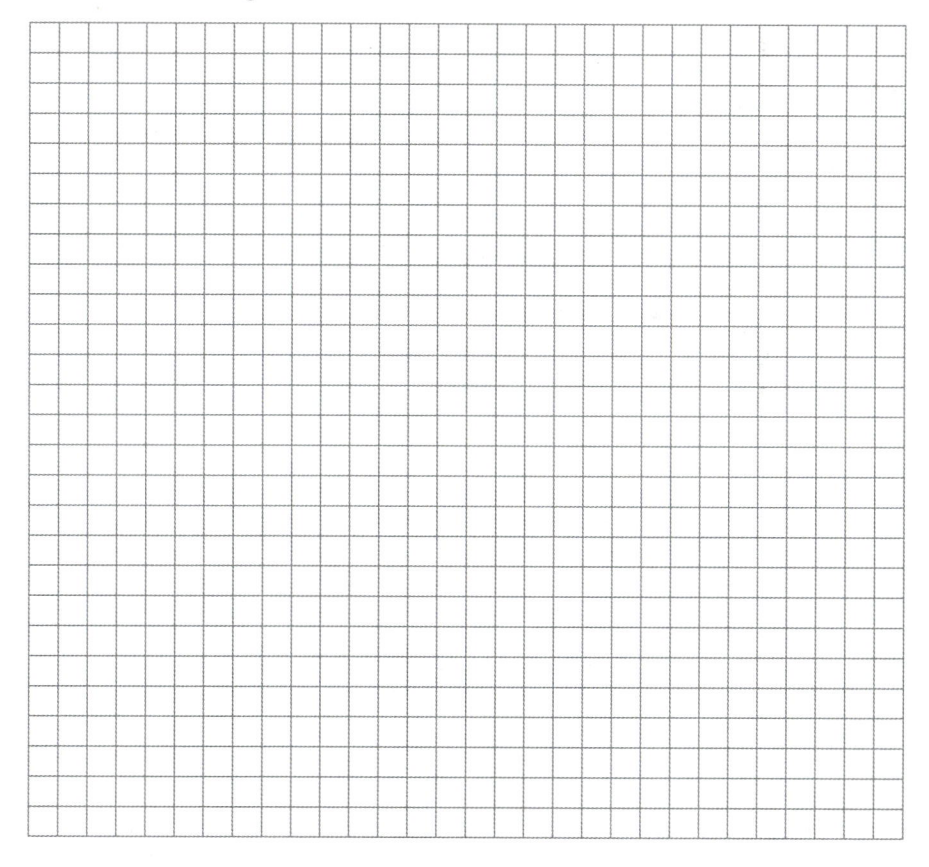

Prüfung Fahrzeugvertriebsprozesse und Finanzdienstleistungen

Finanzdienstleistungs-Produkte im Fahrzeughandel – Kreditfinanzierung

Erläuterungen und Lösungen

5.3 Die monatliche Rate einer Kfz-Finanzierung kann durch folgende Aktionen gesenkt werden:

- Höhere Anzahlung
- Längere Laufzeit des Kredits
- Wechsel zu einem günstigeren Fahrzeug
- Sonderausstattung reduzieren
- 3-Wege-Finanzierung

5.4 Der Kreditgeber verlangt sehr oft den Abschluss einer Restschuldversicherung (Kreditschutzbrief). Mit dieser Absicherung ist der Kreditnehmer vor Schicksalsschlägen geschützt.

- Der Kreditnehmer wird unverschuldet arbeitslos: Hier übernimmt die Restschuldversicherung die monatlichen Raten. Die Dauer der Zahlung ist abhängig vom jeweiligen Anbieter, oft auf die Dauer von einem Jahr begrenzt.

- Der Kreditnehmer wird länger krank: In diesem Fall erhält der Kreditnehmer über seine gesetzliche Krankenversicherung eine Lohnfortzahlung von sechs Wochen. Nach dieser Zeit übernimmt die Restschuldversicherung die monatlichen Raten aus dem Darlehensvertrag bis zu seiner Genesung.

- Der Kreditnehmer verstirbt: In diesem Fall übernimmt die Restschuldversicherung den noch offenen Kreditbetrag als Einmalzahlung

5.5 Alter des Fahrzeugs, km-Stand, Zustand des Fahrzeugs, regelmäßiger Service, aktuelle Lage auf dem Gebrauchtwagenmarkt, Sonderausstattungen, Farbe, Anzahl der Vorbesitzer

6. Aufgabe

6.1 **Berechnung des Gesamtfinanzierungsbedarfs**

Listenpreis ohne Sonderausstattung	34.000,00 €
+ Sonderausstattung	4.500,00 €
= Listenpreis inkl. Sonderausstattung	38.500,00 €
– Nachlass/Rabatt	
– Anzahlung/Inzahlungnahme	2.700,00 €
= Nettokreditbetrag	35.800,00 €
+ sonstige Leistungen, z. B. Restschuldversicherung	115,15 €
= Finanzierungssumme	35.915,15 €
+ Zinsen (bezogen auf die Finanzierungssumme)	1.760,00 €
= Gesamtfinanzierungsbedarf(Gesamtdarlehensbetrag)	37.675,15 €

Berechnung der Schlussrate

Grundlage ist der Listenpreis inkl. Sonderausstattung des Fahrzeugs.

18 % von 38.500,00 € = 6.930,00 €

Berechnung der monatliche Rate

Gesamtdarlehensbetrag	37.675,15 €
– Schlussrate (48. Monatsrate)	6.930,00 €
Summe	30.745,15 €
: 47 Monatsraten	
= Monatliche Rate	654,15 €

© Westermann Gruppe

6.2 Welche Möglichkeiten hat Familie Meister am Ende der 3-Wege-Finanzierung?

6.3 Vergleichen Sie den Gesamtaufwand von Familie Meister, wenn Sie das Fahrzeug mit dem Ratenkredit finanzieren oder mit der 3-Wege-Finanzierung. Gehen Sie davon aus, dass die Familie das Fahrzeug zur kalkulierten Schlussrate übernehmen wird.

6.4 Erklären Sie, warum die Schlussratenfinanzierung im Gesamtaufwand teurer als der Ratenkredit ist.

6.5 Wieso spielt die Jahresfahrleistung von Familie Meister bei der 3-Wege-Finanzierung eine Rolle?

6.6 Erklären Sie den Begriff „verbrieftes Rückgaberecht" im Rahmen der 3-Wege-Finanzierung. Welche Daten enthält das verbriefe Rückgaberecht?

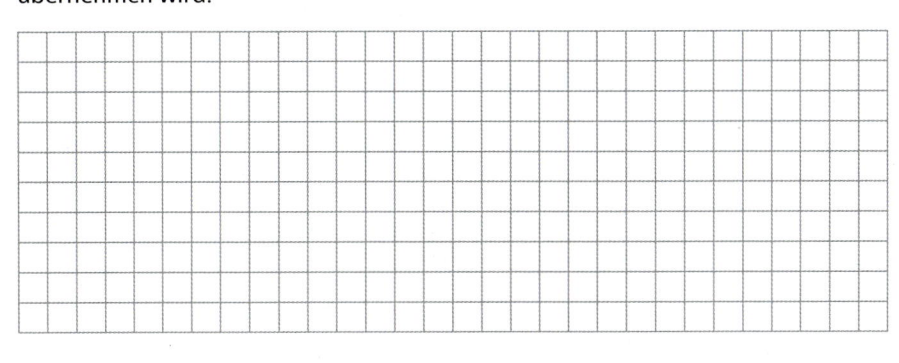

Prüfung Fahrzeugvertriebsprozesse und Finanzdienstleistungen   Finanzdienstleistungs-Produkte im Fahrzeughandel – Kreditfinanzierung

Erläuterungen und Lösungen

6.2 Die 3-Wege-Finanzierung, Schlussratenkredit oder auch Ballonkredit genannt, bietet dem Kunden sehr viel Flexibilität am Vertragsende, da er sich erst am Vertragsende entscheiden muss, wie er mit dem Darlehensvertrag verfahren möchte:

Übernahme des Fahrzeugs	Durch die Bezahlung der Schlussrate kann der Kunde dafür sorgen, dass das Fahrzeug in sein Eigentum übergeht. Die Höhe der Schlussrate steht bereits zu Beginn der Finanzierung fest. In diesem Fall sind eine Überschreitung der km-Laufleistung oder kleine Schäden am Fahrzeug irrelevant.
Anschlussfinanzierung	Der Kunde fährt sein Fahrzeug weiter und bleibt der Besitzer des Fahrzeugs. Durch einen neuen Kredit über die Höhe der Schlussrate kann die Finanzierung fortgesetzt werden. Die Bank bietet in diesem Fall eine sogenannte „Gebrauchtwagenfinanzierung" an. Die Zinskonditionen sind meist schlechter gegenüber dem Ursprungsvertrag. Eine Aussage über die möglichen Zinsen der Weiterfinanzierung kann zu Beginn der Finanzierung nicht getroffen werden.
Rückgabe des Fahrzeugs beim Autohaus	Am Tag der Fälligkeit der Schlussrate kann der Kreditnehmer das Fahrzeug beim Autohaus zurückgeben. Dieses wickelt den Darlehensvertrag ab und bezahlt die Schlussrate für den Darlehensnehmer. Das Fahrzeug muss sich in einem einwandfreien und altersgerechten Zustand befinden. Eventuelle Zusatzvereinbarungen bzgl. der km-Laufleistung und Schäden am Fahrzeug müssen bei der Abrechnung beachtet werden.

Einige Herstellerbanken bieten in Kooperation mit ihrem Vertragshändler keine 3-Wege-Finanzierung, sondern nur eine 2-Wege-Finanzierung an. Bei einer 2-Wege-Finanzierung entfällt die Option der Rückgabe des Fahrzeugs an das Autohaus.

6.3

Gesamtaufwand Klassischer Ratenkredit		Gesamtaufwand 3-Wege-Finanzierung	
Zahlungen:		Zahlungen:	
Anzahlung	2.700,00 €	Anzahlung	2.700,00 €
+ 48 · 779,12 €	37.397,60 €	+ 47 · 654,15 €	30.745,05 €
		+ Schlussrate	6.930,00 €
Gesamtaufwand	40.097,60 €	Gesamtaufwand	40.375,05 €

6.4 Der Schlussratenkredit ist teurer als der klassische Ratenkredit, da die Schlussrate über den kompletten Zeitraum mit verzinst werden muss. Durch die niedrigeren Raten fällt auch der Tilgungsanteil niedriger aus und die Zinskosten erhöhen sich gegenüber dem klassischen Ratenkredit.

6.5 Die km-Laufleistung hat einen hohen Einfluss auf den Gebrauchtwagenwert. Daher ist es wichtig, diesen vertraglich festzuhalten und bei der Kalkulation der Schlussrate mit zu berücksichtigen. Im Idealfall entspricht die Schlussrate dem Wert des Gebrauchtfahrzeugs am Ende der Laufzeit.

6.6 Das „verbriefte Rückgaberecht" erlaubt den Kunden die Rückgabe des Fahrzeugs beim Autohaus. Folgende Aspekte sind vorher zu vereinbaren:

- Höhe der Schlussrate
- Zeitpunkt der Zahlung der Schlussrate
- Abrechnung der Mehr- oder Minderkilometer (Toleranzgrenze beachten)
- Vertraglich vereinbarte km-Leistung

7. Aufgabe

Situation

Herr Nentwich kommt mit einem Konkurrenzangebot zu Ihnen:

UPE:	19.850,00 €
Anzahlung:	3.500,00 €
Effektiver Jahreszins:	0,9 %
Laufzeit:	36 Monate
Jährliche Fahrleistung:	17 000 km
Schlussrate:	5.500,00 €
35 Raten à	341,22 €

7.1 Wie wird diese Art der Finanzierung genannt?

7.2 Herr Nentwich hat bisher immer nur vom Sollzinssatz oder Nominalzinssatz gehört. Erklären Sie ihm den Unterschied zum effektiven Zinssatz, wie er im obigen Angebot angegeben ist.

7.3 Berechnen Sie, wie viel Euro die Gesamtzahlung für Herrn Nentwich am Ende der Laufzeit beträgt, wenn er auch die Schlussrate bezahlt.

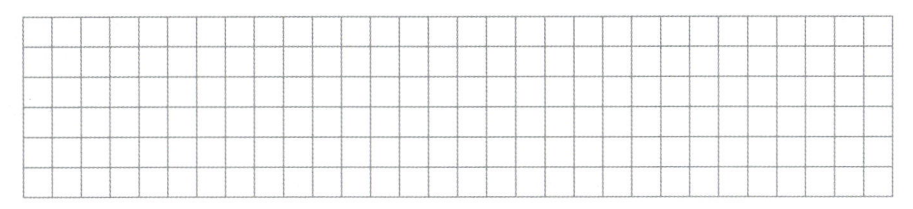

7.4 Berechnen Sie, wie viel Euro die Summe der gezahlten Zinsen während der Laufzeit beträgt.

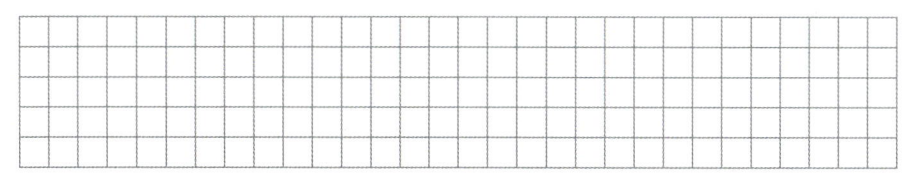

7.5 Herr Nentwich ist sich nicht sicher, ob er am Ende der Laufzeit die Schlussrate direkt bezahlen kann. Erläutern Sie ihm ausführlich die Möglichkeit der Anschlussfinanzierung.

7.6 Sie sollen Ihren Kunden verstärkt eine Anschlussgarantie anbieten, am besten schon bei der Neuwagenauslieferung oder spätestens vor Ablauf der Sachmangelhaftung bzw. der Garantie. Welche Vorteile ergeben sich hier für Ihr Autohaus und für den Kunden?

7.7 Herr Nentwich hat früher seine Fahrzeuge mit einem Kredit bei der Hausbank finanziert. Nennen Sie ihm zwei Vorteile, die für eine Finanzierung über Ihre Bank sprechen.

•

•

Prüfung Fahrzeugvertriebsprozesse und Finanzdienstleistungen

Finanzdienstleistungs-Produkte im Fahrzeughandel – Kreditfinanzierung

Erläuterungen und Lösungen

7. Aufgabe

7.1 Aus den Angaben kann man erkennen, dass der Kunde eine Anzahlung, monatliche Kreditraten und eine Schlussrate zu zahlen hat. Anhand dieser Schlussrate lässt sich die Kreditart erkennen.

Es handelt sich um einen Schlussratenkredit (= Ballonfinanzierung oder 3-Wege-Finanzierung).

7.2 Banken sind verpflichtet, bei Angeboten immer den Soll- oder Nominalzinssatz und den effektiven Zinssatz anzugeben. Da zwischen diesen beiden Zinssätzen oft ein Unterschied zu erkennen ist, ist es wichtig zu wissen, woher dieser Unterschied kommt.

Die Sollzinsen lassen sich mit dem „Nettopreis" des Kredits vergleichen. Es handelt sich um die Zinskosten, die der Kreditnehmer an die Bank bezahlt. Unterm Strich kann die finanzielle Belastung jedoch höher ausfallen, weil eventuelle Zusatzkosten erst im „Bruttopreis" – sprich: Effektivzins – berücksichtigt werden. Der Effektivzins zeigt die tatsächlichen Kreditkosten pro Jahr. Das gilt für Angebote mit festgeschriebenem Zinssatz während der Laufzeit.

Der Effektivzinssatz erlaubt also dem Kreditnehmer einen Vergleich zwischen zwei Krediten.

7.3 Die Gesamtzahlung lässt sich wie folgt berechnen:

Anzahlung	3.500,00 €
35 Raten · 341,22 €	11.942,70 €
Schlussrate	5.500,00 €
Gesamtzahlung:	20.942,70 €

7.4 Die gesamten Zahlungen wurden bereits in 3.3 ermittelt und lauten auf 20.942,70 €.

Das Fahrzeug selbst hat eine unverbindliche Preisempfehlung von 19.850,00 €.

20.942,70 € − 19.850,00 € = 1.092,70 €

Herr Nentwich muss 1.092,70 € Zinsen für diesen Vertrag bezahlen.

7.5 Eine Anschlussfinanzierung ist jederzeit möglich. Allerdings können die Konditionen erst nach Ablauf des Kreditvertrags und somit mit Beginn der Anschlussfinanzierung genannt werden. Da es sich hierbei um eine Gebrauchtwagenfinanzierung handelt, sind die Konditionen oft nicht vergleichbar wie mit einer Neuwagenfinanzierung, sondern schlechter.

7.6 Vorteile für das Autohaus:

- Die Inanspruchnahme der Anschlussgarantie setzt voraus, dass Wartungsarbeiten regelmäßig durchgeführt wurden.
- Die Abwanderung dieser Kunden in freie Werkstätten kann weitgehend verhindert werden.
- Durch regelmäßige Kontakte ist die Chance für Anschlussgeschäfte größer.
- Keine Diskussion über die Kosten

Vorteile für den Kunden:

- Das Risiko, teure Reparaturen bezahlen zu müssen, wird gemindert.
- Die Betriebs- und Fahrsicherheit des Fahrzeugs wird erhalten.
- Regelmäßige Wartungsarbeiten in der Markenwerkstatt beeinflussen den Werterhalt und Wiederverkaufspreis.

7.7
- Er hat nur einen Ansprechpartner.
- Oft subventionierte Zinssätze und dadurch ein günstigeres Angebot

Prüfung Fahrzeugvertriebsprozesse und Finanzdienstleistungen

Finanzdienstleistungs-Produkte im Fahrzeughandel – Kreditfinanzierung

Situation zur 8. bis 12. Aufgabe
Frau Baum hat sich für eine 3-Wege-Finanzierung entschieden und ist heute bei Ihnen, um den Vertrag zu unterschreiben. Sie erklären Frau Baum die Vertragsunterlagen ihrer Fahrzeugfinanzierung.

8. Aufgabe

Sie erklären Frau Baum, dass die Finanzierung dem Verbraucherkreditrecht unterliegt. Welches Ziel wird damit verfolgt?

9. Aufgabe

Jeder Kreditgeber hat gegenüber Verbrauchern eine vorvertragliche Informationspflicht (SECCI). Was wird darunter verstanden und welche Inhalte sind damit verbunden?

10. Aufgabe

Nennen Sie die Mindestangaben, die der Finanzierungsvertrag enthalten muss.

11. Aufgabe

Erklären Sie Frau Baum ihr Widerrufsrecht.

12. Aufgabe

Frau Baum tritt von ihrem Darlehensvertrag fristgerecht zurück. Welche Folgen hat dies für den Kaufvertrag zwischen Frau Baum und Ihrem Autohaus?

Prüfung Fahrzeugvertriebsprozesse und Finanzdienstleistungen Finanzdienstleistungs-Produkte im Fahrzeughandel – Kreditfinanzierung

Erläuterungen und Lösungen

8. Aufgabe

Ziel des Verbraucherkreditrechts ist der Schutz des Verbrauchers. Es beinhaltet Vorschriften zum Verbraucherdarlehensvertrag, der zwischen einem Unternehmen als Darlehensgeber und einem Verbraucher als Darlehensnehmer abgeschlossen wird. Grundvoraussetzung ist eine Nettodarlehenssumme von mehr als 200 Euro.

9. Aufgabe

Darlehensverträge sind in der Schriftform abzuschließen. Auch ist der Darlehensgeber verpflichtet, den Darlehensnehmer in Textform zu informieren und die Vertragsbedingungen zu erläutern. Ziel ist hierbei, dass der Darlehensnehmer in der Lage sein muss, zu beurteilen, ob der Vertrag für ihn passend ist, und er verschiedene Angebote vergleichen kann.

Inhalte der vorvertraglichen Informationspflicht (nicht vollständig):

- Name und Anschrift des Darlehensnehmers
- Art des Darlehens
- Effektiver Jahreszinssatz (Gesamtkosten des Verbraucherdarlehens)
- Sollzinssatz
- Vertragslaufzeit
- Betrag, Zahl und Fälligkeit der einzelnen Zahlungen (Zahlungsplan)
- Gesamtbetrag
- Auszahlungsbedingungen
- Alle sonstigen Kosten
- Verzugszinssatz und anfallende Verzugskosten
- Widerrufsrecht
- Recht des Darlehensnehmers auf vorzeitige Rückzahlung
- Recht auf einen Entwurf des Verbraucherdarlehensvertrags

10. Aufgabe

Mindestinhalte von Verbraucherdarlehensverträgen:

- Nettodarlehensbetrag
- Gesamtbetrag aller Teilzahlungen einschließlich Kosten und Zinsen
- Art und Weise der Rückzahlung des Darlehens
- Zinssatz sowie alle sonstigen Kosten des Darlehens
- Effektiver Jahreszins
- Kosten einer Restschuld- oder sonstigen Versicherung, die im Zusammenhang mit dem Verbraucherkreditvertrag abgeschlossen wird
- Zu bestellende Sicherheiten

Das Darlehen muss in Schriftform abgeschlossen sein. Erfolgt dies nicht oder fehlt eine der Mindestangaben, ist der Darlehensvertrag nichtig.

11. Aufgabe

Frau Baum hat ein 14-tägiges Widerrufsrecht beim Abschluss eines Darlehensvertrags. Dieses Widerrufsrecht muss die Kundin schriftlich ausüben. Entscheidend für die Frist ist das Absendedatum des Widerrufs. Die Frist beginnt mit der Darlehensbestätigung.

12. Aufgabe

Da der Darlehensvertrag eng mit dem Kaufvertrag verbunden ist, wird auch der damit verbundene Kaufvertrag unwirksam.

Prüfung Fahrzeugvertriebsprozesse und Finanzdienstleistungen

Finanzdienstleistungs-Produkte im Fahrzeughandel – Leasing

1. Aufgabe

Situation
Paul Meister hat ein Leasingfahrzeug bei Ihnen über eine Laufzeit von 48 Monaten mit Gebrauchtwagenabrechnung (Restwertvertrag) abgeschlossen. Er möchte nun ein neues Fahrzeug bei Ihnen leasen und bringt den alten zur Gebrauchtwagenbewertung in Ihr Autohaus. Diese ergibt einen Betrag von 7.200,00 €. Das Fahrzeug steht jedoch mit einem Restwert von 9.100,00 € bei der Leasinggesellschaft zu Buche.

1.1 Bei der Rückgabe des Fahrzeugs wird ein Rückgabeprotokoll erstellt. Notieren Sie hierfür drei Positionen, die neben den in der Zulassungsbescheinigung Teil 1 enthaltenen Daten geprüft und in das Protokoll eingetragen werden.

-
-
-

1.2 Herr Meister empfindet den Gebrauchtwagenwert als zu niedrig. Erläutern Sie Herrn Meister eine Möglichkeit, einen höheren Preis für das geleaste Fahrzeug zu bekommen.

1.3 Der Vertrag von Herrn Meister ist ein Teilamortisationsvertrag. Es gibt auch Vollamortisationsverträge. Erklären Sie beide Begriffe.

Vollamortisationsvertrag	
Teilamortisationsvertrag	

1.4 Neben Leasingverträgen mit Restwertabrechnung gibt es noch zahlreiche weitere Leasingvertragsarten. Erklären Sie diese.

Vertrag mit Andienungsrecht des Leasinggebers	
Vertrag mit Aufteilung des Mehrerlöses (Restwertabrechnung)	
Leasing mit Kilometerabrechnung	
Vertrag mit Kaufoption	

55

Prüfung Fahrzeugvertriebsprozesse und Finanzdienstleistungen

Finanzdienstleistungs-Produkte im Fahrzeughandel – Leasing

Erläuterungen und Lösungen

1. Aufgabe

1.1 Bei der Rückgabe des Leasingfahrzeugs wird ein Rückgabeprotokoll erstellt. Oft wird hierzu ein unabhängiger Sachverständiger herangezogen. Ziel dieser Bewertung ist es, den aktuellen Restwert zu kalkulieren. Folgende Angaben zum Fahrzeug sind wichtig:

- Gesamtkilometerlaufleistung
- Unfallschäden und deren Höhe
- Technische Bewertung des Fahrzeugs
- Optische Bewertung
- Fehlende Teile (Schlüssel, Serviceheft, Reserverad, Werkzeuge usw.)
- Ausstattung
- Scheckheft gepflegt
- Wurden Umbaumaßnahmen am Fahrzeug durchgeführt?

1.2 Herr Meister hat die Möglichkeit, innerhalb einer Frist von 14 Tagen einen Käufer zu benennen, der bereit ist, einen höheren Kaufpreis zu bezahlen. Man spricht hier vom sogenannten „Drittkäuferbestimmungsrecht".

Alternative: Hat die Bewertung ein Mitarbeiter des Autohauses vorgenommen, kann der Leasingnehmer einen neutralen Gutachter fordern, um die Bewertung überprüfen zu lassen.

1.3 Je nach Vertragsart werden beim Leasing Voll- und Teilamortisationsverträge unterschieden.

Vollamortisationsvertrag	Bei einem Vollamortisationsvertrag zahlt der Leasing-nehmer durch seine Leasingraten alle Aufwendungen (Anschaffungskosten, Finanzierungskosten und Gewinn) der Leasinggesellschaft zurück.
Teilamortisationsvertrag	Bei einem Teilamortisationsvertrag wird nur ein Teil der Aufwendungen (Anschaffungskosten, Finanzierungs-kosten und Gewinn) durch die Leasingraten an die Leasinggesellschaft bezahlt.

1.4 Folgende Leasingarten können unterschieden werden.

Vertrag mit Andienungs-recht des Leasinggebers	Das Andienungsrecht ist ein Recht der Leasinggesell-schaft. Es bedeutet, dass der Leasingnehmer (LN) das Fahrzeug am Vertragsende kaufen muss, wenn dies der Leasinggeber (LG) so möchte. Kann der LG das Fahrzeug am Gebrauchtwagenmarkt zu einem Mehrerlös verkau-fen, muss der LN das Fahrzeug zurückgeben. Kann der LG das Fahrzeug am Gebrauchtwagenmarkt schlechter verkaufen, wird er es dem LN andienen, d. h., der Kunde muss das Auto zum Restwert übernehmen.
Vertrag mit Aufteilung des Mehrerlöses (Restwertabrechnung)	Der LG muss das Fahrzeug am Ende der Laufzeit veräußern. Wird bei der Veräußerung ein Gewinn erzielt, muss (lt. Leasingerlass) der Mehrerlös nach dem Schlüssel 75 % für den LN, 25 % für den LG verteilt werden. Bei einem Mindererlös trägt der LN die gesamte Unter-deckung und somit das volle Verwertungsrisiko.
Leasing mit Kilometer-abrechnung	Zum Vertragsbeginn wird eine Kilometerbegrenzung fest-gelegt, wird diese • überschritten, ist vom LN eine Nachzahlung pro gefahrenem Mehrkilometer zu leisten; • unterschritten, erhält der LN eine (geringere) Zahlung pro gefahrenem Kilometer. Meist wird ein „Spielraum" von 2.500 km zur vereinbarten Begrenzung festgelegt. Bei Rückgabe des Fahrzeugs wird ein „Rücknahmeprotokoll" erstellt, in dem der Zustand des Fahrzeugs festgehalten wird. Das Protokoll dient als Basis für die Endabrechnung zwischen LN und LG. Das Risiko für den Gebrauchten hat das Autohaus.
Vertrag mit Kaufoption	Dem LN wird bei Vertragsbeginn eine Kaufoption eingeräumt. Diese Option hat zur Folge, dass der LN das Fahrzeug am Ende der Laufzeit kaufen kann, es aber nicht muss. Der LG muss das Fahrzeug auf Wunsch des LNs verkaufen. Wenn der LN am Ende der Laufzeit seine Kaufoption ausübt, zahlt er den Restwert (RW) + einen Optionsauf-schlag.

© Westermann Gruppe

2. Aufgabe

Fortführung der Situation
Herr Meister entschließt sich, als Neuwagen einen SUV mit Komfortausstattung zu leasen. Dieser kostet 37.500,00 €. Eine Leasingsonderzahlung will Herr Meister in Höhe von 4.500,00 € leisten. Der Restwert beträgt am Ende der Laufzeit von 48 Monaten 20 % vom Neupreis.

Leasingzeit/Monate	Faktoren für Anschaffungskosten in %	Faktoren für Gebrauchtwagen in %
18	6,50	6,12
24	5,45	5,02
30	4,35	4,15
36	3,25	3,13
42	2,50	2,25
48	2,00	1,60
54	1,56	1,12
60	1,20	0,82

2.1 Berechnen Sie die monatliche Leasingrate von Herrn Meister.

2.2 Herr Meister empfindet die Leasingrate als zu hoch. Notieren Sie ihm drei Möglichkeiten, die eine günstigere Leasingrate für diesen Neuwagen ergeben.

-
-
-

2.3 Herr Meister ist erstaunt, dass in dem Angebot keine GAP-Versicherung mit eingeschlossen ist. Er habe gehört, dass diese wichtig wäre. Erklären Sie Herrn Meister die abgesicherten Risiken einer GAP-Versicherung.

2.4 Sie möchten Herrn Meister für einen Full-Service-Leasingvertrag begeistern. Nennen Sie ihm mögliche Inhalte eines Full-Service-Leasingvertrags.

Prüfung **Fahrzeugvertriebsprozesse und Finanzdienstleistungen**

Finanzdienstleistungs-Produkte im Fahrzeughandel – Leasing

Erläuterungen und Lösungen

2. Aufgabe

2.1 Für die Berechnung eines Leasingbetrags wird folgendes Schema herangezogen:

Kaufpreis
– Rabatt
= Auslieferungspreis
– Mietsonderzahlung/Leasingsonderzahlung
= Anschaffungskosten für die Leasinggesellschaft

Berechnung der Leasingrate:
Neuwagenleasingrate   (Anschaffungskosten · Leasingfaktor NW)
– Gebrauchtwagen   (Restwert · Leasingfaktor GW)
= Leasingrate

Kaufpreis	37.500,00 €
– Rabatt	0,00 €
= Auslieferungspreis	37.500,00 €
– Leasingsonderzahlung	4.500,00 €
Anschaffungskosen für die Leasinggesellschaft	33.000,00 €

Berechnung der Leasingrate:

Neuwagenleasingrate (2,00 % von 33.000,00 €)	660,00 €
– Gebrauchtwagenrate (1,60 % von 7.500,00 €*)	120,00 €
Leasingrate mtl.	540,00 €

* Nebenrechnung:
Berechnung des Restwerts: 20 % von 37.500,00 € = 7.500,00 €

2.2 Die Leasingrate unterliegt verschiedenen Faktoren. Herr Meister kann die Leasingrate durch folgende Veränderungen des Leasingvertrags reduzieren:

- Leasingdauer erhöhen
- Leasingsonderzahlung erhöhen
- Laufleistung verringern

2.3 Die GAP-Versicherung wird auch als Unterdeckungsschutz in den Leasingverträgen bezeichnet. Durch diese Absicherung wird verhindert, dass im Falle eines Unfalls mit anerkanntem Totalschaden oder Diebstahls eine Deckungslücke zwischen Erstattungsausgleich der Kfz-Versicherung (Wiederbeschaffungswert abzgl. Zeitwert) und dem Abrechnungswert des Leasingvertrags entsteht.

① = Abrechnungswertverlauf   ② = Marktwertverlauf   ③ = Restwert

2.4 In einem Full-Service-Leasingvertrag können folgende Leistungen eingeschlossen sein:

- Kfz-Versicherung
- GAP-Abdeckung
- Kfz-Steuer
- Reifenersatz und Einlagerung
- GEZ-Gebühren
- Tankkarte

Auszug aus den Leasingbedingungen

Privat-Leasing-Bedingungen

VII. Übernahme und Übernahmeverzug

1. Der Leasingnehmer ist verpflichtet, das Fahrzeug innerhalb von 14 Tagen nach Zugang der Bereitstellungsanzeige am vereinbarten Übernahmeort abzunehmen. Im Falle der Nichtabnahme kann der Leasinggeber von seinen gesetzlichen Rechten Gebrauch machen.

2. Verlangt der Leasinggeber Schadenersatz, so beträgt dieser 15 % des Fahrzeugpreises entsprechend der unverbindlichen Preisempfehlung (einschließlich Umsatzsteuer) des Fahrzeugherstellers zum Zeitpunkt des Vertragsabschlusses für dieses Fahrzeug.

[...]

VIII. Eigentumsverhältnisse, Halter des Fahrzeugs und Zulassung

1. Der Leasinggeber ist Eigentümer des Fahrzeugs. Er ist berechtigt, in Abstimmung mit dem Leasingnehmer das Fahrzeug zu besichtigen und auf seinen Zustand zu überprüfen.

[...]

1. Der Leasingnehmer ist Halter des Fahrzeugs. Es wird auf ihn zugelassen. Der Fahrzeugbrief (Zulassungsbescheinigung Teil II) wird vom Leasinggeber verwahrt. Benötigt der Leasingnehmer zur Erlangung behördlicher Genehmigungen den Fahrzeugbrief (Zulassungsbescheinigung Teil II), wird dieser der Behörde auf sein Verlangen vom Leasinggeber vorgelegt.

[...]

X. Versicherungsschutz und Schadenabwicklung

1. Der Leasinggeber schließt im Namen und für Rechnung des Leasingnehmers auf dessen Wunsch für das Leasingfahrzeug bei unten genannter Versicherung eine Kfz-Haftpflicht- (unbegrenzte Deckung) und eine Kfz-Vollkaskoversicherung (Selbstbeteiligung 300,00 € je Schadenereignis) für den Leasingnehmer ab.

[...]

Versichert der Leasingnehmer das Fahrzeug nicht über den Leasinggeber, hat der Leasingnehmer eine Kraftfahrzeug-Haftpflichtversicherung und eine Vollkaskoversicherung, jeweils mit dem gleichen Umfang wie vorstehend, abzuschließen und dem Leasinggeber nachzuweisen, Letztere durch einen Sicherungsschein.

Privat-Leasing-Bedingungen

5. Entschädigungsleistungen für Wertminderung sind in jedem Fall an den Leasinggeber weiterzuleiten. Bei Verträgen mit Gebrauchtwagenabrechnung rechnet der Leasinggeber erhaltene Wertminderungsbeträge dem aus dem Verkauf des Fahrzeugs erzielten Verkaufserlös am Vertragsende zu.

[...]

1. Bei Totalschaden oder Verlust des Fahrzeugs kann jeder Vertragspartner den Leasingvertrag zum Ende eines Vertragsmonats kündigen. Bei schadenbedingten Reparaturkosten von mehr als 60 % des Wiederbeschaffungswerts des Fahrzeugs kann der Leasingnehmer innerhalb von drei Wochen nach Kenntnis dieser Voraussetzungen zum Ende eines Vertragsmonats kündigen.

XIV. Vertragsaufhebung und Kündigung

1. Der Leasingvertrag ist fest über die vereinbarte Vertragszeit abgeschlossen, doch kann auf Wunsch des Leasingnehmers sechs Monate nach Vertragsbeginn, bei Totalschaden, Verlust oder unfallbedingten Reparaturkosten von mehr als 60 % des Wiederbeschaffungswerts des Fahrzeugs jederzeit eine vorzeitige Beendigung des Leasingvertrags durch schriftlichen Aufhebungsvertrag erfolgen.

[...]

2. Jeder Leasingpartner kann den Vertrag aus wichtigem Grund fristlos kündigen. Der Leasinggeber kann insbesondere dann fristlos kündigen, wenn der Leasingnehmer
- mit 2 Leasingraten in Verzug ist;
- seine Zahlungen einstellt, als Schuldner einen außergerichtlichen Vergleich anbietet, Wechsel und Schecks mangels Deckung zu Protest gehen lässt;
- bei Vertragsabschluss unrichtige Angaben gemacht oder Tatsachen verschwiegen hat und deshalb dem Leasinggeber die Fortsetzung des Vertrags nicht zumutbar ist;
- trotz schriftlicher Abmahnung schwerwiegende Verletzungen des Vertrags nicht unterlässt oder bereits eingetretene Folgen solcher Vertragsverletzungen nicht unverzüglich beseitigt.

3. Stirbt der Leasingnehmer und haben die Erben an der Fortführung des Vertrags kein Interesse, können die Erben oder der Leasinggeber das Vertragsverhältnis zum Ende eines Vertragsmonats kündigen.

---

3. Aufgabe

Fortführung der Situation
Herr Meister hat noch einige Fragen bezüglich seines Leasingvertrags.
Beantworten Sie diese mithilfe der nebenstehenden Leasingbedingungen.

3.1 Erklären Sie die Eigentumsverhältnisse bei einem Leasingvertrag.

3.2 Herr Meister möchte sein Fahrzeug nur Haftpflicht versichern. Ist dies möglich?

3.3 Nennen Sie Herrn Meister drei Möglichkeiten einer fristlosen Kündigung durch den Leasinggeber.

3.4 Nennen Sie außerordentliche Kündigungsmöglichkeiten von Herrn Meister.

Prüfung Fahrzeugvertriebsprozesse und Finanzdienstleistungen

Finanzdienstleistungs-Produkte im Fahrzeughandel – Leasing

Erläuterungen und Lösungen

Auszug aus den Leasingbedingungen
Privat-Leasing-Bedingungen

[...]

VII. Übernahme und Übernahmeverzug

1. Der Leasingnehmer ist verpflichtet, das Fahrzeug innerhalb von 14 Tagen nach Zugang der Bereitstellungsanzeige am vereinbarten Übernahmeort abzunehmen. Im Falle der Nichtabnahme kann der Leasinggeber von seinen gesetzlichen Rechten Gebrauch machen.

2. Verlangt der Leasinggeber Schadenersatz, so beträgt dieser 15 % des Fahrzeugpreises entsprechend der unverbindlichen Preisempfehlung (einschließlich Umsatzsteuer) des Fahrzeugherstellers zum Zeitpunkt des Vertragsabschlusses für dieses Fahrzeug.

[...]

VIII. Eigentumsverhältnisse, Halter des Fahrzeugs und Zulassung

1. Der Leasinggeber ist Eigentümer des Fahrzeugs. Er ist berechtigt, in Abstimmung mit dem Leasingnehmer das Fahrzeug zu besichtigen und auf seinen Zustand zu überprüfen.

[...]

1. Der Leasingnehmer ist Halter des Fahrzeugs. Es wird auf ihn zugelassen. Der Fahrzeugbrief (Zulassungsbescheinigung Teil II) wird vom Leasinggeber verwahrt. Benötigt der Leasingnehmer zur Erlangung behördlicher Genehmigungen den Fahrzeugbrief (Zulassungsbescheinigung Teil II), wird dieser der Behörde auf sein Verlangen vom Leasinggeber vorgelegt.

[...]

X. Versicherungsschutz und Schadenabwicklung

1. Der Leasinggeber schließt im Namen und für Rechnung des Leasingnehmers auf dessen Wunsch für das Leasingfahrzeug bei unten genannter Versicherung eine Kfz-Haftpflicht- (unbegrenzte Deckung) und eine Kfz-Vollkaskoversicherung (Selbstbeteiligung 300,00 € je Schadenereignis) für den Leasingnehmer ab.

[...]

Versichert der Leasingnehmer das Fahrzeug nicht über den Leasinggeber, hat der Leasingnehmer eine Kraftfahrzeug-Haftpflichtversicherung und eine Vollkaskoversicherung, jeweils mit dem gleichen Umfang wie vorstehend, abzuschließen und dem Leasinggeber nachzuweisen, Letztere durch einen Sicherungsschein.

5. Entschädigungsleistungen für Wertminderung sind in jedem Fall an den Leasinggeber weiterzuleiten. Bei Verträgen mit Gebrauchtwagenabrechnung rechnet der Leasinggeber erhaltene Wertminderungsbeträge dem aus dem Verkauf des Fahrzeugs erzielten Verkaufserlös am Vertragsende zu.

[...]

1. Bei Totalschaden oder Verlust des Fahrzeugs kann jeder Vertragspartner den Leasingvertrag zum Ende eines Vertragsmonats kündigen. Bei schadenbedingten Reparaturkosten von mehr als 60 % des Wiederbeschaffungswerts des Fahrzeugs kann der Leasingnehmer innerhalb von drei Wochen nach Kenntnis dieser Voraussetzungen zum Ende eines Vertragsmonats kündigen.

[...]

XIV. Vertragsaufhebung und Kündigung

1. Der Leasingvertrag ist fest über die vereinbarte Vertragszeit abgeschlossen, doch kann auf Wunsch des Leasingnehmers sechs Monate nach Vertragsbeginn, bei Totalschaden, Verlust oder unfallbedingten Reparaturkosten von mehr als 60 % des Wiederbeschaffungswerts des Fahrzeugs jederzeit eine vorzeitige Beendigung des Leasingvertrags durch schriftlichen Aufhebungsvertrag erfolgen.

[...]

2. Jeder Leasingpartner kann den Vertrag aus wichtigem Grund fristlos kündigen. Der Leasinggeber kann insbesondere dann fristlos kündigen, wenn der Leasingnehmer

   - mit 2 Leasingraten in Verzug ist;

   - seine Zahlungen einstellt, als Schuldner einen außergerichtlichen Vergleich anbietet, Wechsel und Schecks mangels Deckung zu Protest gehen lässt;

   - bei Vertragsabschluss unrichtige Angaben gemacht oder Tatsachen verschwiegen hat und deshalb dem Leasinggeber die Fortsetzung des Vertrags nicht zumutbar ist;

   - trotz schriftlicher Abmahnung schwerwiegende Verletzungen des Vertrags nicht unterlässt oder bereits eingetretene Folgen solcher Vertragsverletzungen nicht unverzüglich beseitigt.

3. Stirbt der Leasingnehmer und haben die Erben an der Fortführung des Vertrags kein Interesse, können die Erben oder der Leasinggeber das Vertragsverhältnis zum Ende eines Vertragsmonats kündigen.

3.1 Bei einem Leasingvertrag ist der Eigentümer die Leasinggesellschaft. Der Leasingnehmer darf das Fahrzeug aber nutzen und ist somit der Besitzer.

3.2 Welchen Versicherungsschutz das jeweilige Leasingobjekt benötigt, legt die Leasinggesellschaft in seinen Leasingbedingungen fest. In diesem Fall schreibt die Leasinggesellschaft eine Vollkaskoabsicherung mit einer Selbstbeteiligung von 300,00 € vor. Die Leasinggesellschaft verlangt hierfür einen Nachweis. Schließt der Leasingnehmer keine derartige Versicherung ab, ist der Leasinggeber berechtigt, eine abzuschließen und die Beiträge für diese dem Leasingnehmer in Rechnung zu stellen.

3.3 Der Leasinggeber kann den Vertrag fristlos kündigen, wenn der Leasingnehmer

- mit zwei Leasingraten in Verzug ist,

- seine Zahlungen einstellt,

- bei Vertragsabschluss unrichtige Angaben gemacht hat oder Tatsachen

- verschwiegen hat,

- trotz schriftlicher Abmahnung schwerwiegend gegen den Vertrag verstoßen hat und seine Handlungen nicht unterlässt oder

- bereits eingetretene Folgen nicht unverzüglich beseitigt.

3.4 Der Leasingnehmer kann den Vertrag außerordentlich kündigen, wenn Folgendes vorliegt:

- Verlust oder Diebstahl des Fahrzeugs

- Totalschaden

- Reparaturkosten von mehr als 60 % des Wiederbeschaffungswerts

- Tod des Leasingnehmers

Prüfung Fahrzeugvertriebsprozesse und Finanzdienstleistungen

Finanzdienstleistungs-Produkte im Fahrzeughandel – Leasing

4. Aufgabe

Situation
Der Installateur Harald Sonne plant für seinen Fuhrpark die Anschaffung von drei weiteren Fahrzeugen. Bisher hat er alle Fahrzeuge finanziert. Sein Steuerberater hat ihn aber auf die steuerlichen Vorteile von Leasingverträgen aufmerksam gemacht. Im Rahmen seiner Entscheidung benötigt Herr Sonne ein paar Informationen von Ihnen.

4.1 Nennen Sie Herrn Sonne Vorteile eines Leasingvertrags.

4.2 Erläutern Sie Herrn Sonne die Vorteile eines Leasingvertrags gegenüber einer Bezahlung aus Eigenmitteln anhand der drei folgenden wichtigen Aspekte genauer.

Aspekte	Erläuterungen
Kapitaleinsatz	
Steuern	
Gebrauchtwagenveräußerung	

4.3 Wie überprüfen Sie die Kreditwürdigkeit und Kreditfähigkeit von Herrn Sonne?

4.4 Damit ein Leasingvertrag steuerlich geltend gemacht werden kann, muss er den Kriterien des Leasingerlasses des Bundesministeriums für Finanzen entsprechen. Nennen Sie die drei Kriterien.

-
-
-

Prüfung Fahrzeugvertriebsprozesse und Finanzdienstleistungen

Finanzdienstleistungs-Produkte im Fahrzeughandel – Leasing

Erläuterungen und Lösungen

4. Aufgabe

4.1 Neben dem steuerlichen Aspekt sprechen auch weitere Punkte für einen Leasingvertrag:

- Der Leasingnehmer muss sich nach der Vertragslaufzeit nicht um die Vermarktung des Gebrauchtfahrzeugs kümmern.

- Der Leasingnehmer kann ca. alle zwei bis drei Jahre sein aktuelles Fahrzeug gegen ein neues Fahrzeug eintauschen.

- Das Fahrzeug muss nicht bilanziert werden.

- Das Fremdkapital steigt nicht an.

4.2

Aspekte	Erläuterungen
Kapitaleinsatz	Der Unternehmer muss die Anschaffungskosten für das Fahrzeug nicht aus seinem Barbestand des Unternehmens bezahlen. Daher bleibt er weiterhin liquid für eintretende Zahlungen, die vorher nicht geplant waren. Auch verliert er eventuell keine Zinsen, falls das Geld gut angelegt war.
Steuern	Bei einem Leasinggeschäft kann der Unternehmer die Netto-leasingrate als Betriebsausgabe bei der Steuer ansetzen und somit Steuerzahlungen mindern.
Gebrauchtwagen-veräußerung	Nach Ende des Leasingvertrags kann der Unternehmer das Fahrzeug beim Händler nach den vereinbarten Rückgabe-modalitäten wieder abgeben.

4.3 Überprüfung der Kreditfähigkeit: Handelsregisterauszug, Personalausweis des Bevollmächtigten zur Unterzeichnung des Leasingvertrags

Überprüfung der Kreditwürdigkeit: Bilanzen, Gewinn- und Verlustrechnung, Selbstauskunft für Gewerbe, CREDITREFORM, wirtschaftliche Auswertungen

4.4
- Der Leasinggeber muss der wirtschaftliche Eigentümer sein und ist somit verpflichtet, das geleaste Gut bei sich zu bilanzieren

- Der Vertrag muss mindestens über einen Zeitraum von 40 % bis maximal 90 % der betriebsgewöhnlichen Nutzungsdauer gehen. (Hier gelten die aktuellen Afa-Tabellen. Die betriebsgewöhnliche Nutzungsdauer bei einem Pkw liegt bei sechs Jahren.)

- Der Vertrag muss unkündbar sein für beide Vertragsparteien.

Folgende Besonderheiten zwischen den voll- und teilamortisierten Verträgen sind zu beachten.

Vollamortisationsleasing	Teilamortisationsleasing
Die Anschaffungs- oder Herstellungs-kosten sowie alle Nebenkosten einschließ-lich der Finanzierungskosten müssen durch die zu entrichtenden Raten während der Grundmietzeit gedeckt sein.	Die Anschaffungs- oder Herstellungs-kosten sowie alle Nebenkosten einschließ-lich Finanzierungskosten dürfen durch die gezahlten Raten nur zum Teil gedeckt sein.
Der Kunde hat eine Kaufoption: Der vorgesehene Kaufpreis darf nicht niedriger sein als der Buchwert, der sich auf der linearen Abschreibung bei Kauf des Gutes und Übernahme ergeben hätte.	**Andienungsrecht:** Der Leasinggeber entscheidet aufgrund wirtschaftlicher Überlegungen, an wen er das Objekt verkauft.
Verträge mit Mietverlängerung: Die Anschlussmiete muss den linearen Abschreibungsbeträgen, die sich bei der bilanziellen Abschreibung ergeben hätten, entsprechen.	**Verträge mit Mehr-/Mindererlösbetei-ligung:** Der Leasinggeber erhält von einem eventuellen Mehrerlös 25 %. So gilt er auch für den Zeitraum der Leasingdau-er als wirtschaftlicher Eigentümer.

© Westermann Gruppe

5. Aufgabe

Fortführung der Situation
Herr Sonne interessiert sich für folgendes Leasingangebot:

Neupreis des Fahrzeuges inkl. Sonderausstattung: 44.500,00 € netto
Jährliche km-Fahrleistung: 30 000 km
Leasingsonderzahlung: 10.000,00 €
Leasingdauer: 4 Jahre (48 Monate)

Laufzeit in Monaten/Restwert des Fahrzeugs					
	24	30	36	42	48
Km pro Jahr					
25.000	50	44	42	40	38
30.000	48	42	40	38	36
35.000	46	40	37	35	33
40.000	43	40	37	35	33
Faktoren für Anschaffungskosten in %					
	5,23	4,33	3,24	3,11	2,96
Faktoren für Gebrauchtwagenwert in %					
	3.84	3,09	2,48	2,32	2,24

5.1 Berechnen Sie die monatliche Nettoleasingrate von Herrn Sonne.

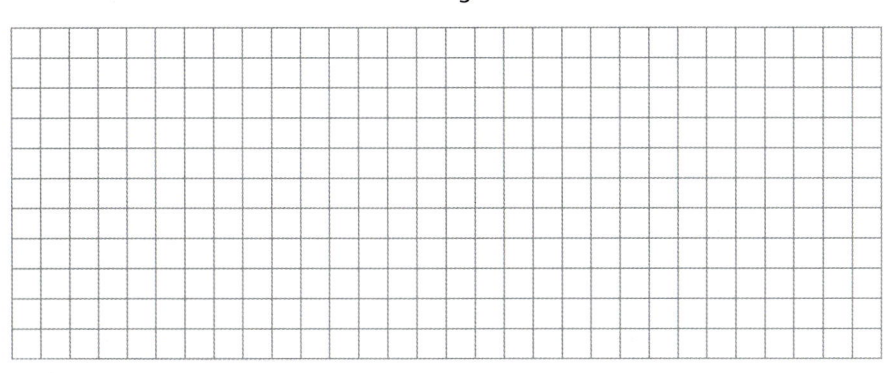

5.2 Berechnen Sie den Gesamtaufwand von Herrn Sonne, wenn er das Fahrzeug vertragsgemäß am Ende der Leasingdauer wieder zurückgibt.

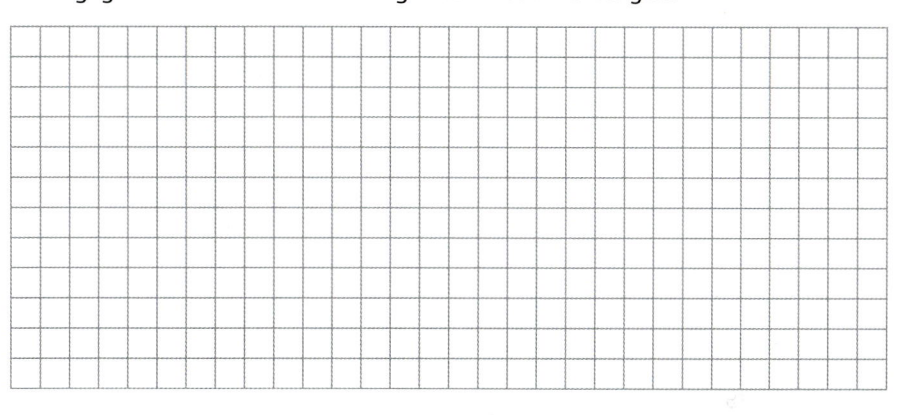

6. Aufgabe

Fortführung der Situation
Neben dem Leasingangebot unterbreiten Sie Herrn Sonne auch folgendes Finanzierungsangebot:

Neupreis des Fahrzeugs inkl. Sonderausstattung: 44.500,00 €
Anzahlung: 10.000,00 €
Finanzierungsraten mtl.: 778,52 €
Zinsanteil während der Finanzierung: 2.496,00 €

Herr Sonne bittet Sie darum, auszurechnen, welchen Anteil er bei seinem Leasingangebot und bei dem Finanzierungsangebot steuerlich absetzen kann.

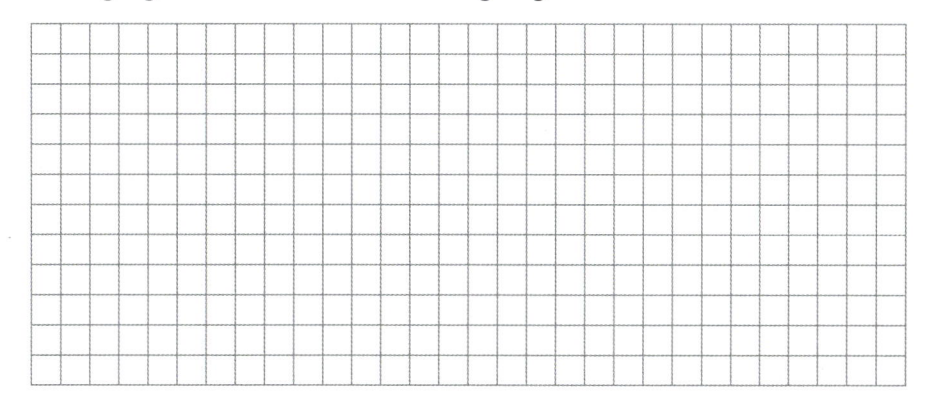

Prüfung Fahrzeugvertriebsprozesse und Finanzdienstleistungen

Finanzdienstleistungs-Produkte im Fahrzeughandel – Leasing

Erläuterungen und Lösungen

5. Aufgabe

5.1

Kaufpreis	44.500,00 €
– Rabatt	0,00 €
= Auslieferungspreis	44.500,00 €
– Leasingsonderzahlung	10.000,00 €
= Anschaffungskosen für die Leasinggesellschaft	34.500,00 €

Berechnung der Leasingrate:

Neuwagenleasingrate (2,96 % von 34.500,00 €)	1.021,20 €
– Gebrauchtwagenrate (2,24 % vom 16.020,00 €)	358,85 €
= Leasingrate mtl.	662,35 €

5.2 Der Gesamtaufwand berechnet sich folgendermaßen:

Leasingsonderzahlung
+ gezahlte Leasingraten über die Leasingdauer
+ eventuelle Nachzahlungen
- für Mehrkilometer
- für Schäden am Fahrzeug die gebrauchsüblich oder unter den normalen Verschleiß fallen

= Summe des Gesamtaufwands des Leasingnehmers

Berechnung von Herrn Sonne:

Leasingsonderzahlung	10.000,00 €
+ 48 Monatsraten · 662,35 €	31.792,80 €
= Gesamtaufwand von Herrn Sonne	41.792,80 €

6. Aufgabe

Bei der Berechnung des steuerlichen Vorteils muss Folgendes beachtet werden:

Leasing: Beim Leasing können die Leasingsonderzahlung und die Leasingraten netto bei den Betriebsausgaben angesetzt werden:

Bei Herrn Sonne ist dies mit dem Gesamtaufwand aus der Aufgabe 5.2 gleichzusetzen. Dies entspricht 41.792,80 €

Finanzierung: Im Rahmen einer Finanzierung können die Abschreibung und die gezahlten Zinsen für das Fahrzeug steuerlich geltend gemacht werden.

Bei Herrn Sonne ergeben sich folgende Werte:

Berechnung der Abschreibung
Ein Fahrzeug wird lt. Afa-Tabelle über sechs Jahre (72 Monate) abgeschrieben:

$$\frac{44.500,00 €}{72} \cdot 48 = 29.666,67 €$$

Steuerlich geltend zu machender Betrag
= Abschreibungen + gezahlte Zinsen = 29.666,67 € + 2.496,00 € = 32.162,67 €

Exkurs: Was sind Abschreibungen?

Jedes Anlagegut verliert im Laufe der Nutzung an Wert. Daher müssen diese Güter über die Dauer ihrer Nutzung abgeschrieben werden. Die Nutzungsdauer kann nicht beliebig gewählt werden, sondern wird für jedes Gut in den sogenannten „Abschreibungstabellen" angegeben. So hat ein Pkw eine betriebsgewöhnliche Nutzungsdauer von sechs Jahren. Wird ein Gut über diesen Zeitraum hinaus genutzt, steht es mit einem Erinnerungswert von 1,00 € weiterhin in der Bilanz. Die Abschreibungen werden als Aufwand verbucht und reduzieren dadurch den Gewinn eines Unternehmens.

© Westermann Gruppe

Prüfung Fahrzeugvertriebsprozesse und Finanzdienstleistungen — Finanzdienstleistungs-Produkte im Fahrzeughandel – Leasing

7. Aufgabe

Situation
Während einer Schulung sollen Sie sich in die Situation der Leasinggesellschaft versetzen. Für einen Privatleasingvertrag mit Kilometerabrechnung gibt Ihnen der Schulungsleiter folgende Daten:

Listenpreis des Herstellers	35.000,00 € (Brutto)
Laufzeit	36 Monate
Mietsonderzahlung	Keine
Versicherung	Vollkasko mit 1.000,00 € SB
Teilkasko mit 300,00 € SB	
Leasingraten monatlich	556,36 €
Kalkulierter Restwert	49 % vom Neupreis

7.1 Berechnen Sie die Summe aller Zahlungen, die bei ordnungsgemäßer Vertragsabwicklung und Veräußerung des Fahrzeugs zum kalkulierten Restwert am Ende an die Leasinggesellschaft fließen.

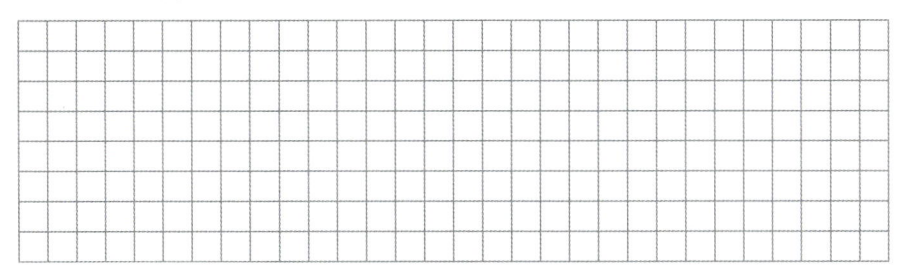

7.2 Berechnen Sie die gesamten Erlöse aus diesem Leasinggeschäft für die Leasinggesellschaft.

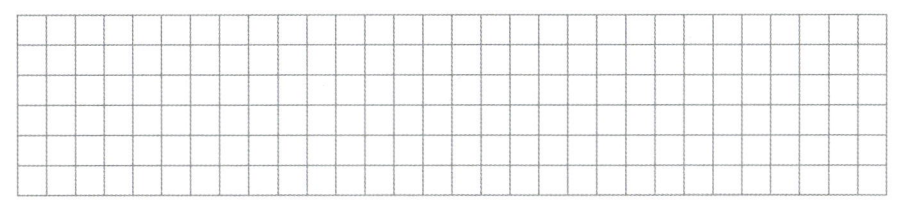

7.3 Nach zwölf Monaten wird das Fahrzeug im Urlaub gestohlen. Die Teilkaskoversicherung haftet für den Schaden und erklärt sich bereit, den Wiederbeschaffungswert in Höhe von 70 % zu bezahlen.

Wie hoch ist die Entschädigungsleistung der Teilkaskoversicherung?

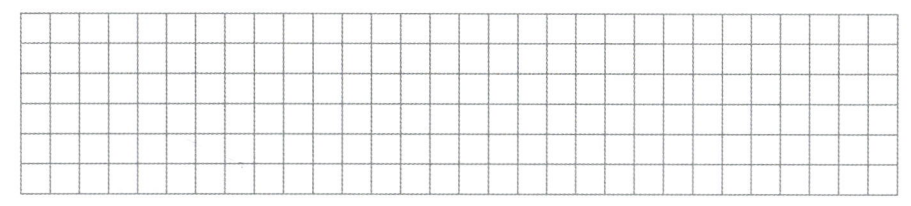

8. Aufgabe

Fortführung der Situation
Ihr Schulungsleiter ist mit Ihnen sehr zufrieden und kontrolliert Ihren Lernerfolg. Er legt Ihnen einige Leasingangebote des Wettbewerbers vor. Für alle Angebote gelten folgende Bedingungen:

36 Monate Laufzeit

Privat-Kilometerleasing-Vertrag ohne Kaufoption

20 000 km Fahrleistung im Jahr

Alle Preise brutto in Euro (Nachkommastellen der Monatsrate sind gerundet.)

Ermitteln Sie die fehlenden Beträge für die drei Leasingangebote.

Modell	Listenpreis	Sonderzahlung	Monatsrate	Gesamtzahlung
Prolo	14.123,00 €	2.150,00 €		6.890,00 €
Zkoda	21.100,00 €	4.820,00 €	189,00 €	
Wolvo	18.980,00 €		175,00 €	9.836,00 €

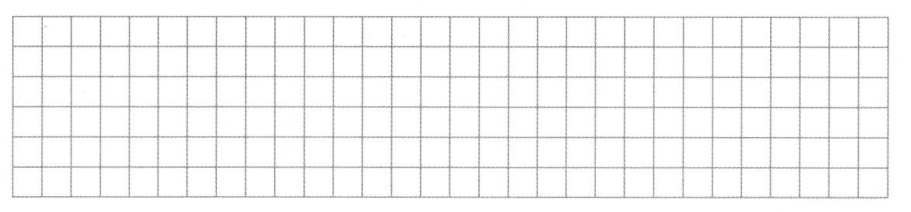

Prüfung **Fahrzeugvertriebsprozesse und Finanzdienstleistungen**

Finanzdienstleistungs-Produkte im Fahrzeughandel – Leasing

Erläuterungen und Lösungen

7. Aufgabe

7.1 Bei der Berechnung der Zahlungen an die Leasinggesellschaft müssen alle Zahlungen berücksichtigt werden, die vom Leasingnehmer, dem Käufer des Fahrzeugs, am Ende der Leasingdauer an die Leasinggesellschaft fließen:

Monatliche Raten · Leasingdauer
+ Veräußerungserlös des Fahrzeugs am Ende des Leasingvertrags
= Summe der Zahlungen, bei ordnungsgemäßer Vertragsabwicklung

36 Monate · 556,36 €	20.028,96 €
+ Verkaufserlöse am Ende der Leasingdauer (49 % vom Neupreis)	17.150,00 €
= Summe der Zahlungen	37.178,96 €

7.2 Bei der Berechnung der Erlöse für die Leasinggesellschaft ist es wichtig, dass die Umsatzsteuer keine Berücksichtigung findet, da diese ein durchlaufender Posten ist.

Somit berechnen sich die Erlöse folgendermaßen:

37.178,96 € : 1,19 = 31.242,82 €

7.3 Im Falle eines Diebstahls kann der Leasingnehmer eine Entschädigung aus der Teilkaskoversicherung seines Fahrzeugs erwarten. Aus diesem Grund wird einem Leasingnehmer oft vorgeschrieben, dass er für sein Fahrzeug eine Vollkaskoversicherung mit Teilkaskoversicherung abzuschließen hat. Oft geben die Leasinggesellschaften auch die Höhe der Selbstbeteiligung vor. Die Entschädigung aus der Teilkaskoversicherung steht aber nicht dem Leasingnehmer, sondern der Leasinggesellschaft zu. Leider ist es in der Praxis oft so, dass die Entschädigungssumme sich nicht mit den aktuellen Forderungen der Leasinggesellschaft deckt. Somit ist hier der Abschluss einer GAP-Versicherung zu empfehlen.

In diesem Fall leistet die Teilkaskoversicherung folgende Entschädigung:
70 % von 35.000,00 € = 24.500 €
24.500 € – 300,00 € = 24.200 €

8. Aufgabe

Modell	Listenpreis	Sonderzahlung	Monatsrate	Gesamtzahlung
Prolo	14.123,00 €	2.150,00 €	131,67 €	6.890,00 €
Zkoda	21.100,00 €	4.820,00 €	189,00 €	11.624,00 €
Wolvo	18.980,00 €	3.536,00 €	175,00 €	9.836,00 €

Berechnung der Monatsrate Prolo:

Der Kunde hat während der Leasingdauer in der Summe 6.890,00 € gezahlt. Hiervon sind 2.150,00 € die Leasingsonderzahlung, somit muss der Restbetrag die monatlichen Raten sein.

6.890,00 € – 2.150,00 € = 4.740,00 € : 36 Monate = 131,67 €

Berechnung der Gesamtzahlung Zkoda:

Die Gesamtzahlung setzt sich aus der Sonderzahlung und den monatlich gezahlten Leasingraten zusammen:

4.820,00 € + (189,00 € · 36 Monate) = 11.624,00 €

Berechnung der Sonderzahlung Wolvo:

Die Höhe der Sonderzahlung ergibt sich, wenn von der Gesamtzahlung die gezahlten monatlichen Raten abgezogen werden.

9.836,00 € – (36 · 175,00 €) = 3.536,00 €

Prüfung: Fahrzeugvertriebsprozesse und Finanzdienstleistungen
Finanzdienstleistungs-Produkte im Fahrzeughandel – Leasing

9. Aufgabe

Situation

Sie erwarten Frau Annika Busch. Frau Busch hat vor vier Jahren einen Prolo bei Ihnen geleast. Heute soll die Rückgabe des Fahrzeugs erfolgen.

Sie erstellen folgendes Rücknahmeprotokoll.

Schmidt Bank Leasing GmbH

Autohaus Schmidt

(2) Vertrag mit Restwert-Abrechnung
(3) für einvernehmliche Vertragsauflösung
(4) für fristlose Kündigung

Leasingnehmer: Annika Busch, Nordstrasse 77, 55767 Köln
Telefon:
Kundennummer:
Bestandsnummer:
Vertrieb/Gebiet:
Modell: Prolo 1.2
Fahrgestell-Nummer: WP 1234587
Erstzulassung: 15.11.20XX
pol. Kennzeichen: K-AB 1
kalk. Restwert: netto: 16.000,00 EUR
Vertragsende: 15.11.20XX
Rückgabedatum:
Vereinbar. Laufleistung:
km-Stand: 21.500

I. Einigung über den Fahrzeugzustand:
Fehlende Ausstattung:
Innenraum:
Technik: Bremsen vertragsgemäß, Auspuff vertragsgemäß, Motor vertragsgemäß, Getriebe vertragsgemäß
Karosserie: Front vertragsgemäß, Heck vertragsgemäß, Seite links vertragsgemäß, Seite rechts vertragsgemäß
Unfallfrei: ja X nein

Zurückgegebene Unterlagen:
ZB I   x
Serviceheft   x
Tankarte
Anzahl der Schlüssel: 3

Reifen:
links vorne: 5   rechts vorne: 5
links hinten: 5   rechts hinten: 5

Mit der Unterschrift bestätigt der Leasingnehmer den gemeinsam festgestellten Fahrzeugzustand:

15.11.20XX Annika Busch — Datum Unterschrift Leasingnehmer
15.11.20XX — Datum Unterschrift Händler

II. Einigung über Minderwerte ohne Mwst. (1):
Fehlende Ausstattung: EUR
Reifen: EUR
Innenraum:
Technik:
Karosserie:
Merkantile Wertminderung:
Summe der Minderwerte:

Einigung über Netto-Händlereinkaufspreis (2/3/4):
Netto-Fahrzeugwert: EUR 18.000,00

Der Leasingnehmer erkennt die Belastung für die Summe der Minderwerte bzw. die Einigung über den Netto-Händlereinkaufspreis an.

15.11.20XX Annika Busch — Datum Unterschrift Leasingnehmer
15.11.20XX — Datum Unterschrift Händler

9.1 Sie ermitteln einen Netto-Händlereinkaufspreis von 18.000,00 € (siehe Rücknahmeprotokoll). Erklären Sie Frau Busch, wie der Vertrag richtig abgerechnet wird.

9.2 Nennen Sie Gründe dafür, warum der ermittelte Nettoeinkaufspreis höher als der kalkulierte Restwert sein kann.

9.3 Frau Busch hatte während der Leasinglaufzeit die Pflichten des Leasingnehmers zu erfüllen. Nennen Sie vier Pflichten, die ein Leasingnehmer gegenüber der Leasinggesellschaft hat.

-
-
-
-

Prüfung Fahrzeugvertriebsprozesse und Finanzdienstleistungen

Finanzdienstleistungs-Produkte im Fahrzeughandel – Leasing

Erläuterungen und Lösungen

9. Aufgabe

Bei der Erstellung eines Rücknahmeprotokolls muss der Leasingnehmer in das Autohaus fahren, bei dem der Leasingvertrag abgeschlossen wurde. Oft muss die erste Vorführung des Fahrzeuges vier Wochen vor dem Datum der Abgabe erfolgen. Das Datum ist in den Leasing-AGB festgelegt. Im Autohaus wird ein Gutachten des Fahrzeugs erstellt. Viele Autohäuser erstellen dieses Gutachten nicht selbst, sondern übergeben dies bereits einem Sachverständigen. Dies ist aber grundsätzlich nicht notwendig.

Ist der Leasingnehmer mit dem Gutachten des Autohauses nicht einverstanden, kann ein neutraler Sachverständiger hinzugezogen werden. Die Kosten gehen mit je 50 % zulasten des Leasingnehmers und Leasinggebers.

Anhand des Rückgabeprotokolls wird festgelegt, ob der Leasingnehmer noch etwas zu bezahlen hat oder ob er eine Erstattung erhält.

Grundsätzlich können das Kilometerleasing und das Restwertleasing unterschieden werden. Während beim Kilometerleasing die gefahrenen Kilometer eine Rolle spielen, sind diese beim Restwertleasing unwichtig.

In unserem Beispiel handelt es sich um einen Vertrag mit Restwertabrechnung. Der Leasingnehmer wird dadurch folgendermaßen beteiligt oder muss folgende Zahlungen leisten:

Mehrerlös: Der LN erhält 75 % des Mehrerlöses, 25 % erhält die Leasinggesellschaft.

Mindererlöse: Der LN muss die 100 % des Mindererlöses bezahlen.

Der kalkulierte Restwert lag bei 16.000,00 €, die aktuelle Bewertung ergibt aber einen Netto-Händlereinkaufspreis von 18.000,00 €. Somit kann mit diesem Fahrzeug ein Mehrerlös von 2.000,00 € erzielt werden.

75 % von 2.000,00 € = 1.500 € ist der Mehrerlös, der dem Leasingnehmer zusteht.

Frau Busch erhält eine Erstattung von 1.500,00 €.

9.2 Bei der Ermittlung des Restwerts spielen mehrere Faktoren eine Rolle. Folgende Aspekte können sich positiv auf den Restwert auswirken:

- Das Fahrzeug befindet sich in einem überdurchschnittlichen Pflegezustand.

- Das Fahrzeug wurde sehr wenige Kilometer gefahren.

- Das Fahrzeug hat einen wertstabilen Wiederverkaufswert.

- Die Marktentwicklung für das Fahrzeug verlief positiver als geplant.

9.3 Der Leasingnehmer hat während der Vertragslaufzeit mehrere Pflichten:

- Versicherungspflicht

- Termingerechte Zahlung der Raten

- Wartungspflicht

- Abnahmepflicht

- Vertragsgemäße Nutzung

- Meldung von Unfallschäden an den Leasinggeber

- Einholung der Zustimmung des LG bei Einbauten und Fahrzeugveränderungen

Prüfung Fahrzeugvertriebsprozesse und Finanzdienstleistungen

Finanzdienstleistungs-Produkte im Fahrzeughandel – Kreditsicherheiten

1. Aufgabe

Situation
Sie erwarten um 11:00 Uhr Björn Winter. Herr Winter ist 22 Jahre alt und befindet sich im 1. Ausbildungsjahr zum Gesundheits- und Krankenpfleger. Er hat sich für eine Finanzierung Ihres Cabrios entschieden. Sie haben bereits alle Unterlagen an die zu finanzierende Bank weitergegeben und folgende Rückmeldung erhalten. „Leider können wir Herrn Winter ohne eine weitere Kreditsicherheit den Kauf des Fahrzeugs nicht finanzieren. Bitte klären Sie Herrn Winter über die Möglichkeiten einer Bürgschaft oder eines Mitdarlehensnehmers auf. Wenn Herr Winter sich mit einer dieser Varianten zuzüglich einer Sicherungsübereignung einverstanden erklärt, geben wir die Finanzierung frei."

1.1 Nennen Sie geeignete Personen, die als Mitdarlehensnehmer oder Bürgen für Herrn Winter infrage kommen.

1.2 Herr Winter interessiert sich zuerst für die Variante der Bürgschaft.
1.2.1 Erklären Sie ihm das Grundprinzip einer Bürgschaft.

1.2.2 Erklären Sie den Unterschied der zwei Bürgschaftsvarianten.

1.3 Neben einer Bürgschaft würde die Bank auch einen Mitdarlehensnehmer akzeptieren. Erklären Sie den Unterschied zwischen einer Bürgschaft und einem Mitdarlehensnehmer.

Fortführung der Situation
Der Vater von Björn Winter, Theodor Winter, hat sich bereit erklärt, als Bürge zu fungieren. Es wurde eine Ausfallbürgschaft beantragt.
Der Darlehensvertrag läuft über 21.000,00 €, als Bürgschaftssumme werden 15.000,00 € vereinbart.

1.4 Herr Björn Winter bricht seine Ausbildung im 3. Lehrjahr ab und kann seinen Ratenzahlungen nicht mehr vertragsgemäß nachkommen. Es ist noch ein Kreditbetrag von 14.860,00 € offen. Welche Pflicht hat nun Theodor Winter?

Prüfung **Fahrzeugvertriebsprozesse und Finanzdienstleistungen**

Finanzdienstleistungs-Produkte im Fahrzeughandel – Kreditsicherheiten

Erläuterungen und Lösungen

1. Aufgabe

1.1 Als Mitdarlehensnehmer oder Bürgen kommen bei Herrn Winter folgende Personen infrage:

- Sein Vater, seine Mutter oder seine Eltern zusammen

- Gute Freunde

- Nähere Verwandtschaft (Tante, Onkel, Großmutter und Großvater)

1.2

1.2.1 Ein Bürge verpflichtet sich, die Raten für den Kreditnehmer/Hauptschuldner (Björn Winter) zu zahlen, wenn dieser die Raten nicht mehr selbst bezahlen kann. Die Banken akzeptieren Bürgen (Nebenschuldner) nur, wenn diese kreditwürdig sind. Auch die Bonität des Bürgen wird überprüft. Das Einkommen des Bürgen muss ausreichen, um die eigenen Verpflichtungen zu bezahlen und im Notfall auch die Raten des Kreditnehmers bezahlen zu können. Der Bürge muss sich schriftlich einverstanden erklären, die Bürgschaft für den Kreditnehmer zu übernehmen.

1.2.2 Ausfallbürgschaft

Im Falle einer Ausfallbürgschaft kann der Bürge das Recht der „Einrede der Vorausklage" geltend machen. Dies bedeutet: Kann der Hauptschuldner seine Zahlungen nicht mehr erfüllen, muss die Zwangsvollstreckung beim Hauptschuldner erfolglos gewesen sein. Erst wenn diese erfolglos bleibt, muss der Bürge für den Hauptschuldner bezahlen.

Selbstschuldnerische Bürgschaft

Bei der Selbstschuldnerischen Bürgschaft haftet der Bürge genauso wie der Hauptschuldner. Der Gläubiger kann also direkt seine Forderungen an den Nebenschuldner stellen, wenn der Hauptschuldner nicht mehr bezahlt. Die Einrede der Vorausklage ist in diesem Fall ausgeschlossen.

1.3 Ein Mitdarlehensnehmer haftet wie der Schuldner gesamtschuldnerisch. Dies bedeutet, dass sich die Bank an beide Personen mit einer Forderung der Rückzahlung wenden kann. Jede der Personen haftet in vollem Umfang für die Rückzahlung des Darlehens.

Dies ist bei einer Bürgschaft nicht der Fall. Hier ist der Darlehensnehmer der Hauptschuldner und der Bürge der Nebenschuldner. Der Nebenschuldner muss erst die Forderungen der Bank begleichen, wenn der Hauptschuldner dies nicht mehr tut.

1.4 Da Herr Theodor Winter dem Bürgschaftsvertrag zugestimmt hat, tritt er in diesem Darlehensvertrag als Nebenschuldner auf. Allerdings ist die Höhe der Bürgschaft auf 15.000,00 € beschränkt. Es wurde eine Ausfallbürgschaft vereinbart, daher kann Herr Theodor Winter sein Recht auf „Einrede der Vorausklage" geltend machen. Die Bank muss nun zuerst eine Zwangsvollstreckung bei Björn Winter vollziehen. Bleibt diese erfolglos, muss Theodor Winter den restlichen Kreditbetrag bei der Bank tilgen und kann diese Zahlung bei seinem Sohn wieder zurückfordern.

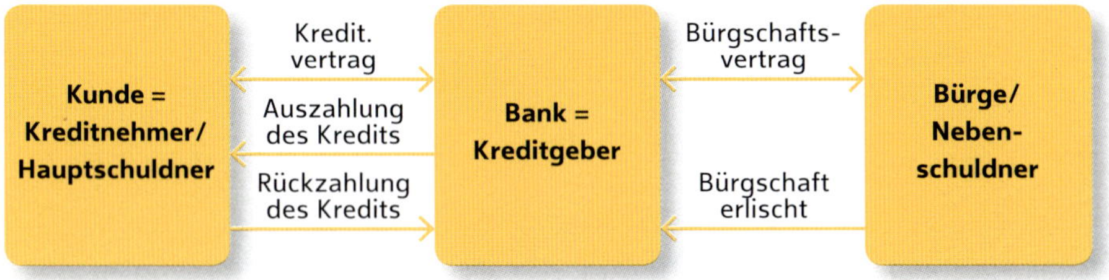

2. Aufgabe

Situation
Sie erwarten um 15:00 Uhr Frau Julia Hansen. Frau Hansen ist eine junge Mutter von Zwillingen und hat einen Kombi bei Ihnen gekauft. Frau Hansen konnte 10.000,00 € Anzahlung für das Fahrzeug leisten, die restlichen 13.000,00 € hat sie mit einer 3-Wege-Finanzierung bei Ihrer Herstellerbank finanziert. Heute führen Sie die Fahrzeugübergabe durch. Sie übergeben Frau Hansen alle wichtigen Dokumente und erklären ihr, dass die Zulassungsbescheinigung Teil 2 an die Bank geht.

2.1 Wie nennt sich diese Art der Kreditsicherheit?

2.2 Erklären Sie Frau Hansen die einzelnen Vertragsbeziehungen bei einer Sicherungsübereignung. Welche rechtlichen Folgen ergeben sich für die Kundin und für die Bank?

2.3 Worin unterscheidet sich die Sicherungsübereignung vom Lombardkredit?

2.4 Welche Rechte hat die Bank, wenn Frau Hansen ihren Zahlungen nicht mehr vertragsgemäß nachkommen kann?

2.5 Könnte Frau Hansen das Fahrzeug während der Kreditfinanzierung jederzeit verkaufen?

Prüfung Fahrzeugvertriebsprozesse und Finanzdienstleistungen

Finanzdienstleistungs-Produkte im Fahrzeughandel – Kreditsicherheiten

Erläuterungen und Lösungen

2. Aufgabe

2.1 Sicherungsübereignung

2.2 Zwischen der Bank und dem Kreditnehmer werden ein Kreditvertrag und ein Sicherungsübereignungsvertrag geschlossen:

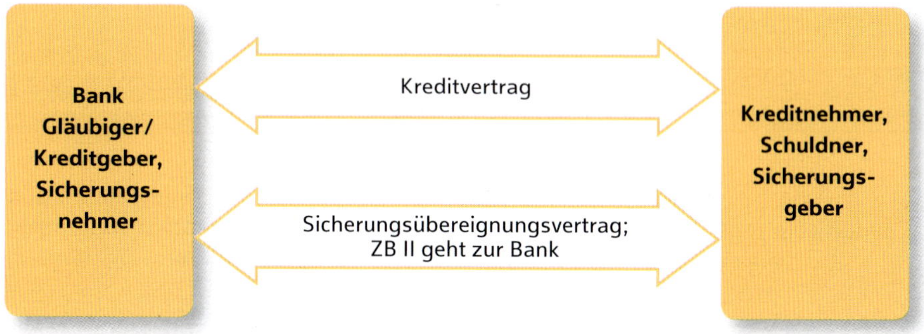

| Bank Gläubiger/ Kreditgeber, Sicherungs-nehmer | ← Kreditvertrag → | Kreditnehmer, Schuldner, Sicherungs-geber |
| | ← Sicherungsübereignungsvertrag; ZB II geht zur Bank → | |

Daraus ergeben sich folgende rechtlichen Konsequenzen:

Die Bank ist der rechtliche Eigentümer, aber der Kreditnehmer darf das Fahrzeug weiter nutzen.

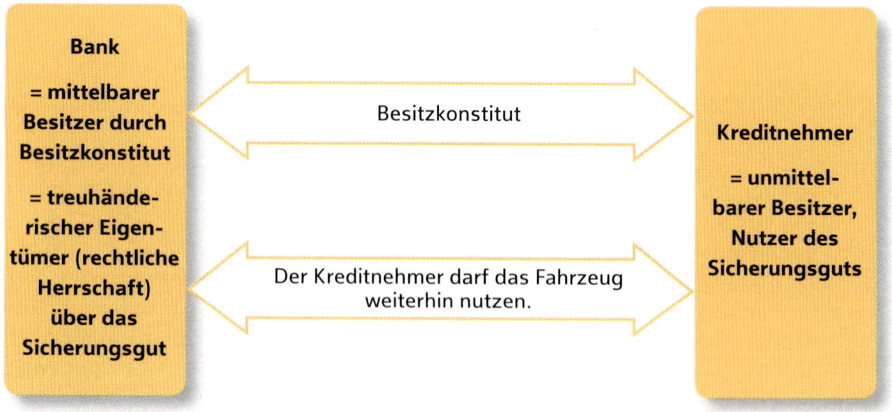

| Bank = mittelbarer Besitzer durch Besitzkonstitut = treuhände-rischer Eigen-tümer (rechtliche Herrschaft) über das Sicherungsgut | ← Besitzkonstitut → | Kreditnehmer = unmittel-barer Besitzer, Nutzer des Sicherungsguts |
| | ← Der Kreditnehmer darf das Fahrzeug weiterhin nutzen. → | |

2.3 Es ändert sich die rechtliche Stellung des Kreditnehmers. Bei einem Lombardkredit ist der Kreditnehmer weiterhin der Eigentümer und die Bank der unmittelbare Besitzer.

Bei einem Lombardkredit verpfändet ein Kreditnehmer an einen Kreditgeber eine bewegliche Sache oder Wertpapiere zur Deckung eines kurzfristigen Darlehens. Im Rahmen des Lombardkredits wird die Sache an den Gläubiger übergeben. Der Gläubiger wird dadurch zum unmittelbaren Besitzer der Sache, der Kreditnehmer bleibt der Eigentümer. Kommt der Kreditnehmer seinen Verpflichtungen nicht nach (Zahlung der Gebühren, Zahlung von Zinsen) oder löst der Kreditnehmer durch die Rückzahlung des Kredits seine Sache nicht aus, kann der Kreditgeber die Sache veräußern. Wird der Kredit vertragsgemäß erfüllt, muss der Kreditgeber die Sache an den Kreditnehmer wieder aushändigen.

2.4 Die Bank hat das Recht zur Veräußerung des Fahrzeugs. Um dieses Recht aber wahrnehmen zu können, müssen wichtige Schritte eingehalten werden:

- Die Kündigung des Darlehensvertrags muss Frau Hansen schriftlich zugehen.

- Das Fahrzeug muss von einem Gutachter geschätzt werden.

Wird das Fahrzeug über der Darlehenshöhe verkauft, erhält der Kreditgeber die Differenz. Ist der Erlös niedriger als die Darlehenssumme, muss diese der Kreditnehmer noch bezahlen.

2.5 Nein, ein Verkauf des Fahrzeugs ist nur mit der Zustimmung der Bank möglich. Der Kreditnehmer benötigt hierzu auch die Zulassungsbescheinigung Teil 2. Diese ist bei der Bank hinterlegt.

© Westermann Gruppe

Prüfung Fahrzeugvertriebsprozesse und Finanzdienstleistungen

Finanzdienstleistungs-Produkte im Fahrzeughandel – Kreditsicherheiten

2.6 Sie erklären Frau Hansen, dass Sie neben der Sicherungsübereignung noch einen Sicherungsschein von der Kfz-Versicherung von Frau Hansen benötigen. Welche Rolle spielt der Sicherungsschein im Rahmen einer Kfz-Finanzierung?

Fortführung der Situation
Bereits nach sieben Monaten kommt Frau Hansen sehr betrübt zu Ihnen ins Autohaus. Sie hatte mit Ihrem neuen Fahrzeug einen selbstverschuldeten Unfall. Es wurde ein Gutachten über Reparaturkosten von 3.500,00 € erstellt.
Mit der Darlehensfinanzierung hat Frau Hansen auch eine Abtretung aus der Kaskoversicherung unterschrieben.

2.7 Was bedeutet diese Abtretung im Schadensfall?

Fortführung der Situation
Frau Hansen hat sich am Ende der Darlehenszeit für die Übernahme des Fahrzeugs entschieden. Sie bezahlt die Schlussrate fristgemäß.

2.8 Wie verändert sich nun die rechtliche Lage?

3. Aufgabe

Situation
Die Herstellerbank hat Ihnen zu einem laufenden Kreditvertrag folgenden Sachverhalt mitgeteilt.

Kunde:	Matthias Mederer
Darlehensbeginn:	01.10.2017
Darlehenssumme:	23.485,78 €
Aktuelle Darlehenssumme (offener Darlehensbetrag):	19.456,00 €
Vereinbarte Kreditsicherheit:	Gehaltsabtretung

Herr Mederer befindet sich seit zwei Monaten im Rückstand mit seinen Zahlungen. Die Zahlungserinnerungen blieben ohne Reaktion von Herrn Mederer.

Welche rechtlichen Schritte kann die Bank einleiten?

Prüfung Fahrzeugvertriebsprozesse und Finanzdienstleistungen

Finanzdienstleistungs-Produkte im Fahrzeughandel – Kreditsicherheiten

Erläuterungen und Lösungen

2.6 Viele Herstellerbanken verlangen im Rahmen einer Finanzierung von der Kraftfahrversicherung des Kreditnehmers die Ausstellung eines Sicherungs-scheins. In diesem wird der Versicherungsumfang (Haftpflicht-, Teilkasko-, Vollkaskoversicherung) bestätigt.

Durch den Sicherungsschein garantiert die Versicherung auch, den Kreditgeber zu informieren wenn

- der Versicherungsnehmer (= Leasing- bzw. Kreditnehmer) die Versicherung kündigt oder den Versicherungsumfang ändert,

- ein Schadensfall eingetreten ist (der Versicherungsnehmer kann nicht mehr frei über die Versicherungsleistung verfügen),

- ein Prämienrückstand besteht (der Leasing- bzw. Kreditgeber haben das Recht, die ausstehende Prämie auszugleichen, um so den Versicherungs-schutz zu erhalten):

Der Sicherungsschein gilt als Schutz des Kreditgebers, da er im Schadensfall auch seine Ansprüche gegenüber der Versicherung geltend machen kann.

2.7 Diese Abtretung bedeutet im Schadensfall, dass die Ansprüche des Versiche-rungsnehmers gegenüber dem Versicherer auf die zu finanzierende Bank übergehen. In diesem Fall sind das die Reparaturkosten in Höhe von 3.500,00 €. Ziel ist dabei, dass der Schaden nicht fiktiv abgerechnet wird, sondern auch wirklich eine Reparatur des Fahrzeugs stattfindet, um den Wert des Fahrzeugs zu erhalten.

2.8 Durch die Bezahlung der Schlussrate wird Frau Hansen Eigentümerin und Besitzerin des Fahrzeugs. Die Bank übersendet ihr die Zulassungsbescheinigung Teil 2.

3. Aufgabe

Im vorliegenden Darlehensvertrag wurde eine Gehaltsabtretung vereinbart. Der Gläubiger kann sich direkt an den Arbeitgeber wenden und den unpfändbaren Anteil des Einkommens von Herrn Mederer einfordern.

Lohn- bzw. Gehaltsabtretung

Eine Lohn- bzw. Gehaltsabtretung kann sich grundsätzlich jeder unterschreiben lassen, der einem anderen Geld leiht. Bei der Abtretung überträgt der Schuldner den pfändbaren Anteil seines Arbeitsentgelts an den Gläubiger. Diese Übertra-gung stellt eine Sicherheit für den Gläubiger für den Fall dar, dass das Darlehen nicht zurückgezahlt wird. Solange sich der Gläubiger nicht auf die Abtretung beruft und den pfändbaren Betrag vom Arbeitgeber einfordert (sog. Offenlegung der Lohnabtretung), erhält der Schuldner weiterhin seinen vollen Lohn bzw. sein volles Gehalt. Es handelt sich also um eine vorsorgliche Maßnahme, die im Kreditwesen zur Absicherung der Bank üblich ist.

Lohn- bzw. Gehaltspfändung

Für eine Pfändung muss immer ein vollstreckbarer Titel gegen den Schuldner erwirkt werden – so auch bei der Lohnpfändung. Der Gläubiger kann dann bei Gericht die Durchführung beantragen, woraufhin der Arbeitgeber des Schuld-ners vom Vollstreckungsgericht einen Pfändungs- und Überweisungsbeschluss erhält. Diesem muss der Arbeitgeber Folge leisten. Eine abweichende vertrag-liche Regelung ist nicht möglich.

Sowohl Lohnabtretung als auch Lohnpfändung erfolgen direkt beim Arbeitgeber. Das bedeutet, dieser berechnet anhand der Situation des Schuldners den unpfändbaren Teil dessen Einkommens und führt den darüber liegenden Teil des Einkommens an den entsprechenden Gläubiger ab.

© Westermann Gruppe

1. Aufgabe

Situation
Der langjährige Kunde Martin Meixner hat sich bei Ihnen eine neue Limousine gekauft. Für dieses Fahrzeug möchte er ein Angebot für die Kfz-Versicherung haben. Es liegen Ihnen folgende Informationen vor:

Schadenfreie Jahre gesamt	SF-Klasse	Beitragssätze in % KH	Beitragssätze in % VK
1 Kalenderjahr	SF 1	100	100
2 Kalenderjahre	SF 2	85	85
3 Kalenderjahre	SF 3	70	70
4 Kalenderjahre	SF 4	60	60
5 Kalenderjahre	SF 5	55	65
6 Kalenderjahre	SF 6	50	60

Vollkasko Pkw   R6 Regionalklasse

Typklasse	mit 150,00 €	mit 300,00 €	mit 1.000,00 €	mit 2.500,00 €
	einschließlich Teilkasko mit 150,00 € Selbstbeteiligung			
16	847,52	827,32	789,36	450,36
17	942,36	896,36	877,58	502,34
18	956,36	888,66	852,44	552,36
19	999,31	917,54	887,26	578,24
20	1.023,47	965,34	904,33	620,12

Haftpflichtversicherung mit unbegrenzter Deckung

Typklasse Regionalklasse	19	20	21	22
R5	796,89	935,26	1.022,36	1.128,63
R6	834,59	1.011,28	1.077,58	1.181,25
R7	881,51	1.068,25	1.156,62	1.247,65

Tarifmerkmal	Haftpflicht	Vollkasko	Teilkasko
Fahrzeugalter			
Bis 1 Jahr	– 15 %		
Über 1 bis 3 Jahre	– 5 %		
Fahrleistung			
Bis 9 000 km	– 15 %	– 15 %	– 15 %
9 000 km bis 12 000 km	– 10 %	– 10 %	– 10 %
Über 20 000 km bis 25 000 km	+ 5 %	+ 5 %	+ 5 %
Garagennachlass	– 20 %	– 10 %	– 15 %
Partnernachlass	– 10 %	– 10 %	– 5 %

Zum Fahrzeug von Herrn Meixner liegen folgende Informationen vor:
Regionalklasse 6, Typklasse 19
Herr Meixner fährt seit fünf Jahren unfallfrei, er fährt 21 000 km im Jahr. Das Fahrzeug ist in einer Garage untergebracht und wird nur von ihm und seiner Frau gefahren. Er möchte für das Fahrzeug auch eine Vollkaskoversicherung mit einer Selbstbeteiligung von 1.000,00 €.

Berechnen Sie den jährlichen Beitrag für die Kfz-Versicherung von Herrn Meixner.

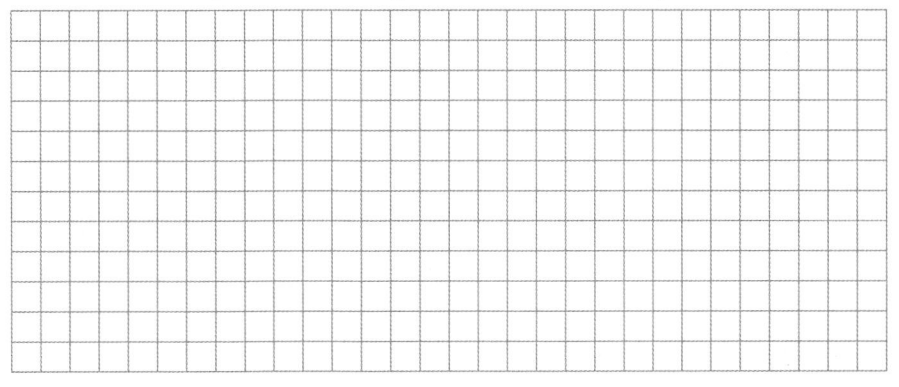

Prüfung Fahrzeugvertriebsprozesse und Finanzdienstleistungen

Finanzdienstleistungs-Produkte im Fahrzeughandel – Kfz-Versicherung

Erläuterungen und Lösungen

1. Aufgabe

Bei der Berechnung des Kfz-Versicherungsbeitrags spielen mehrere Merkmale eine Rolle:

Schadenfreiheitsklasse/Schadenfreiheitsrabatt

Die Schadenfreiheitsklasse spiegelt wider, wie viele Jahre der Versicherungsnehmer bereits schadenfrei gefahren ist. Hierbei gelten immer volle Kalenderjahre (Versicherungsjahre). Am Ende eines Versicherungsjahrs und zu Beginn des neuen Versicherungsjahrs wird die SF-Klasse angepasst.

Beispiel: Hat der Versicherungsnehmer vom 01.01.2018 – 31.12.2018 die SF-Klasse 3 und fährt das Kalenderjahr 2018 ohne eigenverschuldete Unfälle, hat er ab dem 01.01.2019 die Schadenfreiheitsklasse 4.

Die Schadenfreiheitsklassen gelten für die Kraftfahrthaftpflichtversicherung und Vollkaskoversicherung unabhängig voneinander.

Grundlegend kann gesagt werden, je länger ein Versicherungsnehmer schadenfrei fährt, umso höher ist seine SF-Klasse und desto günstiger fällt die zu zahlende Versicherungsprämie aus.

Selbstbeteiligungen in der Vollkasko/Teilkaskoversicherung

In der Kaskoversicherung können Selbstbeteiligungen gewählt werden. Dies bedeutet, dass die gewählte Selbstbeteiligung im Schadensfall vom Versicherungsnehmer selbst zu bezahlen ist. Je höher die Selbstbeteiligung ist, umso niedriger fällt der Versicherungsbeitrag aus.

Tarifmerkmale

Dies sind Tarifmerkmale, die jeder Versicherer individuell in seinen Vertragsbedingungen ausgibt.

Berechnung der Kfz-Haftpflichtversicherungsprämie

Haftpflicht (R6, Typklasse 19) 100 % Beitrag		834,59 €
Herr Meixner hat SF 5 und muss nur 55 % bezahlen.		459,02 €

Rabatte/Zuschläge:

– Neufahrzeug	– 15 %	– 68,85 €
+ km-Fahrleistung	+ 5 %	+ 22,95 €
– Garagennachlass	– 20 %	– 91,80 €
– Partnernachlass	–10 %	– 45,90 €
= Jährlicher Beitrag Kfz-Haftpflichtversicherung		275,42 €

Vollkaskoversicherung inkl. Teilkaskoversicherung

(R6, Typklasse 19) mit SB 1.000,00 € in VK, 150,00 € in TK		887,26 €
Herr Meixner hat SF 5 und muss nur 65 % bezahlen.		576,72 €

Rabatte/Zuschläge

+ km-Fahrleistung	+ 5%	+ 28,84 €
– Garagennachlass	– 10 %	– 57,67 €
– Partnernachlass	–10 %	– 57,67 €
= Jährlicher Beitrag Vollkaskoversicherung incl. Teilkasko		490,22 €

Berechnung des Jahresbeitrags

Haftpflichtbeitrag + Kaskobeitrag = Jahresbeitrag
275,42 € + 490,22 € = 765,64 €

Prüfung Fahrzeugvertriebsprozesse und Finanzdienstleistungen

Finanzdienstleistungs-Produkte im Fahrzeughandel – Kfz-Versicherung

2. Aufgabe

Situation
Herr Meixner ist entsetzt über den jährlichen Versicherungsbeitrag.
Er überlegt, ob er wirklich eine Vollkaskoversicherung benötigt.

2.1 Erklären Sie Herrn Meixner, welche Schadensereignisse von der Haftpflichtversicherung, Vollkaskoversicherung und Teilkaskoversicherung gedeckt sind.

Versicherungsart	Definition	Beispiele für Schäden
Haftpflichtversicherung		
Vollkaskoversicherung		
Teilkaskoversicherung		

2.2 Herr Meixner ist erstaunt, dass sein Schwager in Bayern nur die Regionalkasse 5 hat. Erklären Sie Herrn Meixner die Regionalklasse.

2.3 Sie erklären Herrn Meixner, dass neben der Regionalklasse auch die Typklasse des Fahrzeugs eine Rolle bei der Beitragsberechnung spielt. Was wird unter der Typklasse verstanden?

2.4 Neben der Regionalklasse und Typklasse spielen auch objektive und subjektive Beitragsmerkmale eine Rolle bei der Berechnung der Kfz-Versicherung. Nennen Sie jeweils Beispiele dafür.

Objektive Beitragsmerkmale	
Subjektive Beitragsmerkmale	

Prüfung Fahrzeugvertriebsprozesse und Finanzdienstleistungen

Finanzdienstleistungs-Produkte im Fahrzeughandel – Kfz-Versicherung

Erläuterungen und Lösungen

2. Aufgabe

2.1   Der Versicherungsnehmer ist verpflichtet, sein Fahrzeug Haftpflicht zu versichern. Die Kaskoversicherung ist eine freiwillige Versicherung und kann vom Versicherungsnehmer individuell gewählt werden. Folgende Versicherungskonstellationen sind möglich:

- Haftpflichtversicherung + Vollkasko inkl. Teilkasko
- Haftpflichtversicherung + Teilkasko
- Nur eine Haftpflichtversicherung

Versicherungsart	Definition	Beispiele für Schäden
Haftpflichtversicherung	Die Haftpflichtversicherung deckt Schäden gegenüber Dritten ab: • Personenschäden • Vermögensschäden • Sachschäden	• Reparaturkosen beim gegnerischen Fahrzeug • Schmerzensgeld beim Geschädigten • Lohnausfall beim Geschädigten
Vollkaskoversicherung	Die Vollkaskoversicherung deckt Schäden am eigenen Fahrzeug ab, • wenn diese durch Eigenverschulden verursacht wurden; • wenn diese durch Vandalismus verursacht wurden.	• Reparaturkosten am eigenen Fahrzeug durch selbstverschuldeten Unfall • Reparaturkosten am eigenen Fahrzeug; Täter sind unbekannt.
Teilkaskoversicherung	Die Teilkaskoversicherung deckt Schäden ab, die verursacht wurden durch: Diebstahl, Wildschäden, Brand und Explosion, Glasschäden, Kurzschlussschäden, Sturmschäden ab Windstärke 8, Hagel, Blitz, Überschwemmung	• Die Windschutzscheibe des Fahrzeugs ist gebrochen. • Das Fahrzeug wird gestohlen. • Das Fahrzeug hat einen Hagelschaden.

2.2   Verschiedene Regionen haben eine unterschiedliche Regionalklasse. Für die Berechnung werden die Unfallhäufigkeit und -schwere herangezogen. Weiteren Einfluss haben das Fahrverhalten der Autofahrer, die Anzahl der zugelassenen Fahrzeuge und auch die Straßenverhältnisse. Aus allen Aspekten wird die Regionalklasse für die jeweilige Region ermittelt.

2.3   Jedes Fahrzeug wird aufgrund seines Schadensverlaufs in der Vergangenheit in eine Typklasse eingeteilt. Fahrzeuge, die häufig in einen Unfall eingebunden sind und bei denen die Reparatur kostenintensiv ist, werden in eine höhere Typklasse eingestuft. Ausschlaggebend ist der Schadensbedarfsindexwert des jeweiligen Fahrzeugs.

2.4

Objektive Beitragsmerkmale	Hersteller, Typ, Erstzulassung, Verwendungszweck, Motorleistung, Hubraum
Subjektive Beitragsmerkmale	SFR-Klasse, Jahres-Kilometerfahrleistung, Fahrerkreis, Familienstand, Regionalklasse, Garage, Selbstbeteiligung bei der Voll- und Teilkasko, Zugehörigkeit zu folgenden Tarifgruppen: B = Beamte, öffentlicher Dienst A = Agrarwirtschaft

© Westermann Gruppe

Prüfung Fahrzeugvertriebsprozesse und Finanzdienstleistungen — Finanzdienstleistungs-Produkte im Fahrzeughandel – Kfz-Versicherung

2.5 Welche Möglichkeiten hat Herr Meixner, den Beitrag der Kfz-Versicherung zu senken. Nennen Sie zwei Möglichkeiten.

-
-

2.6 Eine Möglichkeit, den Beitrag in der Kaskoversicherung zu reduzieren, ist die sogenannte „Werkstattbindung". Auf welche Pflichten lässt sich der Kunde bei einer Werkstattbindung ein?

3. Aufgabe

Fortführung der Situation
Neben der Kfz-Versicherung bieten Sie Herrn Meixner auch noch eine Insassenunfallversicherung und eine Verkehrsrechtsschutzversicherung.

Welche Risiken sind in der Insassenunfallversicherung und der Verkehrsrechtsschutzversicherung abgedeckt?

Insassenunfallversicherung	Verkehrsrechtsschutzversicherung

4. Aufgabe

Fortführung der Situation
Herr Meixner entdeckt auf dem Angebot einen jährlichen Beitrag von 11,00 € für den Schutzbrief.

Erklären Sie Herrn Meixner, in welchen Fällen ein Schutzbrief notwendig ist.

5. Aufgabe

Fortführung der Situation
Weiterhin wundert sich Herr Meixner, dass in der Teilkaskoversicherung kein Schadenfreiheitsrabatt hinterlegt ist.

Erklären Sie Herrn Meixner, wieso dies so ist.

6. Aufgabe

Fortführung der Situation
Nach sieben Monaten kommt Herrn Meixner zu Ihnen. Er hatte aufgrund einer Vorfahrtsmissachtung einen Verkehrsunfall. Er möchte von Ihnen wissen, was nun mit seinem Schadenfreiheitsrabatt passiert.

Erklären Sie ihm die Auswirkungen auf seinen Schadenfreiheitsrabatt.

Prüfung Fahrzeugvertriebsprozesse und Finanzdienstleistungen

Finanzdienstleistungs-Produkte im Fahrzeughandel – Kfz-Versicherung

Erläuterungen und Lösungen

2.5 Der Beitrag von Herrn Meixner kann durch folgende Veränderungen des Versicherungsvertrags reduziert werden:

- Höhere Selbstbeteiligung in der Kaskoversicherung
- Jährliche Zahlungsweise
- Geringere Jahresfahrleistung
- Fahrerkreis einschränken (z. B. Einzelfahrer, Partner)
- Vereinbarung über Werkstattbindung in der Kaskoversicherung

2.6 Die Werkstattbindung ist eine Vereinbarung des Versicherungsnehmers mit der Versicherung. Sie findet ihren Einsatz im Bereich der Kaskoversicherung.

Der Versicherungsnehmer verpflichtet sich im Falle eines Kaskoschadens, die vorgegebene Werkstatt der Versicherung für die Reparatur zu übernehmen. Dadurch kann der Beitrag im Rahmen der Kaskoversicherung um ca. 20 % reduziert werden.

3. Aufgabe

Insassenunfallversicherung	Verkehrsrechtsschutzversicherung
Die Insassenunfallversicherung versichert die Insassen eines Fahrzeugs gegen Unfälle. Die Schuldfrage ist hierbei nicht wichtig. Abgesichert sind der Tod und Invalidität. Es ist aber Folgendes zu beachten: • Fahrer ist nicht schuld am Unfall: Die Kfz-Haftpflichtversicherung muss für Personenschäden an den Insassen bezahlen. • Fahrer ist schuld am Unfall: Die Haftpflichtversicherung muss für Schäden an den Insassen bezahlen. Seine eigenen Schäden sind aber ausgeschlossen. Hier würde nun die Insassenunfallversicherung greifen. Auch eine Private Unfallversicherung würde in diesem Fall greifen. Der Vorteil einer privaten Unfallversicherung ist, dass sie nicht auf Unfälle mit einem Auto begrenzt ist.	Die Verkehrsrechtsschutzversicherung soll helfen bei der Durchsetzung von: • Schadensersatz- und Schmerzensgeldforderungen nach einem Verkehrsunfall • der Verteidigung in Bußgeld- und Strafverfahren aufgrund von Verletzungen der Verkehrsvorschriften Sie übernimmt in diesem Fall, die Kosten für den Anwalt, Gutachterkosten usw.

4. Aufgabe

Im Schutzbrief ist eine Pannen- und Unfallhilfe versichert. So werden Abschleppkosten, Bergungskosten, die Rückfahrt nach einer Panne, eventuelle Übernachtungskosten, Ersatzwagen, Ersatzteilversand oder auch der Krankentransport bezahlt.

5. Aufgabe

In der Teilkaskoversicherung spielt die Schadenfreiheitsklasse keine Rolle, weil die Schäden kaum durch den Fahrer beeinflussbar sind. So wird in der Teilkaskoversicherung immer der 100 % Beitrag gezahlt.

6. Aufgabe

Die Schadenfreiheitsklasse von Herrn Meixner wird mit Beginn des neuen Versicherungsjahrs heruntergestuft und die Beitragssätze werden angepasst. Die einzelne Abstufung kommt darauf an, in welcher Schadenfreiheitsklasse sich der Versicherungsnehmer vorher befand.

Die Rückstufung kann verhindert werden, indem der Versicherungsnehmer den Schaden selbst trägt und die der Versicherung entstandenen Kosten wieder zurückzahlt. Ob sich dies für den Versicherungsnehmer rentiert, kann sich der Versicherungsnehmer bei seiner Versicherungsgesellschaft ausrechnen lassen.

Prüfung Kaufmännische Unterstützungsprozesse — Personalbezogene Aufgaben – Personalbedarfsplanung

1. Aufgabe

Situation
Sie sind während Ihrer Ausbildung auch in der Personalabteilung eingesetzt. Hier arbeiten Sie eng mit Frau Schmitz zusammen. Frau Schmitz ist aktuell mit der Personalbedarfsplanung beschäftigt.

1.1 Erklären Sie, was unter der Personalbedarfsplanung verstanden wird. Gehen Sie in Ihren Erklärungen auf den quantitativen und qualitativen Personalbestand ein.

Definition Personalbedarfsplanung

___

Quantitativer Personalbedarf

___

Qualitativer Personalbedarf

___

1.2 Der Personalbedarf ist abhängig von internen und externen Einflussfaktoren. Nennen Sie jeweils zwei davon.

Interne Einflussfaktoren

-
-

Externe Einflussfaktoren

-
-

2. Aufgabe

Fortführung der Situation
Im Rahmen der Personalbedarfsplanung vom Autohaus Schmidt haben Sie die Aufgabe, die Personalbedarfsrechnung aufgrund folgender Informationen durchzuführen.
Der aktuelle Ist-Bestand entspricht dem aktuellen Soll-Bestand, mit Ausnahme des Bereichs „Verkauf", der aufgrund einer kurzfristigen Arbeitnehmerkündigung mit 1 Stelle unterbesetzt ist. Im neuen Jahr wird mit einer Umsatzsteigerung von 8 % gerechnet, die sich direkt auf den Personalbedarf in der Assistenz auswirken soll. Bei den weiteren Stellenarten wird davon ausgegangen, dass die Umsatzsteigerung den Personalbedarf nicht beeinflusst. Sarah Schuster (Serviceannahme) kehrt aus der Elternzeit zurück. Sie hat den Wunsch geäußert, zukünftig mit reduzierter Stundenzahl zu arbeiten (75 %). Werner Müller, Verkaufsleiter, geht zum Ende des nächsten Kalenderjahrs in den Ruhestand. Die Auszubildende Mia Mutzke soll als Mitarbeiterin in der Verwaltung übernommen werden.

Berechnen Sie den Bruttopersonalbedarf und den Nettopersonalbedarf.

Autohaus Schmidt				
Stellenart	**Soll-Bestand**	**Ist-Bestand**	**Zu-/Abgänge**	**Personalbedarf**
Abteilung Verkauf		6		
Abteilung Kundendienst		2		
Teilelager		2		
Abteilung Verwaltung		2		
Abteilung Geschäftsleitung		2		
Abteilung Assistenz		6		

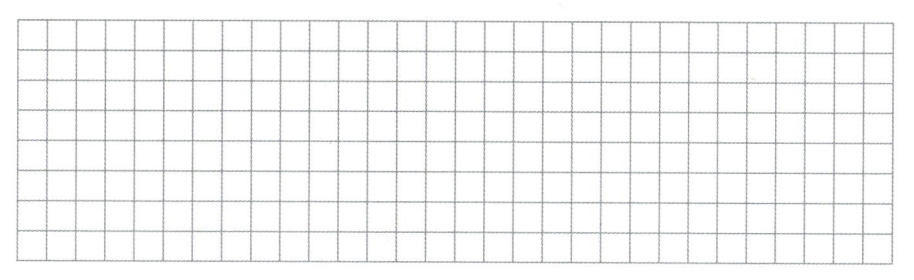

Prüfung Kaufmännische Unterstützungsprozesse

Personalbezogene Aufgaben – Personalbedarfsplanung

Erläuterungen und Lösungen

1. Aufgabe

1.1 Definition Personalbedarf

Die Personalbedarfsplanung hat die Aufgabe, den zukünftigen Personalbedarf nach der Anzahl (quantitativer Personalbedarf), der Qualifikation (qualitativer Personalbedarf), dem Einsatzort und dem Zeitpunkt des Bedarfs zu ermitteln.

Quantitativer Bedarf

Beim quantitativen Bedarf wird ermittelt, wie viele Mitarbeiter in der Zukunft im Unternehmen benötigt werden. Die jeweilige Qualifikation spielt hier erst mal noch keine Rolle. Dies wird erst im nächsten Schritt bestimmt.

Qualitativer Bedarf

Beim qualitativen Bedarf wird ermittelt, welche Mitarbeiter das Unternehmen in der Zukunft benötigt. Merkmale hierfür sind: berufliche Qualifikation, Berufserfahrung, aber auch Persönlichkeitsmerkmale wie z. B. Führungsverhalten, Sozialkompetenz.

1.2 Der jeweilige Personalbedarf wird nicht nur durch interne Einflussgrößen bestimmt. Auch äußere Faktoren müssen bei der Entscheidung berücksichtigt werden, ob neues Personal eingestellt wird oder ob vielleicht sogar eine Übersetzung im Unternehmen vorliegt.

Interne Einflussfaktoren	Externe Einflussfaktoren
• Betriebliche Ziele (Umsatzsteigerung, Vergrößerung des Betriebs) • Vorhandener Personalbestand mit Änderungen (Ruhestand, Schwangerschaften) • Fehlzeitenquote • Fluktuationsquote • Notwendige neue berufliche Fachkräfte aufgrund von technologischen Änderungen oder gesetzlichen Vorgaben	• Wirtschaftliche Entwicklungen auf dem jeweiligen Absatzmarkt • Geplante wirtschaftspolitische Maßnahmen oder Förderprogramme • Technologische Entwicklungen • Gesellschaftliche Änderungen wie Demografie, Inklusion, Migration • Rechtliche Rahmenbedingungen

2. Aufgabe

Ermittlung des Personalbedarfs einer Planungsperiode

Grundlegende Formel Personalbedarf

Ist-Bestand am Anfang der Planungsperiode
– Abgänge
+ Zugänge
_____
= Personalbestand
– Geplanter Personalbedarf (Bruttobedarf)
_____
= Nettobedarf Personalbestand – Bruttobedarf

Autohaus Schmidt				
Stellenart	**Soll-Bestand**	**Ist-Bestand**	**Zu-/Abgänge**	**Personal-bedarf**
Abteilung Verkauf	7	6	– 1	+ 2
Abteilung Kundendienst	2	2		0
Teilelager	2	2		0
Abteilung Verwaltung	2	2	+ 1	– 1
Abteilung Geschäftsleitung	2	2		0
Abteilung Assistenz	6,48	6	+ 0,75	– 0,27

Berechnung des Bruttopersonalbedarfs

Der Bruttopersonalbedarf entspricht dem Soll-Bestand.
21,48 Mitarbeiter = 21,5 Mitarbeiter

Berechnung des Nettopersonalbedarfs

Nettopersonalbedarf
= Bruttopersonalbedarf – Ist-Bestand + Personalabgänge – Personalzugänge
= 21,5 Mitarbeiter – 20 Mitarbeiter + 1 Mitarbeiter – 1,75 Mitarbeiter
= 0,75 Mitarbeiter

Prüfung Kaufmännische Unterstützungsprozesse — Personalbezogene Aufgaben – Personalbeschaffung

1. Aufgabe

> **Situation**
> Nach Abschluss der quantitativen Personalbedarfsplanung wurde entschieden, einen neuen Verkäufer einzustellen. Sie haben die Aufgabe, diesen Einstellungsprozess zu begleiten.
> Zu Beginn wird eine Stellenbeschreibung für die Stelle „Verkäufer im Neuwagenbereich" entworfen.

Erklären Sie, was unter einer Stellenbeschreibung verstanden wird.

_____

_____

_____

> **Fortführung der Situation zur 2. bis 4. Aufgabe**
> Nach der Erstellung der Stellenbeschreibung muss entschieden werden, auf welchem Wege die Personalbeschaffung erfolgen soll.

2. Aufgabe

Nennen Sie jeweils mindestens fünf Beispiele der internen und externen Personalbeschaffungswege.

Interne Beschaffungswege	Externe Beschaffungswege

3. Aufgabe

Nennen Sie jeweils Vorteile und Nachteile der beiden Beschaffungswege.

	Interne Beschaffungswege	Externe Beschaffungswege
Vorteile		
Nachteile		

4. Aufgabe

Sie haben die Aufgabe, zur Stellenbeschreibung „Verkäufer im Neuwagenbereich" die notwendige Stellenanzeige zu entwerfen.

Nennen Sie mindestens fünf Mindestinhalte einer Stellenanzeige.

_____

_____

Prüfung Kaufmännische Unterstützungsprozesse

Personalbezogene Aufgaben – Personalbeschaffung

Erläuterungen und Lösungen

1. Aufgabe

In einer Stellenbeschreibung werden die Anforderungen an den Mitarbeiter, die Qualifikationen, festgehalten. In diesem Anforderungsprofil muss festgehalten werden, welche fachlichen und sozialen Qualifikationen der zukünftige Stelleninhaber für die Bewältigung der Aufgaben besitzen sollte.

Inhalte einer Stellenbeschreibung	
Stellenbezeichnung	Name der Stelle, z. B. „Verkäufer im Neuwagenbereich"
Instanzenbild	Welche Vorgesetzten wird der Mitarbeiter haben? Für welche Aufgaben ist er verantwortlich? In welchem Rahmen darf er die Firma vertreten?
Aufgabenbild	Aufgaben der Stelle, z. B. Beratung von Kunden, Gewinnung von Neukunden, Verkauf von Fahrzeugen
Leistungsbild	Vorbildung, wesentliche Kenntnisse (Fachkompetenz, Weiterbildungen), Fertigkeiten, Persönlichkeitsmerkmale z. B. bereits abgeschlossene Verkäuferschulungen, Auslandserfahrung, Erfahrung als Führungspersönlichkeit

2. Aufgabe

Interne Beschaffungswege	Externe Beschaffungswege
• Innerbetriebliche Stellenausschreibung • Innerbetriebliche Versetzungsmaßnahmen • Nachwuchs- und Aufstiegsplanung • Betriebliche Umschulungsmaßnahmen Übernahme von Auszubildenden	• Stellenanzeige in der Tageszeitung, Fachzeitschriften • Stellenanzeigen in audiovisuellen Medien, z. B. Radio, Fernsehen • Stellenanzeigen im Internet bei Jobbörsen, Sozialen Medien • Arbeitsvermittler • Jobbörse der Arbeitsagentur • Initiativbewerbungen sichten

3. Aufgabe

	Interne Beschaffungswege	Externe Beschaffungswege
Vorteile	• Auswahlrisiko ist gering, da der Mitarbeiter bereits bekannt ist. • Motivation für die Mitarbeiter, wenn Aufstiegschancen vorhanden sind • Einarbeitungszeit ist kürzer, da die internen Abläufe bereits bekannt sind. • Stellenbeschaffung ist relativ günstig.	• Hohe Bewerberanzahl • Neue Impulse werden ins Unternehmen getragen. • Interbetriebliche Abläufe können nicht gestört werden („Versetzungskarussell"). • Mitarbeiter bringt evt. hohe Fachkompetenz mit.
Nachteile	• Weniger Auswahlmöglichkeiten • Rivalität im Unternehmen wird verstärkt. • Neue Ideen kommen nicht ins Unternehmen („Betriebsblindheit"). • Zusätzliche Personalentwicklungskosten	• Hohe Kosten für die Personalsuche • Bewerber ist, abgesehen von einem kurzen Eindruck beim Gespräch, noch nicht bekannt. • Eigene Mitarbeiter fühlen sich übergangen. • Risiko einer Fehlbesetzung ist höher. • Lange Einarbeitungszeit

4. Aufgabe

Eine Stellenanzeige dient dazu, die möglichen neuen Mitarbeiter neugierig auf die Stelle zu machen und die Stelle so darzustellen, dass eine Selbsteinschätzung des Bewerbers möglich ist. Hierzu muss die Stellenanzeige Folgendes enthalten:

Vorstellung des Unternehmens, Bezeichnung der freien Stellen, das Anforderungsprofil an den Bewerber, Leistungen des Unternehmens für die Mitarbeiter, Form der Bewerbung (online, schriftlich, Bewerbungsformulare), für Nachfragen einen Kontakt im Unternehmen

© Westermann Gruppe

Prüfung Kaufmännische Unterstützungsprozesse — Personalbezogene Aufgaben – Personalbeschaffung

Fortführung der Situation zur 5. und 6. Aufgabe
Sie erhalten die ersten Bewerbungen für die ausgeschriebene Stelle und verschaffen sich einen ersten Überblick.

5. Aufgabe

Welche Unterlagen sollte eine Bewerbung üblicherweise mindestens enthalten?

6. Aufgabe

Nennen Sie mindestens drei häufige Gründe für das Ausscheiden von Bewerbern in dieser Phase.

Fortführung der Situation zur 7. bis 9. Aufgabe
Nach der Grobsichtung und nach Rücksprache mit dem Verkaufsleiter sind fünf Bewerber in der engeren Auswahl. Diese werden zu einem Vorstellungsgespräch und unterschiedlichen Tests eingeladen.

7. Aufgabe

Nennen Sie die sechs typischen Phasen eines Vorstellungsgesprächs.

-
-
-
-
-
-

8. Aufgabe

Erklären Sie, was unter den hier angegebenen Tests verstanden wird.

Intelligenztest	
Leistungstest	
Persönlichkeitstest	

9. Aufgabe

Nennen Sie mindestens zwei Fragen, die in einem Vorstellungsgespräch rechtlich nicht zulässig sind.

Prüfung Kaufmännische Unterstützungsprozesse

Personalbezogene Aufgaben – Personalbeschaffung

Erläuterungen und Lösungen

5. Aufgabe

Jedes Unternehmen kann unterschiedliche Anforderungen an die Bewerbung stellen. Wenn das Unternehmen etwas Spezielles möchte, wie z. B. eine Bewerbung in einer anderen Sprache oder ein extra Motivationsschreiben, muss dies in der Anzeige angegeben sein. Ist nichts angegeben, gelten folgende **Mindestinhalte** in einer Bewerbung:

• Deckblatt mit Foto und Kontaktdaten

• Bewerbungsschreiben

• Lebenslauf

• Letzte Schulzeugnisse

• Letzte Arbeitszeugnisse

Mögliche zusätzliche Unterlagen wären:

• Personalfragebogen zur schnelleren Sichtung in der Personalabteilung

• Referenzen und Empfehlungsschreiben

• Zertifikate über Weiterbildungen

• Polizeiliches Führungszeugnis (in Berufen mit Kontakt von Jugendlichen, Kindern)

• Gesundheitszeugnis (Beamte)

6. Aufgabe

Aufgrund der häufig sehr vielen Bewerbungen werden diese oft im Schnellverfahren gesichtet. Sehr viele Bewerbungen fallen hier bereits durch. Gründe hierfür sind:

• Äußere Form: Unterlagen sind unvollständig, dreckig, kaputt.

• Bewerbungsschreiben: kein Bezug zu der Stelle, zu viele Rechtschreibfehler

• Arbeitszeugnisse: nur mittelmäßige Beurteilung, fehlende Arbeitszeugnisse

• Lebenslauf: widersprüchliche Aussagen; zu viele Fehlzeiten, die nicht erklärbar sind

7. Aufgabe

1. Phase: Begrüßung des Bewerbers, Smalltalk, Vorstellen der Anwesenden

2. Phase: Bewerber stellt sich vor, persönliche Verhältnisse, bisherige Tätigkeiten, Berufserfahrung

3. Phase: Das Unternehmen und die Stelle werden nochmals dargestellt.

4. Phase: Offene Fragen, Lücken im Lebenslauf werden geklärt.

5. Phase: Gesprächsabschluss

6. Phase: Erstellung eines Protokolls, zum Vergleich mit den anderen Bewerbern

8. Aufgabe

Intelligenztest	Beim Intelligenztest werden Fähigkeiten wie Kombinationsgabe, logisches Denken, räumliche Vorstellungskraft, Merkfähigkeit getestet. Welche Fähigkeiten getestet werden, kommt auf die jeweiligen Anforderungen des Berufs an.
Leistungstest	Beim Leistungstest wird überprüft, wie belastbar der Bewerber sowohl körperlich als auch psychisch ist. Hierbei muss er unter Zeitdruck Aufgaben bewältigen, die Tätigkeiten in der Stelle ähnlich sind. Auch wird die Allgemeinbildung getestet. In manchen Berufen wird auch ein Sehtest, Hörtest oder Geschicklichkeitstest gemacht.
Persönlichkeitstest	Der Bewerber wird beobachtet, wie er in Konfliktsituationen reagiert. Diese Tests werden sehr viel bei Führungskräften gemacht oder bei Bewerbern, die viel Kontakt mit Kunden haben werden. Besondere Charaktereigenschaften können hierbei gesehen werden.

9. Aufgabe

Rechtlich nicht zulässig sind z. B. folgende Fragen:

• „Sind Sie aktuell schwanger?"

• „Planen Sie noch Kinder in der Zukunft"?

• „Welcher Partei gehören Sie an"?

• „Sind Sie Mitglied in der Gewerkschaft"?

© Westermann Gruppe

Prüfung Kaufmännische Unterstützungsprozesse

Personalbezogene Aufgaben – Personalakte, Arbeitsvertrag, Datenschutz

Situation zur 1. bis 6. Aufgabe
Sie haben sich für Herrn Brehme als neuen Verkäufer entschieden. Um 11 Uhr kommt Herr Brehme zu Ihnen ins Autohaus, um seinen Arbeitsvertrag zu unterschreiben.

1. Aufgabe

Nennen Sie mindestens acht Inhalte, die in einem Arbeitsvertrag geregelt werden müssen.

-
-
-
-
-
-
-
-

2. Aufgabe

Was besagt das Günstigkeitsprinzip beim Abschluss des Arbeitsvertrags?

3. Aufgabe

Nachdem Herr Brehme den Arbeitsvertrag unterschrieben hat, legen Sie für ihn eine Personalakte an.
Welche Aufgaben hat eine Personalakte im Rahmen der Personalverwaltung?

4. Aufgabe

Welche Inhalte werden während der Tätigkeit von Herrn Brehme bei Ihnen in der Personalakte gesammelt? Nennen Sie mindestens fünf.

5. Aufgabe

Herr Brehme möchte wissen, ob er die Personalakte einsehen darf. Nehmen Sie Stellung zu dieser Frage.

6. Aufgabe

Welche datenschutzrechtlichen Vorgaben sind in der Verwaltung von Personalakten zu berücksichtigen?

Prüfung Kaufmännische Unterstützungsprozesse

Personalbezogene Aufgaben – Personalakte, Arbeitsvertrag, Datenschutz

Lösungen

1. Aufgabe

Inhalte des Arbeitsvertrags:

- Name und Anschrift der Vertragsparteien

- Art und Umfang der Tätigkeit

- Einsatzort

- Beginn und Dauer des Arbeitsverhältnisses

- Probezeit

- Kündigungsfristen

- Entgelt

- Dauer der Arbeitszeit

- Urlaub

- Hinweise auf anzuwendende Gesetze, Tarifverträge und Betriebs-vereinbarungen

2. Aufgabe

In einem Arbeitsvertrag sind die gesetzlichen Regelungen des Arbeitsschutzes zu beachten, die in verschiedenen Gesetzen und Rechtsverordnungen zu finden sind. Wird ein Arbeitsvertrag zwischen Mitgliedern der Tarifvertragspartner (Gewerkschaften und Arbeitgeber bzw. Arbeitgeberverbänden) geschlossen, sind die Regelungen des Tarifvertrags auf das Arbeitsverhältnis anzuwenden. Die Bestimmungen der Tarifverträge, der Gesetze und Rechtsvorschriften sind Mindestbestimmungen.

Das Günstigkeitsprinzip besagt: Abmachungen in Einzelarbeitsverträgen zwischen Arbeitgeber und Arbeitnehmer dürfen die Gesetze, Rechtsverordnungen und ggf. Normen des Tarifvertrags nicht unterschreiten, sie dürfen den Arbeitnehmer aber besser stellen als diese Bestimmungen.

3. Aufgabe

Die Personalakte begleitet den Mitarbeiter während seiner Tätigkeit im Unternehmen. In ihr werden alle relevanten Unterlagen vom Mitarbeiter gesammelt.

4. Aufgabe

Folgende Unterlagen werden in der Personalakte gesammelt:

Bewerbung, Arbeitszeugnisse von anderen Unternehmen, Weiterbildungen, Schulzeugnisse, Informationen zur Krankenversicherung/Sozialversicherung, Weiterbildungen, Fehlzeiten, Krankheitszeiten, unterschriebene Vereinbarungen zwischen Unternehmen und Arbeitnehmer, Abmahnungen

5. Aufgabe

Jeder Arbeitnehmer hat ein Einsichtsrecht in seine Personalakte. Wenn er dies nicht allein wahrnehmen möchte, kann er ein Mitglied des Betriebsrats hinzu-ziehen. Der Arbeitnehmer hat auch ein Auskunftsrecht zu Eintragungen und kann deren Herkunft und Bedeutung erfragen. Durch diese Rechte soll verhin-dert werden, dass falsche oder unzulässige Informationen gesammelt werden. Entdeckt der Arbeitnehmer falsche oder unzulässige Informationen, kann er diese löschen oder berichtigen lassen. Werden negative Vorgänge in die Personalakte aufgenommen, muss der Arbeitnehmer vorher angehört werden (Anhörungsrecht).

6. Aufgabe

In der Personalabteilung müssen aus Datenschutzsicht folgende Aufgaben wahrgenommen werden:

- Schutz der Mitarbeiterdaten vor unbefugtem Zugriff und Verlust

- Verpflichtung aller Beschäftigter zur Verschwiegenheit

- ggf. Verpflichtung auf das Fernmeldegeheimnis gem. § 88 Telekommuni-kationsgesetz (TKG) für Mitarbeiter, die Einsicht in Telekommunikations-daten nehmen (z. B. IT-Administratoren)

- Erstellung und Veröffentlichung von Richtlinien über den ordnungsgemäßen Umgang mit personenbezogenen Daten (pbD) am Arbeitsplatz

- Überprüfung der Mitarbeiter hinsichtlich der Eignung zum Umgang mit (sensiblen) personenbezogenen Daten. Hierunter sind zu verstehen: ethnische Herkunft, politische Meinungen, religiöse Überzeugungen

- Ständiger Kontakt mit dem betrieblichen oder externen DSB sowie der Unternehmensführung und dem Betriebsrat

© Westermann Gruppe

Prüfung Kaufmännische Unterstützungsprozesse — Personalbezogene Aufgaben – Personalstatistiken

Situation zur 1. und 2. Aufgabe

Sie haben die Aufgabe, die jährlichen Personalstatistiken zu berechnen, um Fragen in der Personalentwicklung beantworten zu können.

Folgende Informationen liegen Ihnen vor:

Mitarbeiter Autohaus Schmidt		
Bereich	**Verwaltung/Verkauf**	**Werkstatt**
Anzahl Mitarbeiter	22	9
Weiblich	6	1
Männlich	16	8
Altersstruktur:		
16–30	1	2
30–45	11	3
46–65	10	4
Vollzeit	20	9
Teilzeit (20 Std./Woche)	2	0

- In Ihrem Unternehmen haben Frau Nunner und Herr Halbig einen Schwerbehindertenausweis.
- Sechs Mitarbeiter in der Werkstatt haben einen Migrationshintergrund.
- Insgesamt haben alle Mitarbeiter Fehlzeiten in Höhe von 1 236 Std. (Arbeitszeiten Autohaus Schmidt: 40 Std. pro Woche für 52 Wochen Jeder Arbeitnehmer hat Anspruch auf 30 Tage Urlaub.)

1. Aufgabe

Bitte berechnen und interpretieren Sie folgende Kennzahlen:

- Frauenquote
- Männerquote
- Schwerbehindertenquote
- Fehlzeitenquote

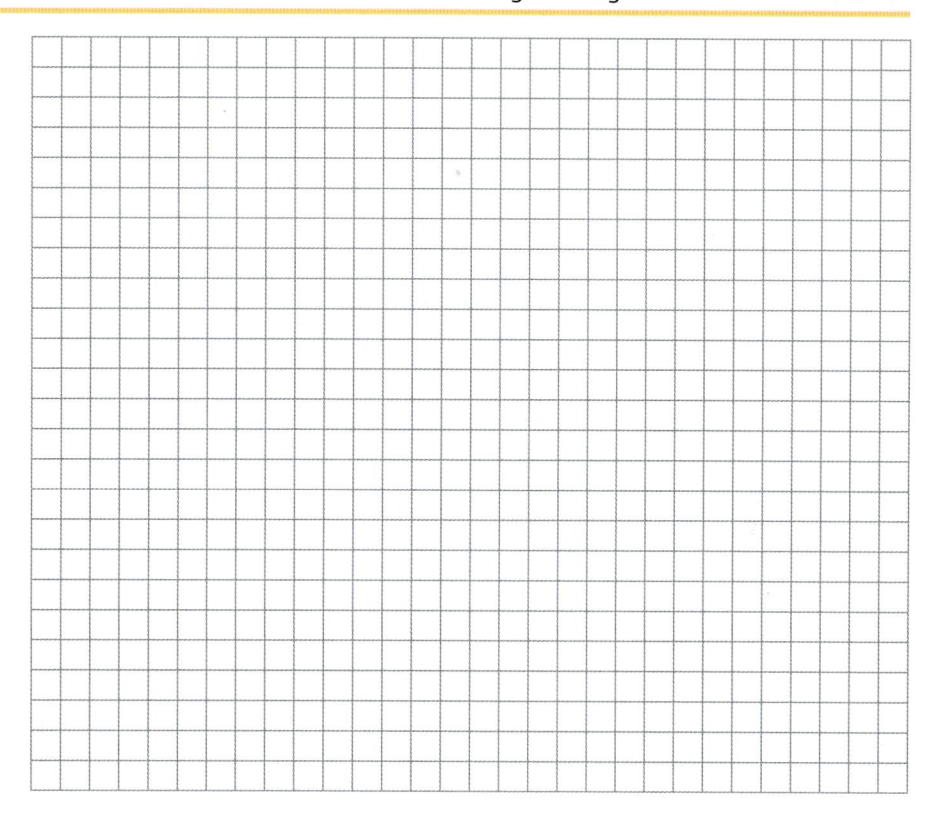

2. Aufgabe

Erklären Sie, wieso die Altersstruktur in einem Unternehmen immer kritisch begutachtet werden muss.

Prüfung Kaufmännische Unterstützungsprozesse

Personalbezogene Aufgaben – Personalstatistiken

Erläuterungen und Lösungen

Um Entscheidungen innerhalb der Personalentwicklung treffen zu können, muss der aktuelle Personalbestand analysiert werden. Hierzu können verschiedene Kennzahlen herangezogen werden. Ausgangsbasis ist der aktuelle Personalbestand:

Frauenquote:
$$\frac{\text{Anzahl der weibl. Mitarbeiter} \cdot 100}{\text{Personalstand}}$$

Männerquote:
$$\frac{\text{Anzahl der männl. Mitarbeiter} \cdot 100}{\text{Personalstand}}$$

Vollzeitquote:
$$\frac{\text{Vollzeitkräfte} \cdot 100}{\text{Personalstand}}$$

Teilzeitquote:
$$\frac{\text{Teilzeitkräfte} \cdot 100}{\text{Personalstand}}$$

Schwerbehindertenquote:
$$\frac{\text{Schwerbehinderte} \cdot 100}{\text{Personalstand}}$$

Migrationsquote:
$$\frac{\text{Migranten} \cdot 100}{\text{Personalstand}}$$

Arbeitsproduktivität =
$$\frac{\text{Umsatz} \cdot 100}{\text{Durchschn. Personalstand}}$$

Fehlzeitenquote:
$$\frac{\text{Fehlzeiten} \cdot 100}{\text{Soll-Stunden}}$$

Fluktuationsquote:
$$\frac{\text{Personalabgänge} \cdot 100}{\text{Durchschn. Personalstand}}$$

1. Aufgabe

Berechnung der geforderten Kennzahlen:

- **Frauenquote**

  Diese Kennzahl zeigt an, wie viele Mitarbeiter im Unternehmen weiblich sind:

  $$\text{Frauenquote} = \frac{7 \text{ Mitarbeiter} \cdot 100}{31 \text{ Mitarbeiter}} = 22{,}58\,\%$$

- **Männerquote**

  $$\text{Männerquote} = \frac{24 \text{ Mitarbeiter} \cdot 100}{31 \text{ Mitarbeiter}} = 77{,}42\,\%$$

- **Schwerbehindertenquote**

  $$\text{Schwerbehindertenquote} = \frac{2 \text{ Mitarbeiter} \cdot 100}{31 \text{ Mitarbeiter}} = 6{,}45\,\%$$

- **Fehlzeitenquote**

  $$\text{Fehlzeitenquote:} \frac{1\,236 \text{ Std.} \cdot 100}{55\,200 \text{ Std.}} = 2{,}24\,\%$$

  Nebenrechnung: Berechnung der Sollstunden

  29 Mitarbeiter · 40 Std./Woche · 46 Wochen = 53 360 Std/Jahr

  2 Mitarbeiter · 20 Std./Woche · 46 Wochen =   1 840 Std/Jahr

Bei näherer Betrachtung der Kennzahlen fällt auf:

- Die Frauenquote ist innerhalb des Unternehmens noch verbesserungswürdig. Dies sollte bei Neueinstellungen beachtet werden.

- Die Fehlzeitenquote ist sehr gut. Dies spricht für ein sehr gutes Betriebsklima.

2. Aufgabe

Die Altersstruktur muss aufgrund des demografischen Wandels in einem Unternehmen kritisch betrachtet werden. Die erfahrenen Mitarbeiter sind meist die älteren, kurz vor dem Ruhestand. Gelingt es dem Unternehmen nicht, bereits im Vorfeld junge Nachwuchskräfte von den erfahrenen Mitarbeitern lernen zu lassen, geht wertvolles Know-how im Unternehmen verloren. Daher ist eine ausgeglichene Altersstruktur in einem Unternehmen sehr wichtig.

Prüfung Kaufmännische Unterstützungsprozesse — Personalbezogene Aufgaben – Arbeitszeitmodelle, Urlaubsplanung

Situation zur 1. und 2. Aufgabe
Die jährlich durchgeführten Mitarbeitergespräche haben gezeigt, dass sich die Mitarbeiter im Autohaus Schmidt flexiblere Arbeitszeiten wünschen würden.
Um einen Überblick über mögliche Arbeitsmodelle zu bekommen, erstellen Sie folgende Übersicht.

1. Aufgabe

Vervollständigen Sie folgende Übersicht und definieren Sie die einzelnen Arbeitszeitmodelle.

Gleitzeit	
Flexible Arbeitszeit	
Jobsharing	
Langzeitarbeitszeitkonto	
Team-Teilzeit	
Saison-Teilzeit	
Telearbeit (Homeoffice)	
Schichtarbeit	

2. Aufgabe

Erklären Sie, wie die Urlaubsplanung im Autohaus Schmidt ablaufen sollte, um keine Unterbesetzungen in den Abteilungen hervorzurufen.

Prüfung Kaufmännische Unterstützungsprozesse

Personalbezogene Aufgaben – Arbeitszeitmodelle, Urlaubsplanung

Erläuterungen und Lösungen

1. Aufgabe

Gleitzeit	Bei der Gleitzeit gibt es eine Hauptzeit mit Anwesenheitspflicht für die Mitarbeiter. Außerhalb dieser Anwesenheitspflicht greift die Gleitzeit, in der der Mitarbeiter seine Anwesenheit selbst bestimmen darf. Der Mitarbeiter kann sich ein Zeitguthaben erarbeiten oder auch Zeitschulden aufbauen. Sowohl Schulden als auch Guthaben müssen innerhalb einer bestimmten Frist abgebaut werden.
Flexible Arbeitszeit	Die wöchentliche Arbeitszeit wird individuell auf verschiedene Tage aufgeteilt. So können die Arbeitszeiten auf die Bedürfnisse des Mitarbeiters angepasst werden. Ein Beispiel hierfür wären: Arbeitszeit 35 Std./Woche Montag Frei Dienstag bis Donnerstag: 9 Std. täglich Freitag: 8 Std.
Jobsharing	Zwei Mitarbeiter teilen sich eine Arbeitsstelle. Die Einteilung der Zeiten erfolgt von beiden eigenverantwortlich. *Beispiel:* Mitarbeiter A arbeitet Mo, Mi und Fr. Mitarbeiter B arbeitet Di und Do. Eine konkrete Absprache der Mitarbeiter ist notwendig.
Langzeitarbeitszeitkonto	Der Mitarbeiter arbeitet in Vollzeit, bekommt aber nur einen Teil seines Gehalts. Der Rest wird auf einem Konto gutgeschrieben. Damit kann der Mitarbeiter ein Sabbatical nehmen oder vorzeitig in den Ruhestand gehen. In dieser Zeit wird das Gehalt weiter bezahlt.
Team-Teilzeit	Der Arbeitgeber gibt einem Team bestimmte feste Zeiten vor. Die anderen Zeiten werden innerhalb des Teams selbstständig belegt und können sehr flexibel geändert werden.
Saison-Teilzeit	Während der Hochphasen wird wesentlich mehr gearbeitet. In den Phasen, in denen weniger zu tun ist, werden die Überstunden wieder abgebaut. Die Mitarbeiter erhalten aber ein gleichbleibendes Gehalt während des Jahres: *Beispiel:* Mehrarbeit während der Räderwechselzeit in der Werkstatt.

Telearbeit (Homeoffice)	Die Mitarbeiter können einzelne Tage oder ihre komplette Arbeitszeit zu Hause verbringen. Hierzu ist allerdings oft eine gute EDV-Software notwendig. Dies ist nicht bei allen Stellen möglich.
Schichtarbeit	Die Arbeitszeiten der Mitarbeiter variieren von Woche zu Woche oder Monat zu Monat in Abhängigkeit davon, ob der Mitarbeiter die Frühschicht z. B. von 6:30 Uhr bis 15:00 Uhr oder Spätschicht von 9:30 Uhr bis 18:00 Uhr hat. Mit dem Einführen der Schichtzeiten kann der Unternehmer gewährleisten, dass immer ein Ansprechpartner, z. B. im Verkauf für die Kunden, vorhanden ist.

2. Aufgabe

Die Urlaubsplanung eines Unternehmens ist immer schwierig, da die Bedürfnisse/Wünsche der Mitarbeiter nicht immer mit den Bedürfnissen/Wünschen des Unternehmens übereinstimmen. Um hier Konflikte zu vermeiden, sind klare Regelungen und Absprachen notwendig.

1. Der Betrieb legt fest, ob es auch Phasen der Urlaubssperre gibt und zu welchem Zeitpunkt wie viele Mitarbeiter anwesend sein müssen. Um die Entscheidungen transparent zu machen, sollten sie den Mitarbeitern mitgeteilt werden.

2. Danach teilen die Mitarbeiter ihre Wünsche für das neue Kalenderjahr mit. In der Praxis muss ein Großteil der Urlaubstage bereits im Jahr davor geplant sein. Um flexibel zu bleiben, können einzelne Urlaubstage aufgehoben werden.

3. Genehmigter Urlaub darf nur in Notsituationen vom Unternehmen rückgängig gemacht werden. Jeder Arbeitnehmer hat Anrecht auf seinen Erholungsurlaub.

Prüfung Kaufmännische Unterstützungsprozesse

Personalbezogene Aufgaben – Entgeltabrechnung

1. Aufgabe

Situation
Herr Brehme ist nun bereits seit einem Monat bei Ihnen.
Sie bereiten seine Entgeltabrechnung vor.

Folgende Angaben liegen Ihnen vor:

Grundentgelt:	1.800,00 €
Provisionen:	1.500,00 €
Zulagen:	0,00 €
Steuerpflichtige Sachbezüge (geldwerter Vorteil):	350,00 €
Lohnsteuerfreibetrag:	150,00 €
AG-Anteil zu den vermögenswirksamen Leistungen: (gesamter Sparbetrag 52,00 €)	20,00 €

1.1 Berechnen Sie das gesamte Bruttoentgelt von Herrn Brehme.

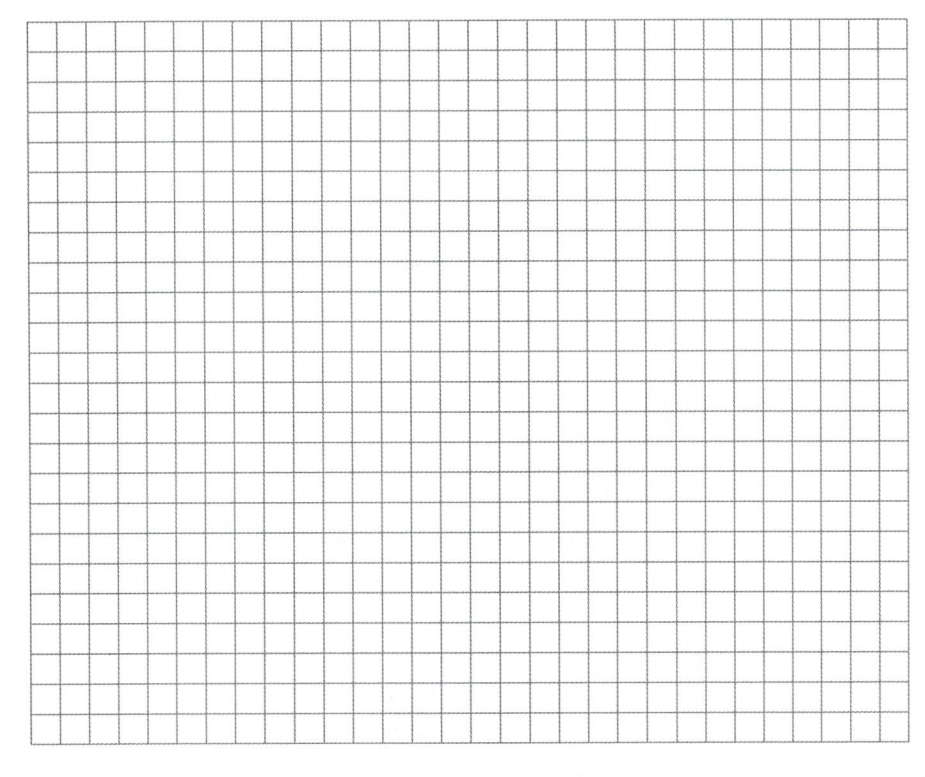

1.2 Herr Brehme erhält 20,00 € Zuschuss für vermögenswirksame Leistungen. Erklären Sie dies.

1.3 Herr Brehme hat einen Lohnsteuerfreibetrag von 150,00 €. Welche Auswirkung hat dieser in der Entgeltabrechnung?

1.4 Ein Unternehmen kann verschiedene Sonderzahlungen leisten. Nennen Sie hierfür vier Beispiele.

-
-
-
-

Prüfung Kaufmännische Unterstützungsprozesse

Personalbezogene Aufgaben – Entgeltabrechnung

Erläuterungen und Lösungen

1. Aufgabe

1.1 Zur Berechnung des Bruttoentgelts wird folgendes Schema verwendet:

> Bruttoentgelt lt. Arbeitsvertrag
> + Sonderzahlungen (Provisionen, Zulagen, Mehrarbeitszeit)
> + geldwerten Vorteil
> + Arbeitgeberzuschuss zu vermögenswirksamen Leistungen
> = sozialversicherungspflichtiges Bruttoentgelt
> – Steuerfreibetrag
> = steuerpflichtiges Bruttoentgelt
> + steuer- bzw. beitragsfreie Zuschläge
> = gesamtes Bruttoentgelt

Berechnung gesamtes Bruttoentgelt von Herrn Brehme

Bruttoentgelt lt. Arbeitsvertrag	1.800,00 €
+ Sonderzahlungen (Provisionen, Zulagen, Mehrarbeit)	1.500,00 €
+ geldwerten Vorteil	350,00 €
+ Arbeitgeberzuschuss zu vermögenswirksamen Leistungen	20,00 €
= sozialversicherungspflichtiges Bruttoentgelt	3.670,00 €
– Steuerfreibetrag	150,00 €
= steuerpflichtiges Bruttoentgelt	3.520,00 €
+ steuer- bzw. beitragsfreie Zuschläge	0,00 €
= gesamtes Bruttoentgelt	3.520,00 €

1.2 Eine vermögenswirksame Leistung ist eine staatlich geförderte Sparform in Deutschland, die Arbeitnehmern auf Grundlage des fünften Vermögensbildungsgesetzes vom Staat gewährt wird. Durch die vermögenswirksamen Leistungen soll die Vermögensbildung von Arbeitnehmern gestärkt und gesichert werden, damit diese sich später von ihrem Vermögen beispielsweise Eigentum finanzieren können. Die Einzahlung des Sparbetrags erfolgt durch den Arbeitgeber, indem dieser den Sparbetrag direkt an die zuständige Stelle überweist.

Diesen Sparplan kann der Arbeitnehmer durch Zuschüsse unterstützen. Dies ist eine freiwillige Leistung. Diese Zahlungen sind aber sozialversicherungs- und steuerpflichtig. Daher werden diese Zahlungen zu dem Bruttoentgelt des Arbeitnehmers dazugerechnet.

1.3 Durch den Lohnsteuerfreibetrag wird das steuerpflichtige Entgelt und somit die monatlichen steuerlichen Abzüge gesenkt.

Die Steuerfreibeträge können beim zuständigen Finanzamt beantragt werden. Oft ist die Grundlage vorhergehende Steuererklärungen, wenn sich hohe Werbungskosten oder außergewöhnliche Belastungen ergeben.

1.4 Sonderzahlungen sind Zahlungen, die nicht immer gleich sind, sondern teilweise nur zu bestimmten Zeitpunkten im Jahre gezahlt werden. Beispiele hierfür sind:

- Weihnachtsgeld
- Urlaubsgeld
- Provisionen
- Fahrtkostenerstattungen
- Vermögenswirksame Leistungen
- Erfolgsbeteiligungen

© Westermann Gruppe

2. Aufgabe

Fortführung der Situation
Nachdem Sie das gesamte Bruttoentgelt von Herrn Brehme berechnet haben, ermitteln Sie nun das Nettoengelt und den Auszahlungsbetrag an Herrn Brehme.

Nutzen Sie hierfür folgende Informationen:

Herr Brehme ist in der Steuerklasse 1; Lohnsteuer 687,23 €

Kirchensteuer: 8 % von der Lohnsteuer

Krankenversicherung (Arbeitnehmeranteil 8,60 % inkl. Zusatzbeitrag)

Rentenversicherung (Arbeitnehmeranteil 9,30 %)

Arbeitslosenversicherung (Arbeitnehmeranteil 1,20 %)

Pflegeversicherung (Arbeitnehmeranteil 1,775 %)

2.1 Berechnen Sie das Nettoentgelt und den Auszahlungsbetrag von Herrn Brehme.

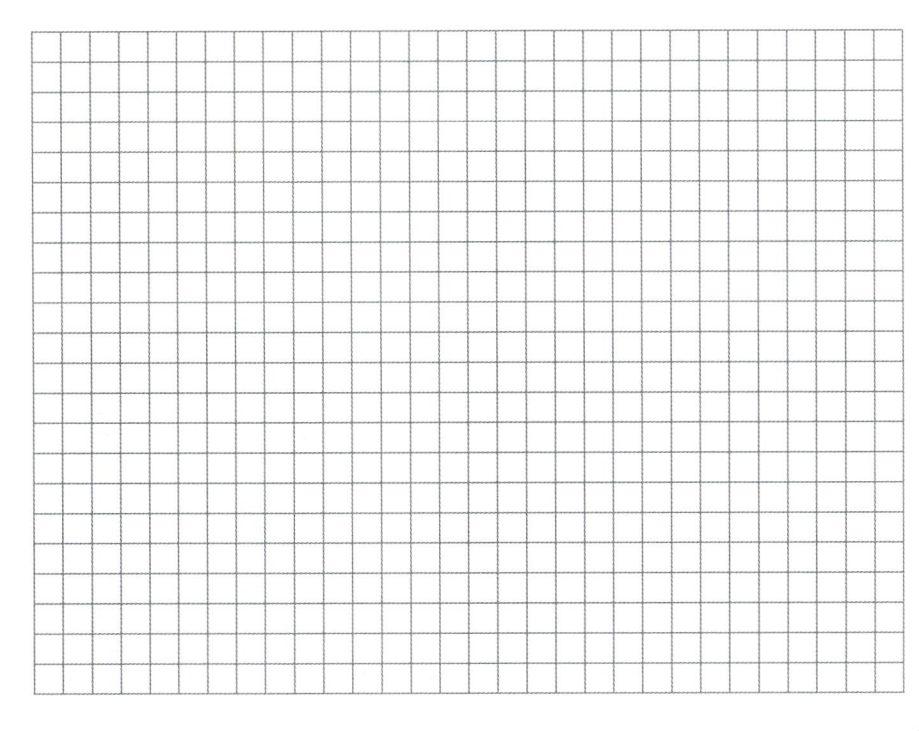

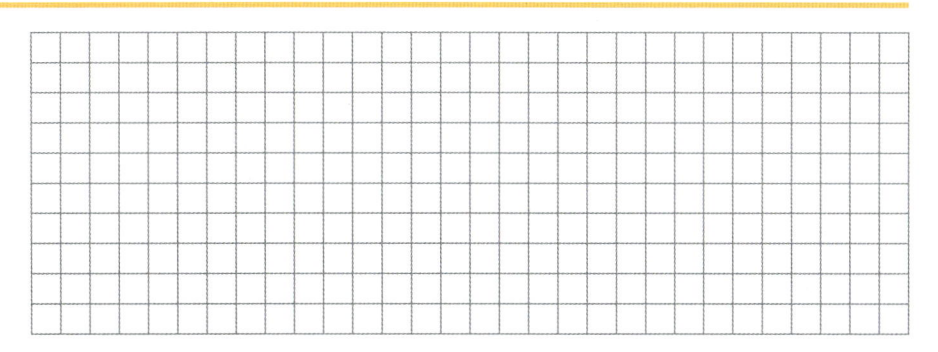

2.2 Bei der Lohn- und Gehaltsabrechnung spielt die sogenannte „Beitragsbemessungsgrenze" eine wichtige Rolle.
Was wird unter der Beitragsbemessungsgrenze verstanden?

2.3 Welche Fristen muss der Arbeitgeber bei der Überweisung der einbehaltenen Steuer und Sozialversicherungsbeiträge einhalten?

Prüfung Kaufmännische Unterstützungsprozesse

Personalbezogene Aufgaben – Entgeltabrechnung

Erläuterungen und Lösungen

2. Aufgabe

2.1 Bei der Berechnung des Nettoentgelts müssen verschiedene Größen berücksichtigt werden:

Lohnsteuer	Die Lohnsteuer kann den aktuellen Lohnsteuertabellen entnommen werden.
Kirchensteuer	8 % der Lohnsteuer in Bayern und Baden-Württemberg bzw. 9 % in allen anderen Bundesländern
Krankenversicherung	Die Beitragsbemessungsgrenze, die jährlich neu angesetzt wird, ist zu beachten. Generell zahlt der Arbeitnehmer 50 % des Beitrags plus 50 % des Zusatzbeitrages in Höhe von 1,3 %.
Pflegeversicherung	Der Arbeitnehmer bezahlt die Hälfte des Pflegeversicherungssatzes. Arbeitnehmer, die das 23. Lebensjahr vollendet und noch keine Kinder haben, zahlen einen Zuschlag von 0,25 %. Es gilt die Beitragsbemessungsgrenze der Krankenversicherung.
Rentenversicherung	Der Arbeitnehmer bezahlt die Hälfte des Rentenversicherungssatzes. Es ist die Beitragsbemessungsgrenze zu beachten. Diese ändert sich jährlich.
Arbeitslosenversicherung	Der Arbeitnehmer zahlt die Hälfte des Gesamtbeitragssatzes. Es ist die Beitragsbemessungsgrenze der Rentenversicherung zu beachten.

Zur Berechnung des Nettoentgelts und des Auszahlungsbetrages wird folgendes Schema herangezogen.

Gesamtes Bruttoentgelt	3.670,00 €
Steuerpflichtiges Bruttoentgelt	3.520,00 €
– Lohnsteuer	687,23 €
– Kirchensteuer	54,98 €
– Krankenversicherung	315,62 €
– Rentenversicherung	341,31 €

– Arbeitslosenversicherung	45,88 €
– Pflegeversicherung	65,14 €
= Nettoentgelt	2.159,84 €
– Vermögenswirksame Leistungen	52,00 €
– Sachbezüge (Geldwerter Vorteil)	350,00 €
– Eventueller Lohnvorschuss	0,00 €
– Lohnpfändung	0,00 €
= Auszahlungsbetrag	1.757,84 €

Bei der Berechnung ist zu beachten:

Die Lohnsteuer wird berechnet vom steuerlichen Entgelt, dies ist in diesem Fall bei: 3.520,00 €

Die Beiträge zur Sozialversicherung (KV, RV, PV, AV) werden berechnet vom sozialversicherungspflichtigen Einkommen. Dies liegt bei Herrn Brehme bei 3.670,00 €.

2.2 Beitragsbemessungsgrenze bedeutet, dass der Arbeitnehmer bis zu diesem Betrag die Beiträge zur Krankenversicherung, Pflegeversicherung, Rentenversicherung und Arbeitslosenversicherung bezahlen muss. Über der Beitragsbemessungsgrenze werden keine Zahlungen erhoben.

2.3 Die Lohnsteuer, Kirchensteuer und der Solidaritätszuschlag werden vom Arbeitgeber bei jeder Lohnzahlung vom Bruttoentgelt einbehalten und an das Finanzamt bis spätestens zum 10. des Folgemonats abgeführt. Der Arbeitgeber ist somit der Steuerschuldner, der Arbeitnehmer ist der Steuerträger. Am Jahresende erhält der Arbeitnehmer vom Arbeitgeber eine Lohnsteuerbescheinigung für das abgelaufene Kalenderjahr. Diese Bescheinigung dient dem Arbeitnehmer als Nachweis über das erhaltene Jahresbruttoentgelt, die darauf gezahlten Steuern und Sozialversicherungsbeiträge. Der Arbeitnehmer benötigt diese Informationen für eine mögliche Einkommensteuererklärung.

Auch die vom Arbeitnehmer zu tragenden Sozialversicherungsbeiträge werden direkt vom Arbeitgeber einbehalten. Der Arbeitgeber führt die Arbeitnehmer- und Arbeitgeberanteile in der Höhe des Vormonats an die Krankenkasse des jeweiligen Arbeitnehmers bis zum drittletzten Bankarbeitstag (Montag bis Freitag) des jeweiligen Monats ab. Die jeweilige Krankenkasse hat dann die Aufgabe, die einzelnen Sozialversicherungsbeiträge an die entsprechenden Träger zu überweisen.

Prüfung Kaufmännische Unterstützungsprozesse — Kaufmännische Steuerung und Kontrolle – Einflussgrößen auf die Wirtschaftlichkeit der betrieblichen Leistungserstellung

1. Aufgabe

Situation
Sie werden beauftragt, die Lagerbewegungen der ersten Hälfte des laufenden Geschäftsjahrs auszuwerten. Ihnen steht für den Artikel „Halogenleuchtmittel H7 X-treme-Light" (Bezugspreis von 16,00 €) der unten stehende Auszug aus der Lagerdatei zur Verfügung.

1.1 Vervollständigen Sie die folgende Tabelle.

Datum	Vorgang	Zugang	Abgang	Bestand
03.01.	AB			25
28.01.	AR 00126		5	
14.02	ER 0295	20		
16.02.	KA 185		11	
10.03.	AR 00750		8	
21.03.	AR 00981		5	
04.04.	ER 0477	20		
15.04.	KA 290		6	
30.04.	AR 01236		10	
04.05.	KA 413		2	
28.05.	AR01002		4	
01.06.	ER 0643	20		
20.06.	AR 01251		12	
23.06.	KA 408		5	
gesamt		60	68	

* AB = Bestand zu Beginn des Geschäftsjahrs
* AR = Ausgangsrechnung
* ER = Eingangsrechnung
* KA = Kassenbeleg

1.2 Ermitteln Sie den Wareneinsatz in Stück und in Euro.

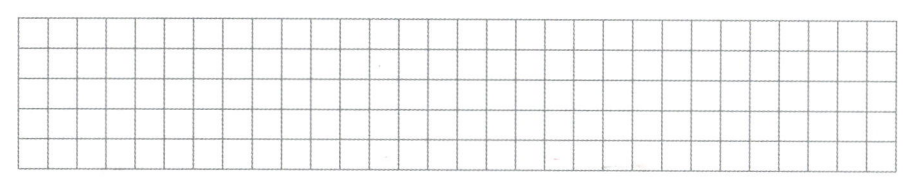

1.3 Ermitteln Sie den durchschnittlichen Lagerbestand in Stück für die ersten sechs Monate des Jahres unter Berücksichtigung der Monatsendbestände. (Runden Sie kaufmännisch auf ganze Stück.)

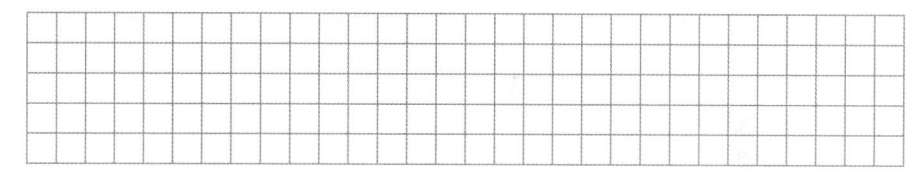

1.4 Ermitteln Sie die Umschlagshäufigkeit in der ersten Jahreshälfte. (Runden Sie ggf. auf zwei Stellen nach dem Komma.)

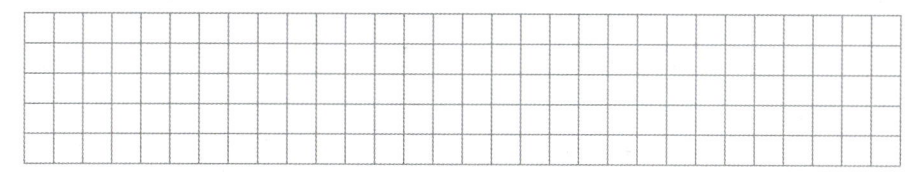

1.5 Ermitteln Sie die durchschnittliche Lagerdauer für die erste Jahreshälfte. (Runden Sie auf volle Tage.)

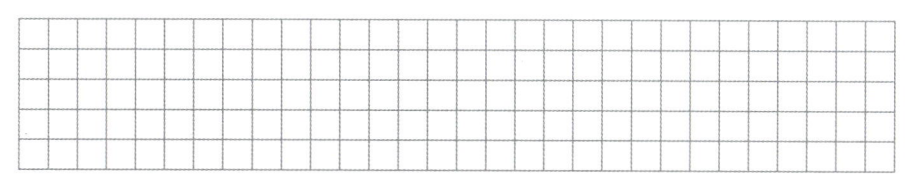

Hinweis

Dieses Thema wurde bereits ausführlicher im Band 1 der Prüfungsvorbereitung auf den Seiten 37 ff. behandelt.

Prüfung **Kaufmännische Unterstützungsprozesse**   Kaufmännische Steuerung und Kontrolle – Einflussgrößen auf die Wirtschaftlichkeit der betrieblichen Leistungserstellung

Erläuterungen und Lösungen

1. Aufgabe

1.1

Datum	Vorgang	Zugang	Abgang	Bestand
03.01.	AB			25
28.01.	AR 00126		5	20
14.02	ER 0295	20		40
16.02.	KA 185		11	29
10.03.	AR 00750		8	21
21.03.	AR 00981		5	16
04.04.	ER 0477	20		36
15.04.	KA 290		6	30
30.04.	AR 01236		10	20
04.05.	KA 413		2	18
28.05.	AR01002		4	14
01.06.	ER 0643	20		34
20.06.	AR 01251		12	22
23.06.	KA 408		5	17
gesamt		60	68	

1.2   Der Wareneinsatz beträgt 68 Stück bzw. 1.088,00 € (68 Stck. · 16,00 €)

In der Lagerdatei lässt sich der Wareneinsatz durch die Summe der Abgänge ermitteln. Eine andere Möglichkeit wäre die rechnerische Ermittlung:

Anfangsbestand + Zugänge – Endbestand = Wareneinsatz
 25   +   60   –   17   =   68

Wareneinsatz = Anfangsbestand + Zugänge – Endbestand

Lagerkennziffern – mögliche Berechnungen

Durchschnittlicher Lagerbestand

Formel:

$$\frac{\text{Anfangsbestand} + 12 \text{ Monatsendbestände}}{13}$$

Hier:

$$\frac{\text{Anfangsbestand} + 6 \text{ Monatsendbestände}}{7}$$

Umschlagshäufigkeit

Formel:

$$\frac{\text{Wareneinsatz}}{\text{durchschnittlichen Lagerbestand}}$$

Durchschnittliche Lagerdauer

Formel:

360 Tage : Umschlagshäufigkeit

Hier:

180 Tage : Umschlagshäufigkeit

1.3   Der durchschnittliche Lagerbestand beträgt:

(25 + 20 + 29 + 16 + 20 + 14 + 17) : 7 = 141 : 7 ≈ 20 Stück

1.4   Die Umschlagshäufigkeit beträgt:

68 Stück : 20 Stück = 3,4 mal oder 1.088,00 € : 320,00 € = 3,4 mal

1.5   Die durchschnittliche Lagerdauer beträgt:

180 Tage : 3,4 mal = 52,94 → 53 Tage

© Westermann Gruppe

2. Aufgabe

Situation
In dieser Woche holt Herr Muder seinen Neuwagen ab. Durch geschickte Vertragsverhandlungen mit dem Verkaufsleiter konnte er einen Hauspreis von 40.0000,00 € inklusive Überführungsgebühren und Umsatzsteuer aushandeln. Das Fahrzeug wurde in der letzten Woche ordnungsgemäß geliefert. Gleichzeitig ging auch die entsprechende Rechnung des Herstellers ein. Das Fahrzeug wurde von Herrn Muder selbst zugelassen. Sie sind damit beauftragt, eine Nachkalkulation für das Neuwagengeschäft durchzuführen.

2.1 Tragen Sie in den Auszug der Herstellerrechnung die fehlenden Werte in die grau hinterlegten Felder ein.

Rechnung
Liefer-Nr.: 832   Bestell-Nr.: 832   Kunden-Nr.: 832   Datum: 10.03.20XX

Fahrzeug-Ident.-Nr.: SAJAB60F7G8K30047		Betrag in €
Modell	Panther F-TYPE SVR AWD 2.0 Liter V6	30.000,00
Farbe	Lithium silber metallic	1.800,00
Bezug	Ledernappa	2.300,00
Felgen	19 Zoll Sportline	500,00
Sonderausstattung	Navigon plus	2.100,00
Listenpreis		
Grundmarge	11 %	
Eroberungsbonus	2 %	
Fahrzeugpreis		
Überführungskosten		300,00
Netto-Rechnungsbetrag		
19 % MwSt.		
Gesamtbetrag		

2.2 Berechnen Sie in übersichtlicher Darstellung, wie hoch der Bruttoertrag in Euro (netto) aus dem Neuwagenverkauf gewesen wäre, wenn Herr Muder den Listenpreis zuzüglich der gegebenen Überführungsgebühren gezahlt hätte.

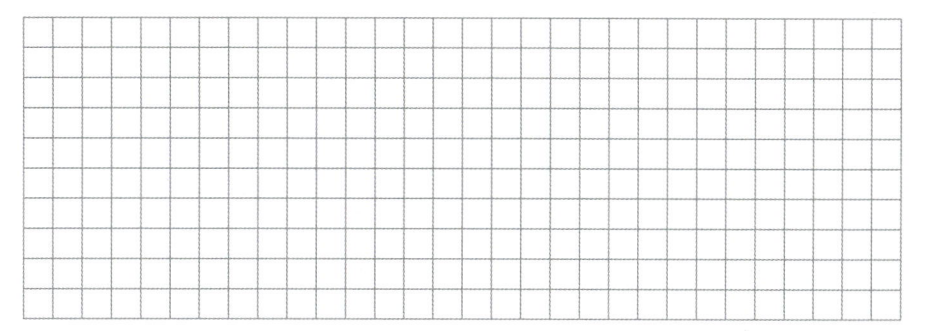

2.3 Ermitteln Sie den Bruttoertrag (netto) aus dem Neuwagenverkauf in Euro.

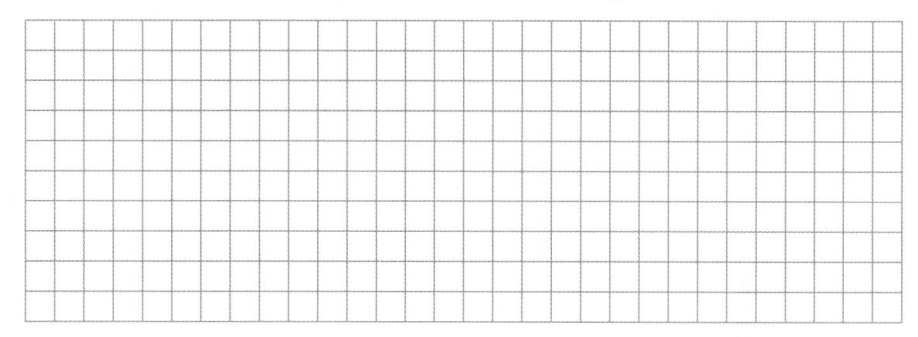

2.4 Wie hoch ist der Nachlass, den Herr Muder vom Bruttolistenpreis inklusive Überführungskosten erzielen konnte, in Prozent?
(Runden Sie auf zwei Stellen nach dem Komma.)

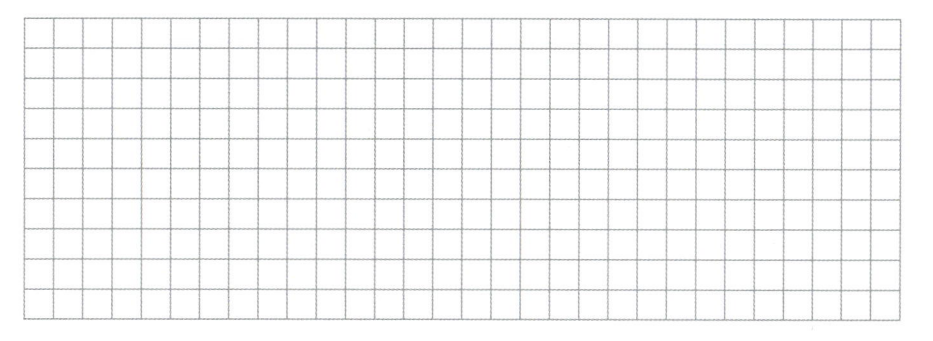

Prüfung Kaufmännische Unterstützungsprozesse Kaufmännische Steuerung und Kontrolle – Einflussgrößen auf die Wirtschaftlichkeit der betrieblichen Leistungserstellung

Erläuterungen und Lösungen

2. Aufgabe

2.1

Rechnung

Liefer-Nr.: 832   Bestell-Nr.: 832   Kunden-Nr.: 832   Datum: 10.03.20XX

Fahrzeug-Ident.-Nr.: SAJAB60F7G8K30047		Betrag in €
Modell	Panther F-TYPE SVR AWD 2.0 Liter V6	30.000,00
Farbe	Lithium silber metallic	1.800,00
Bezug	Ledernappa	2.300,00
Felgen	19 Zoll Sportline	500,00
Sonderausstattung	Navigon plus	2.100,00
Listenpreis		36.700,00
Grundmarge	11 %	4.037,00
Eroberungsbonus	2 %	734,00
Fahrzeugpreis		31.929,00
Überführungskosten		300,00
Netto-Rechnungsbetrag		32.229,00
19 % MwSt.		6.123,51
Gesamtbetrag		38.352,51

2.2

Listenpreis	36.700,00 €
+ Überführungsgebühren	300,00 €
= Netto-Fahrzeugpreis	37.000,00 €
– Netto-Rechnungspreis	32.229,00 €
= Bruttoertrag	4.771,00 €

Hätte Herr Muder den normalen Listenpreis zuzüglich 300,00 € Überführungskosten gezahlt, hätte der Netto-Umsatz bei 37.000,00 € gelegen.
Abzüglich des Netto-Rechnungsbetrags, den das Autohaus bezahlen muss, ergibt sich ein Bruttoertrag von 4.771,00 €

2.3

	Brutto in €	Netto in €
Hauspreis	40.000,00	33.613,45
– Netto-Rechnungspreis		32.229,00
= Bruttoertrag		1.384,45

Der Hauspreis, den der Kunde zahlt, liegt bei 40.000,00 € brutto. Netto sind dies 33.613,45 € (40.000 : 1,19). Daraus ergibt sich ein Bruttoertrag von 1.384,45 €.

2.4

	Brutto in €	Netto in €
Listenpreis		36.700,00
+ Überführungskosten		300,00
= Rechnungspreis	44.030,00	37.000,00
– Hauspreis	40.000,00	33.613,45
	4.030,00	3.386,55

$$44.030,00 \; € \;\; \rightarrow 100\,\%$$
$$40.000,00 \; €$$
$$4.030,00 \; € \;\; \rightarrow \;\;\; x\,\%$$

$$\frac{4.030,00 \; € \cdot 100\,\%}{44.030,00 \; €} = 9,15\,\%$$

Der Kunde spart 4.030,00 € vom Bruttorechnungspreis.
Das sind 9,15 %.

> **Merke**
>
> *Die Bezeichnung* **Bruttoertrag** *bezieht sich nicht auf die enthaltene Umsatzsteuer in dieser Summe, sondern darauf, dass bei diesem Ertrag noch keine dafür angefallenen Kosten, wie Provisionen, Werbekosten oder sonstige Gemeinkosten, berücksichtigt sind. Er ist vergleichbar mit dem Rohgewinn.*
>
> **Bruttoertrag = Verkaufspreis – Einkaufspreis**

Prüfung Kaufmännische Unterstützungsprozesse   Kaufmännische Steuerung und Kontrolle – Einflussgrößen auf die Wirtschaftlichkeit der betrieblichen Leistungserstellung

Situation zur 3. und 4. Aufgabe

Die Erträge des Gebrauchtwagengeschäfts tragen maßgeblich zum Erfolg des Unternehmens bei. Dabei setzt sich das Angebot der Autohaus Schmidt GmbH durch die Inzahlungnahme von Gebrauchtwagen beim Neuwagenverkauf, die Annahme von Leasingrückläufern sowie den Ankauf von Privatleuten und Gewerbetreibenden zusammen. Für das laufende Geschäftsjahr wird von einem Absatz von 290 Gebrauchtwagen mit einem durchschnittlichen Einkaufswert von 13.000 € gerechnet. Die Standzeit der angekauften Fahrzeuge beträgt im Schnitt 35 Tage. Unser Zahlungsziel beim Ankauf beträgt durchschnittlich sieben Tage. Zwischen dem Vertragsabschluss und der Übergabe sowie dem Zahlungseingang des Kunden vergehen normalerweise insgesamt fünf Tage. Die Handlungskosten für vorhandene Gebrauchtwagen betragen 10 % vom durchschnittlichen Einkaufswert.

Situation zur 5. und 6. Aufgabe

Nach drei Wochen Standzeit wurde ein Gebrauchtwagen zu einem Bruttopreis von 14.994,00 € verkauft (19 % Umsatzsteuer). Der Wagen war zu einem Preis von 10.000,00 € (netto) von einem Händler angekauft worden.

Zudem fielen folgende Kosten für diesen Gebrauchtwagen an:

- Aufbereitungskosten: 100,00 €
- Instandsetzungskosten: 250,00 €
- Allgemeine Handlungskosten: 50,00 €
- Verkäuferprovision: 300,00 €
- Kosten für Standzeiten: 240,00 €

3. Aufgabe

Berechnen Sie den zu erwartenden einfachen Kapitalbedarf in diesem Jahr und den Kapitalbedarf pro Tag zur Finanzierung des Einkaufs im Gebrauchtwagenbereich. (Gehen Sie von 360 Tagen pro Jahr aus.)

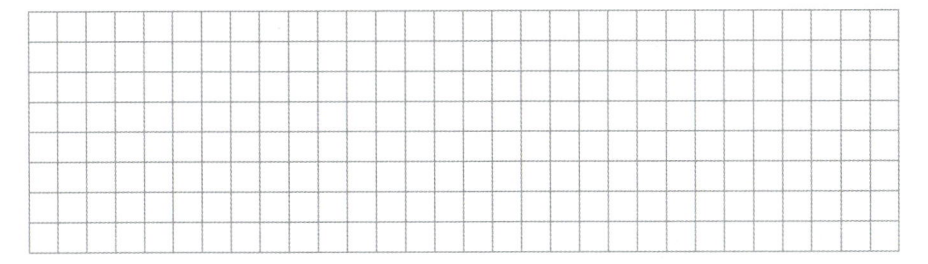

4. Aufgabe

Berechnen Sie den Kapitalbedarf im Gebrauchtwagenbereich unter Berücksichtigung der Zahlungsziele und der Handlungskosten für die Gebrauchtfahrzeuge.

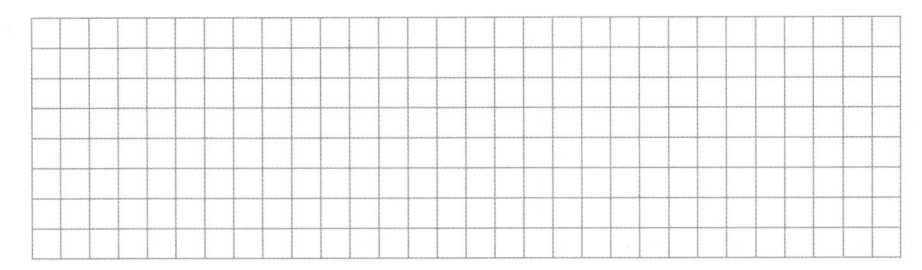

5. Aufgabe

Führen Sie für den verkauften Gebrauchtwagen eine Nachkalkulation durch und ermitteln Sie den Erfolg, den die Autohaus Schmidt GmbH aus diesem Geschäft erwirtschaften konnte.

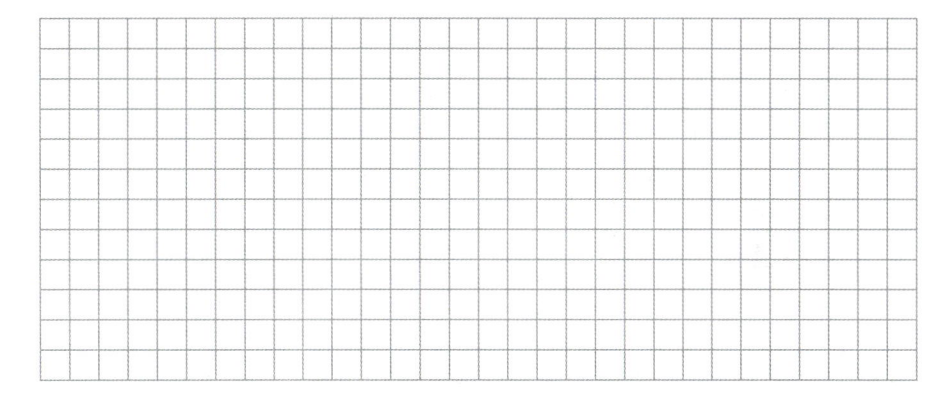

6. Aufgabe

Nennen Sie drei Bestandteile der Standkosten für ein Gebrauchtfahrzeug.

- _____
- _____
- _____

Prüfung Kaufmännische Unterstützungsprozesse   Kaufmännische Steuerung und Kontrolle – Einflussgrößen auf die Wirtschaftlichkeit der betrieblichen Leistungserstellung

Erläuterungen und Lösungen

3. Aufgabe

Der einfache Kapitalbedarf wird errechnet, indem man den erwarteten Absatz mit dem durchschnittlichen Einkaufspreis multipliziert. Teilt man den so ermittelten Wert durch 360 Tage, ermittelt man den einfachen Kapitalbedarf pro Tag.

Kapitalbedarf pro Jahr: 290 Gebrauchtwagen · 13.000 € = 3.770.000,00 €
Kapitalbedarf pro Tag: 3.770.000,00 € : 360 Tage = 10.472,22 €

4. Aufgabe

Um eine genauere Aussage zum Kapitalbedarf zu machen, muss man die Zahlungsziele und die Handlungskosten in Bezug auf den Gebrauchtwagenbereich berücksichtigen. Erst nach durchschnittlichen sieben Tagen Standzeit muss der Gebrauchtwagen bezahlt werden, d. h., es müssen 28 Tage der durchschnittlichen Standzeit von 35 Tagen finanziert werden. Allerdings dauert es vom Verkaufsabschluss bis zum Eingang des Kaufbetrags durchschnittlich fünf Tage, sodass insgesamt 33 Tage finanziert werden müssen (35 – 7 + 5). Handlungskosten fallen allerdings für jeden Tag an, den der Wagen im Unternehmen verweilt. Dies sind durchschnittlich 40 Tage (35 + 5), da der Kunde den Wagen erst nach Zahlung erhält.

Kapitalbedarf für den Kaufpreis:
33 Tage · 10.472,22 €   = 345.583,26 €

Handlungskosten:
40 Tage · (10 % von 13.000,00 €)   =   52.000,00 €

= gesamter Kapitalbedarf   **397.583,26 €**

Handlungskosten für 40 Tage

↑

35 Tage Standzeit + 5 Tage Zahlungsziel Kunde
– 7 Tage Zahlungsziel Lieferant

↓

Finanzierungskosten für 33 Tage

5. Aufgabe

Nachkalkulation für einen Gebrauchtwagen	€
Bruttoverkaufspreis	**14.994,00**
– Umsatzsteuer 19 %	2.394,00
= Nettoverkaufspreis (14.994,00 € : 1,19)	12.600,00
– Aufbereitungskosten	100,00
– Instandsetzungskosten	250,00
– Allgemeine Handlungskosten	50,00
– Verkäuferprovision	300,00
– Kosten für Standzeiten	240,00
– Nettoeinkaufspreis	10.000,00
= Erfolg aus dem Gebrauchtwagengeschäft	1.660,00

6. Aufgabe

Standkosten

- Werbekosten
- Kapitalbindungskosten
- Reinigungskosten
- Wertverlust
- Lagerkosten

© Westermann Gruppe

Prüfung Kaufmännische Unterstützungsprozesse
Kaufmännische Steuerung und Kontrolle – Einflussgrößen auf die Wirtschaftlichkeit der betrieblichen Leistungserstellung

Situation zur 7. bis 10. Aufgabe
Grundlage des Werts von Wartungs- und Reparaturaufträgen ist der Stundenverrechnungssatz (SVS). Es ist der Preis, den der Kunde für eine geleistete Arbeitsstunde in der Werkstatt zahlen muss. Die Autohaus Schmidt GmbH überprüft ihren SVS regelmäßig. Diesmal sind Sie mit der Bearbeitung betraut.

7. Aufgabe

Erläutern Sie die Bestandteile des Stundenverrechnungssatzes.

8. Aufgabe

Unterscheiden Sie die Begriffe produktive und unproduktive Stunden.

9. Aufgabe

Fortführung der Situation
Die Autohaus Schmidt GmbH beschäftigt fünf produktive Mitarbeiter in der Werkstatt. Alle Arbeitsverträge beinhalten 38 Arbeitsstunden je Woche und 30 Tage Urlaub pro Jahr. Das laufende Jahr (365 Tage) hat 52 Wochenenden, an denen in der Werkstatt nicht gearbeitet wird. Neun gesetzliche Feiertage fallen auf Werktage. Durchschnittlich sind die Mitarbeiter an zehn Tagen im Jahr krank und zwei Tage entfallen als Arbeitstage durch Fortbildungsmaßnahmen. Der Auslastungsgrad der Werkstatt liegt zurzeit bei 90 %.

Ermitteln Sie schematisch und nachvollziehbar die produktiven Stunden, mit denen im laufenden Jahr kalkuliert werden kann.

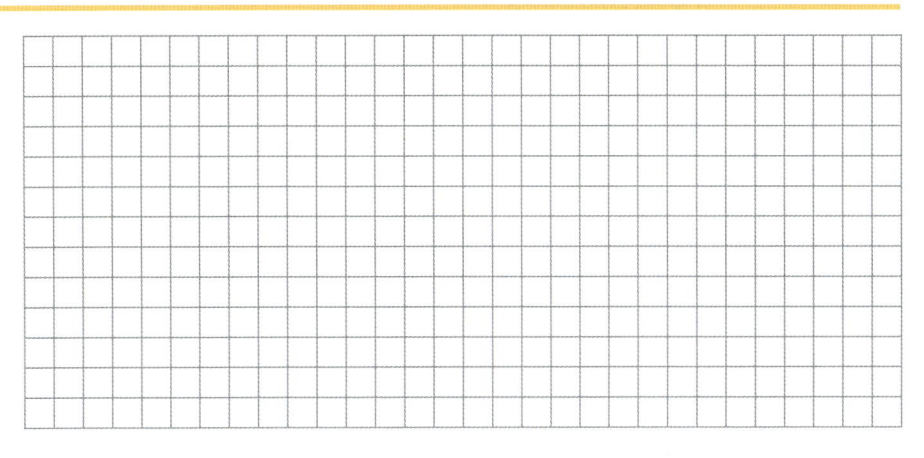

10. Aufgabe

Fortführung der Situation
Folgende Kosten sind im letzten Geschäftsjahr angefallen:
- Hilfslöhne in der Werkstatt   77.500,00 €
- Bruttolöhne in der Werkstatt   120.160,00 €
- Meistergehalt   51.252,00 €
- Personalnebenkosten der Werkstatt   122.358,00 €
- Umlage der Gemeinkosten der Verwaltung 96.430,00 €
- Abschreibungen   133.100,00 €

Es wird erwartet, dass die Kosten für dieses Jahr in ähnlicher Höhe anfallen.

Berechnen Sie für die Werkstatt den Gemeinkostenzuschlagssatz (GKZ in %), mit dem die Autohaus Schmidt GmbH in Zukunft kalkulieren sollte.

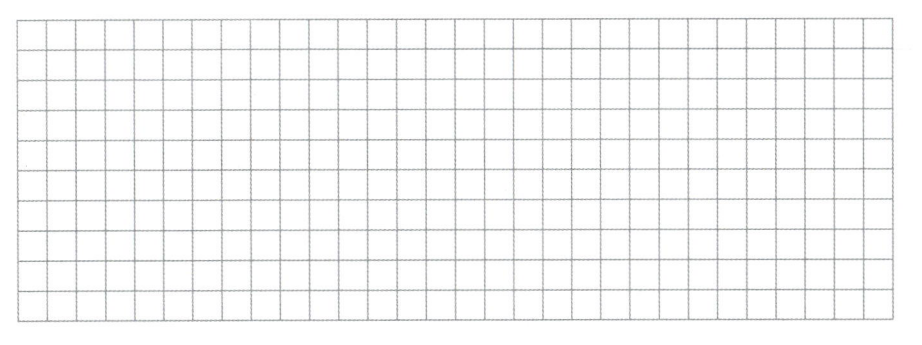

Prüfung Kaufmännische Unterstützungsprozesse   Kaufmännische Steuerung und Kontrolle – Einflussgrößen auf die Wirtschaftlichkeit der betrieblichen Leistungserstellung

Erläuterungen und Lösungen

7. Aufgabe

Der Stundenverrechnungssatz (SVS) ist die Grundlage zur Ermittlung des Werts von Reparatur- und Wartungsaufträgen. Es ist der Preis, den der Kunde für eine Werkstattstunde zahlen muss.

Der Stundenverrechnungssatz beinhaltet nicht nur den Stundenlohn des Mitarbeiters, sondern auch anteilig alle anderen Kosten, die in der Werkstatt anfallen, sogenannte „Gemeinkosten". Zusätzlich wird bei der Kalkulation ein angemessener Gewinn- und Wagniszuschlag mit einbezogen.

8. Aufgabe

Die produktiven Stunden sind die geleisteten Werkstattstunden, die tatsächlich in Rechnung gestellt werden, d. h., mit denen Umsatz generiert wird.

Unproduktive Stunden werden nicht direkt in Rechnung gestellt, sind aber notwendig, um die Werkstattaufträge zu organisieren. Hierzu zählt z. B. die Beratung des Kunden bei der Erteilung des Werkstattauftrags oder die Verteilung der Aufträge an die Mitarbeiter der Werkstatt.

9. Aufgabe

Ermittlung der produktiven Stunden in der Werkstatt pro Jahr	Tage
Tage des Kalenderjahrs	365
– Wochenenden: (52 · 2 Tage)	104
– gesetzliche Feiertage an Werktagen	9
– Urlaubstage	30
– Krankheitstage	10
– Fortbildung	2
= Anwesenheitstage der produktiven Mitarbeiter	210
– Unproduktive Tätigkeit: 10 % von 210 Tagen (Auslastungsgrad 90 %)	21
= Produktive Tage in der Werkstatt	189
· 38 Stunden pro Tag (38 Stunden · 5 Mitarbeiter : 5 Tage)	7 182 Stunden

10. Aufgabe

Die Bruttolöhne in der Werkstatt bilden die Grundlage (100 %) zur Errechnung des Gemeinkostenzuschlags (GKZ in %).

Bruttolöhne in der Werkstatt = 120.160,00 € → 100 %
alle anderen Kosten (Gemeinkosten) = 480.640,00 € → x %   ↔ x = 400%

$$GKZ\ in\ \% = \frac{Gemeinkosten \cdot 100\ \%}{Bruttolöhne\ in\ der\ Werkstatt}$$

kostendeckender Stundenverrechnungssatz
= Bruttostundenlohn + GKZ %

Kostendeckender Stundenverrechnungssatz

Produktive Kosten → **Bruttolohn des Mechanikers**

Gemeinkosten →
- Werkzeuge, Hebebühnen
- Direktannahme, Werkstattorganisation
- Kundenservice, Rechnungserstellung
- Abschreibung auf Gebäude/ Einrichtung
- Hilfs- und Vorbereitungstätigkeiten

Produktive Stunden

$$Kostendeckender\ SVS\ in\ € = \frac{Alle\ Kosten\ der\ Werkstatt\ in\ €}{Produktive\ Stunden}$$

© Westermann Gruppe

Prüfung Kaufmännische Unterstützungsprozesse — Kaufmännische Steuerung und Kontrolle – Einflussgrößen auf die Wirtschaftlichkeit der betrieblichen Leistungserstellung

11. Aufgabe

Situation
Auf Grundlage der Entwicklung der vergangenen Jahre rechnet man für das laufende Jahr mit stabilen produktiven Bruttolöhnen in Höhe von 120.000,00 € im Werkstattbereich und einem Gemeinkostenzuschlagssatz von 400 %. Die Geschäftsleitung gibt für die Kalkulation einen Gewinnzuschlag von 5 % und einen Wagniszuschlag von 2 % vor. Es wird davon ausgegangen, dass im Laufe des Jahres 7.100 geleistete Werkstattstunden in Rechnung gestellt werden können.

11.1 Berechnen Sie den Stundenverrechnungssatz in Euro.

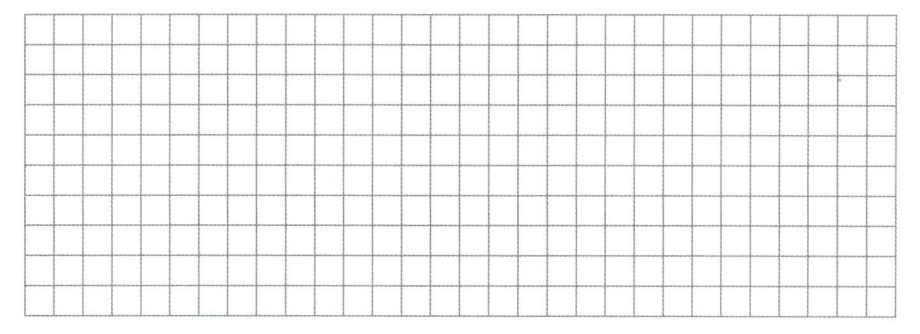

11.2 Berechnen Sie den Werkstattindex.
(Runden Sie auf zwei Stellen nach dem Komma.)

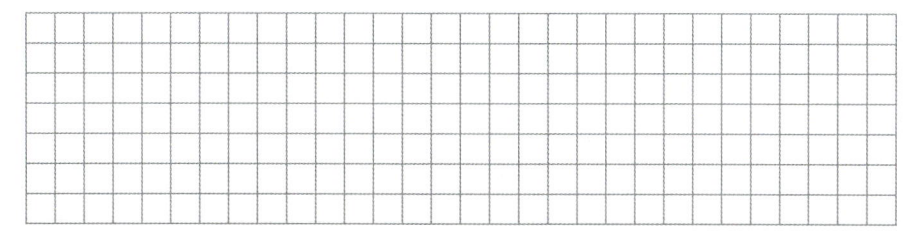

Fortführung der Situation zur 12. und 13. Aufgabe
Momentan liegt der Stundenverrechnungssatz für einen Karosseriebauer in der Werkstatt bei 95,00 € pro Stunde. Das Autohaus stellt den Kunden für geleistete Reparaturen Arbeitswerte in Rechnung. Eine Stunde wird dabei in zehn Arbeitswerte (AW) unterteilt. Ein Kunde erhält die folgende, ausschnittweise dargestellte Rechnung.

12. Aufgabe

Ermitteln Sie die Kosten, die dem Kunden für den Arbeitslohn in Rechnung gestellt werden, indem Sie die entsprechenden Werte eintragen. Berechnen Sie auch den Gesamtbetrag.

Rechnung
Rechnung-Nr. 2015-08-1203   Kunden-Nr.: 1025   Datum: 16.08.20XY

Pos	Leistung	Anzahl Stk.	Einzelpreis €	Gesamtpreis €
1	Rüstzeit für Karosseriearbeiten	2		
2	Vorbereitungszeit	1		
3	Radlaufverkleidung. V L aus- und eingebaut	3		
4	Radlaufverkleidung. V R aus- und eingebaut	3		
5	Stoßfänger vorne aus- und einbauen	5		

Nettobetrag: EUR
zzgl. 19 % USt: EUR
Gesamtbetrag: EUR

13. Aufgabe

Warum unterteilen die meisten Betriebe im Kfz-Gewerbe die in Rechnung gestellten Arbeitsstunden in der Werkstatt in Arbeitswerte?

Prüfung Kaufmännische Unterstützungsprozesse   Kaufmännische Steuerung und Kontrolle – Einflussgrößen auf die Wirtschaftlichkeit der betrieblichen Leistungserstellung

Erläuterungen und Lösungen

1. Aufgabe

11.1

Kostenart		€
Produktive Bruttolöhne + Gemeinkosten	400 %	120.000,00 480.000,00
= gesamte Werkstattkosten + Gewinn + Wagniskosten	5 % 2 %	600.000,00 30.000,00 12.000,00
= Summe der SVS		642.000,00
: produktive Werkstattstunden	7 100 h	90,42

Der Stundenverrechnungssatz (SVS) beträgt 90,42 €.

Zu den produktiven Bruttolöhnen werden die Gemeinkosten addiert. Diese Summe ist Grundlage für die Berechnung des Gewinn- und auch des Wagniskostenzuschlags. Addiert man die Beträge zu den gesamten Werkstattkosten, erhält man den Gesamtbetrag, der durch die produktiven Stunden in der Werkstatt erwirtschaftet werden muss. Dieser Betrag wird durch die Anzahl der produktiven Stunden geteilt, um den SVS zu erhalten.

11.2

Summe der SVS	642.000,00 €
: Summe der Bruttolöhne	120.000,00 €
= Werkstattindex	5,35

Der Werkstattindex beträgt 5,35.

Der Werkstattindex sagt aus, mit welchem Wert der Bruttostundenlohn eines Werkstattmitarbeiters multipliziert werden muss, um den Stundenverrechnungssatz (SVS) zu erhalten. Dazu teilt man die Summe der SVS durch die Summe der in der Werkstatt gezahlten produktiven Löhne.

Beispiel:

Für die Bruttolöhne in Höhe von 120.000,00 € werden 7.100 h geleistet.
Der Stundenlohn beträgt 16,90 € (120.000,00 € / 7.100 h)
SVS = Stundenlohn 16,90 € · Werkstattindex 5,35 = 90,42 €

12. Aufgabe

Berechnung: 95,00 € : 10 = 9,50 € pro Arbeitswert

Rechnung

Rechnung Nr. 2015-08-1203   Kunden-Nr.: 1025   Datum: 16.08.20XY

Pos	Leistung	Anzahl Stk.	Einzel-preis €	Gesamt-preis €
1	Rüstzeit für Karosseriearbeiten	2	9,50	19,00
2	Vorbereitungszeit	1	9,50	9,50
3	Radlaufverkleidung. V L aus- und eingebaut	3	9,50	28,50
4	Radlaufverkleidung. V R aus- und eingebaut	3	9,50	28,50
5	Stoßfänger vorne aus- und einbauen	5	9,50	47,50

Nettobetrag: 133,00 EUR
zzgl. 19 % USt: 25,27 EUR
Gesamtbetrag: **158,27 EUR**

13. Aufgabe

Dieser Abrechnungsmodus ist exakter, da nicht volle Stunden abgerechnet werden, sondern kleinere Zeiteinheiten in Rechnung gestellt werden können.

Für viele Arbeiten, wie Wartungs-, Reparatur- und Karosseriearbeiten, legt der Hersteller eine verbindliche Anzahl von Arbeitswerten fest. Braucht die Fachwerkstatt länger, muss der Kunde dies nicht bezahlen. Außerdem bietet die Anwendung von Arbeitswerten viele Vorteile bei der Erstellung von Kostenvoranschlägen und bei der Terminplanung. Zusätzlich sind sie die Grundlage für Festpreise und Garantiearbeiten.

$$\text{SVS in €} = \frac{\text{produktive Bruttolöhne + Gemeinkosten + Gewinn + Wagniskosten}}{\text{produktive Arbeitsstunden}}$$

$$\text{Werkstattindex} = \frac{\text{produktive Bruttolöhne + Gemeinkosten + Gewinn + Wagniskosten}}{\text{produktive Bruttolöhne}}$$

$$\text{SVS in €} = \text{Bruttostundenlohn} \cdot \text{Werkstattindex}$$

© Westermann Gruppe

Prüfung Kaufmännische Unterstützungsprozesse

Kaufmännische Steuerung und Kontrolle – Buchungsvorgänge bearbeiten

Grundlagen: Aufgaben zur Wiederholung*

> **Situation zur 1. und 2. Aufgabe**
> In den folgenden Wochen sind Sie in der Buchhaltungsabteilung eingesetzt. Sie sollen Ihre Kollegen bei der Erfassung und Bearbeitung verschiedenster Geschäftsvorfälle unterstützen. Natürlich müssen Sie dabei die Gesetze ordnungsgemäßer Buchführung (GoB) beachten. Durch den Berufsschulunterricht kennen Sie außerdem den Aufbau und den Inhalt der Bilanz.

1. Aufgabe

Welche Aussagen zum Inhalt der Bilanz sind richtig? ☐ ☐ ☐

1. Auf der Passivseite der Bilanz werden die Vermögenswerte des Unternehmens erfasst.
2. Die Aktivseite der Bilanz umfasst nur Eigenkapital und Fremdkapital.
3. Die Summen der beiden Bilanzseiten sind immer identisch.
4. Abgesehen vom Anlage- und Umlaufvermögen wird auf der Passivseite der Bilanz auch noch der Wert des Eigenkapitals erfasst.
5. Bei der passiven Seite der Bilanz spricht man auch von Mittelverwendung.
6. Schulden werden grundsätzlich auf der passiven Seite der Bilanz erfasst.
7. Während auf der Aktivseite der Bilanz das Vermögen erfasst wird, befindet sich auf der Passivseite das Kapital.
8. Eine Erhöhung des Vermögens wirkt sich immer auf das Eigenkapital aus.
9. Da auf der Aktivseite der Bilanz nur Kapitalwerte zu finden sind, spricht man hier auch von Mittelherkunft.
10. Zum Vermögen gehören auch Schulden und daher befindet sich diese Position auf der Aktivseite der Bilanz.

2. Aufgabe

2.1 Ordnen Sie den folgenden Vorgängen in der Buchhaltungsabteilung die entsprechenden Grundsätze ordnungsgemäßer Buchführung zu.

Vorgang		Grundsatz
a) Für die Erfassung der Geschäftsvorfälle wird der Kontenplan der Kfz-Branche verwendet und für die Geschäftsfelder werden verständliche Abkürzungen verwendet.	☐	1 Vollständigkeit
b) Die Aufwendungen und Erträge werden jeweils den Jahren zugerechnet, in denen sie entstanden sind. Dabei ist es unerheblich, wann die Belege datiert sind.	☐	2 Klarheit
c) Es werden grundsätzlich alle Geschäftsvorfälle dokumentiert und lückenlos erfasst.	☐	3 Nachprüfbarkeit
d) Belege müssen nach den gesetzlichen Vorschriften und Fristen aufbewahrt werden und bei einer evtl. Betriebsprüfung vorgelegt werden.	☐	4 Periodengerechte Abgrenzung

2.2 Welcher der folgenden Begriffe gehört nicht zu den Gesetzen ordnungsgemäßer Buchführung? ☐

1. Richtigkeit
2. Übersichtlichkeit
3. Willkürfreiheit
4. Wirtschaftlichkeit

---

* Aufgaben, die diese Überschrift haben, dienen der Wiederholung des prüfungsrelevanten Hintergrundwissens. Sie würden in dieser Form nicht in der Prüfung auftauchen.
Der 2. Teil der Gestreckten Abschlussprüfung enthält nämlich ausschließlich offene Aufgaben.

Prüfung **Kaufmännische Unterstützungsprozesse**

Kaufmännische Steuerung und Kontrolle – Buchungsvorgänge bearbeiten

Erläuterungen und Lösungen

1. Aufgabe

Lösung: 3, 6, 7

1. Die Vermögenswerte werden auf der **Aktivseite** der Bilanz erfasst.
2. Die **Passivseite** der Bilanz umfasst Eigenkapital und Fremdkapital.
4. Das Anlage- und Umlaufvermögen steht auf der **Aktivseite** der Bilanz.
5. Bei der Passivseite spricht man von **Mittelherkunft**.
8. Eine Erhöhung des Vermögens kann sowohl durch die Erhöhung von Eigenkapital als auch durch die Erhöhung von **Fremdkapital** erfolgen.
9. Die Kapitalwerte stehen auf der **Passivseite** der Bilanz.
10. Zum Vermögen gehören **keine** Schulden. Schulden stehen auf der **Passivseite** der Bilanz.

2. Aufgabe

1.1 Lösung: 2, 4, 1, 3

Der Grundsatz der **Vollständigkeit** ist in § 246 Abs.1 HGB geregelt:

Die Buchhaltung bzw. der Jahresabschluss hat sämtliche Vermögensgegenstände, Schulden, Rechnungsabgrenzungsposten, Aufwendungen und Erträge zu enthalten, soweit gesetzlich nichts anderes bestimmt ist.

Der Grundsatz der Klarheit und **Übersichtlichkeit** ergibt sich aus § 238 HGB: Ein sachverständiger Dritter muss sich innerhalb angemessener Zeit einen Überblick über die Lage des Unternehmens verschaffen können. Erreicht wird dies unter anderem mit einer vorgeschriebenen Bilanzgliederung, die ebenfalls im HGB geregelt ist. Ein Bilanzkundiger weiß dadurch sofort, wo er z. B. das Eigenkapital eines Unternehmens finden kann (auf der Passivseite der Bilanz oben). Auch der Kontenplan trägt maßgeblich zur Übersichtlichkeit bei.

Zur Klarheit und Übersichtlichkeit gehört auch die **Nachprüfbarkeit**: Gemäß § 238 HGB müssen sich die Geschäftsvorfälle in ihrer Entstehung und Abwicklung nachvollziehen lassen. Daher stammt unter anderem auch der Grundsatz: „keine Buchung ohne Beleg".

Der Grundsatz der **Periodenabgrenzung** des § 252 HGB besagt, dass Aufwendungen und Erträge des Geschäftsjahrs unabhängig von den Zeitpunkten der entsprechenden Zahlungen im Jahresabschluss zu berücksichtigen sind. Erreicht wird dies durch Rechnungsabgrenzungsposten.

1.2 Lösung: 4

Die drei anderen Grundsätze gehören zu den Rahmengrundsätzen der GoB. Wirtschaftlichkeit ist ein Ziel des Unternehmens, nicht der Vorschriften.

Grundlagen: Aufgaben zur Wiederholung

> **Situation zur 3. bis 5. Aufgabe**
> Nachdem Sie sich mit der Struktur der Bilanz auseinandergesetzt haben, sollen Sie jetzt aufzeigen, welche Auswirkungen einzelne Geschäftsvorfälle auf bestimmte Posten der Bilanz bzw. den Wert der Bilanz haben. Bei der Erstellung von Buchungssätzen müssen verschiedene Überlegungen berücksichtigt werden.

3. Aufgabe

Bringen Sie folgende Fragen, die Sie sich bei der Erstellung von Buchungssätzen stellen, in die richtige Reihenfolge, indem Sie die Nummerierung 1 bis 4 in die Kästchen eintragen.

Handelt es sich um aktive oder passive Konten? ☐

Bei welchem Konto wird im Soll und bei welchem im Haben gebucht? ☐

Welche Bestandskonten werden angesprochen? ☐

Liegt eine Minderung oder Mehrung der Konten vor? ☐

4. Aufgabe

Entscheiden Sie, welche Aussagen in Zusammenhang mit dem Buchungssatz richtig sind. ☐ ☐ ☐

1 Jeder Buchungssatz spricht immer mindestens zwei Konten an.
2 Die Konten werden immer auf der gleichen Seite gebucht.
3 Bei einem Buchungssatz wird das Konto, das im Soll gebucht wird, zuerst genannt.
4 Es können in einem Buchungssatz immer nur Konten einer Bilanzseite angesprochen werden.
5 Die angesprochenen Konten werden jeweils auf unterschiedlichen Seiten angesprochen.

5. Aufgabe

Ordnen Sie zu, um welche Art von Konto es sich handelt:

Konto		Art
a) Bank	☐	1 Aktivkonto
b) Forderungen	☐	2 Passivkonto
c) Verbindlichkeiten	☐	
d) Darlehen	☐	
e) Betriebs- und Geschäftsausstattung	☐	
f) Hypotheken	☐	

6. Aufgabe

> **Fortführung der Situation**
> Sie sollen bei den folgenden Buchungssätzen entscheiden, um welche Art der Bilanzveränderung es sich jeweils handelt.

Ordnen Sie zu:

Buchungssatz		Wertveränderung
a) Bank an Forderungen	☐	1 Aktivtausch
b) Verbindlichkeiten an Bank	☐	2 Passivtausch
c) Kasse an Fuhrpark	☐	3 Aktiv-Passiv-Minderung
d) BGA an Verbindlichkeiten	☐	4 Aktiv-Passiv-Mehrung
e) Verbindlichkeiten an Darlehen	☐	
f) Bank an Eigenkapitel	☐	

Prüfung Kaufmännische Unterstützungsprozesse

Kaufmännische Steuerung und Kontrolle – Buchungsvorgänge bearbeiten

Erläuterungen und Lösungen

3. Aufgabe

Lösung: 2, 4, 1, 3

Bei der Bildung des Buchungssatzes muss zunächst festgestellt werden, welche Konten angesprochen werden. Im Folgenden ist zu überlegen, ob es sich um aktive oder passive Konten handelt, um zu wissen, wie sie sich bei Minderungen oder Mehrungen verhalten. Erst danach kann der Buchungssatz gebildet werden.

4. Aufgabe

Lösung: 1, 3, 5

Da der Buchungssatz immer „Soll an Haben" lautet, müssen die Konten auf unterschiedlichen Seiten angesprochen werden. Dabei können zwei Aktivkonten, zwei Passivkonten oder auch jeweils ein aktives und ein passives Konto betroffen sein.

5. Aufgabe

Lösung: 1, 1, 2, 2, 1, 2

Auf der Aktivseite der Bilanz stehen das Anlagevermögen und das Umlaufvermögen, wie Betriebs- und Geschäftsausstattung, Forderungen und Bank. Auf der Passivseite befindet sich das Eigenkapital und das Fremdkapital, wie Darlehen, Hypotheken und Verbindlichkeiten.

6. Aufgabe

Lösung: 1, 3, 1, 4, 2, 4

	SOLL	Kontoart	HABEN	Kontoart	Wertveränderung
a)	Bank	Aktiv +	Forderungen	Aktiv –	Aktivtausch
b)	Verbindlichkeiten	Passiv –	Bank	Aktiv –	A-P-Minderung
c)	Kasse	Aktiv +	Fuhrpark	Aktiv –	Aktivtausch
d)	BGA	Aktiv +	Verbindlichkeiten	Passiv +	A-P-Mehrung
e)	Verbindlichkeiten	Passiv –	Darlehen	Passiv +	Passivtausch
f)	Bank	Aktiv +	Eigenkapital	Passiv +	A-P-Mehrung

Werden zwei Konten der gleichen Bilanzseite angesprochen, handelt es sich um einen Aktiv- oder Passivtausch. Wird jeweils ein Konto jeder Bilanzseite angesprochen, nehmen diese Konten entweder beide zu oder ab. Je nachdem handelt es sich um eine Aktiv-Passiv-Mehrung oder Aktiv-Passiv-Minderung.

Bilanz

Aktivseite — Passivseite

VERMÖGEN

Soll	Haben
+	–

Aktive Konten nehmen im Soll zu und im Haben ab.

KAPITAL

Soll	Haben
–	+

Passive Konten nehmen im Soll ab und im Haben zu.

In 4 Schritten zum Buchungssatz

Welche Konten werden angesprochen?

Handelt es sich um aktive oder passive Konten?

Nehmen die Konten zu oder ab?

Welches Konto wird im Soll und welches Konto wird im Haben gebucht?

Buchungssatz: SOLL an HABEN

Prüfung Kaufmännische Unterstützungsprozesse — Kaufmännische Steuerung und Kontrolle – Buchungsvorgänge bearbeiten

Grundlagen: Aufgaben zur Wiederholung (7. und 8. Aufgabe)

Situation zur 7. und 8. Aufgabe
In der Buchhaltung unterscheidet man Kreditorenkonten, Debitorenkonten und Sachkonten. Die Autohaus Schmidt GmbH hat aus dem Kontenrahmenplan für die Kfz-Branche ihren eigenen Kontenplan entwickelt. Sie sind damit beauftragt, Zahlungseingänge und Zahlungsausgänge den entsprechenden Rechnungen zuzuweisen. Dabei fällt Ihnen auf, dass in einem Buchungssatz auch mehr als zwei Konten angesprochen werden können.

7. Aufgabe

Ordnen Sie den folgenden Konten die entsprechende Kontoart zu.

Konten
a) Kundenkonto
b) Eigenkapital
c) Lieferantenkonto
d) Fuhrpark

Kontenart
1 Kreditorenkonto
2 Debitorenkonto
3 Sachkonto

8. Aufgabe

Welche der folgenden Grundregeln gehört nicht zur Bildung eines zusammengesetzten Buchungssatzes?

1 Die Summen der gebuchten Beträge auf der Sollseite und auf der Habenseite müssen identisch sein.
2 Die Regeln zur Bildung eines einfachen Buchungssatzes gelten grundsätzlich auch für den zusammengesetzten Buchungssatz.
3 Die Anzahl der angesprochenen Konten muss bei einem zusammengesetzten Buchungssatz im Soll und Haben gleich sein.
4 Bei einem zusammengesetzten Buchungssatz werden mindestens drei Konten angesprochen.
5 Bei einem zusammengesetzten Buchungssatz muss jedem Konto ein eindeutig zu buchender Betrag zugewiesen werden.

9. Aufgabe

Situation
Ihnen liegt eine bereits erfasste Rechnung für Teile und Zubehör an einen Kunden über 980,00 € vor. Der Kunde hat 200,00 € bar bezahlt und den Rest mit seiner Bankkarte. Sie sollen die Zahlung des Kunden erfassen.

Bilden Sie den Buchungssatz für die Zahlung unter Verwendung der folgenden Konten.

Kontonummer Kontobezeichnung	Kontonummer Kontobezeichnung
1000 Kasse	1600 Verbindlichkeiten a. L. L.
1200 Bank	3100 Bestand Gebrauchtwagen
1400 Forderungen a. L. L.	3300 Bestand Teile und Zubehör

SOLL			an	HABEN	
Kontonummer	Kontobezeichnung	Betrag €	Kontonummer	Kontobezeichnung	Betrag €

10. Aufgabe

Situation
Der beabsichtigte Ankauf des Gebrauchtwagens von Herrn Meiner, einem langjährigen Privatkunden, wurde bereits in der Buchhaltung erfasst. Jetzt erfolgt die Buchung der Zahlung: 500,00 € wurden dem Kunden in bar ausgezahlt. Der restliche Betrag in Höhe von 9.500,00 € wurde Herrn Meiner auf sein Konto überwiesen. Der dazugehörige Kontoauszug der Autohaus Schmidt GmbH liegt Ihnen bereits vor.

Bilden Sie den Buchungssatz zum Ausgleich des Kundenkontos unter Verwendung der oben stehenden Konten.

SOLL			an	HABEN	
Kontonummer	Kontobezeichnung	Betrag €	Kontonummer	Kontobezeichnung	Betrag €

Prüfung Kaufmännische Unterstützungsprozesse

Kaufmännische Steuerung und Kontrolle – Buchungsvorgänge bearbeiten

Erläuterungen und Lösungen

7. Aufgabe

Lösung: 2, 3, 1, 3

Der Kontenrahmen gibt eine Form vor, die vom einzelnen Betrieb nach den eigenen Anforderungen gestaltet wird. Innerhalb der bestehenden Kontenklassen kann der Betrieb noch weitere Unterteilungen vornehmen oder Konten, die er nicht benötigt, ignorieren. Eine grundsätzliche Erweiterung des Kontenrahmens sind die Kundenkonten (Debitorenkonten) und die Lieferantenkonten (Kreditorenkonten). Da die Konten Forderungen aus L. u. L. und Verbindlichkeiten aus L. u. L. zu unübersichtlich würden, bekommt jeder Kunde und jeder Lieferant seine eigene Kontonummer im Kontenplan.

8. Aufgabe

Lösung: 3

Bei einem zusammengesetzten Buchungssatz kommt es in erster Linie darauf an, dass auf der Sollseite und auf der Habenseite derselbe Betrag gebucht wird. Die Anzahl der Konten auf den einzelnen Seiten spielt dabei keine Rolle.

9. Aufgabe

Es besteht gegenüber dem Kunden eine Forderung aus L. u. L. Da der Kunde zwei verschiedene Zahlungsmittel nutzt, stehen auf der Sollseite zwei Konten. Die gebuchte Summe ist auf beiden Seiten identisch.

SOLL			an	HABEN	
Kontonummer	Kontobezeichnung	Betrag €	Kontonummer	Kontobezeichnung	Betrag €
1000	Kasse	200	1400	Forderungen aus L. u. L	980
1200	Bank	780			

10. Aufgabe

Es besteht eine Verbindlichkeit aus L. u. L. gegenüber unserem Kunden. Da der Kunde 500,00 € bar erhält und 9.500,00 € überwiesen bekommt, stehen hier auf der Habenseite zwei Konten.

SOLL			an	HABEN	
Kontonummer	Kontobezeichnung	Betrag €	Kontonummer	Kontobezeichnung	Betrag €
1600	Verbindlichkeiten aus L. u. L.	10.000	1000	Kasse	500
			1200	Bank	9.500

Kontenklassen des Kontenrahmens
Branchenpaket für die Kfz-Branche SKR51

Nr.	Bezeichnung	Beispiele
0	Anlage- und Kapitalkonten	Grundstücke, Vorführwagen, Eigenkapital, Fremdkapital
1	Finanz- und Privatkonten	Bank, Forderungen, Verbindlichkeiten, Privatentnahmen
2	Abgrenzungskonten	Betriebsfremde-, periodenfremde Aufwendungen, Zinsaufwand
3	Wareneingangs-/Bestandskonten	Bestand an Neuwagen, Gebrauchtwagen, Teile
4	Betriebliche Aufwendungen	Löhne, Bürobedarf, Versicherung, Abschreibung, Miete
5/6	Interne Konten	Kalkulatorische Kosten, Erlösschmälerung, interne Kosten
7	Verrechnete Anschaffungskosten	Verrechnete Kosten für Neuwagen, Gebrauchtwagen, Teile
8	Erlöskonten	Erlöse Werkstatt, Provisionen, Erlöse Neuwagen

Entwicklung eines individuellen Kontenplans

Zusammengesetzter Buchungssatz

Merke

- Man spricht von einem zusammengesetzten Buchungssatz, wenn mehr als zwei Konten bei einer Buchung angesprochen werden.
- Grundsätzlich gelten die Regeln wie bei einem einfachen Buchungssatz
- Die Summe der gebuchten Beträge muss im Soll und Haben gleich sein

Prüfung Kaufmännische Unterstützungsprozesse — Kaufmännische Steuerung und Kontrolle – Kassenbücher führen

1. Aufgabe

Situation
Zu Ihren Aufgaben in der Buchhaltungsabteilung gehört auch das Führen der Kassenbücher. Bereits im ersten Teil Ihrer Ausbildungszeit haben Sie sich mit den Anforderungen, die an Rechnungen gestellt werden, und mit der inhaltlichen Kontrolle von Belegen vertraut gemacht.
Außerdem wissen Sie, dass es verschiedene Arten von Belegen im Zusammenhang mit der Kassenbuchführung gibt.

Nennen Sie drei Inhalte, die ein Eigenbeleg enthalten muss.

-
-
-

2. Aufgabe

Fortführung der Situation
Die Grundlage für ein ordnungsgemäß geführtes Kassenbuch sind die Kassenberichte. Hierbei muss man strikte Vorschriften beachten, um die Anerkennung des Kassenbuchs durch die Finanzbehörden zu gewährleisten.

Erklären Sie den Zusammenhang zwischen dem Kassenbuch und dem Kassenbericht.

3. Aufgabe

Situation
§ 146 Abs.1 Satz 2 AO verpflichtet den Unternehmer, Kasseneinnahmen und Kassenausgaben täglich festzuhalten. Bestandteil dieser Vorschrift ist die Ermittlung der Tageslosung.

3.1 Nennen Sie je drei Geschäftsvorfälle, die bei der Ermittlung der Tageslosung addiert oder subtrahiert werden müssen.

Geschäftsvorfälle, die addiert werden:

-
-
-

Geschäftsvorfälle, die subtrahiert werden:

-
-
-

Fortführung der Situation
Man spricht bei der vorschriftsmäßigen Ermittlung der Tageslosung von einer retrograden Vorgehensweise.

3.2 Erklären Sie, was darunter zu verstehen ist.

Prüfung **Kaufmännische Unterstützungsprozesse**

Kaufmännische Steuerung und Kontrolle – Kassenbücher führen

Erläuterungen und Lösungen

1. Aufgabe

Das Ausstellen von Eigenbelegen erfolgt beispielsweise, wenn es keinen Beleg gibt, wie z. B. bei der Nutzung von Automaten, oder der eigentliche Beleg verloren wurde. Der Eigenbeleg ist an keine bestimmte Form gebunden, muss allerdings mindestens folgende Angaben enthalten:

- Fortlaufende Nummer des Eigenbelegs
- Datum und Zahlbetrag der Aufwendung
- Name und Anschrift des Zahlungsempfängers
- Art der Aufwendung: Trinkgeld, Parkgebühren, Verlust des Belegs
- Datum und Unterschrift des Ausstellenden

2. Aufgabe

Der Kassenbericht ist ein wesentlicher Bestandteil des Kassenbuchs. Im Unterschied zum Kassenbuch, in dem in chronologischer Reihenfolge Geschäftsvorfälle erfasst werden, die bar aus- oder eingezahlt wurden, wird bei einem Kassenbericht der gezählte Bestand der Kasse täglich erfasst und dokumentiert.

3. Aufgabe

3.1 Um die Tageslosung einer Bargeldkasse zu ermitteln, muss ein Kassenbericht aufgestellt werden. Zunächst muss dafür der aktuelle Kassenbestand gezählt werden. Häufig nimmt man dafür ein sogenanntes „Zählprotokoll" zur Hilfe, in dem die Stückzahlen der Geldscheine und Münzen in übersichtlicher Form festgehalten werden. Anschließend wird die Tageslosung ausgehend vom Kassenendbestand des Tages ermittelt (siehe nebenstehende Abbildung).

3.2 Ausgehend vom Kassenendbestand bei Geschäftsschluss wird durch Hinzu- und Herausrechnung sozusagen rückwärts (retrograde) die Tageslosung (Bareinnahmen durch Verkäufe) berechnet. Das Ergebnis wird durch Rückrechnung überprüft (siehe nebenstehende Abbildung).

Zur 1. Aufgabe: Beispiel für einen Eigenbeleg

Eigenbeleg	Nr.
Betrag EURO, Cent:	Datum:
Empfänger:	
Verwendungszweck:	
Grund für Eigenbeleg:	
Ort, Datum:	Unterschrift:

Zur 3. Aufgabe: Kassenbericht

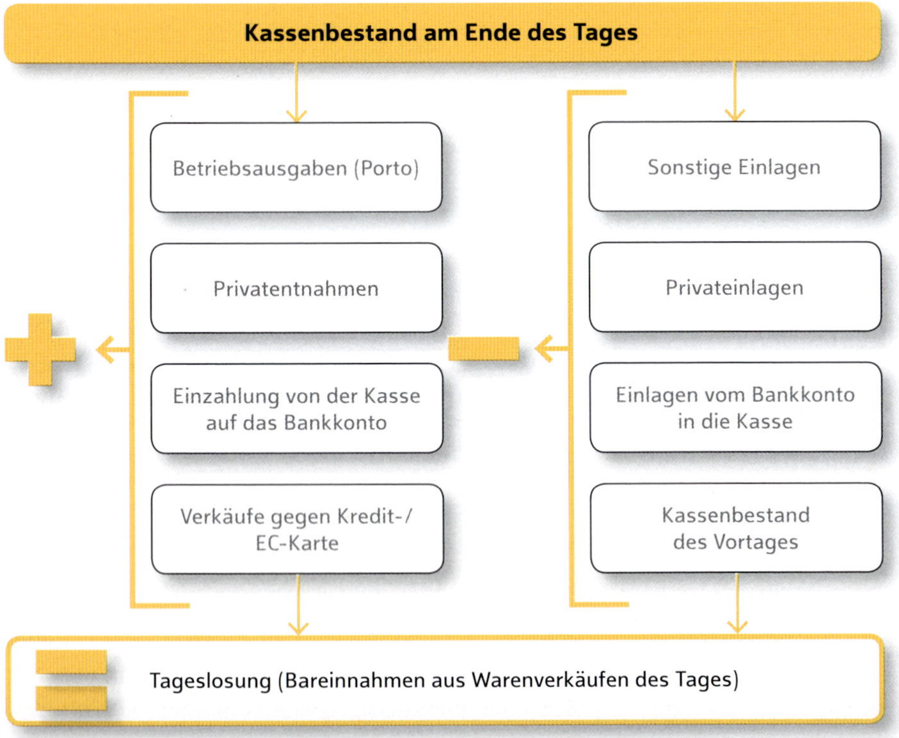

© Westermann Gruppe

1. Aufgabe

Situation
Sie wurden gebeten, einen Kunden mit einem der Vorführwagen nach Hause zu bringen. Auf dem Rückweg sollen Sie den Wagen wieder volltanken.

Buchen Sie den nachstehenden Beleg, den Sie an der Tankstelle erhalten haben. Nutzen Sie dazu den unten stehenden Auszug aus dem Kontenplan.

1000	Kasse
1400	Forderungen a.L.L.
1576	Vorsteuer 19 %
1600	Verbindlichkeiten a.L.L.
1776	Umsatzsteuer 19 %
3010	Bestand Vorführwagen
3900	Roh-, Hilfs-, Betriebsstoffe
4410	Energiekosten
4500	Kosten Vorführwagen
4503	Kraftstoffe

Freie Tankstelle
Horst Manselmann
Eschweiler Str. 125
50763 Köln
St.-Nr.: 312/5068/0334

Beleg-Nr,:801034/122 02.10..20XX

BARZAHLUNG

| 0004 | Super | 31,34 € |
| A ZP 4 | 23,74 l | 1,32 €/l |

GESAMTBETRAG 31,34 €

| Typ | Netto | USt |
| A:19 % | 26,34 € | 5,00 € |

Gute Fahrt!!

SOLL			an	HABEN	
Kontonummer	Kontobezeichnung	Betrag €	Kontonummer	Kontobezeichnung	Betrag €

2. Aufgabe

Fortführung der Situation
Nachdem Sie den Beleg kontiert haben, tragen Sie die Buchung zunächst in das Grundbuch und im Folgenden in das Hauptbuch ein.

Worin besteht der Unterschied zwischen dem Grundbuch und dem Hauptbuch?

3. Aufgabe

Situation
Nach der Bearbeitung des Belegs legen Sie ihn in der Ablage Kasse ab. Neben dem Kassenbuch gibt es noch weitere, nach Inhaltsbereichen unterteilte, Ablagen, in denen Belege abgelegt werden.

3.1 Nennen Sie drei weitere Ablagekriterien, nach denen das Grundbuch aufgeteilt werden kann.

-
-
-

3.2 Nach welchem Ordnungskriterium sind die Belege im Grundbuch zu erfassen?

115

Prüfung Kaufmännische Unterstützungsprozesse | Kaufmännische Steuerung und Kontrolle – Bestands- und Erfolgskonten führen

Erläuterungen und Lösungen

1. Aufgabe

SOLL			an	HABEN	
Kontonummer	Kontobezeichnung	Betrag €	Kontonummer	Kontobezeichnung	Betrag €
4503	Kraftstoffe	26,34	1000	Kasse	31,34
1576	Vorsteuer 19 %	5,00			

Den Aufwand auf dem Konto 4 500 Vorführwagen zu erfassen, wäre hier nicht korrekt. Auf diesem Konto werden Aufwendungen für Reparaturen und Instandhaltungsmaßnahmen erfasst. Für Kraftstoffe gibt es ein gesondertes Konto.

Da der Betrag an der Tankstelle bar gezahlt wird, entsteht keine Verbindlichkeit.

Die Summe wird direkt aus der Kasse bezahlt.

2. Aufgabe

Im Grundbuch, das man auch Journal oder Primanota nennt, werden die Geschäftsvorfälle in Form von Buchungssätzen lückenlos erfasst.

Dabei handelt es sich um eine reine Auflistung von Geschäftsvorfällen, die keine Rückschlüsse auf die daraus resultierenden Veränderungen auf die Vermögens- und Finanzierungssituation des Unternehmens zulässt.

Im Hauptbuch werden die Geschäftsvorfälle auf den einzelnen Sachkonten erfasst. So kann man die Wertveränderung durch die Buchung sofort ermitteln.

3. Aufgabe

3.1
- Rechnungseingangsbuch
- Rechnungsausgangsbuch
- Bankbelege

3.2 Die Eintragungen im Grundbuch sind in zeitlicher (chronologischer) Reihenfolge vorzunehmen.

Belege in der Buchhaltung bearbeiten

Kontieren → Buchungssatz bilden

Konto	€	Konto	€
4503	26,34	1000	31,34
1576	5,00		

Grundbuch → Buchungen in chronologischer Reihenfolge eintragen

Hauptbuch → Buchung in T-Konten eintragen

Ablage → Beleg ablegen → Rechnungsausgang / Rechnungseingang / Kasse / Bank

---

Belegarten

Eigenbelege
- Ausgangsrechnungen
- Kassenberichte
- Ersatzbelege (Trinkgelder, Parkgebühren usw.)

Fremdbelege
- Eingangsrechnungen
- Bankauszüge

© Westermann Gruppe

Prüfung Kaufmännische Unterstützungsprozesse — Kaufmännische Steuerung und Kontrolle – Bestands- und Erfolgskonten führen

Grundlagen: Aufgaben zur Wiederholung

4. Aufgabe

Situation
Ob die Autohaus Schmidt GmbH erwerbswirtschaftlich erfolgreich ist, kann man unter anderem am Gewinn bzw. der Entwicklung des Eigenkapitals (Stammkapitals) feststellen. Nahezu jeder Geschäftsvorfall hat Einfluss auf das Eigenkapital.

Ordnen Sie den Geschäftsvorfällen zu, ob sie zu einer Eigenkapitalmehrung oder Eigenkapitalminderung führen.

Geschäftsvorfall — **Auswirkung**

a) Anfang Februar werden die Löhne und Gehälter von Januar überwiesen. ☐

b) Für ein verpachtetes Geschäftsgrundstück zahlt der Pächter die vereinbarte Pacht bar. ☐

c) Für eine im Regionalsender geschaltete Werbung zahlen wir vereinbarungsgemäß. ☐

d) Das Bankkonto wird mit der Kfz-Steuer für den Abschleppwagen vom Zollamt belastet. ☐

1 EK-Mehrung
2 EK-Minderung

5. Aufgabe

Fortführung der Situation
Da die Buchung sämtlicher Aufwendungen und Erträge über das Eigenkapitalkonto sehr chaotisch wäre, wird es zur besseren Übersicht in Unterkonten (Erfolgskonten) aufgelöst.

Kennzeichnen Sie folgende Aussagen mit einer 1, wenn sie richtig sind und mit einer 9, wenn sie falsch sind.

a) Die GuV besteht aus Aufwands- und Ertragskonten. ☐

b) Zugänge der Aufwandskonten werden im Soll gebucht. ☐

c) In der GuV wird Aufwand im Soll und Ertrag im Haben gebucht. ☐

d) Buchungen auf der Habenseite von Aufwandskonten korrigieren den Aufwand nach unten und erhöhen den Gewinn. ☐

e) Wird auf der Habenseite eines Ertragskontos gebucht, sinkt der Gewinn entsprechend dem gebuchten Betrag. ☐

6. Aufgabe

Situation
Die Autohaus Schmidt GmbH hat letzte Woche vom Hersteller eine Lieferung nachrüstbarer Navigationsgeräte zu einem Bezugspreis von 76,00 € je Stück erhalten. Heute hat Herr Müller ein Navigationsgerät zum Preis von 95,00 € gekauft und erteilt den Auftrag zum Einbau. In diesem Zusammenhang entstehen verschiedene Aufwendungen und Erträge.

Ordnen Sie den folgenden Angaben zu, worum es sich aus Sicht der Autohaus Schmidt GmbH jeweils handelt.

a) Zahlung der Lohnkosten des Monteurs für den Einbau des Navigationsgeräts ☐

b) Barzahlung des Navigationsgeräts durch den Kunden Müller ☐

c) Ausgabe, die der Kunde Müller für den Einbau aufwenden muss ☐

d) Buchung der Entnahme des Navigationsgeräts aus dem Lagerbestand ☐

1 Aufwand
2 Ertrag

7. Aufgabe

Situation
Letztendlich werden die Erfolgskonten wieder über die Gewinn- und Verlustrechnung abgeschlossen. Dabei gelten verschiedene Grundsätze und Regeln.

Welche Aussagen im Zusammenhang mit dem Abschluss der Aufwands- und Ertragskonten sind richtig? ☐ ☐ ☐

1 Die Aufwandskonten stehen auf der Soll-Seite der Gewinn- und Verlustrechnung.

2 Bei den Aufwandskonten steht der Saldo gewöhnlich im Soll und sie erscheinen auf der Soll-Seite der Gewinn- und Verlustrechnung.

3 Die Ertragskonten haben den Saldo im Soll und erscheinen dementsprechend im Haben der Gewinn- und Verlustrechnung.

4 Der Abschlussbuchungssatz für die Ertragskonten lautet: Alle Ertragskonten an GuV.

5 Die Summe der Aufwendungen und Erträge muss immer gleich sein.

Prüfung Kaufmännische Unterstützungsprozesse

Kaufmännische Steuerung und Kontrolle – Bestands- und Erfolgskonten führen

Erläuterungen und Lösungen

4. Aufgabe

Lösung: 2, 1, 2, 2

Bei den Geschäftsvorfällen a), c) und d) handelt es sich um Ausgaben, die auch gleichzeitig Aufwand sind. In allen Fällen handelt es sich um den Abgang liquider Mittel, die gleichzeitig das Eigenkapital mindern. Löhne und Gehälter, Werbekosten und Kfz-Steuer sind typische Aufwandskonten.

Im Geschäftsvorfall b) wird eine Einnahme gemacht. Ein Zufluss liquider Mittel, der gleichzeitig Ertrag ist und somit das Eigenkapital vermehrt.

5. Aufgabe

Lösung: 1, 1, 1, 1, 9

e) Wird auf der Habenseite eines Ertragskontos gebucht, steigt der Gewinn entsprechend dem gebuchten Betrag.

6. Aufgabe

Lösung: 1, 2, 2, 1

Bei einem Aufwand handelt es sich grundsätzlich um einen Wertverlust des Vermögens, beispielsweise die Abgabe von Waren oder die Zahlung von Dienstleistungen. Erträge sind hier die Einnahmen, die man vom Kunden erhält.

7. Aufgabe

Lösung: 1, 3, 4

2. Bei den Aufwandskonten ergibt sich der Saldo auf der Haben-Seite. Sie stehen dementsprechend auf der Soll-Seite der Gewinn- und Verlustrechnung. Der Buchungssatz hierzu heißt: GuV an alle Aufwandskonten.

5. Wenn die Summe der Aufwendungen und Erträge immer gleich wäre, ergäbe sich weder ein Gewinn noch ein Verlust für das Unternehmen. Die Summen der aktiven und passiven Seiten der Bilanz müssen hingegen identisch sein, da man nicht mehr Vermögen haben kann, als Kapital zur Verfügung steht.

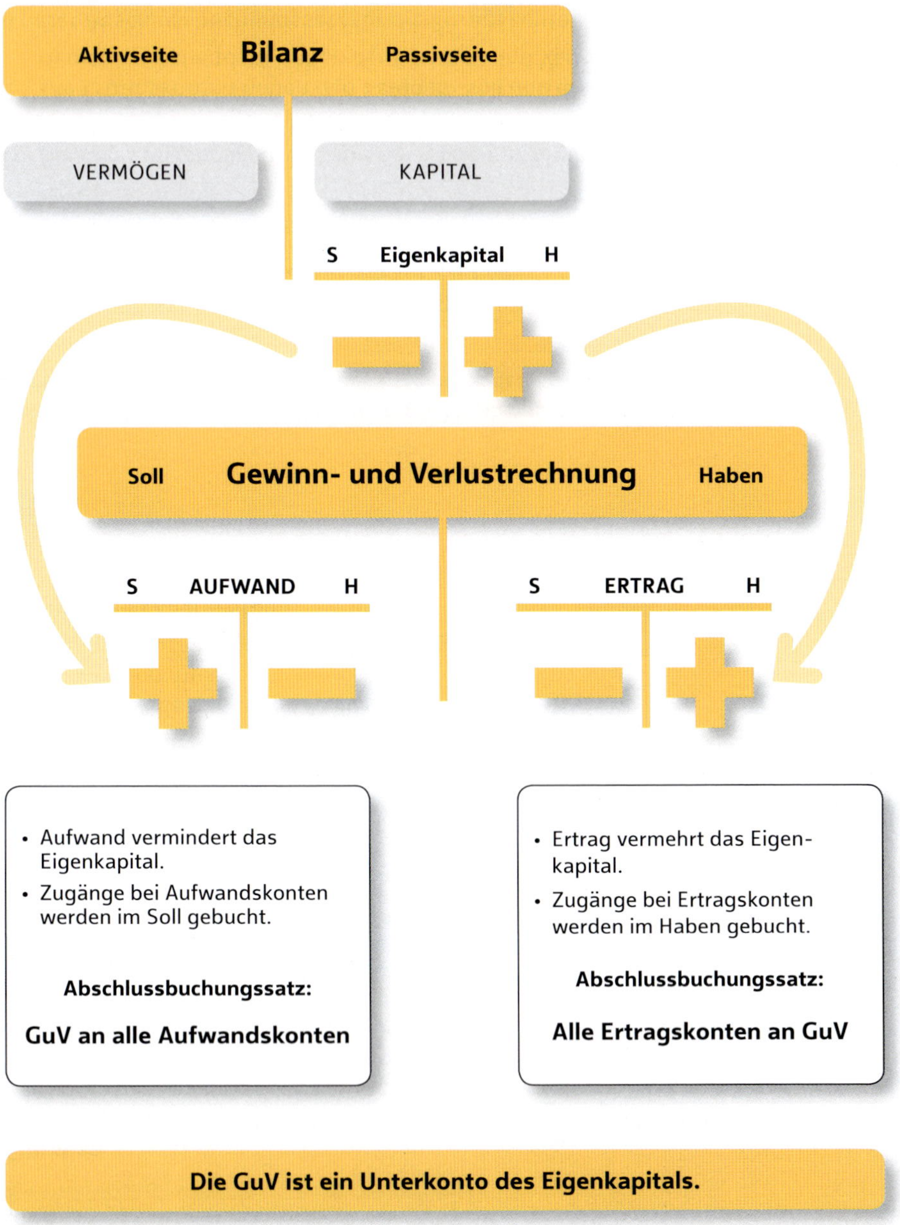

- Aufwand vermindert das Eigenkapital.
- Zugänge bei Aufwandskonten werden im Soll gebucht.

Abschlussbuchungssatz:

GuV an alle Aufwandskonten

- Ertrag vermehrt das Eigenkapital.
- Zugänge bei Ertragskonten werden im Haben gebucht.

Abschlussbuchungssatz:

Alle Ertragskonten an GuV

Die GuV ist ein Unterkonto des Eigenkapitals.

© Westermann Gruppe

Prüfung Kaufmännische Unterstützungsprozesse — Kaufmännische Steuerung und Kontrolle – Bestands- und Erfolgskonten führen

8. Aufgabe

Situation
Die Autohaus Schmidt GmbH hat für den Kunden Herrn Sauer eine spezielle Dachbox zu einem Nettoeinkaufspreis von 300,00 € bestellt. Nachdem der Artikel eingetroffen ist, wird Herr Sauer benachrichtigt: Schon am nächsten Tag holt er die Dachbox ab. Den zugehörigen Bruttorechnungsbetrag in Höhe von 476,00 € will Herr Sauer in den nächsten Tagen überweisen. Sowohl beim Rechnungseingang als auch beim Rechnungsausgang ist der zurzeit gültige Steuersatz von 19 % zu berücksichtigen.

Berechnen Sie folgende Werte und tragen Sie diese ein.

8.1 Die Vorsteuer, die beim Kauf der Dachbox angefallen ist

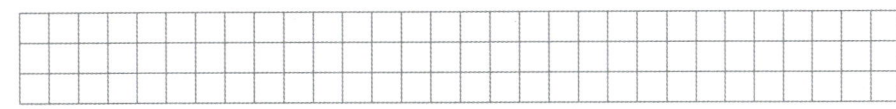

8.2 Den Bruttoeinkaufspreis für die Dachbox

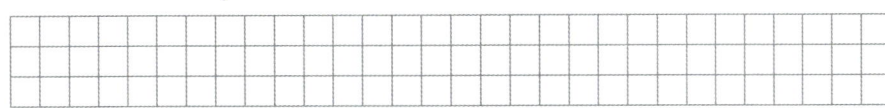

8.3 Den Umsatzsteuerbetrag, den die Rechnung an Herrn Sauer enthält

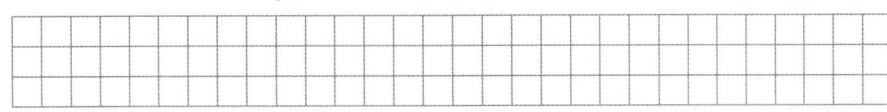

8.4 Den Nettoverkaufspreis der Dachbox

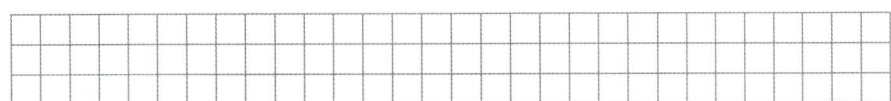

9. Aufgabe

Fortführung der Situation
Sie sind nun verantwortlich dafür, die Vorgänge im Zusammenhang mit dem Ein- und Verkauf der Dachbox buchhalterisch zu erfassen. Dafür steht Ihnen folgender Auszug aus dem Kontenplan der Autohaus Schmidt GmbH zur Verfügung.

1000	Kasse	3300	Bestand Teile
1200	Bank	3309	Bestand Teile intern
1400	Forderungen a. L. L.	7300	VAK Teile
1576	Abziehbare Vorsteuer 19 %	7309	VAK Teile intern
1600	Verbindlichkeiten a. L. L.	8300	Erlöse Teile
1776	Umsatzsteuer 19 %	8309	Erlöse Teile intern

9.1 Buchen Sie die Erfassung der Eingangsrechnung:

SOLL			an	HABEN	
Kontonummer	Kontobezeichnung	Betrag €	Kontonummer	Kontobezeichnung	Betrag €

9.2 Buchen Sie die Erfassung der Ausgangsrechnung an Herrn Sauer:

SOLL			an	HABEN	
Kontonummer	Kontobezeichnung	Betrag €	Kontonummer	Kontobezeichnung	Betrag €

9.3 Buchen Sie die Zahlung der Rechnung des Kunden durch Banküberweisung:

SOLL			an	HABEN	
Kontonummer	Kontobezeichnung	Betrag €	Kontonummer	Kontobezeichnung	Betrag €

9.4 Wie hoch ist der Mehrwert, den die Autohaus Schmidt GmbH durch diesen Verkauf geschaffen hat?

9.5 Wie hoch ist die Umsatzsteuer, die auf den Mehrwert anfällt?

Prüfung Kaufmännische Unterstützungsprozesse

Kaufmännische Steuerung und Kontrolle – Bestands- und Erfolgskonten führen

Erläuterungen und Lösungen

8. Aufgabe

8.1 Lösung: 57,00 €

Nettobetrag in €	Vorsteuer 19 % in €	Bruttobetrag in €
300,00	57,00	357,00

Rechnung: 100 % → 300,00 € $\dfrac{19 \cdot 300}{100} = \mathbf{57\ €}$
19 % → X €

8.2 Lösung: 357,00 €

Rechnung: 100 % → 300,00 € $\dfrac{119 \cdot 300}{100} = \mathbf{357\ €}$
119 % → X €

8.3 Lösung: 76,00 €

Nettobetrag in €	Umsatzsteuer 19 % in €	Bruttobetrag in €
400,00	76,00	476,00

Rechnung: 119 % → 476,00 € $\dfrac{19 \cdot 476}{119} = \mathbf{76\ €}$
19 % → X €

8.4 Lösung: 400,00 €

Rechnung: 119 % → 476,00 € $\dfrac{100 \cdot 476}{119} = \mathbf{400\ €}$
100 % → X €

9. Aufgabe

9.1

SOLL		an	HABEN		
Kontonummer	Kontobezeichnung	Betrag €	Kontonummer	Kontobezeichnung	Betrag €
3300	Bestand Teile	300,00	1600	Verbindl. a. L. L.	357,00
1576	Vorsteuer 19 %	57,00			

9.2

SOLL		an	HABEN		
Kontonummer	Kontobezeichnung	Betrag €	Kontonummer	Kontobezeichnung	Betrag €
1400	Forderungen a. L. L.	476,00	8300	Erlöse Teile	400,00
			1776	Umsatzsteuer 19 %	76,00

9.3

SOLL		an	HABEN		
Kontonummer	Kontobezeichnung	Betrag €	Kontonummer	Kontobezeichnung	Betrag €
1200	Bank	476,00	1400	Forderungen a. L. L.	476,00

9.4 Lösung: 100,00 €

Aufwand (netto)	Mehrwert	Ertrag (netto)
300,00	100,00	400,00

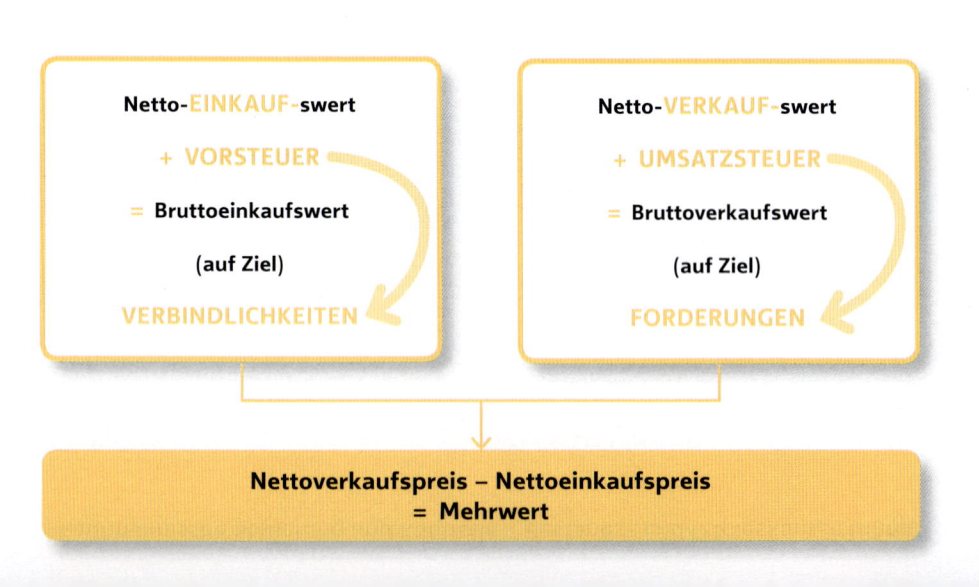

9.5 Lösung: 19,00 €

Mehrwert (netto)	19 % Mehrwertsteuer	Mehrwert (brutto)
100,00	19,00	119,00

Netto-**EINKAUF**-swert

+ **VORSTEUER**

= **Bruttoeinkaufswert**

(auf Ziel)

VERBINDLICHKEITEN

Netto-**VERKAUF**-swert

+ **UMSATZSTEUER**

= **Bruttoverkaufswert**

(auf Ziel)

FORDERUNGEN

Nettoverkaufspreis – Nettoeinkaufspreis = Mehrwert

© Westermann Gruppe

Prüfung Kaufmännische Unterstützungsprozesse — Kaufmännische Steuerung und Kontrolle – Bestands- und Erfolgskonten führen

10. Aufgabe

Situation
Mittlerweile sind Sie seit über einem Monat in der Buchhaltungsabteilung eingesetzt und waren hauptsächlich mit der Erfassung von Eingangs- und Ausgangsrechnungen beschäftigt. Bei fast allen Rechnungen wurde Vorsteuer oder Umsatzsteuer erfasst. Sie werden nun mit der weiteren Bearbeitung dieser Steuerkonten beauftragt.

10.1 Wie können Sie die Umsatzsteuerzahllast, die sich aus den Geschäftsvorfällen des abgelaufenen Monats ergibt, errechnen?

10.2 Bis zu welchem Datum ist die Umsatzsteuerzahllast, unter normalen Bedingungen, an das Finanzamt abzuführen?

11. Aufgabe

Fortführung der Situation
Bisher wurden in diesem Jahr bis zum Monatsende des Vormonats folgende Beträge auf dem Vorsteuer- und Umsatzsteuerkonto erfasst:

S	Vorsteuer 1576		H
Verb.(1600)	18.800	USt (1776)	12.600

S	Umsatzsteuer 1776		H
VSt (1576)	12.600	Ford.(1400)	39.900
Bank (1200)	15.300		

1200 Bank	1600 Verbindlichkeiten a. L. L.
1400 Forderungen a. L. L.	1776 Umsatzsteuer 19 %
1576 abziehbare Vorsteuer 19 %	9400 Schlussbilanzkonto
	9300 Gewinn- und Verlustrechnung

11.1 Buchen Sie den Abschluss des Vorsteuerkontos.

SOLL			an	HABEN		
Kontonummer	Kontobezeichnung	Betrag €		Kontonummer	Kontobezeichnung	Betrag €

11.2 Ermitteln Sie die Höhe der Umsatzsteuerzahllast für den abgelaufenen Monat.

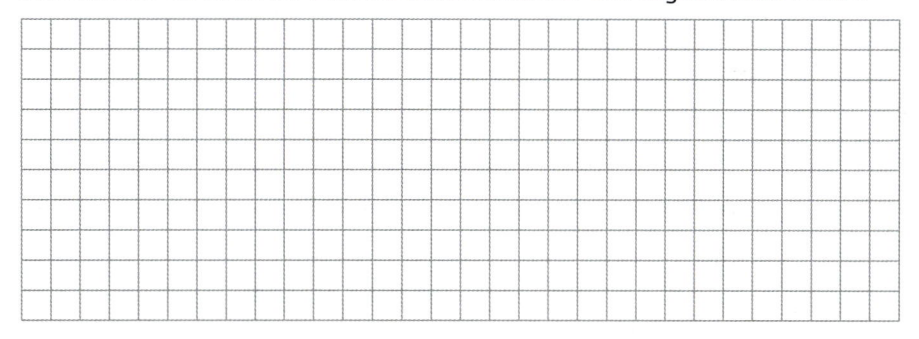

Fortführung der Situation
Es ist Ihnen aufgefallen, dass in manchen Monaten die gezahlten Vorsteuerbeträge an die Lieferanten höher sind als die erhaltenen Umsatzsteuern von den Kunden.

11.3. Erläutern Sie zwei Voraussetzungen, unter denen die gezahlte monatliche Vorsteuer höher sein kann als die erhaltene Umsatzsteuer.

•

•

Prüfung **Kaufmännische Unterstützungsprozesse**

Kaufmännische Steuerung und Kontrolle – Bestands- und Erfolgskonten führen

Erläuterungen und Lösungen

10. Aufgabe

10.1 Umsatzsteuer (eines Monats) minus Vorsteuer (eines Monats)

Die Umsatzsteuerzahllast errechnet sich, indem man von der vereinnahmten Umsatzsteuer, die man von den Kunden im Laufe eines Kalendermonats erhalten hat, die Vorsteuer, die man im selben Zeitraum an seine Lieferanten gezahlt hat, abzieht.

10.2 Die Zahllast ist bis zum 10. des Folgemonats an das Finanzamt abzuführen.

Unter bestimmten Voraussetzungen, wie z. B. einem sehr geringen Aufkommen an abzuführender Umsatzsteuer oder einer zinslosen Vorauszahlung an das Finanzamt, kann von dieser Regel abgewichen werden.

11. Aufgabe

11.1

SOLL			an	HABEN	
Kontonummer	Kontobezeichnung	Betrag €	Kontonummer	Kontobezeichnung	Betrag €
1776	Umsatzsteuer 19 %	6.200	1576	Vorsteuer 19%	6.200

Grundsätzlich wird das Konto mit dem höheren Saldo über das Konto mit dem geringeren Saldo abgeschlossen. Der Buchungssatz lautet dabei immer:

Umsatzsteuer/1776 an Vorsteuer/1576

Der Unterschied liegt lediglich darin, dass entweder eine Zahllast gegenüber dem Finanzamt entsteht oder ein Vorsteuerüberhang, der vom Finanzamt erstattet wird.

> **Hinweis**
>
> Die **Zahllast** ist der Saldo auf dem Konto **Umsatzsteuer**.
> Der **Vorsteuerüberhang** ist der Saldo auf dem Konto **Vorsteuer**.

11.2 Lösung: 5.800,00 €

S	Vorsteuer 1576		H
Verb.(1600)	18.800	USt (1776)	12.600
		USt (1776)	6.200

S	Umsatzsteuer 1776		H
VSt (1576)	12.600	Ford.(1400)	39.900
Bank (1200)	15.300		
VSt (1576)	6.200		
Zahllast	5.800		

11.3 • In Monaten, in denen größere Investitionen getätigt werden, wie z. B. die Anschaffung von Anlagevermögen, kann die gezahlte Vorsteuer in einem Monat höher sein als die erhaltene Umsatzsteuer.

• Ebenso kann dies passieren, wenn viel Ware eingekauft wurde und noch nicht in Rechnung gestellt bzw. verkauft wurde.

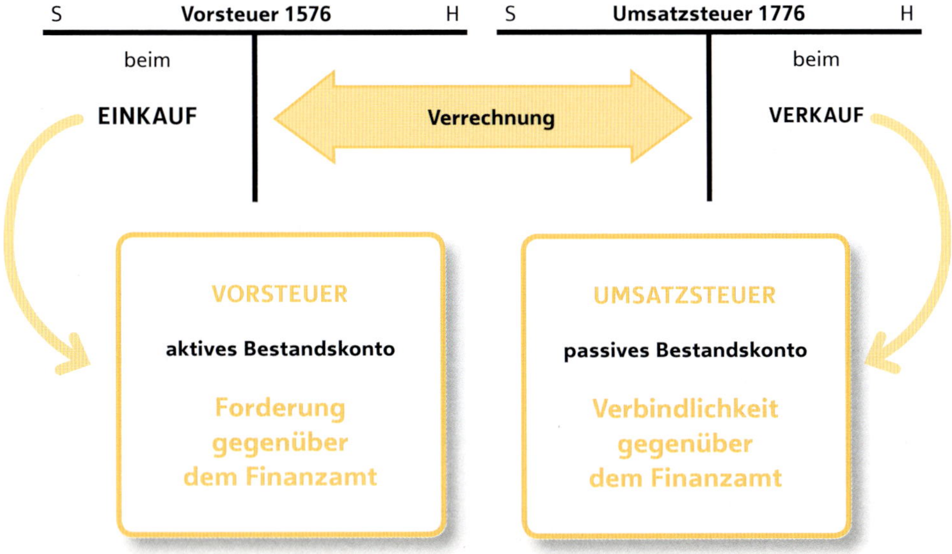

> **Hinweis**
>
> Eine **Zahllast** ist am Ende des Jahres zu **passivieren**.
> Ein **Vorsteuerüberhang** ist am Ende des Jahres zu **aktivieren**.

12. Aufgabe

Situation
Die Autohaus Schmidt GmbH hat in der letzten Woche eine Lieferung Endrohre laut der unten stehenden Rechnung erhalten. Heute sind vier dieser Endrohre gegen Barzahlung von 150,00 € netto verkauft worden.

Autoteile Anders GmbH
Alles für das Auto

Anders GmbH – Ringstraße 51 – 51149 Köln

Autohaus Schmidt GmbH
Ettore Bugatti-Straße 6-14
50737 Köln

Autoteile Anders GmbH
Ringstraße 51
51149 Köln

Tel.: 0211 12345-00
E-Mail: info@autoteile.anders.de
Internet: www.autoteile.anders.de

Rechnung

Liefer-Nr.: 727   Bestell-Nr.: 3613   Kunden-Nr.: 1003   Datum: 08.02.20XX

Vielen Dank für Ihre Bestellung. Wir lieferten Ihnen wie vereinbart folgende Waren:

Art.-Nr.	Bezeichnung	Anzahl	Einzelpreis	Gesamtpreis
8512	Romulus Endrohr – anschraubbar 2x 90 x 80 mm	50 Stück	108,00 €	5.400,00 €
	Zwischensumme 19 % MwSt.			5.400,00 € 1.026,00 €
	Gesamtbetrag			**6.426,00 €**

Lieferung frei Haus - zahlbar sofort netto Kasse

Autoteile Anders GmbH
Ringstraße 51
51149 Köln

Volksbank Köln
BLZ: 123 4948 29
KTO: 12345672

IBAN: DE37 1234 5678 9999 9999 99
BIC: ABCDEF

Steuer-Nr.: 215/1289/0995
Finanzamt Köln

Auszug aus dem Kontenplan:

1576 Vorsteuer 19 %	3300 Bestand Teile über Theke
1700 Verbindlichkeiten a.L.L.	7300 VAK* Teile über Theke
1776 Umsatzsteuer 19 %	8300 Erlöse Teile über Theke

VAK = verrechnete Anschaffungskosten

12.1 Bilden Sie den Buchungssatz zur Erfassung der Eingangsrechnung.

SOLL			an	HABEN		
Kontonummer	Kontobezeichnung	Betrag €		Kontonummer	Kontobezeichnung	Betrag €

12.2 Wie lautet der Buchungssatz zur Erfassung der Lagerentnahme der vier Endrohre?

SOLL			an	HABEN		
Kontonummer	Kontobezeichnung	Betrag €		Kontonummer	Kontobezeichnung	Betrag €

Prüfung Kaufmännische Unterstützungsprozesse

Kaufmännische Steuerung und Kontrolle – Bestands- und Erfolgskonten führen

Erläuterungen und Lösungen

12. Aufgabe

12.1

SOLL			an	HABEN		
Kontonummer	Kontobezeichnung	Betrag €		Kontonummer	Kontobezeichnung	Betrag €
3300	Bestand TüT*	5.400,00		1700	Verbindl. a. L. L.	6.426,00
1575	Vorsteuer 19 %	1.026,00				

* TüT = Teile über Theke

Grundsätzlich unterscheidet man drei Arten von Warenkonten. Zunächst wird eingekaufte Ware auf einem der Warenbestandskonten (Kontenklasse 3) erfasst, die das Lager darstellen, also die momentan verfügbare Menge. Sie gehören zu den aktiven Bestandskonten.

Nach dem Verkauf wird die Entnahme aus dem Lager buchhalterisch auf einem Aufwandskonto, den verrechneten Anschaffungskosten (VAK), erfasst (Kontenklasse 7). Damit wird dokumentiert, welcher Warenwert zur Erzielung des Umsatzes eingesetzt wurde.

Letztendlich wird der Umsatzerlös der Ware noch auf einem Erlöskonto erfasst (Kontenklasse 8). Durch die direkte Gegenüberstellung von Aufwand (VAK) und Ertrag (Erlös) kann man den Rohgewinn, den man mit dem Verkauf erzielt hat, sofort ermitteln.

12.2

SOLL			an	HABEN		
Kontonummer	Kontobezeichnung	Betrag €		Kontonummer	Kontobezeichnung	Betrag €
7300	VAK* TüT	432,00		3300	Bestand TüT	432,00

* VAK = verrechnete Anschaffungskosten

Die buchhalterische Erfassung der Lagerentnahme muss den Umstand berücksichtigen, dass der Bestand an Waren reduziert wurde und der Aufwand dementsprechend zugenommen hat. Daher muss das entsprechende Bestandskonto an Wert abnehmen und das zugehörige Aufwandskonto (VAK) um denselben Wert zunehmen.

Aufwandskonten nehmen im Soll zu und Warenbestandskonten im Haben ab.

Da im Warenbestand ein Endrohr 108,00 € Wert ist, muss der Bestand um 4 · 108,00 € = 432,00 € verringert werden. Der Aufwand steigt entsprechend.

1 Werden Teile und Zubehör eingekauft, wird dieser Zugang zunächst auf der Sollseite des Bestandskontos erfasst. Gegenkonto für diese Buchung sind bei Sofortzahlung die Konten Bank oder Kasse.
(Beachte: Bei Zahlung auf Rechnung das Konto Verbindlichkeiten)
Die Bestandskonten stehen für den aktuellen Lagerbestand.

2 Werden Teile und Zubehör verkauft, erfolgt eine Zunahme der Erlöse und bei Sofortzahlung ein Zugang auf den Konten Bank oder Kasse.
(Beachte: Bei Zahlung auf Rechnung das Konto Forderungen)

3 Nach dem Verkauf wird die Lagerentnahme gebucht, indem der Einstandspreis als Aufwand bei der VAK berücksichtigt wird und der Wert des Bestandskontos in gleicher Höhe reduziert wird.
Erst durch die Buchung der VAK wird die Ausgabe zu Aufwand.

Prüfung Kaufmännische Unterstützungsprozesse

Kaufmännische Steuerung und Kontrolle – Bestands- und Erfolgskonten führen

13. Aufgabe

Situation
In das sechs Jahre alte Auto unseres Stammkunden Herrn Kunze wurde eine fachgerecht aufbereitete Lichtmaschine eingebaut. Für die Aus- und Einbaukosten wurde ein Festpreis von 300,00 € (netto) vereinbart. Die Lichtmaschine kostet im Austausch 900,00 € (netto). Der Mehrwertsteueranteil wird dabei in Höhe von 10 % des Werts des Austauschteils erhoben.

13.1 Berechnen Sie die Umsatzsteuer, die dem Kunden für den Altteilewert (das Austauschteil) in Rechnung zu stellen ist (allgemeiner Steuersatz 19 %).

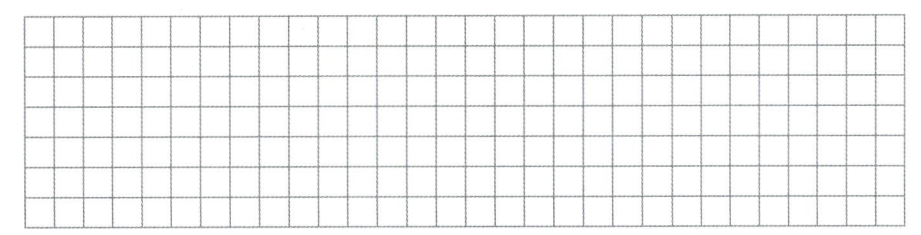

13.2 Erläutern Sie den Grund, warum der Kunde Umsatzsteuern für das Altteil (Austauschteil) bezahlen muss.

13.3 Tragen Sie in der Rechnung die fehlenden Beträge in den grau hinterlegten Feldern ein. Berücksichtigen Sie den zurzeit gültigen Steuersatz von 19 %.

Autohaus Schmidt
Ihr Partner in Sachen Auto!

Schmidt GmbH
Ettore-Bugatti-Straße 6–14
50737 Köln

Tel.: 0211 12345 67
E-Mail: info@autohausschmidt.de
Internet: www.autoschmidt.de

Schmidt GmbH – Ettore-Bugatti-Str. 6–14 – 50737 Köln

Rainer Kunze
Rudolph Straße 45a
52374 Halden

Rechnung

Rechnung-Nr. 20XX-10-0025   Kunden-Nr.: 1637   Datum: 07.10.20XY

Pos.	Leistung	MwSt.	Einzelpreis €	Anz.	Gesamtpreis €
1					
2					
			Zwischensumme		
			+19 % MwSt.		
			+19 % MwSt. auf Altteil		
			= Gesamtbetrag		

Autohaus Schmidt GmbH
Ettore-Bugatti-Straße 6–14
50737 Köln

Tel.: 0211 12345 67
E-Mail: info@autohausschmidt.de
Internet: www.autoschmidt.de

Commerzbank Köln
IBAN DE21 1111 2004 1234 0542
BIC COBADEFFXXX

Prüfung Kaufmännische Unterstützungsprozesse

Kaufmännische Steuerung und Kontrolle – Bestands- und Erfolgskonten führen

Erläuterungen und Lösungen

13. Aufgabe

13.1 Die Lichtmaschine wird dem Kunden zu einem Preis von 900,00 € verkauft. Von 10 % des Verkaufspreises wird die Umsatzsteuer für das Altteil berechnet.

Rechnung: 10 % von 900,00 € = 90,00 €

$$100\,\% \rightarrow 90,00\,€$$
$$19\,\% \rightarrow X\,€$$

$$\frac{19\,\% \cdot 90,00\,€}{100\,\%} = \mathbf{17,10\,€}$$

13.2 Austauschteile von Kfz-Teilen sind nach einem bestimmten Verfahren generalüberholte, instandgesetzte Altteile. Austauschteile sind demnach ehemals defekte Teile wie Lichtmaschine, Motor, Getriebe oder Kupplung, die wieder aufbereitet und wieder eingebaut werden. Der Kostenvorteil des Kunden liegt bei ca. 40 % gegenüber dem Kauf eines Neuteils.

Der Kunde überlässt sein Altteil dem Reparaturbetrieb, der das Teil an einen Wiederaufbereitungsbetrieb weiterleitet. Der Kunde „verkauft" also gewissermaßen sein Altteil und spart dadurch Reparaturkosten, die eigentlich umsatzsteuerpflichtig wären. Laut Umsatzsteuergesetz handelt es sich hier um eine Tauschlieferung. Da Privatkunden keine Umsatzsteuer an das Finanzamt abführen, wird der Reparaturbetrieb dazu verpflichtet. Aus Vereinfachungsgründen wird ein Wert von 10 % des in Rechnung gestellten Austauschteils als Grundlage für die Berechnung der Umsatzsteuer angesetzt.

Das heißt, dass der Kunde für das Austauschteil nicht nur 19 % Umsatzsteuer, sondern zusätzlich noch 19 % von 10 % des Werts, also 1,9 % Umsatzsteuer, zahlen muss. Das sind insgesamt 20,9 % Umsatzsteuer.

13.3 siehe nebenstehende Rechnung

Autohaus Schmidt

Ihr Partner in Sachen Auto!

Schmidt GmbH
Ettore-Bugatti-Straße 6–14
50737 Köln

Schmidt GmbH – Ettore-Bugatti-Str. 6–14 – 50737 Köln

Rainer Kunze
Rudolph Straße 45a
52374 Halden

Tel.: 0211 12345 67
E-Mail: info@autohausschmidt.de
Internet: www.autoschmidt.de

Rechnung

Rechnung-Nr. 20XX-10-0025   Kunden-Nr.: 1637   Datum: 07.10.20XY

Pos.	Leistung	MwSt.	Einzel-preis €	Anz.	Gesamt-preis €
1	Aus- und Einbau Lichtmaschine (Festpreis)	19	300,00	1	300,00
2	Lichtmaschine im Austausch	19	900,00	1	900,00
			Zwischensumme		1.200,00
			+19 % MwSt.		228,00
			+19 % MwSt. auf Altteil		17,10
			= Gesamtbetrag		1.445,10

Autohaus Schmidt GmbH
Ettore-Bugatti-Straße 6–14
50737 Köln

Tel.: 0211 12345 67
E-Mail: info@autohausschmift.de
Internet: www.autoschmidt.de

Commerzbank Köln
IBAN DE21 1111 2004 1234 0542
BIC COBADEFFXXX

Prüfung Kaufmännische Unterstützungsprozesse — Kaufmännische Steuerung und Kontrolle – Bestands- und Erfolgskonten führen

14. Aufgabe

Situation
In der Buchhaltungsabteilung werden Sie beauftragt, die Buchungen im Zusammenhang mit dem Neuwagenverkauf an Frau Strauch zu erfassen. Der Listenpreis des Fahrzeugs beträgt 40.000,00 € (brutto). Frau Strauch konnte einen Rabatt von 10 % aushandeln. Der Bezugspreis der Autohaus Schmidt GmbH beträgt 26.000 €. Überführungs- und Zulassungskosten werden gesondert in Rechnung gestellt.

Für die Aufgaben 14 bis 18 steht Ihnen nachstehender Auszug aus dem Kontenplan zur Verfügung:

1200	Bank	7000	VAK Verkauf Neuwagen
1400	Forderungen a.L.L.	7030	VAK Überführung
1600	Verbindlichkeiten a.L.L.	7200	VAK Zulassungspauschale
1576	Vorsteuer 19 %	7300	VAK Teile über Theke
1776	Umsatzsteuer 19 %	7309	VAK Teile und Zubehör intern
3000	Bestand Neuwagen	8000	Erlöse Verkauf Neuwagen
3030	Bestand Überführung	8030	Erlöse Überführung
3100	Bestand Gebrauchtwagen	8200	Erlöse Zulassungspauschale
3110	Bestand GW differenzbesteuert	8300	Erlöse Verkauf Teile über Theke
3200	Bestand Zulassungspauschale	8309	Erlöse Teile und Zubehör intern
3300	Bestand Teile	8409	Erlöse Lohn intern

14.1 Berechnen Sie den Nettoumsatz aus dem Verkauf des Fahrzeugs.

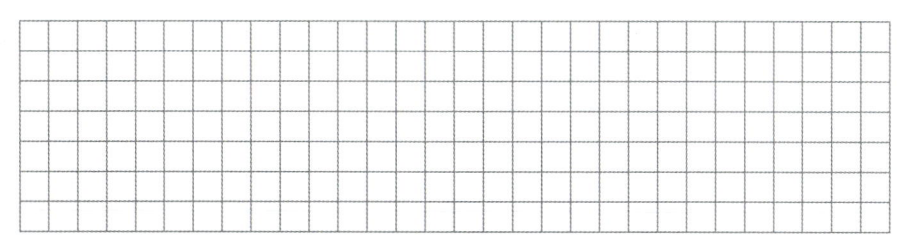

14.2 Buchen Sie die Erfassung der Ausgangsrechnung an Frau Strauch.

SOLL			an	HABEN	
Kontonummer	Kontobezeichnung	Betrag €	Kontonummer	Kontobezeichnung	Betrag €

14.3 Buchen Sie die Lagerentnahme dieses Neuwagenverkaufs.

SOLL			an	HABEN	
Kontonummer	Kontobezeichnung	Betrag €	Kontonummer	Kontobezeichnung	Betrag €

15. Aufgabe

Fortführung der Situation
Für die Überführung werden der Autohaus Schmidt GmbH vom Hersteller 320,00 € (netto) in Rechnung gestellt. Die Überführung ist eine Dienstleistung, die die Autohaus Schmidt GmbH einkauft und an den Kunden weiterverkauft. Frau Strauch werden für die Überführung 476,00 € (brutto) in Rechnung gestellt.

15.1 Buchen Sie die Eingangsrechnung für die Überführungskosten.

SOLL			an	HABEN	
Kontonummer	Kontobezeichnung	Betrag €	Kontonummer	Kontobezeichnung	Betrag €

15.2 Buchen Sie die Weiterbelastung der Überführungskosten an Frau Strauch.

SOLL			an	HABEN	
Kontonummer	Kontobezeichnung	Betrag €	Kontonummer	Kontobezeichnung	Betrag €

15.3 Buchen Sie die Lagerentnahme der Überführungskosten.

SOLL			an	HABEN	
Kontonummer	Kontobezeichnung	Betrag €	Kontonummer	Kontobezeichnung	Betrag €

Prüfung **Kaufmännische Unterstützungsprozesse**

Kaufmännische Steuerung und Kontrolle – Bestands- und Erfolgskonten führen

Erläuterungen und Lösungen

14. Aufgabe

14.1

Listenpreis (brutto)		40.000,00 €
– 10 % Rabatt		4.000,00 €
= Brutto-Fahrzeugpreis	119 %	36.000,00 €
– Umsatzsteuer	19 %	5.747,90 €
= Netto-Verkaufspreis	100 %	30.252,10 €

Der Nettoumsatz aus dem Fahrzeuggeschäft beträgt 30.252,10 €

> **Merke**
>
> *Bruttowert : 1,19* = Nettowert*
> *Nettowert · 1,19* = Bruttowert*   ** bei einem Steuersatz von 19 %*

14.2

SOLL			an	HABEN		
Kontonummer	Kontobezeichnung	Betrag €		Kontonummer	Kontobezeichnung	Betrag €
1400	Ford.a.L.L.	36.000,00		8000	Erlöse VK-NW	30.252,10
				1776	UmsatzSt 19 %	5.747,90

Bis zur Bezahlung der Ausgangsrechnung wird der ausstehende Betrag auf dem Konto Forderungen erfasst. Die zu buchenden Beträge ergeben sich aus Aufgabe 14.1.

14.3

SOLL			an	HABEN		
Kontonummer	Kontobezeichnung	Betrag €		Kontonummer	Kontobezeichnung	Betrag €
7000	VAK VK-NW	26.000,00		3000	Bestand NW	26.000,00

Der Wert des Fahrzeugs wird hiermit buchhalterisch aus dem Lager genommen und als Aufwand erfasst.

15. Aufgabe

15.1

SOLL			an	HABEN		
Kontonummer	Kontobezeichnung	Betrag €		Kontonummer	Kontobezeichnung	Betrag €
3030	Bestand Überführung	320,00		1600	Verbindlich-keiten a. L. L.	380,80
1576	Vorsteuer 19 %	60,80				

Die Überführungskosten sind Nebenkosten, die anfallen, um das Fahrzeug am Bestimmungsort übergeben zu können. Sie werden daher, wie das Fahrzeug, im Bestand erfasst.

15.2

SOLL			an	HABEN		
Kontonummer	Kontobezeichnung	Betrag €		Kontonummer	Kontobezeichnung	Betrag €
1400	Ford.a.L.L.	476,00		8030	Erlöse Überführung	400,00
				1776	Umsatzsteuer 19%	76,00

Die Überführungskosten und die damit verbundenen Aufwendungen stellen für die Autohaus Schmidt GmbH eine Dienstleitung dar, die sie mit dem Fahrzeug verkaufen.

15.3

SOLL			an	HABEN		
Kontonummer	Kontobezeichnung	Betrag €		Kontonummer	Kontobezeichnung	Betrag €
7030	VAK Überführung	320,00		3030	Bestand Überführung	320,00

Genauso wie das Fahrzeug müssen auch die Überführungskosten beim Weiterverkauf aus dem Lager genommen werden und als Aufwand erscheinen.

16. Aufgabe

Fortführung der Situation
Das Fahrzeug für Frau Strauch wird von einem Zulassungsdienst, den die Autohaus Schmidt GmbH beauftragt hat, beim zuständigen Straßenverkehrsamt zugelassen. Die Kosten für die Erstzulassung des Fahrzeugs betragen 43,00 € und sind nicht umsatzsteuerpflichtig, da es sich um Gebühren einer öffentlich-rechtlichen Behörde handelt. Die notwendigen Kennzeichen werden auch vom Zulassungsdienst beschafft. Insgesamt wird der Autohaus Schmidt GmbH eine Zulassungspauschale von 100,00 € netto in Rechnung gestellt.

16.1 Berechnen Sie die Umsatzsteuer, die der Autohaus Schmidt GmbH für die Zulassungspauschale in Rechnung gestellt werden.

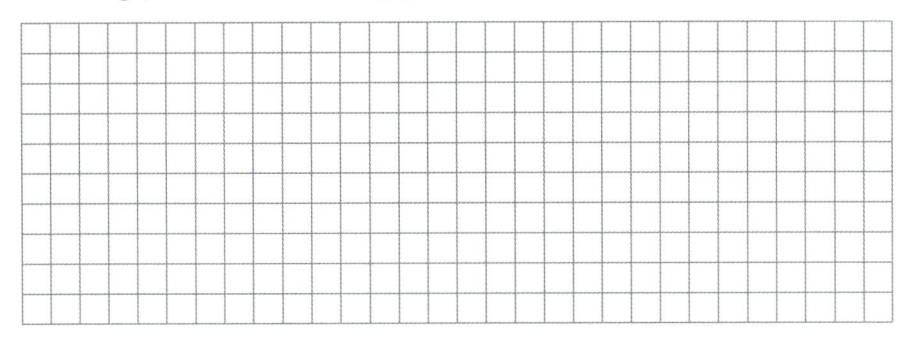

16.2 Buchen Sie die Erfassung der Eingangsrechnung des Zulassungsdienstes unter Berücksichtigung Ihrer in Aufgabe 16.1 ermittelten Werte.

SOLL			an	HABEN	
Kontonummer	Kontobezeichnung	Betrag €	Kontonummer	Kontobezeichnung	Betrag €

17. Aufgabe

Fortführung der Situation
Frau Strauch erhält für die Zulassungskosten eine separate Rechnung. Die Autohaus Schmidt GmbH berechnet 143,00 € (brutto) als Zulassungspauschale.

17.1 Buchen Sie die Ausgangsrechnung für die Zulassungspauschale.

SOLL			an	HABEN	
Kontonummer	Kontobezeichnung	Betrag €	Kontonummer	Kontobezeichnung	Betrag €

17.2 Buchen Sie die Bestandsentnahme der Zulassungspauschale.

SOLL			an	HABEN	
Kontonummer	Kontobezeichnung	Betrag €	Kontonummer	Kontobezeichnung	Betrag €

18. Aufgabe

Fortführung der Situation
Frau Strauch gibt zur Begleichung ihrer Rechnungen ihren Gebrauchtwagen für 7.000,00 € in Zahlung.

18.1 Buchen Sie die Inzahlungnahme des Gebrauchtwagens von Frau Strauch.

SOLL			an	HABEN	
Kontonummer	Kontobezeichnung	Betrag €	Kontonummer	Kontobezeichnung	Betrag €

18.2 Berechnen Sie den Betrag, den Frau Strauch auf das Geschäftskonto der Autohaus Schmidt GmbH überweisen muss, bevor ihr das Fahrzeug übergeben wird.

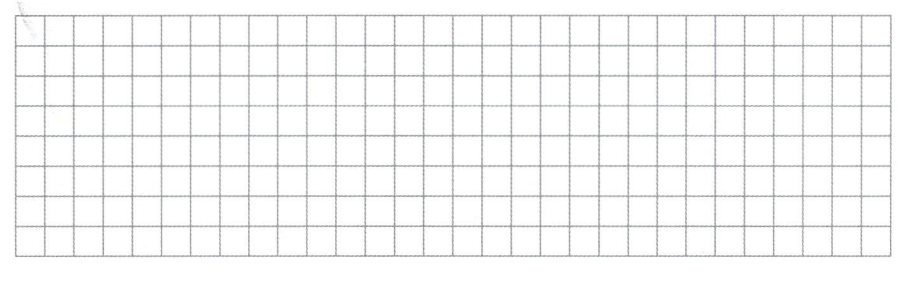

Prüfung Kaufmännische Unterstützungsprozesse | Kaufmännische Steuerung und Kontrolle – Bestands- und Erfolgskonten führen

Erläuterungen und Lösungen

16. Aufgabe

16.1

Zulassungspauschale gesamt (netto)	100,00 €
– Zulassungsgebühren (steuerfrei)	43,00 €
= zu versteuernde Zulassungspauschale 100 %	57,00 €
+ Umsatzsteuer 19 %	10,83 €
= Zwischensumme	67,83 €
+ Zulassungsgebühren (steuerfrei)	43,00 €
= Brutto-Rechnungssumme Zulassungspauschale	110,83 €

Die in Rechnung gestellte Umsatzsteuer beträgt 10,83 €.

Um die anfallenden Umsatzsteuern zu berechnen, muss man den gesamten Nettobetrag zunächst um die steuerfreien Zulassungsgebühren kürzen.

Der so errechnete Betrag ist Grundlage zur Berechnung der Umsatzsteuer.

Nettobetrag + Umsatzsteuer ergibt den Bruttorechnungsbetrag.

> **Merke**
>
> *Die Zulassungsgebühr schuldet der Fahrzeughalter, auch wenn jemand anderes sie zahlt.*
>
> *Sie muss in allen Rechnungen offen ausgewiesen werden und ist ein durchlaufender Posten im Betrieb.*

16.2

SOLL		an	HABEN		
Kontonummer	Kontobezeichnung	Betrag €	Kontonummer	Kontobezeichnung	Betrag €
3200	Bestand Zulassungspauschale	100,00	1600	Verbindlichkeiten a. L. L.	110,83
1576	Vorsteuer 19%	10,83			

Die Zulassungspauschale ist, wie die Überführung, eine Dienstleistung, die in den Bestand eingeht und mit dem Fahrzeug gemeinsam verkauft wird.

Die zu buchenden Beträge ergeben sich aus Aufgabe 16.1.

17. Aufgabe

17.1

SOLL		an	HABEN		
Kontonummer	Kontobezeichnung	Betrag €	Kontonummer	Kontobezeichnung	Betrag €
1400	Forderungen a. L. L.	143,00	8200	Erlöse Zulassungspauschale	127,03
			1776	Umsatzsteuer 19 %	15,97

Der Umsatzsteuerbetrag ergibt sich hier analog zu Aufgabe 2.1.

Von den 143,00 € werden 43,00 € nicht mit Umsatzsteuern belastet. Die in 100,00 € (143,00 € – 43,00 €) enthaltenen 19 % betragen 15,97 € (19 % · 100 €/119 %), sodass sich ein Gesamterlös von 127,03 € (143,00 € – 15,97 €) ergibt.

17.2

SOLL		an	HABEN		
Kontonummer	Kontobezeichnung	Betrag €	Kontonummer	Kontobezeichnung	Betrag €
7200	VAK Zulassungspauschale	100,00	3200	Bestand Zulassungspauschale	100,00

Ebenso wie das Fahrzeug und die Überführungsgebühren wird die Zulassungspauschale als Aufwand beim Weiterverkauf bestandsmindernd erfasst.

18. Aufgabe

18.1

SOLL		an	HABEN		
Kontonummer	Kontobezeichnung	Betrag €	Kontonummer	Kontobezeichnung	Betrag €
3110	Bestand GW differenzbesteuert	7.000,00	1400	Ford. a. L. L.	7.000,00

Durch die Inzahlungnahme verringern sich die Forderungen, die durch das Neuwagengeschäft entstanden sind. Gleichzeitig wird der Bestand an Gebrauchtwagen erhöht

18.2

Aufgabe 14.1:		36.000,00 €	Fahrzeugpreis
Aufgabe 15:	+	476,00 €	Überführungskosten
Aufgabe 17:	+	143,00 €	Zulassungspauschale
Aufgabe 18:	–	7.000,00 €	Inzahlungnahme Gebrauchtwagen
	=	**29.619,00 €**	Überweisungsbetrag

Prüfung Kaufmännische Unterstützungsprozesse

Kaufmännische Steuerung und Kontrolle – Bestands- und Erfolgskonten führen

19. Aufgabe

Situation
In den letzten Wochen waren Sie in der Gebrauchtwagenabteilung der Autohaus Schmidt GmbH eingesetzt. In diesem Zusammenhang haben Sie den Unterschied zwischen der Regel- und Differenzbesteuerung beim Gebrauchtwagenverkauf kennengelernt. Die Differenzbesteuerung ist immer dann möglich, wenn das Fahrzeug ohne die Möglichkeit eines Vorsteuerabzugs im Inland erworben wurde. Dieser Umstand betrifft in der Regel alle Fahrzeugkäufe oder -Inzahlungnahmen von Privatkunden. Ein Gebrauchtwagen, der vor 14 Tagen von einer privaten Kundin für 7.000,00 € in Zahlung genommen wurde, wird an Herrn Meyer zu einem Bruttoverkaufspreis von 9.000,00 € für den privaten Gebrauch weiterverkauft. Der zurzeit gültige Umsatzsteuersatz liegt bei 19 %.

19.1 Berechnen Sie die Umsatzsteuer, den die Autohaus Schmidt GmbH aus diesem Geschäft bei Regelbesteuerung an das Finanzamt abführen muss.

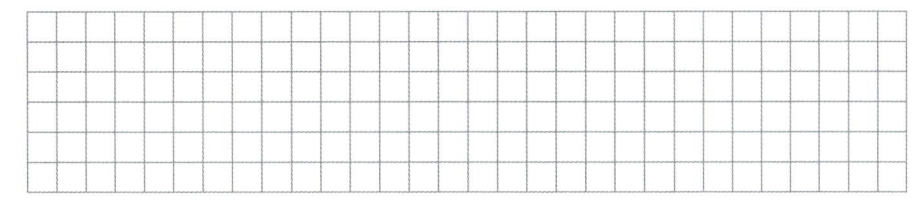

19.2 Berechnen Sie, unter Berücksichtigung der Voraussetzungen aus Aufgabe 19.1, den Erfolg aus dem Verkauf des Gebrauchtwagens.

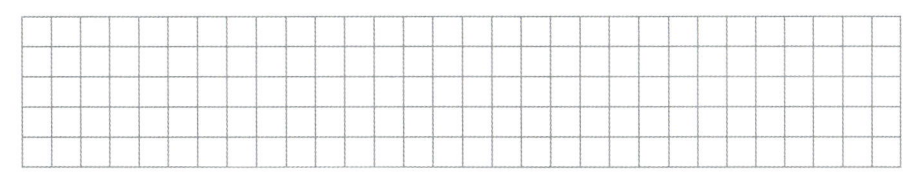

19.3 Gehen Sie nun davon aus, dass das Fahrzeug der Differenzbesteuerung unterliegt, und berechnen Sie die anfallende Umsatzsteuer.

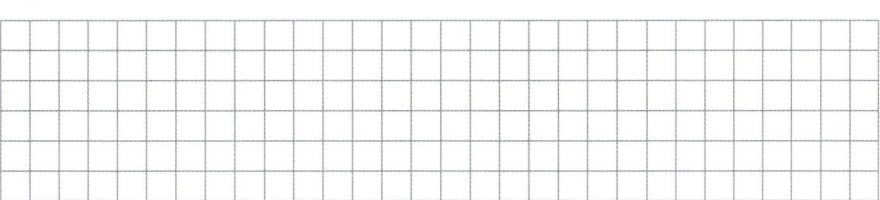

20. Aufgabe

Fortführung der Situation
In der Buchhaltungsabteilung ist der Krankenstand momentan sehr hoch. Da Sie diese Abteilung während Ihrer Ausbildung bereits kennengelernt haben, bittet Sie Ihr Ausbilder, dort vorübergehend einzuspringen. Ihre erste Aufgabe besteht in der Erfassung der Rechnungen im Zusammenhang mit dem Ein- und Weiterverkauf des Gebrauchtwagens.

Für die folgenden Aufgaben steht Ihnen nachstehender Auszug aus dem Kontenplan zur Verfügung:

1200 Bank	7100 VAK GW regelbesteuert
1400 Forderungen a.L.L.	7110 VAK GW differenzbesteuert
1600 Verbindlichkeiten a.L.L.	7120 VAK Instandsetzungsarbeiten
1576 Vorsteuer 19 %	8000 Erlöse Neuwagen
1776 Umsatzsteuer 19 %	8100 Erlöse GW regelbesteuert
3100 Bestand Gebrauchtwagen	8110 Erlöse GW differenzbesteuert
3110 Bestand GW differenzbesteuert	8111 Mehrerlös Differenzbesteuerung

20.1 Buchen Sie die Erfassung der Ausgangsrechnung an Herrn Meyer.

SOLL			an	HABEN	
Kontonummer	Kontobezeichnung	Betrag €	Kontonummer	Kontobezeichnung	Betrag €

20.2 Buchen Sie die Lagerentnahme des Gebrauchtwagens.

SOLL			an	HABEN	
Kontonummer	Kontobezeichnung	Betrag €	Kontonummer	Kontobezeichnung	Betrag €

Prüfung **Kaufmännische Unterstützungsprozesse**   Kaufmännische Steuerung und Kontrolle – Bestands- und Erfolgskonten führen

Erläuterungen und Lösungen

19. Aufgabe

19.1 Nach der Regelbesteuerung sind die im Bruttoumsatz von 9.000,00 €
enthaltenen Umsatzsteuern abzuführen.

Rechnung: 119 % → 9.000,00 €

19 % → X € $\dfrac{19 \cdot 9.000,00}{119} = \textbf{1.436,97 €}$

Bruttobetrag in €	Umsatzsteuer 19 % in €	Nettobetrag in €
9.000,00	1.436,97	7.563,03

19.2 Der Erfolg ergibt sich durch die Differenz zwischen Nettoverkaufspreis und
Bezugspreis. Der Bezugspreis enthält keine Steuern.

Nettoverkaufspreis in – Bezugspreis in € = Erfolg in €

7.563,03 €   7.000,00 €   563,03 €

Obwohl die Differenz beim Verkauf des Fahrzeugs 2.000,00 €
(9.000,00 € – 7.000,00 €) beträgt, bleibt dem Unternehmen nur ein
Rohgewinn von 563,03 €.

19.3 Bei der Differenzbesteuerung ist nur der im Rohgewinn (Verkaufspreis –
Einkaufspreis) enthaltene Umsatzsteuerbetrag abzuführen.

Verkaufspreis in € – Einkaufspreis in € = Rohgewinn in €

9.000,00 €   7.000,00 €   2.000,00 €

Rechnung: 119 % → 2.000,00 €

19 % → X € $\dfrac{19 \cdot 2.000,00}{119} = \textbf{319,33 €}$

Voraussetzungen *für die Differenzbesteuerung eines* **Gebrauchtwagens:**
- *Das Fahrzeug ist für den gewerblichen Weiterverkauf bestimmt.*
- *Das Fahrzeug wurde im Gemeinschaftsgebiet erworben.*
  (Inland der europäischen Gemeinschaft)
- *Bei Kauf des Fahrzeugs war ein Vorsteuerabzug nicht möglich.*
- *Beim Verkauf des Fahrzeugs wird keine Umsatzsteuer ausgewiesen.*

Merke

*Die Differenzbesteuerung darf nicht bei der innergemeinschaftlichen
Lieferung neuer Fahrzeuge angewendet werden.*

20. Aufgabe

20.1

SOLL			an	HABEN	
Kontonummer	Kontobezeichnung	Betrag €	Kontonummer	Kontobezeichnung	Betrag €
1400	Ford a. L. L.	9.000,00	8110	Erlöse GW dif.best.	7.000,00
			8111	Mehrerlöse Differenzbesteuerung	1.680,67
			1776	Umsatzsteuer 19 %	319,33

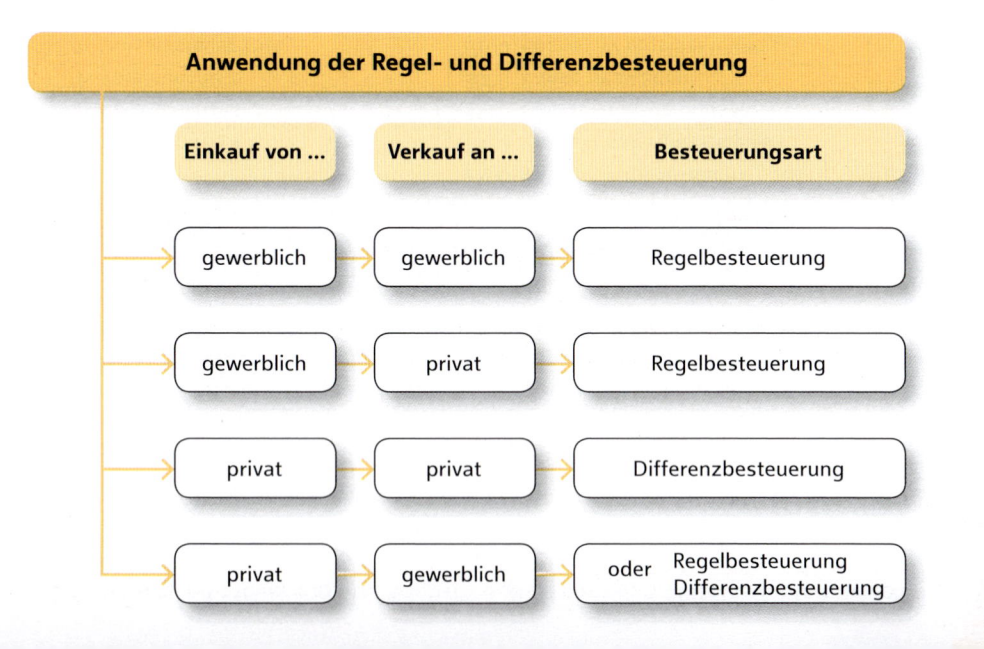

Aus dem Bruttomehrerlös (Rohgewinn) ist die enthaltene Umsatzsteuer zu
berechnen (siehe 19.3) und entsprechend zu buchen.

20.2

SOLL			an	HABEN	
Kontonummer	Kontobezeichnung	Betrag €	Kontonummer	Kontobezeichnung	Betrag €
7110	VAK GW dif.best.	7.000,00	3110	Bestand GW dif.best.	7.000,00

Der Wert des Fahrzeugs wird hiermit buchhalterisch aus dem Lager genommen
und als Aufwand erfasst.

Anwendung der Regel- und Differenzbesteuerung

Einkauf von ...	Verkauf an ...	Besteuerungsart
gewerblich	gewerblich	Regelbesteuerung
gewerblich	privat	Regelbesteuerung
privat	privat	Differenzbesteuerung
privat	gewerblich	Regelbesteuerung oder Differenzbesteuerung

© Westermann Gruppe

21. Aufgabe

Situation
Im Gebrauchtwagenbestand der Autohaus Schmidt GmbH befindet sich ein von einem privaten Anbieter für 9.000,00 € gekauftes Fahrzeug. Der Werkstattmeister hat dieses Fahrzeug geprüft und keine Mängel festgestellt. Der erwartete Nettorohgewinn liegt bei diesem Fahrzeug bei 1.000,00 €. (Umsatzsteuersatz 19 %)

21.1 Errechnen Sie mithilfe der folgenden Tabelle, zu welchem Bruttopreis das Fahrzeug bei Differenzbesteuerung und bei Regelbesteuerung jeweils angeboten werden müsste, um den erwarteten Gewinn zu realisieren.

	Differenzbesteuerung	Regelbesteuerung
Einkaufspreis		
+ Gewinn		
= Nettoverkaufspreis		
+ Umsatzsteuer 19%		
= Bruttopreis		

21.2 Begründen Sie, warum Reparaturkosten an Gebrauchtwagen, die beim Weiterverkauf der Differenzbesteuerung unterliegen, bei der Berechnung der abzuführenden Umsatzsteuer nicht berücksichtigt werden dürfen.

22. Aufgabe

Situation
Um ein ausreichendes Angebot an Gebrauchtwagen sicherzustellen, kauft die Autohaus Schmidt GmbH bei anderen Händlern Fahrzeuge zu. Vor zwei Wochen wurde unter anderem ein drei Jahre alter Panther XJ für 17.850,00 € (brutto) gekauft. Für das Fahrzeug wird eine Gebrauchtwagengarantie für ein Jahr abgeschlossen. Diese kostet 250,00 € und wird dem Käufer zum Selbstkostenpreis in Rechnung gestellt. Der Käufer überweist einen Betrag von 19.250,00 €.

Für die folgenden Aufgaben stehen Ihnen die Konten auf Seite 131, sowie folgende Konten zur Verfügung:

3210 Bestand Fahrzeuggarantie	7220 VAK GW Nachrüstungen
3220 Bestand Nachrüstungen	8210 Erlöse Fahrzeuggarantie
7210 VAK Fahrzeuggarantie (NW/GW)	8220 Erlöse Nachrüstungen

22.1 Buchen Sie die Ausgangsrechnung für den Gebrauchtwagenverkauf.

SOLL			an	HABEN		
Kontonummer	Kontobezeichnung	Betrag €		Kontonummer	Kontobezeichnung	Betrag €

22.2 Buchen Sie die Lagerentnahme des Gebrauchtwagens.

SOLL			an	HABEN		
Kontonummer	Kontobezeichnung	Betrag €		Kontonummer	Kontobezeichnung	Betrag €

22.3 Buchen Sie die Lagerentnahme der Garantieversicherung.

SOLL			an	HABEN		
Kontonummer	Kontobezeichnung	Betrag €		Kontonummer	Kontobezeichnung	Betrag €

Prüfung Kaufmännische Unterstützungsprozesse

Kaufmännische Steuerung und Kontrolle – Bestands- und Erfolgskonten führen

Erläuterungen und Lösungen

21. Aufgabe

21.1

	Differenzbesteuerung	Regelbesteuerung
Einkaufspreis	9.000,00 €	9.000,00 €
+ Gewinn	1.000,00 €	1.000,00 €
= Nettoverkaufspreis	10.000,00 €	10.000,00 €
+ Umsatzsteuer 19 %	190,00 €	1.900,00 €
= Bruttopreis	10.190,00 €	11.900,00 €

Der Bruttoverkaufspreis wäre bei der Regelbesteuerung deutlich höher als bei Differenzbesteuerung. Trotzdem würde ein Gewerbetreibender beim Kauf die Regelbesteuerung bevorzugen, da er dann die in der Rechnung ausgewiesene Umsatzsteuer als Vorsteuer geltend machen könnte. Das Fahrzeug ist dadurch 190,00 € günstiger für den kaufenden Unternehmer. Bei der Differenzbesteuerung wird die anfallende Umsatzsteuer auf der Rechnung nicht ausgewiesen und kann daher auch nicht als Vorsteuer angesetzt werden.

21.2 Reparaturkosten bei einem differenzbesteuerten Fahrzeug haben keinen Einfluss auf die Bemessungsgrundlage der abzuführenden Umsatzsteuer, da es andernfalls möglich wäre, die Differenz zwischen Verkaufspreis und Einkaufspreis zu verkleinern oder zu vermeiden. Dies hätte zur Folge, dass die anfallende Umsatzsteuer unverhältnismäßig minimiert oder sogar vermieden werden könnte.

Im obigen Fall wäre es beispielsweise vorstellbar, dass interne Reparaturkosten in Höhe von 1.000,00 € angesetzt werden und dadurch bei einem Weiterverkauf keine Umsatzsteuer anfallen würde. Die Differenz zwischen Verkaufspreis und Einkaufspreis + Reparaturkosten wäre dann = 0.

22. Aufgabe

22.1

SOLL			an	HABEN	
Kontonummer	Kontobezeichnung	Betrag €	Kontonummer	Kontobezeichnung	Betrag €
1400	Forderungen a. L. L.	19.250,00	8100	Erlöse GW regelbest.	15.966,39
			8210	Erlöse Garantie	250,00
			1776	Umsatzsteuer 19 %	3.033,61

Versicherungsbeiträge unterliegen nicht der Umsatzsteuer. Daraus ergeben sich 19.000,00 € (19.250,00 € – 250,00 €), aus denen die Umsatzsteuer berechnet wird.

Bruttobetrag in €	Umsatzsteuer 19 % in €	Nettobetrag in €
19.000,00	3.033,61	15.966,39

22.2

SOLL			an	HABEN	
Kontonummer	Kontobezeichnung	Betrag €	Kontonummer	Kontobezeichnung	Betrag €
7100	VAK GW regelbesteuert	15.000,00	3100	Bestand GW regelbesteuert	15.000,00

Das Fahrzeug wurde zu einem Bruttopreis von 17.850,00 € eingekauft. Das entspricht einem Nettobetrag von 15.000,00 € (17.850,00 € : 1,19).

Dieser Betrag wurde beim Bezug des Fahrzeugs auf dem Bestandkonto erfasst und muss nun als Aufwand gebucht werden.

22.3

SOLL			an	HABEN	
Kontonummer	Kontobezeichnung	Betrag €	Kontonummer	Kontobezeichnung	Betrag €
7210	VAK Fahrzeuggarantie	250,00	3210	Bestand Fahrzeuggarantie	250,00

Die Garantieversicherung wurde dem Kunden zum Anschaffungspreis verkauft. Es handelt sich hier um einen durchlaufenden Posten.

© Westermann Gruppe

23. Aufgabe

Situation

In der Abteilung Buchhaltung sollen Sie nun Buchungen des Werkstattgeschäfts erfassen. Dabei fällt Ihnen auf, dass es unterschiedliche Arten von Aufträgen gibt. Grundsätzlich lassen sich interne Aufträge, Gewährleistungs- und Garantieaufträge und Kundenaufträge unterscheiden. Für die unterschiedlichen Auftragsarten gibt es jeweils unterschiedliche Stundenverrechnungssätze.

Preise für 1 AW (10 AW pro Stunde)	Interner Verrechnungssatz	Garantie/ arbeiten	Kundenverrechnungssatz
Mechatroniker	3,00 €	6,00 €	9,00 €
Fahrzeuglackierer	6,00 €	7,00 €	11,00 €

Für die Aufgaben 23 bis 25 steht Ihnen der folgende Auszug aus dem Kontenplan zur Verfügung:

1400 Forderungen a.L.L.	7300 VAK Teile über Theke
1407 Ford. aus Garantieleistungen	7309 VAK Teile intern
1576 Vorsteuer 19 %	7310 VAK Teile durch die Werkstatt
1776 Umsatzsteuer 19 %	7311 VAK Teile Garantieleistung
3000 Bestand Neuwagen	8300 Erlöse Verkauf Teile über Theke
3100 Bestand Gebrauchtwagen	8309 Erlöse Verkauf Teile intern
3300 Bestand Teile	8310 Erlöse VK Teile durch Werkstatt
5004 Übergabedurchsicht	8311 Erlöse VK Teile Garantieleistung
5701 interne Erlöse	8409 Erlöse Lohn intern
5801 interne Erlösschmälerungen	8410 Erlöse Lohn
7000 VAK Verkauf Neuwagen	8409 Erlöse Lohn Garantieleistung

23.1 In einen Neuwagen ist vor der Auslieferung ein Navigationssystem im Einkaufswert von 250,00 € eingebaut worden. Für den Einbau brauchte der Mitarbeiter eine Stunde.

Buchen Sie den Vorgang.

SOLL			an	HABEN	
Kontonummer	Kontobezeichnung	Betrag €	Kontonummer	Kontobezeichnung	Betrag €

23.2 Bevor der Neuwagen ausgeliefert wird, wird noch eine Übergabedurchsicht durchgeführt, die 1,5 Stunden in Anspruch nimmt.
Buchen Sie die interne Verrechnung.

SOLL			an	HABEN	
Kontonummer	Kontobezeichnung	Betrag €	Kontonummer	Kontobezeichnung	Betrag €

24. Aufgabe

Fortführung der Situation

An dem Neuwagen von Frau Strauch funktioniert ein Schalter der Klimaanlage nicht. Er muss ausgetauscht werden. Der Schalter kostet 25,00 € (Bezugspreis), der Einbau dauert 20 Minuten. Der Hersteller gibt 3 AW vor.

Buchen Sie die Ausgangsrechnung an den Hersteller.

SOLL			an	HABEN	
Kontonummer	Kontobezeichnung	Betrag €	Kontonummer	Kontobezeichnung	Betrag €

25. Aufgabe

Fortführung der Situation

Im Rahmen des Werkstattaufenthalts werden am Fahrzeug von Frau Strauch die Reifen gewechselt. Dafür werden 2,5 AW in Rechnung gestellt.

Buchen Sie die Ausgangsrechnung an Frau Strauch.

SOLL			an	HABEN	
Kontonummer	Kontobezeichnung	Betrag €	Kontonummer	Kontobezeichnung	Betrag €

Prüfung Kaufmännische Unterstützungsprozesse

Kaufmännische Steuerung und Kontrolle – Bestands- und Erfolgskonten führen

Erläuterungen und Lösungen

23. Aufgabe

23.1

SOLL			an	HABEN		
Kontonummer	Kontobezeichnung	Betrag €		Kontonummer	Kontobezeichnung	Betrag €
3000	Bestand Neuwagen	280,00		8309	Erlöse Teile intern	250,00
				8409	Erlöse Lohn intern	30,00

Bei internen Aufträgen fällt keine Umsatzsteuer an, da kein Umsatz erzielt wird. Für den Mechatroniker fallen 10 AW zu 3,00 € an = 30,00 €.

Der Wert des Neuwagens wird durch den Einbau erhöht.

Der Lohnaufwand wird in der Lohnbuchhaltung über das Konto 4110 Löhne gebucht.

23.2

SOLL			an	HABEN		
Kontonummer	Kontobezeichnung	Betrag €		Kontonummer	Kontobezeichnung	Betrag €
5004	Übergabedurchsicht	45,00		5701	Interne Erlöse	45,00

Der Lohnaufwand wird über das Konto 4110 Löhne gebucht.

24. Aufgabe

SOLL			an	HABEN		
Kontonummer	Kontobezeichnung	Betrag €		Kontonummer	Kontobezeichnung	Betrag €
1407	Forderungen aus Garantieleistungen	43,00		8311	Erlöse VK Teile aus Garantieleistung	25,00
				8411	Erlöse Lohn Garantieleistungen	18,00

Hierbei handelt es sich um eine steuerfreie Leistung, da kein Umsatz erzielt wird, sondern lediglich eine Instandsetzung im Rahmen der Garantie bzw. Gewährleistung durchgeführt wird.

25. Aufgabe

SOLL			an	HABEN		
Kontonummer	Kontobezeichnung	Betrag €		Kontonummer	Kontobezeichnung	Betrag €
1400	Forderungen a. L. L.	26,78		8410	Erlöse Lohn	22,50
				1776	Umsatzsteuer 19 %	4,28

2,5 AW · 9,00 € je AW = 22,50 €. Die Leistung ist umsatzsteuerpflichtig.

Merke

Bei internen Aufträgen wird keine Umsatzsteuer berücksichtigt.

Werkstattleistungen

Interne Aufträge: (beispielsweise)	– Ein-/Ausbauten an NW/GW – Übergabeinspektion – Fahrzeugaufbereitung – Kulanz
Konten:	8309 Erlöse Verkauf Teile intern 8409 Erlöse Lohn intern 5004 Übergabedurchsicht 5701 interne Erlöse

Garantie- und Gewährleistungsaufträge:	– Reparaturen in der Gewährleistungs-/ – Garantiefrist an NW/GW
Konten: (z. B.)	8311 Erlöse Verkauf Teile Garantieleistung 8411 Erlöse Lohn Garantieleistungen

Kundenaufträge: (beispielsweise)	– Inspektionen – Reparaturen – Radwechsel
Konten: (z. B.)	8310 Erlöse Teile durch Werkstatt 8410 Erlöse Lohn

Prüfung Kaufmännische Unterstützungsprozesse
Kaufmännische Steuerung und Kontrolle – Zahlungsein- und -ausgänge kontrollieren

Situation zur 1. und 2. Aufgabe

Die Autohaus Schmidt GmbH gewährt ihren gewerblichen Kunden ein Zahlungsziel von 30 Tagen. Erfolgt der Ausgleich der Rechnung innerhalb der ersten zehn Tage nach Rechnungsstellung, kann der Rechnungsbetrag um 2 % Skonto gekürzt werden. Ähnliche Konditionen hat auch die Autohaus Schmidt GmbH bei einigen Lieferanten. Ihnen liegt der unten abgebildete Kontoauszug vor (Umsatzsteuersatz 19 %).

Auszug vom 09.07.20XX		Nr. 208	Blatt 1
Commerzbank	IBAN	BIC	
	DE21 1111 2004 1234 0542	COBADEFFXXX	
Wert	Buchungstext	Umsätze Soll	Umsätze Haben
07.07.	GUTSCHRIFT		1.225,00
	Fa. Brückstahl e. K.		
	RE 807041 D 02.07. abzgl. 2 % Sk.		
07.07.	ÜBERWEISUNG	4.462,00	
	Fa. Autoteile Anders GmbH		
	ReNr. 18/727 vom 1.7. abzgl. 3 % Skonto		
Autohaus Schmidt GmbH			

1. Aufgabe

1.1 Ermitteln Sie den ursprünglichen Betrag der Rechnung an die Firma Brückstahl.

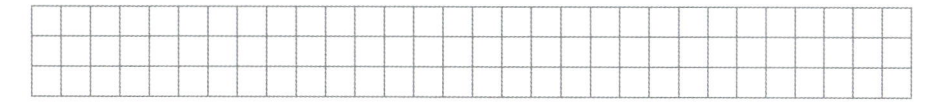

1.2 Ermitteln Sie den Bruttoskontobetrag, den die Fa. Brückstahl abgezogen hat.

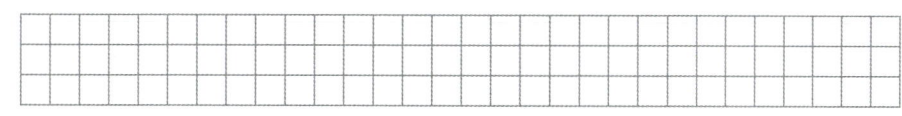

1.3 Ermitteln Sie den ursprünglichen Rechnungsbetrag der Firma Autoteile Anders.

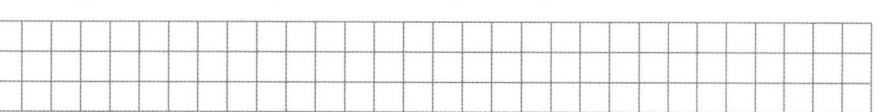

1.4 Ermitteln Sie den Nettoskontobetrag, den die Autohaus Schmidt GmbH abgezogen hat.

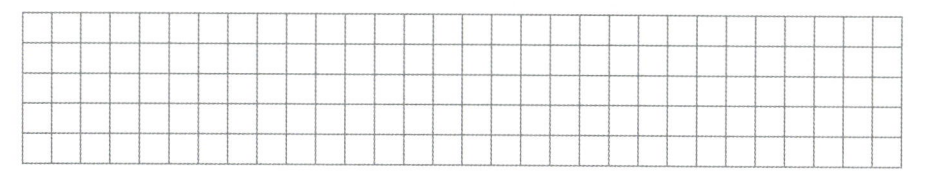

2. Aufgabe

Fortführung der Situation

Im Folgenden sollen Sie die Buchungssätze zur Erfassung des Kontoauszugs bilden. Gehen Sie dabei davon aus, dass die zu den Umsätzen gehörigen Rechnungen über den Verkauf von Teilen bereits erfasst wurden. Es steht Ihnen folgender Auszug aus dem Kontenplan der Autohaus Schmidt GmbH zur Verfügung.

1000 Kasse	
1200 Bank	
1400 Forderungen a. L. L.	3300 Bestand Teile
1576 Abziehbare Vorsteuer 19 %	3301 Wertberichtigung Teile
1600 Verbindlichkeiten a. L. L.	8300 Erlöse Teile
1776 Umsatzsteuer 19 %	8309 Erlöse Teile intern

2.1 Buchen Sie die Erfassung der Gutschrift der Firma Brückstahl e. K.

SOLL			an	HABEN	
Kontonummer	Kontobezeichnung	Betrag €	Kontonummer	Kontobezeichnung	Betrag €

2.2 Buchen Sie die Erfassung der Überweisung an die Autoteile Anders GmbH.

SOLL			an	HABEN	
Kontonummer	Kontobezeichnung	Betrag €	Kontonummer	Kontobezeichnung	Betrag €

Prüfung Kaufmännische Unterstützungsprozesse Kaufmännische Steuerung und Kontrolle – Zahlungsein- und -ausgänge kontrollieren

Erläuterungen und Lösungen

1. Aufgabe

1.1 Lösung: 1.250,00 €

Der Überweisungsbetrag entspricht 98 % des ursprünglichen Rechnungsbetrags, da dieser die Grundlage (100 %) für den Abzug des Skontos (2 %) ist.

Rechnung: $\quad$ 98 % $\rightarrow$ 1.225,00 € $\qquad$ $\dfrac{1.225,00 \cdot 100}{98} = \mathbf{1.250,00\ €}$
$\qquad\qquad$ 100 % $\rightarrow$ X €

1.2 Lösung: 25,00 €

Der Bruttoskonto ist die Differenz zwischen dem Rechnungsbetrag und dem Überweisungsbetrag. Es gibt verschiedene Möglichkeiten der Berechnung. Entweder ausgehend vom Rechnungsbetrag (1) oder vom Überweisungsbetrag (2).

Rechnung (1) $\quad$ 100 % $\rightarrow$ 1.250,00 € $\qquad$ $\dfrac{1.250,00 \cdot 2}{100} = \mathbf{25,00\ €}$
$\qquad\qquad\quad$ 2 % $\rightarrow$ X €

oder

Rechnung (2) $\quad$ 98 % $\rightarrow$ 1.225,00 € $\qquad$ $\dfrac{1.225,00 \cdot 2}{98} = \mathbf{25,00\ €}$
$\qquad\qquad\quad$ 2 % $\rightarrow$ X €

1.3 Lösung: 4.600,00 €

Der Überweisungsbetrag entspricht 97 % des ursprünglichen Rechnungsbetrags.

Rechnung: $\quad$ 97 % $\rightarrow$ 4.462,00 € $\qquad$ $\dfrac{4.462,00 \cdot 100}{97} = \mathbf{4.600,00\ €}$
$\qquad\qquad$ 100 % $\rightarrow$ X €

1.4 Lösung: 115,97 €

Zunächst muss der Bruttoskontobetrag errechnet werden (1). Dieser muss um die enthaltene Vorsteuer gekürzt werden, um den Nettoskonto zu erhalten (2).

Rechnung (1) $\quad$ 100 % $\rightarrow$ 4.600,00 € $\qquad$ $\dfrac{4.600,00 \cdot 3}{100} = \mathbf{138,00\ €}$
$\qquad\qquad\quad$ 3 % $\rightarrow$ X €

und

Rechnung (2) $\quad$ 119 % $\rightarrow$ 138,00 € $\qquad$ $\dfrac{138,00 \cdot 100}{119} = \mathbf{115,97\ €}$
$\qquad\qquad\quad$ 100 % $\rightarrow$ X €

2. Aufgabe

2.1

	SOLL		an	HABEN	
Kontonummer	Kontobezeichnung	Betrag €	Kontonummer	Kontobezeichnung	Betrag €
1200	Bank	1.225,00	1400	Forderungen a. L. L.	1.250,00
8300	Erlöse Teile	21,01			
1776	Umsatzsteuer 19 %	3,99			

Vom Bruttoskontobetrag in Höhe von 25,00 € = 119 % muss der Nettoskonto 21,01 = 100 % und die Umsatzsteuer in Höhe von 3,99 = 19 % berechnet werden.

2.2

	SOLL		an	HABEN	
Kontonummer	Kontobezeichnung	Betrag €	Kontonummer	Kontobezeichnung	Betrag €
1600	Verbindlichkeiten a. L. L.	4.600,00	1200	Bank	4.462,00
			3300	Bestand Teile	115,97
			1576	Vorsteuer	22,03

> **Skonto =**
>
> *Abzug vom Rechnungsbetrag, der dem Kunden angeboten wird, wenn er ein gewährtes Zahlungsziel (z. B. 30 Tage) nicht ausnutzt, sondern innerhalb einer kürzeren Zeit (z. B. zehn Tage) bezahlt.*

Beispiel:

Warenwert 100,00 €		Umsatzsteuer 19 %		Skonto 2 %
Nettorechnungsbetrag	100,00 €	$\rightarrow$		2 % = 2,00 €
+ Umsatzsteuer	19,00 €	$\rightarrow$		2 % = 0,38 €
= Bruttorechnungsbetrag	119,00 €			100 %
– 2% Skonto	2,38 €		–	2 %
= Überweisungsbetrag	116,62 €		=	98 %

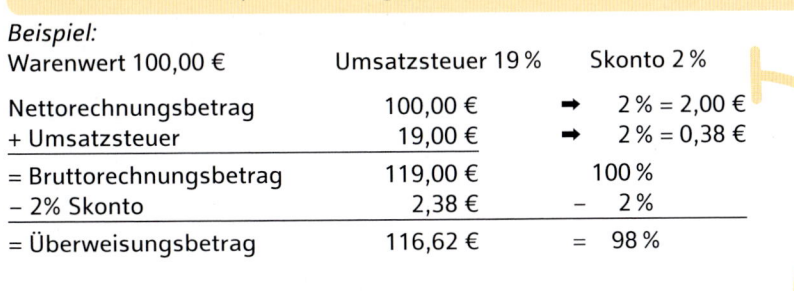

> **Merke**
>
> *Wird von einem Bruttorechnungsbetrag 2 % Skonto abgezogen, werden sowohl vom Warenwert als auch der Umsatzsteuer 2 % abgezogen. Die Umsatzsteuer muss dementsprechend korrigiert werden.*

© Westermann Gruppe

Prüfung Kaufmännische Unterstützungsprozesse — Kaufmännische Steuerung und Kontrolle – Zahlungsein- und -ausgänge kontrollieren

3. Aufgabe

Situation
Diese Woche sind Sie für die Führung des Rechnungsausgangsbuchs und der Überwachung der Zahlungseingänge verantwortlich. In dem Buchhaltungsprogramm können Sie sich eine OPOS-Liste aufrufen, in der alle Ausgangsrechnungen erscheinen, die noch nicht bezahlt sind. Die Zahlungskondition im Autohaus Schmidt GmbH lautet grundsätzlich sofort netto Kasse. Sie sollen allen Kunden, deren Rechnungen seit mehr als 30 Tagen nach dem Rechnungsdatum noch offen sind, eine Zahlungserinnerung schicken.

3.1 Erläutern Sie zwei Voraussetzungen für den Zahlungsverzug des Schuldners.

- _____
- _____

3.2 Nennen Sie drei Rechte, die dem Gläubiger bei Nicht-rechtzeitig-Zahlung durch den Schuldner zustehen.

- _____
- _____
- _____

4. Aufgabe

Fortführung der Situation
Trotz mehrmaliger Mahnungen mit Fristsetzung weigern sich manche Kunden, ihre offenen Rechnungsbeträge auszugleichen. Die Autohaus Schmidt GmbH beauftragt in solchen Fällen ein Inkassounternehmen, welches das gerichtliche Mahnverfahren einleitet.

Worin besteht der Unterschied zwischen dem kaufmännischen und dem gerichtlichen Mahnverfahren? Womit wird das gerichtliche Mahnverfahren eingeleitet?

_____
_____

5. Aufgabe

Situation
Vor einigen Tagen haben Sie an der Information Herrn Müller getroffen. Bei der Durchsicht der OPOS-Liste war Ihnen am Vortag aufgefallen, dass die letzte Rechnung von Herrn Müller noch nicht bezahlt wurde. Nachdem Sie den Stammkunden darauf hingewiesen haben, liegt Ihnen heute folgender Kontoauszug vor.

Auszug vom 23.11.2009		Nr. 168	Blatt 2
Commerzbank	BIC COBADEHXXX	Konto-Nr. BE23 1111 2014 5065 0995	
Wert	Buchungstext	Umsätze Soll	Umsätze Haben
10.06.	GUTSCHRIFT		1.124,80
	Gerd Müller		
	Rechnung 804035 vom 06.04.20XX		
Autohaus Schmidt GmbH			

Auszug aus dem Kontenplan:

1400 Forderungen aus L. u. L.	3100 Bestand Gebrauchtwagen
1600 Verbindlichkeiten aus L. u. L.	1200 Kreditinstitute
3300 Bestand Teile und Zubehör	1000 Kasse

Buchen Sie den Zahlungseingang von Herrn Müller.

SOLL			an	HABEN		
Kontonummer	Kontobezeichnung	Betrag €		Kontonummer	Kontobezeichnung	Betrag €

Hinweis

Zu den Störungen des Kaufvertrags siehe auch Seite 178.

Prüfung Kaufmännische Unterstützungsprozesse Kaufmännische Steuerung und Kontrolle – Zahlungsein- und -ausgänge kontrollieren

Erläuterungen und Lösungen

3. Aufgabe

3.1
- Es wurde bis zum kalendermäßig bestimmbaren Zahlungstermin nicht gezahlt.

  Ist die Fälligkeit der Rechnung kalendermäßig eindeutig bestimmbar (z. B. fällig am 10. Mai. 20XX, fällig bis Ende Mai 20XX), gerät der Schuldner mit Ablauf des Datums ohne Mahnung in Verzug.

- Der in der Mahnung festgesetzte Termin für die Zahlung ist verstrichen.

  Ist der Termin nicht kalendermäßig bestimmbar (z. B. zahlbar 14 Tage nach Rechnungserhalt, zehn Tage Zahlungsziel), gerät der Schuldner erst durch eine Mahnung mit Fristsetzung in Verzug.

- 30 Tage nach Fälligkeit und Zugang der Rechnung kommt der Schuldner automatisch in Verzug.

  Ausnahme: *Gesetz zur Beschleunigung fälliger Zahlungen*

  Ist die Leistung einer Rechnung vollständig erbracht, kommt der Schuldner nach Ablauf von 30 Tagen nach Zugang und Fälligkeit einer Rechnung automatisch in Verzug und es können ohne vorherige Mahnung Verzugsschäden geltend gemacht werden. (Beim Verbrauchsgüterkauf muss der Kunde ausdrücklich darauf hingewiesen werden.)

- Der Schuldner verweigert die Zahlung

3.2
- Zahlung + evtl. Schadenersatz wegen Verzögerung der Zahlung (Zinsen)

- Rücktritt vom Vertrag (Ware geht zurück an den Verkäufer.)

- Ersatz vergeblicher Aufwendungen (Kreditzinsen, Porto, Mahngebühren)

4. Aufgabe

Das kaufmännische Mahnverfahren unterliegt keinen zwingenden Vorschriften, sondern liegt im Ermessen des Lieferers. Im Gegensatz dazu ist das gerichtliche Mahnverfahren ein gesetzlichen Vorschriften unterliegendes Verfahren, das mit dem Mahnbescheid (Zahlungsaufforderung an den Schuldner) beginnt.

5. Aufgabe

1.200 Kreditinstitute an 1.400 Forderungen aus L. u. L. 1.124,80 €

Es handelt sich bei der Buchung lediglich um einen Aktivtausch, da der Kunde eine bereits in der Vergangenheit erhaltene (gebuchte) Rechnung ausgleicht.

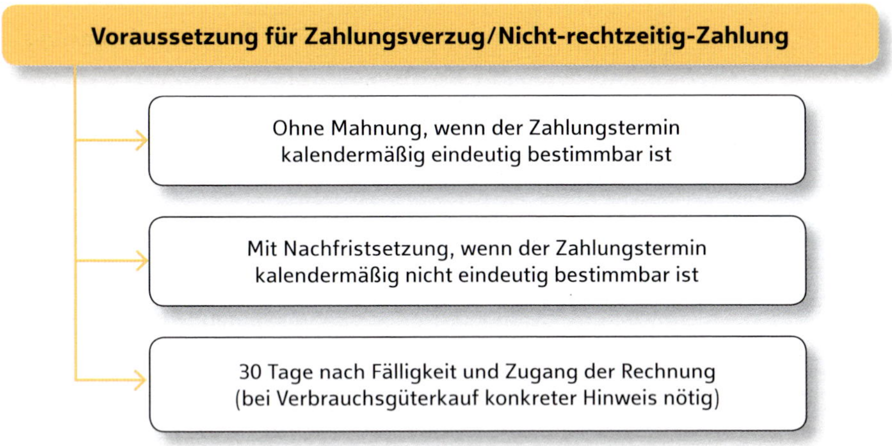

© Westermann Gruppe

Voraussetzung für Zahlungsverzug/Nicht-rechtzeitig-Zahlung

- Ohne Mahnung, wenn der Zahlungstermin kalendermäßig eindeutig bestimmbar ist
- Mit Nachfristsetzung, wenn der Zahlungstermin kalendermäßig nicht eindeutig bestimmbar ist
- 30 Tage nach Fälligkeit und Zugang der Rechnung (bei Verbrauchsgüterkauf konkreter Hinweis nötig)

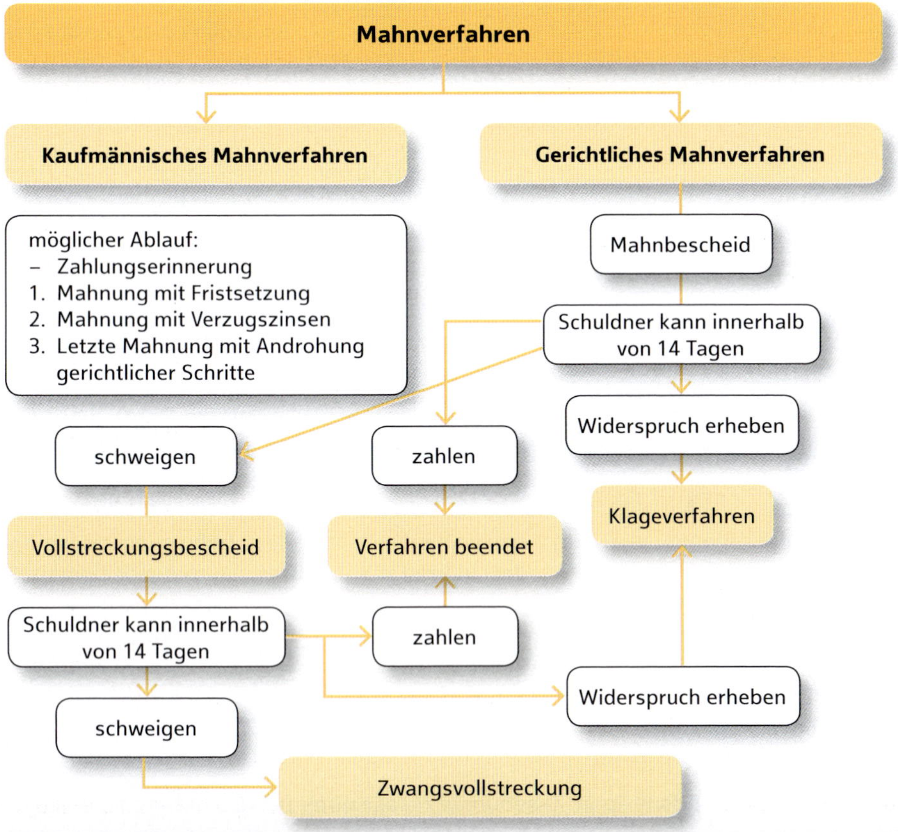

Mahnverfahren

Kaufmännisches Mahnverfahren

möglicher Ablauf:
- Zahlungserinnerung
1. Mahnung mit Fristsetzung
2. Mahnung mit Verzugszinsen
3. Letzte Mahnung mit Androhung gerichtlicher Schritte

schweigen

zahlen

Vollstreckungsbescheid

Verfahren beendet

Schuldner kann innerhalb von 14 Tagen

zahlen

schweigen

Widerspruch erheben

Gerichtliches Mahnverfahren

Mahnbescheid

Schuldner kann innerhalb von 14 Tagen

Widerspruch erheben

Klageverfahren

Zwangsvollstreckung

Prüfung Kaufmännische Unterstützungsprozesse — Kaufmännische Steuerung und Kontrolle – Inventuren durchführen und für die Vorbereitung des Jahresabschlusses nutzen

Situation zur 1. und 2. Aufgabe
Das erste Geschäftsjahr während Ihrer Ausbildungszeit neigt sich dem Ende. Die Unternehmensleitung überlegt, zu welchem Zeitpunkt die Inventur am besten durchzuführen ist. Bisher wurde eine zeitnahe Stichtagsinventur durchgeführt. Diese schränkt den Betriebsablauf massiv ein. Daher überlegt die Autohaus Schmidt GmbH, die Inventurart zu wechseln.

1. Aufgabe

Nennen und erläutern Sie die zwei weiteren Arten der Inventur.

-
-

2. Aufgabe

Bei der Durchführung der Inventur unterscheidet man zwei verschiedene Möglichkeiten bei der Bestandsaufnahme.
Beschreiben Sie diese und geben Sie jeweils ein Beispiel.

-
-

3. Aufgabe

Situation
Im letzten Jahr wurde die Inventur zehn Tage nach dem Stichtag durchgeführt. Für den Ölfilter des Herstellers Rosch, Artikelnummer 451, wurde ein Bestand von 36 Stück ermittelt. Der Bezugspreis beträgt 4,79 € pro Stück. Während der zehn Tage nach dem Bilanzstichtag ging eine Lieferung von 30 Ölfiltern ein und es wurden fünf Ölfilter im selben Zeitraum verkauft.

3.1 Bestimmen Sie den Inventurwert der Ölfilter zum Bilanzstichtag.

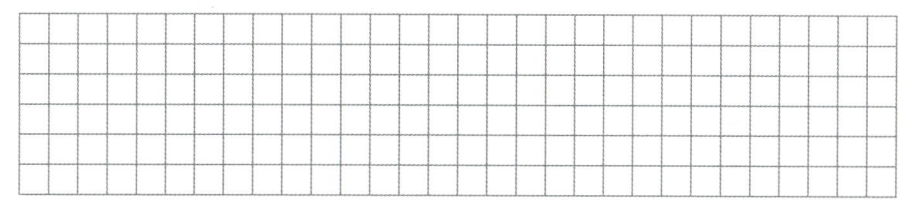

Fortführung der Situation
Bei der Bewertung der Vermögensgegenstände ist das Niederstwertprinzip zu beachten.

3.2 Entscheiden Sie, mit welchem Wert die Ölfilter zu berücksichtigen gewesen wären, wenn sich der Bezugspreis für künftige Bestellungen geändert hätte. Begründen Sie Ihre Entscheidung.

3.2.1 Der Lieferant kündigt eine Preiserhöhung auf 4,99 € pro Stück an.

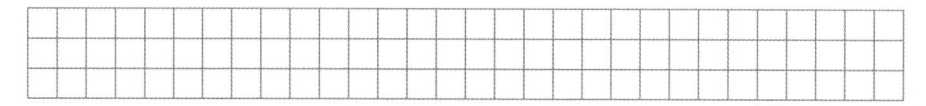

3.2.2 Der Lieferant kündigt eine Preissenkung auf 4,59 € pro Stück an.

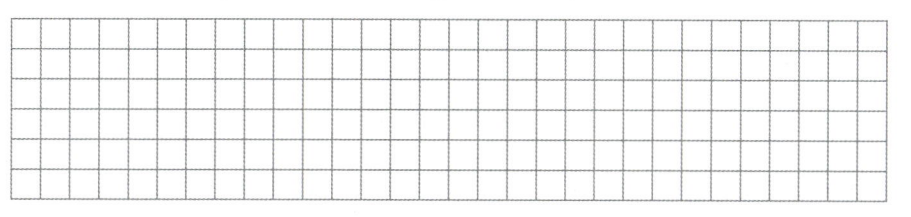

Prüfung Kaufmännische Unterstützungsprozesse   Kaufmännische Steuerung und Kontrolle – Inventuren durchführen und für die Vorbereitung des Jahresabschlusses nutzen

Erläuterungen und Lösungen

1. Aufgabe

- **Verlegte Inventur**

  Die Inventur findet höchstens drei Monate vor oder zwei Monate nach dem Bilanzstichtag statt. Es findet eine mengen-/wertmäßige Vor- oder Rückschreibung auf den Bilanzstichtag statt.

- **Permanente Inventur**

  Zu- und Abgänge an Beständen werden ständig erfasst. Die körperliche Bestandsaufnahme muss einmal jährlich (Datum beliebig) erfolgen.

2. Aufgabe

- **Körperliche Inventur**

  Die körperliche Bestandsaufnahme der Vermögensgegenstände erfolgt durch Zählen, Messen oder Wiegen. In Ausnahmenfällen, in denen die Zählung einem unangemessen hohen Arbeitsaufwand gegenübersteht, ist auch die *Stichprobeninventur* erlaubt. So kann z. B. bei Kleinteilen (wie Schrauben) eine kleine Menge gezählt werden und aufgrund des Gewichts auf die Gesamtmenge hochgerechnet werden.

- **Buchinventur**

  Bei der Buchinventur erfolgt die Bewertung aufgrund von Aufzeichnungen (z. B. Anlagendateien), Belegen (z. B. Kontoauszügen) oder Dokumenten (z. B. Eingangs- und Ausgangsrechnungen). Durch die Wertfortschreibung und Aufzeichnungen kann der Buchwert zum Bilanzstichtag ermittelt werden.

3. Aufgabe

3.1 Bestand zehn Tage nach dem Bilanzstichtag   36 Ölfilter · 4,79 € = 172,44 €
abzüglich: Wareneingang der letzten zehn Tage   − 30 Ölfilter · 4,79 € = 143,70 €
zuzüglich: Warenausgang der letzten zehn Tage   + 5 Ölfilter · 4,79 € = 23,95 €

entspricht der Anzahl am Bilanzstichtag   = 11 Ölfilter · 4,79 € = **52,69 €**

3.2.1 52,69 €   Ansatz: 11 · 4,79 €
Die Ölfilter dürfen höchstens zum Anschaffungswert aktiviert werden.

3.2.2 50,49 €   Ansatz: 11 · 4,59 €
Der Ölfilter muss mit dem niedrigeren Marktpreis bewertet werden. Der Ölfilter hat nur noch einen aktuellen Wert von 4,59 € pro Stück.

4. Aufgabe

Situation
Nachdem Sie inzwischen an der ersten Inventur Ihrer Ausbildungszeit mitgewirkt haben, sind Sie nun dabei behilflich, das Inventar aufzustellen. Im Anschluss daran soll die Bilanz des Geschäftsjahrs erstellt werden.

Erläutern Sie einen Unterschied zwischen dem Inventar und der Bilanz.

_____

_____

_____

5. Aufgabe

Fortführung der Situation
Nachdem das Inventar erstellt wurde, haben Sie folgende Posten zusammengefasst. Leider sind Ihnen Ihre Notizen etwas durcheinandergeraten. Zunächst müssen Sie die einzelnen Posten wieder sortieren.

Tragen Sie folgende Werte in die Bilanz ein und ermitteln Sie das Eigenkapital zum Ende des Geschäftsjahrs.

Posten	in T€
Guthaben bei Kreditinstituten	67
Hypothekendarlehen (Restlaufzeit < zehn Jahre)	886
Forderungen aus Lieferungen und Leistungen	48
Maschinen und Anlagen	95
Fuhrpark (inklusive Vorführwagen)	213
Neuwagen	249

Posten	in T€
Verbindlichkeiten aus Lieferungen und Leistungen	82
Grundstücke und Gebäude	946
Betriebs- und Geschäftsausstattung	203
Werkzeug und Kleingeräte	43
Teile und Zubehör	553
Darlehen (Restlaufzeit > fünf Jahre)	449

Tipp
Achten Sie auf die richtige Zuordnung der Konten zu den entsprechenden Bilanzpositionen bei der Übertragung.

Aktiva	Schlussbilanz in T€	Passiva
A. Anlagevermögen		A. Eigenkapital
		B. Fremdkapital
B. Umlaufvermögen		

6. Aufgabe

Fortführung der Situation
Für das notwendige Controlling im Unternehmen sind die Bilanzkennzahlen unerlässlich. Unter anderem die Entwicklung und der Vergleich der Kapitalstruktur und des Vermögensaufbaus eines Unternehmens liefern wichtige Daten für künftige unternehmerische Entscheidungen.

Ermitteln Sie die Eigenkapitalquote des Unternehmens.

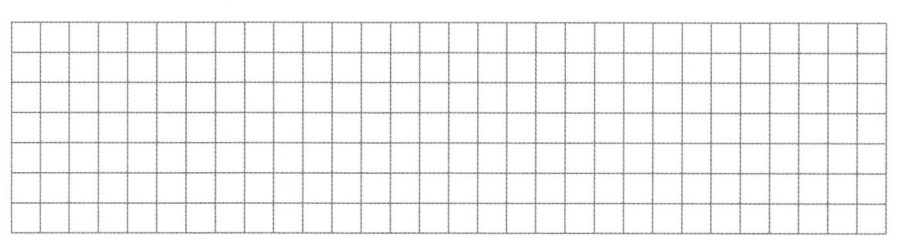

Prüfung Kaufmännische Unterstützungsprozesse   Kaufmännische Steuerung und Kontrolle – Inventuren durchführen und für die Vorbereitung des Jahresabschlusses nutzen

Erläuterungen und Lösungen

4. Aufgabe

Das Inventar wird in Staffelform aufgestellt, währenddessen die Bilanz in Kontenform aufgestellt wird. Das Inventar ist ein ausführliches Bestandsverzeichnis, wohingegen die Bilanz eine kurze Zusammenfassung des Inventars ist.

5. Aufgabe

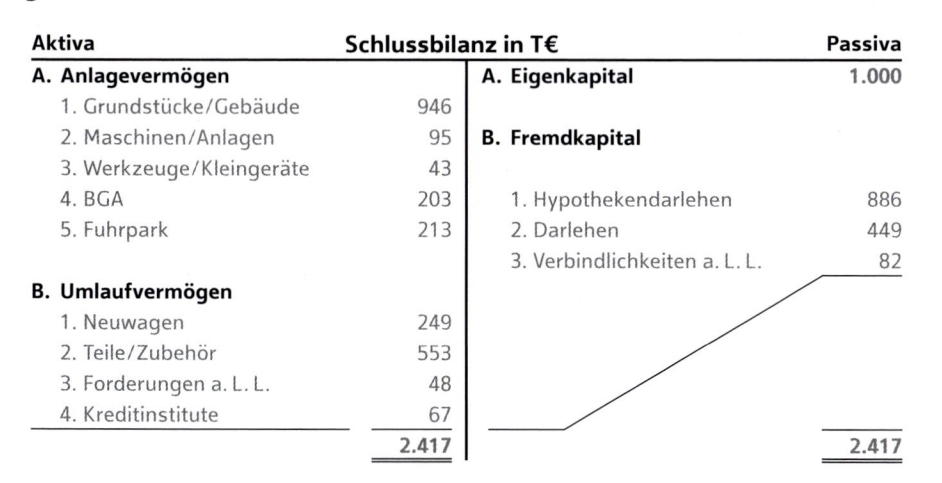

Aktiva	Schlussbilanz in T€		Passiva
A. Anlagevermögen		**A. Eigenkapital**	1.000
1. Grundstücke/Gebäude	946		
2. Maschinen/Anlagen	95	**B. Fremdkapital**	
3. Werkzeuge/Kleingeräte	43		
4. BGA	203	1. Hypothekendarlehen	886
5. Fuhrpark	213	2. Darlehen	449
		3. Verbindlichkeiten a. L. L.	82
B. Umlaufvermögen			
1. Neuwagen	249		
2. Teile/Zubehör	553		
3. Forderungen a. L. L.	48		
4. Kreditinstitute	67		
	2.417		**2.417**

Das Eigenkapital ergibt sich, indem man vom Gesamtvermögen das Fremdkapital abzieht: 2.417.000 € – 1.417.000 € = 1.000.000 €.

6. Aufgabe

Gesamtkapital ➜ 100 %
Eigenkapital ➜ X %

$$\text{Eigenkapitalquote} = \frac{1.000.000\ € \cdot 100\ \%}{2.417.000\ €} = 41{,}37\ \%$$

Die Eigenkapitalquote sagt aus, wie hoch die Eigenfinanzierung am Gesamtvermögen bzw. Gesamtkapital ist. Je höher die Eigenkapitalquote ist, desto kreditwürdiger und unabhängiger ist das Unternehmen.

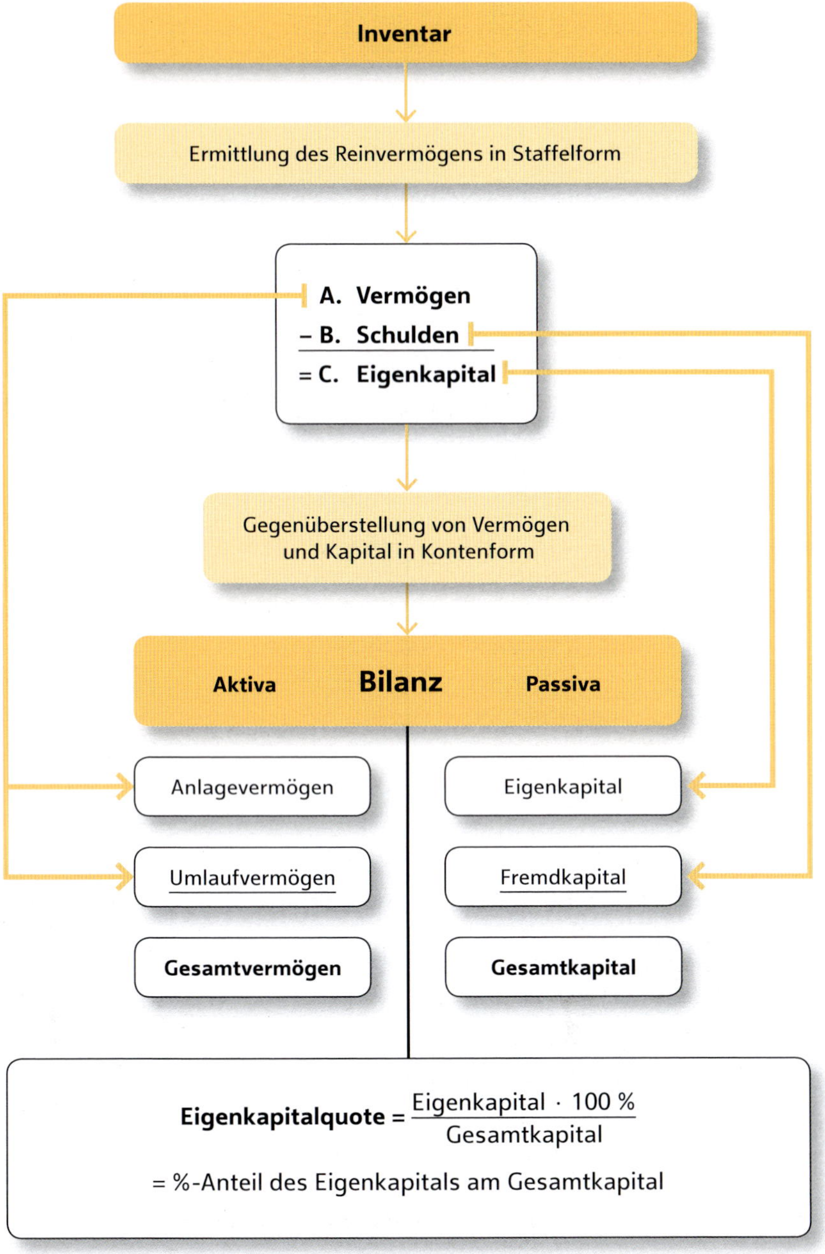

© Westermann Gruppe

Prüfung Kaufmännische Unterstützungsprozesse | Kaufmännische Steuerung und Kontrolle – Am buchhalterischen Jahresabschluss mitwirken

1. Aufgabe

Situation
Am Ende des Geschäftsjahrs wird der Erfolg des Unternehmens durch Gegenüberstellung von Aufwendungen und Erträgen im Gewinn- und Verlustkonto ermittelt. Der Unternehmenserfolg des Jahres ergibt sich aus dem Betriebsergebnis und dem neutralen Ergebnis.

Welche Aufwendungen und Erträge enthält das Betriebsergebniskonto im Gegensatz zu dem neutralen Ergebniskonto?

2. Aufgabe

Fortführung der Situation
Sie sollen die Ergebnisse der letzten beiden Jahre miteinander vergleichen. Dazu werden Ihnen die folgenden Ergebniskonten zur Verfügung gestellt.

S	Neutrales Ergebnis X1		H
		Miete	4.200

S	Betriebsergebnis X1		H
VAK	30.000	Erlöse	80.000
Löhne	15.000		

S	Neutrales Ergebnis X2		H
Forderungsausfall	5.000	Miete	4.200

S	Betriebsergebnis X2		H
VAK	30.000	Erlöse	70.000
Löhne	20.000		

2.1 Ermitteln Sie aus den Abschlusskonten den Gesamterfolg des Unternehmens für das Jahr X1.

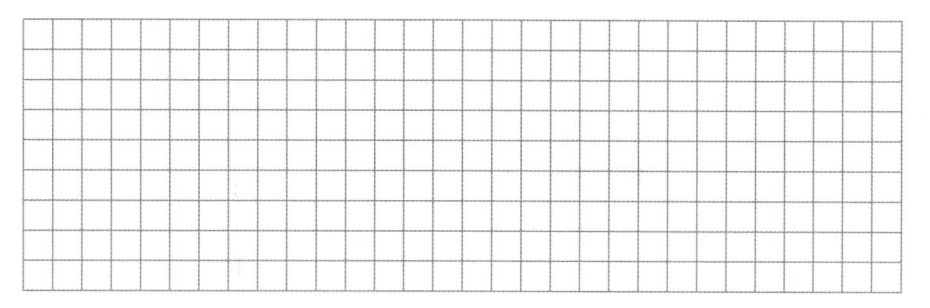

2.2 Ermitteln Sie aus den Abschlusskonten den Gesamterfolg des Unternehmens für das Jahr X2.

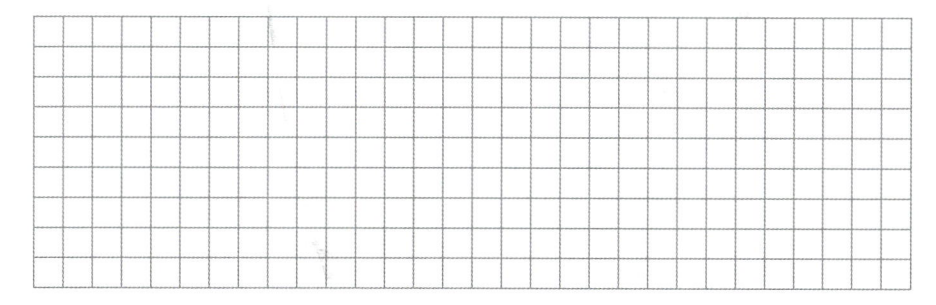

2.3 Ermitteln Sie aus den Abschlusskonten die Veränderung des Gesamterfolgs von X1 auf X2.

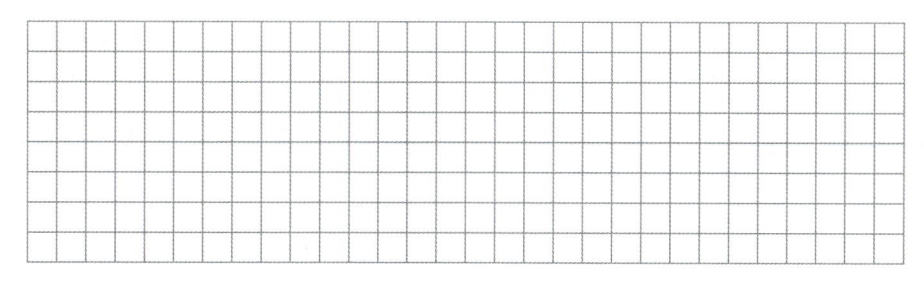

2.4 Über welches Konto wird das Gewinn- und Verlustkonto am Jahresende abgeschlossen?

Prüfung **Kaufmännische Unterstützungsprozesse**   Kaufmännische Steuerung und Kontrolle – Am buchhalterischen Jahresabschluss mitwirken

Erläuterungen und Lösungen

1. Aufgabe

Das Betriebsergebniskonto enthält alle Aufwendungen und Erträge, die in direktem Zusammenhang mit dem eigentlichen Betriebszweck stehen. Im Gegensatz hierzu werden im neutralen Ergebniskonto die Aufwendungen und Erträge erfasst, die nicht betrieblich verursacht werden, wie z. B. Mieterträge oder außerplanmäßige Abschreibungen, die zu den außergewöhnlichen Aufwendungen zählen.

2. Aufgabe

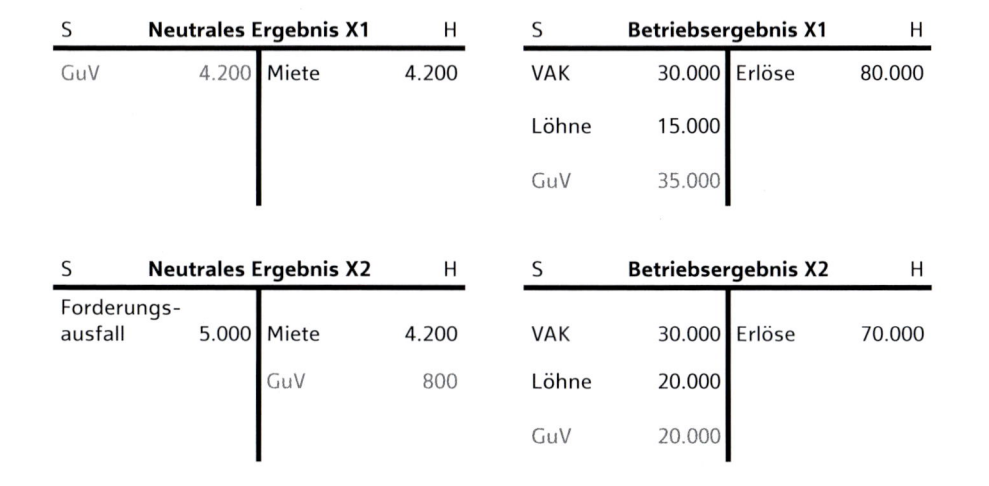

S	Neutrales Ergebnis X1	H	
GuV	4.200	Miete	4.200

S	Betriebsergebnis X1	H	
VAK	30.000	Erlöse	80.000
Löhne	15.000		
GuV	35.000		

S	Neutrales Ergebnis X2	H	
Forderungs-ausfall	5.000	Miete	4.200
		GuV	800

S	Betriebsergebnis X2	H	
VAK	30.000	Erlöse	70.000
Löhne	20.000		
GuV	20.000		

2.1 Rechnung: 4.200,00 € + 35.000,00 € = **39.200,00 €**

Der Erfolg im Jahr X1 ergibt sich aus der Addition der Salden der beiden Konten.

2.2 Rechnung: − 800 € + 20.000,00 € = **19.200,00 €**

Der Erfolg im Jahr X2 ergibt sich aus der Addition der Salden der beiden Konten.

2.3 Rechnung: 39.200,00 € − 19.200,00 € = **20.000,00 €**

2.4 Der Saldo wir über das Konto Eigenkapital abgeschlossen.

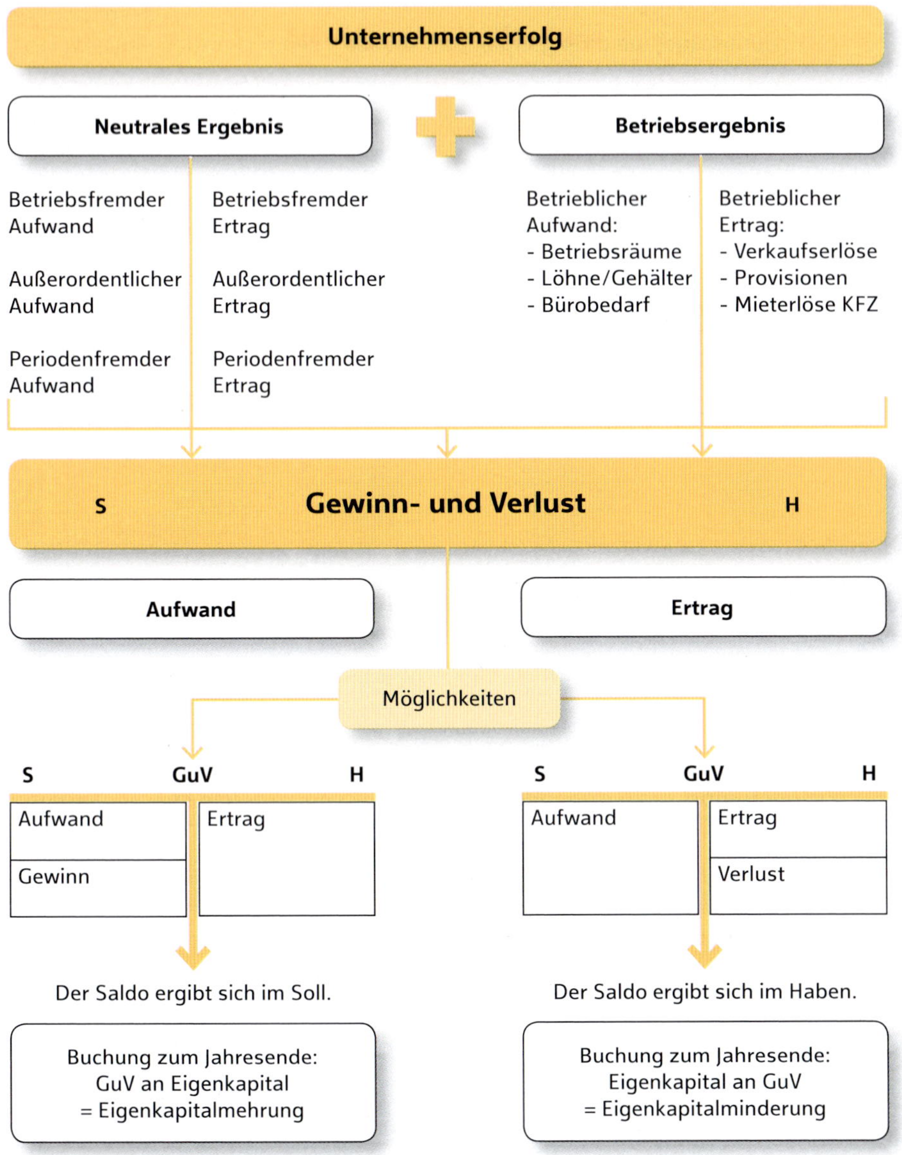

Unternehmenserfolg

Neutrales Ergebnis **+** **Betriebsergebnis**

Neutrales Ergebnis		Betriebsergebnis	
Betriebsfremder Aufwand	Betriebsfremder Ertrag	Betrieblicher Aufwand: - Betriebsräume - Löhne/Gehälter - Bürobedarf	Betrieblicher Ertrag: - Verkaufserlöse - Provisionen - Mieterlöse KFZ
Außerordentlicher Aufwand	Außerordentlicher Ertrag		
Periodenfremder Aufwand	Periodenfremder Ertrag		

S	Gewinn- und Verlust	H

Aufwand   **Ertrag**

Möglichkeiten

S	GuV	H
Aufwand	Ertrag	
Gewinn		

S	GuV	H
Aufwand	Ertrag	
	Verlust	

Der Saldo ergibt sich im Soll.

Buchung zum Jahresende:
GuV an Eigenkapital
= Eigenkapitalmehrung

Der Saldo ergibt sich im Haben.

Buchung zum Jahresende:
Eigenkapital an GuV
= Eigenkapitalminderung

Prüfung Kaufmännische Unterstützungsprozesse — Kaufmännische Steuerung und Kontrolle – Am buchhalterischen Jahresabschluss mitwirken

4. Aufgabe

Situation
Die Hebebühnen in der Werkstatt gelten als abnutzbares Wirtschaftsgut im Anlagevermögen. Die Nutzungsdauer beträgt 15 Jahre. Im April des Geschäftsjahrs musste eine Hebebühne, die irreparabel war, ersetzt werden. Die Entscheidung fiel auf das Modell TM250W zu einem Bruttoanschaffungspreis von 2.046,80 €. Die Versandkosten betrugen 180,00 € (netto) und die Einbaukosten 350,00 € (netto). Alle Leistungen wurden bei der Lutz-Hebebühnen GmbH bezogen. (Umsatzsteuersatz 19 %)

4.1 Ermitteln Sie den Anschaffungswert der Hebebühne.

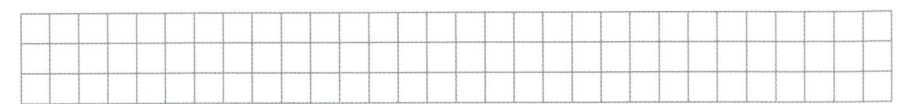

4.2 Ermitteln Sie den Abschreibungsprozentsatz pro Jahr.

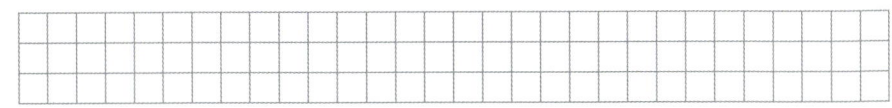

4.3 Ermitteln Sie den Abschreibungsbetrag im Anschaffungsjahr in €.

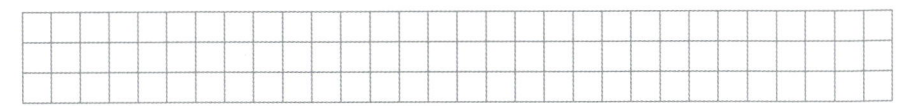

4.4 Ermitteln Sie den Buchwert am Ende des ersten Jahres.

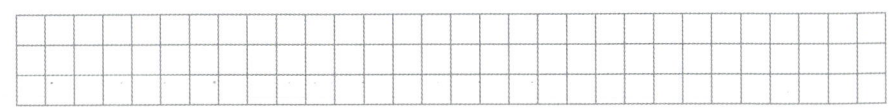

5. Aufgabe

Fortführung der Situation
Ihnen steht folgender Auszug aus dem Kontenplan zur Verfügung. Bilden Sie die nachstehenden Buchungssätze unter Berücksichtigung eines geltenden Steuersatzes von 19 %. Gehen Sie davon aus, dass wir nur eine Rechnung vom Lieferanten erhalten.

0200 technische Anlagen und Maschinen	1776 Umsatzsteuer 19 %
0300 Betriebs- und Geschäftsausstattung	3400 Bestand Werkstatt
1000 Kasse	4550 Frachtkosten
1400 Forderungen a. L. L.	4620 Abschreibung auf Sachanlagen
1576 abziehbare Vorsteuer 19 %	4640 Sofortabschreibungen
1600 Verbindlichkeiten a. L. L.	7340 VAK Werkstatt

5.1 Bilden Sie den Buchungssatz zur Erfassung der Eingangsrechnung der Lutz-Hebebühnen GmbH (Zahlungsbedingungen: 30 Tage netto Kasse).

SOLL			an	HABEN		
Kontonummer	Kontobezeichnung	Betrag €		Kontonummer	Kontobezeichnung	Betrag €

5.2 Buchen Sie die Abschreibung der Hebebühne im Anschaffungsjahr.

SOLL			an	HABEN		
Kontonummer	Kontobezeichnung	Betrag €		Kontonummer	Kontobezeichnung	Betrag €

6. Aufgabe

Fortführung der Situation
Für jedes Anlagegut wird eine Abschreibungstabelle geführt, in der neben dem Anschaffungswert der jährliche Abschreibungswert und der Buchwert erfasst werden.

Füllen Sie die nachstehende Abschreibungstabelle der neuen Hebebühne für die ersten drei Jahre nach der Anschaffung aus.

Jahr	Buchwert/Anschaffungswert zu Beginn des Geschäftsjahrs	Abschreibung	Buchwert am Ende des Geschäftsjahrs
0			
1			
2			
3			

147

Prüfung **Kaufmännische Unterstützungsprozesse**   Kaufmännische Steuerung und Kontrolle – Am buchhalterischen Jahresabschluss mitwirken

Erläuterungen und Lösungen

4. Aufgabe

4.1 Das Anschaffungswertprinzip laut HGB besagt, dass alle Kosten, die aufgewendet werden müssen, um einen Vermögensgegenstand zu erwerben und ihn in einen betriebsbereiten Zustand zu versetzen, zu den Anschaffungskosten zählen. Die Gesamtkosten sind Grundlage zur Berechnung der Abschreibung. Dazu zählen auch Anschaffungsnebenkosten wie Transport- und Montagekosten, bei einem Kfz z. B. auch Überführungs- und Zulassungskosten. Da die Umsatzsteuer ein durchlaufender Posten ist, wird sie nicht berücksichtigt.

Berechnung des Anschaffungswerts:

(brutto) 2.046,80 € /1,19 = 1.720,00 € (netto)

1.720,00 € + 180,00 € + 350,00 € = Anschaffungswert **2.250,00 €**

4.2 Rechnung: $\dfrac{100\,\%}{15\ \text{Jahre Nutzungsdauer}}$ = **6,67 %**

4.3 Die Abschreibung darf im ersten Jahr nur anteilig erfolgen.

Berechnung des Abschreibungsbetrags für neun Monate (April bis Dezember)

$\dfrac{2.250,00\ €}{15}$ = 150,00 € pro Jahr $\dfrac{150,00\ €}{12}$ = 12,50 € pro Monat

12,50 € · 9 = **112,50 €**

4.4 Anschaffungswert 2.250,00 € − Abschreibung 112,50 € = **Buchwert 2.137,50 €**

5. Aufgabe

5.1

	SOLL		an		HABEN	
Kontonummer	Kontobezeichnung	Betrag €		Kontonummer	Kontobezeichnung	Betrag €
0200	TA und Maschinen	2.250,00		1600	Verbindl. a. L. L.	2.677,50
1776	Umsatzsteuer 19 %	427,50				

5.2

	SOLL		an		HABEN	
Kontonummer	Kontobezeichnung	Betrag €		Kontonummer	Kontobezeichnung	Betrag €
4620	Abschreibung a. S.	112,50		0200	TA u. Maschinen	112,50

Anschaffungswert = alle Kosten, die anfallen, um einen Gegenstand betrieblich nutzen zu können (Kaufpreis + Anschaffungsnebenkosten)

Anschaffungsnebenkosten = alle Kosten, die notwendig sind, um einen Gegenstand in einen betriebsbereiten Zustand zu versetzen

Merke

Kauf eines Anlageguts = Ausgabe
Abschreibung eines Anlageguts = Aufwand

Abschreibung = buchhalterische Berücksichtigung der technischen und wirtschaftlichen Wertminderung von abnutzbaren Gegenständen des Anlagevermögens

Abschreibung im Jahr der Anschaffung: Der Wertverlust darf nur ab dem Monat der Anschaffung berücksichtigt werden.

6. Aufgabe

Jahr	Buchwert/Anschaffungswert zu Beginn des Geschäftsjahrs	Abschreibung	Buchwert am Ende des Geschäftsjahrs
0	2.250,00 €	112,50 €	2.137,50 €
1	2.137,50 €	150,00 €	1.987,50 €
2	1.987,50 €	150,00 €	1.837,50 €
3	1.837,50 €	150,00 €	1.687,50 €

Prüfung Kaufmännische Unterstützungsprozesse — Kaufmännische Steuerung und Kontrolle – Am buchhalterischen Jahresabschluss mitwirken

7. Aufgabe

Situation
Die Autohaus Schmidt GmbH hat bei der KCB-Versicherung eine Gebäudeversicherung abgeschlossen, die jährlich gezahlt wird und jeweils zum 1.10. des Jahres fällig ist. Ihnen liegt nun der Kontoauszug mit dem Abbuchungsbetrag in Höhe von 1.728,00 € für die Versicherung vor. (Hinweis: Zu dem Geschäftsfall wurde in diesem Jahr noch keine Buchung erfasst.)

Auszug aus dem Kontenplan:

0980 aktive Rechnungsabgrenzung	1600 Verbindlichkeiten a. L. L.
0990 passive Rechnungsabgrenzung	1776 Umsatzsteuer 19 %
1000 Kasse	2100 Zinsen und ähnliche Aufwendungen
1200 Bank	2180 Kundenskonti
1400 Forderungen a. L. L.	2750 Mieterträge
1576 abziehbare Vorsteuer 19 %	4730 Versicherungen

7.1 Buchen Sie die Abbuchung des Versicherungsbetrags vom Bankkonto der Autohaus Schmidt GmbH.

SOLL			an	HABEN		
Kontonummer	Kontobezeichnung	Betrag €		Kontonummer	Kontobezeichnung	Betrag €

7.2 Welcher Betrag in Euro muss zum Ende des Jahres abgegrenzt werden?

7.3 Um welche Art der Abgrenzung handelt es sich in diesem Fall?

7.4 Buchen Sie die Abgrenzung, die zum Ende des Jahres zu erfassen ist.

SOLL			an	HABEN		
Kontonummer	Kontobezeichnung	Betrag €		Kontonummer	Kontobezeichnung	Betrag €

7.5 Welchen Einfluss hat die Buchung aus Aufgabe 1.4 auf die Gewinn- und Verlustrechnung bzw. deren Konten am Ende des Jahres?

8. Aufgabe

Situation
Die Autohaus Schmidt GmbH hat eine momentan nicht benötigte Halle auf dem Betriebsgrundstück an einen kooperierenden Reifenhändler vermietet.
Die Miete in Höhe von 250,00 € monatlich wird jeweils für drei Monate im Voraus gezahlt und ist zuletzt am 02.11., für die Monate November bis Januar, auf dem Bankkonto eingegangen.

8.1 Buchen Sie die Abgrenzung, die zum 31.12. erfasst werden muss.

SOLL			an	HABEN		
Kontonummer	Kontobezeichnung	Betrag €		Kontonummer	Kontobezeichnung	Betrag €

8.2 Um welche Art der Abgrenzung handelt es sich in diesem Fall?

Prüfung **Kaufmännische Unterstützungsprozesse**

Kaufmännische Steuerung und Kontrolle – Am buchhalterischen Jahresabschluss mitwirken

Erläuterungen und Lösungen

7. Aufgabe

7.1

SOLL			an	HABEN		
Kontonummer	Kontobezeichnung	Betrag €		Kontonummer	Kontobezeichnung	Betrag €
4630	Versicherungen	1.728,00		1200	Bank	1.728,00

Da bisher noch keine Buchung zu diesem Geschäftsfall erfolgt ist, ist der entsprechende Aufwand (hier: Versicherung) erstmalig zu erfassen. Es ist bei gleichbleibenden, regelmäßigen Forderungen oft üblich, nur bei der ersten Abbuchung einen Beleg (Rechnung) zu erstellen. Die Beiträge zu Versicherungen unterliegen in Deutschland zwar einer Versicherungssteuer von 19 %, allerdings keiner Umsatzsteuer, sodass hier dementsprechend keine Vorsteuer zu berücksichtigen ist.

7.2 Rechnung: 1.724,00 € : 12 · 9 = **1.293,00 €**

Der abzugrenzende Betrag richtet sich nach dem Geschäftsjahresende, hier der 31.12.. Alle Beträge, die bis zu diesem Termin zu zahlen gewesen wären, sind korrekt erfasst. Die Beträge, die erst im nächsten Jahr zu zahlen wären, müssen abgegrenzt werden. Für drei Monate wären die Beiträge bis zum 31.12. demnach zu zahlen gewesen, für neun Monate erst im nächsten Geschäftsjahr.

7.3 Es handelt sich in diesem Fall um eine aktive Rechnungsabgrenzung, da zum Jahresende bereits liquide Mittel geflossen sind.

Da diese von uns geleistet wurden, haben wir zum Jahresende letztlich noch eine Forderung gegenüber dem Leistenden, die wir ins Folgejahr übertragen.

7.4

SOLL			an	HABEN		
Kontonummer	Kontobezeichnung	Betrag €		Kontonummer	Kontobezeichnung	Betrag €
0980	aktive RAP*	1.293,00		4630	Versicherungen	1.293,00

RAP = Rechnungsabgrenzungsposten

7.5 Da der Aufwand (für Versicherungen) im laufenden Geschäftsjahr durch die Buchung gemindert wird, erhöht sich automatisch der Gewinn um den entsprechenden Betrag.

8. Aufgabe

8.1

SOLL			an	HABEN		
Kontonummer	Kontobezeichnung	Betrag €		Kontonummer	Kontobezeichnung	Betrag €
2650	Mieterträge	250,00		0960	passive RAP	250,00

8.2 Es handelt sich um eine passive Rechnungsabgrenzung, das Gegenstück zur aktiven Rechnungsabgrenzung.

© Westermann Gruppe

9. Aufgabe

Situation
Die Autohaus Schmidt GmbH bezieht von einem lokalen Anbieter Strom für die Geschäftsräume. Die Abschlagszahlung für die Monate Dezember, Januar und Februar in Höhe von 1.606,50 € (inkl. 19 % Umsatzsteuer) wird nachträglich im Februar des folgenden Jahres per Lastschrift eingezogen.

9.1 Berechnen Sie den Nettoaufwand für den gesamten Stromabschlag.

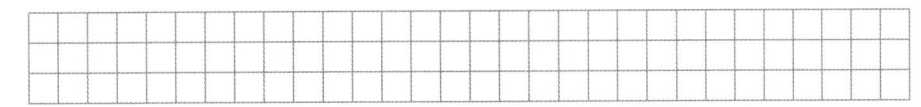

9.2 Welcher Betrag muss zum Ende des Jahres erfasst werden?

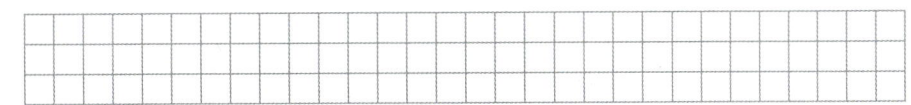

9.3 Um welche Art der Abgrenzung handelt es sich?

9.4 Bilden Sie den Buchungssatz zur Erfassung der Abgrenzung.

Auszug aus dem Kontenplan:

1000 Kasse	1700 sonstige Verbindlichkeiten
1200 Bank	1776 Umsatzsteuer 19 %
1400 Forderungen a. L. L.	4410 Energiekosten
1491 sonstige Forderungen	4921 Verkäuferprovision Neuwagen
1500 sonstige Vermögensgegenstände	8800 Provisionserträge
1576 abziehbare Vorsteuer 19 %	8985 Vermittlungsprovision Kundenfahrzeuge
1600 Verbindlichkeiten a. L. L.	8919 Erlössammelkonto

SOLL			an	HABEN	
Kontonummer	Kontobezeichnung	Betrag €	Kontonummer	Kontobezeichnung	Betrag €

10. Aufgabe

Situation
Im abgelaufenen Jahr verkaufte die Autohaus Schmidt GmbH neuartige Autolackpflegemittel auf Kommissionsbasis. Die Absatzprovision betrug 8,5 % vom Nettoumsatz. Im Dezember wurde Ware im Wert von 350,00 € (netto) verkauft. Die Rechnung geht dem Kommittenten der Autohaus Schmidt GmbH erst im Januar zu. (Umsatzsteuersatz 19 %)

10.1 Berechnen Sie den Rechnungsbetrag für die Absatzprovision.

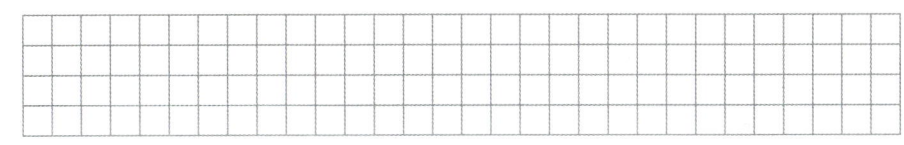

10.2 Um welche Art der Abgrenzung handelt es sich?

10.3 Bilden Sie den Buchungssatz für die Erfassung der Buchung zum Ende des laufenden Jahres. Nutzen Sie hierfür den nebenstehenden Auszug aus dem Kontenplan.

SOLL			an	HABEN	
Kontonummer	Kontobezeichnung	Betrag €	Kontonummer	Kontobezeichnung	Betrag €

10.4 Welchen Einfluss hat die Buchung der Abgrenzung auf den Gewinn des laufenden Geschäftsjahrs?

Prüfung Kaufmännische Unterstützungsprozesse　　Kaufmännische Steuerung und Kontrolle – Am buchhalterischen Jahresabschluss mitwirken

Erläuterungen und Lösungen

9. Aufgabe

9.1　Rechnung: 1.606,50 € : 1,19 = **1.350,00 €**

9.2　Rechnung: 1.350,00 € : 3 = **450,00 €**

Da bis zum Ende des Jahres nur 450,00 € für Dezember gezahlt werden müssten, muss auch nur dieser Betrag als Aufwand erfasst werden.

9.3　Es handelt sich um eine sonstige Verbindlichkeit.

Die Autohaus Schmidt GmbH hat im „alten" Jahr eine Leistung erhalten, für die sie erst im „neuen" Jahr zahlt. Zum Jahresende ist kein Geld geflossen.

9.4

SOLL			an	HABEN	
Kontonummer	Kontobezeichnung	Betrag €	Kontonummer	Kontobezeichnung	Betrag €
4410	Energiekosten	450,00	1700	Sonstige Verbindlichkeiten	450,00

Die Vorsteuer darf erst bei Vorlage des Kontoauszugs gebucht werden, da erst dann ein Beleg (die Rechnung) vorliegt.

10. Aufgabe

10.1　Rechnung:　8,5 % von 350,00 €　= 29,75 €

　　　　　　　　19 % von 29,75 €　= 5,65 €
　　　　　　　　29,75 € + 5,65 €　= **35,40 €**

Die Nettoprovision beträgt 8,5 % von 350,00 €. Der Rechnungsbetrag ergibt sich dann durch die Addition von 19% Umsatzsteuer.

10.2　Es handelt sich um eine sonstige Forderung.

Die Autohaus Schmidt GmbH hat im „alten" Jahr eine Leistung erbracht, für die sie erst im „neuen" Jahr eine Zahlung erhält.

10.3

SOLL			an	HABEN	
Kontonummer	Kontobezeichnung	Betrag €	Kontonummer	Kontobezeichnung	Betrag €
1491	Sonstige Forderungen	29,75	8800	Provisionserträge	29,75

Die Umsatzsteuer wird erst bei Vorlage der Rechnung gebucht.

10.4　Der Gewinn wird durch die Buchung der sonstigen Forderung erhöht, da ein Ertrag erfasst wird, obwohl die entsprechende Zahlung noch nicht eingegangen ist.

Im Gegensatz hierzu mindert eine sonstige Verbindlichkeit den Gewinn, da ein Aufwand gebucht wird, für den die Zahlung bis zum Jahresende noch nicht erfolgt ist.

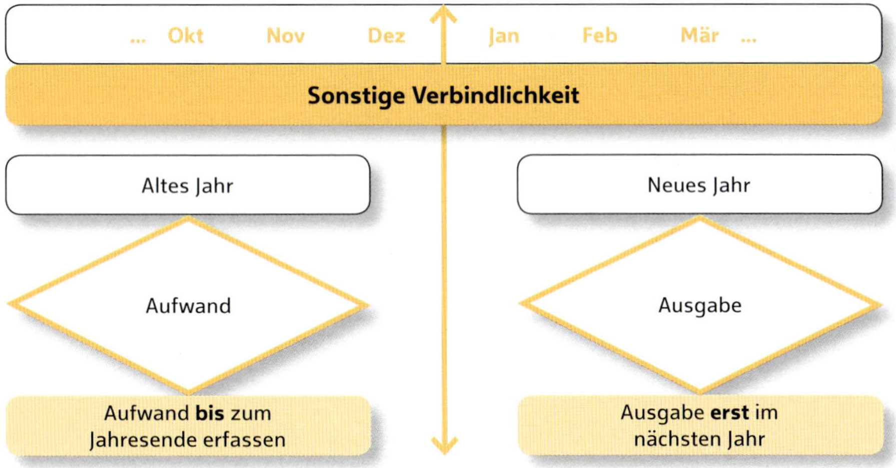

... Okt Nov Dez	Jan Feb Mär ...
Sonstige Verbindlichkeit	
Altes Jahr	Neues Jahr
Aufwand	Ausgabe
Aufwand **bis** zum Jahresende erfassen	Ausgabe **erst** im nächsten Jahr

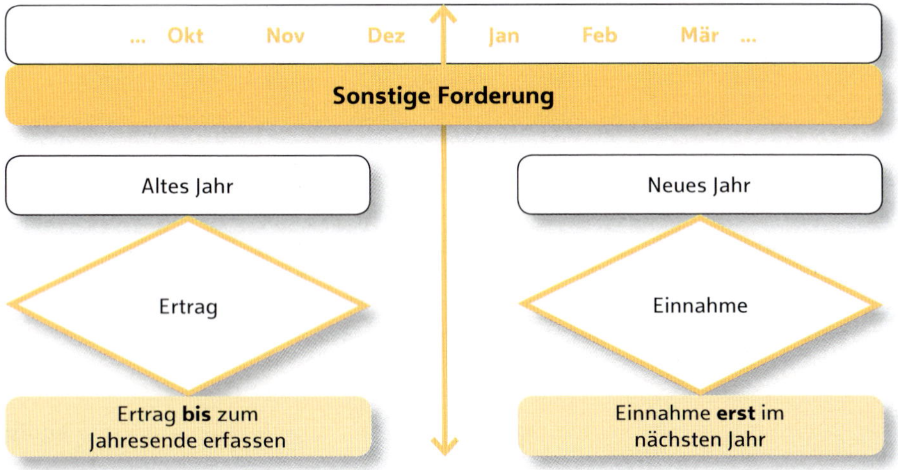

... Okt Nov Dez	Jan Feb Mär ...
Sonstige Forderung	
Altes Jahr	Neues Jahr
Ertrag	Einnahme
Ertrag **bis** zum Jahresende erfassen	Einnahme **erst** im nächsten Jahr

Situation zur 11. bis 13. Aufgabe

Der Jahresabschluss der Autohaus Schmidt GmbH ist fertiggestellt worden. Der Erfolg des abgelaufenen Geschäftsjahrs soll nun mithilfe der Rentabilitätskennziffern bewertet werden. Sie werden damit beauftragt, diese Kennziffern zu ermitteln und sie mit den Daten aus dem Vorjahr zu vergleichen. Dazu werden Ihnen folgende Angaben bereitgestellt:

Eigenkapital (AB*)	3.200.000,00 €
Fremdkapital (AB*)	4.000.000,00 €
Umsatzerlöse	10.240.000,00 €
Jahresüberschuss	256.000,00 €
Fremdkapitalzinsen	104.000,00 €

Daten aus dem letzten Geschäftsjahr
Eigenkapitalrentabilität	7,5 %
Gesamtkapitalrentabilität	4,0 %
Umsatzrentabilität	2,0 %

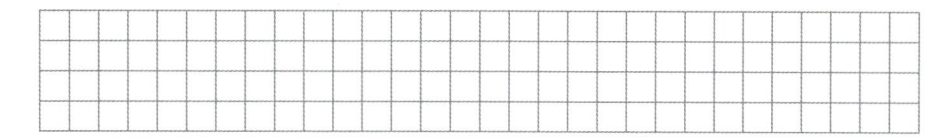

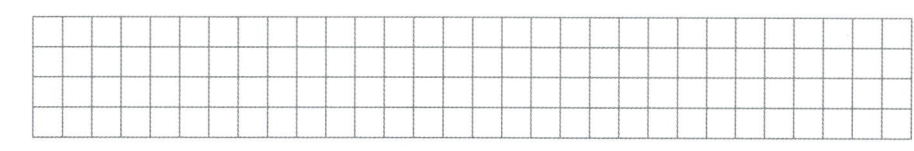

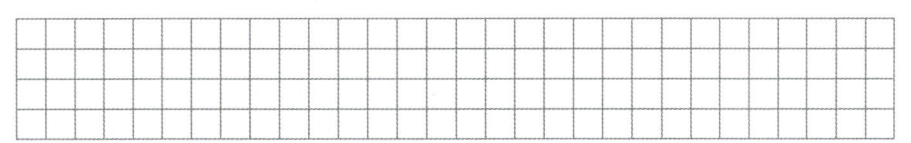

* AB = Bestand zu Beginn des Geschäftsjahrs

11. Aufgabe

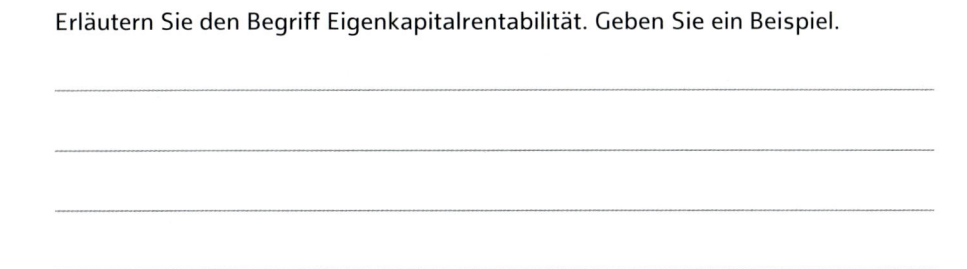

Erläutern Sie den Begriff Eigenkapitalrentabilität. Geben Sie ein Beispiel.

12. Aufgabe

Fortführung der Situation

Ermitteln Sie mithilfe der oben angeführten Werte die folgenden Kennziffern für das abgelaufene Geschäftsjahr:

12.1 Eigenkapitalrentabilität

12.2 Gesamtkapitalrentabilität

12.3 Umsatzrentabilität

13. Aufgabe

Bewerten Sie die von Ihnen ermittelten Werte, indem Sie diese mit den Daten aus dem Vorjahr vergleichen.

14. Aufgabe

Erläutern Sie den Unterschied zwischen den Begriffen Unternehmerrentabilität und Unternehmungsrentabilität.

Prüfung **Kaufmännische Unterstützungsprozesse**

Kaufmännische Steuerung und Kontrolle – Am buchhalterischen Jahresabschluss mitwirken

Erläuterungen und Lösungen

11. Aufgabe

Die Eigenkapitalrentabilität drückt aus, wie sich das Eigenkapital im Laufe des Jahres verzinst hat. Eine Eigenkapitalrentabilität von z. B. 5 % sagt aus, dass mit dem eingesetzten Eigenkapital von z. B. 100.000,00 € ein Jahresüberschuss (Gewinn) von 5.000,00 € erwirtschaftet wurde.

12. Aufgabe

12.1 Die **Eigenkapitalrentabilität** geht davon aus, dass das Eigenkapital 100 % beträgt, und berechnet den Gewinn ausgedrückt in % des Eigenkapitals.

Rechnung: 3.200.000,00 € → 100 %
256.000,00 € → X %

$$\frac{256.000,00 \cdot 100\,\%}{3.200.000,00} = 8\,\%$$

12.2 Die **Gesamtkapitalrentabilität** geht davon aus, dass das Gesamtkapital (= Eigenkapital + Fremdkapital) 100 % beträgt. Da die Fremdkapitalzinsen sozusagen der Gewinn des Fremdkapitals sind, werden sie zum Jahresüberschuss addiert und man erhält den Gesamtgewinn (256.000,00 € + 104.000,00 € = 360.000,00 €).

Nun berechnet man den Gesamtgewinn ausgedrückt in Prozent des Gesamtkapitals. Die Gesamtkapitalrentabilität sagt also aus, wie sich das gesamte Kapital der Unternehmung in einem Jahr verzinst hat.

Rechnung: 7.200.000,00 € → 100 %
360.000,00 € → X %

$$\frac{360.000,00 \cdot 100\,\%}{7.200.000,00} = 5\,\%$$

12.3 Die **Umsatzrentabilität** geht davon aus, dass der Umsatz 100 % beträgt und berechnet den Jahresüberschuss (Gewinn) ausgedrückt in Prozent vom Umsatz.

Die Umsatzrentabilität sagt also aus, wie hoch der prozentuale Anteil des Gewinns am Umsatz ist.

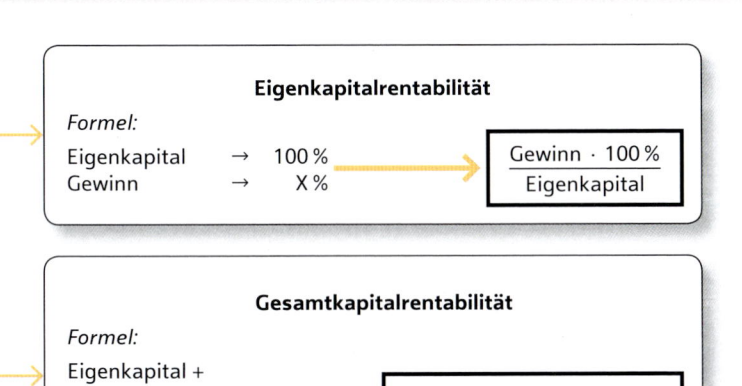

Rechnung: 10.240.000,00 € → 100 %
256.000,00 € → X %

$$\frac{256.000,00 \cdot 100\,\%}{10.240.000,00} = 2,5\,\%$$

13. Aufgabe

Sowohl die Eigenkapitalrentabilität (von 7,5 % auf 8 %) als auch die Gesamtkapitalrentabilität (von 4 % auf 5 %) sowie die Umsatzrentabilität (von 2 % auf 2,5 %) konnten verbessert werden. Das spricht für eine positive Entwicklung des Unternehmens.

14. Aufgabe

Die *Unternehmer*rentabilität ist ein anderer Begriff für die *Eigenkapital*-rentabilität, da hier nur der erwirtschaftete Jahresüberschuss im Verhältnis zum Eigenkapital gesehen wird. Bei der *Unternehmungs*rentabilität oder *Gesamtkapital*rentabilität wird das gesamte zur Verfügung stehende Kapital im Verhältnis zum Jahresüberschuss und den Fremdkapitalzinsen gesehen.

Rentabilität

Eigenkapitalrentabilität

Formel:
Eigenkapital → 100 %
Gewinn → X %

$$\frac{\text{Gewinn} \cdot 100\,\%}{\text{Eigenkapital}}$$

Gesamtkapitalrentabilität

Formel:
Eigenkapital + Fremdkapital → 100 %
Gewinn + Fremdkapitalzinsen → X %

$$\frac{(\text{Gewinn} + \text{FK-Zinsen}) \cdot 100\,\%}{\text{Eigenkapital} + \text{Fremdkapital}}$$

Umsatzrentabilität

Formel:
Umsatz → 100 %
Gewinn → X %

$$\frac{\text{Gewinn} \cdot 100\,\%}{\text{Umsatz}}$$

© Westermann Gruppe

Kaufmännische Steuerung und Kontrolle – Am buchhalterischen Jahresabschluss mitwirken

Situation zur 15. und 16. Aufgabe

Nachdem Sie bereits einige Rentabilitätskennziffern errechnet und ausgewertet haben, sollen Sie nun diverse Bilanzkennziffern ermitteln.

Man unterscheidet die vertikale und die horizontale Bilanzanalyse. Während bei der vertikalen Analyse Werte der Aktiv- oder Passivseite zueinander in Beziehung gesetzt werden, setzt man bei der horizontalen Analyse Posten der Aktiv- und Passivseite der Bilanz miteinander in Beziehung.

Ihnen steht für die Auswertungen folgende stark verkürzte Bilanz zur Verfügung:

Aktiva	Schlussbilanz in T€		Passiva
C. Anlagevermögen		**A. Eigenkapital**	1.300
6. Grundstücke/Gebäude	846		
7. Maschinen/Anlagen	95	**B. Fremdkapital**	
8. Werkzeuge/Kleingeräte	43		
9. BGA	203	1. Hypothek*	669
10. Fuhrpark	213	2. Darlehen*	449
		3. Verbindlichkeiten a. L. L.	72
D. Umlaufvermögen		4. Verbindl. aus Steuern	10
5. Neuwagen	432		
6. Teile/Zubehör	553		
7. Forderungen a. L. L.	68		
8. Kreditinstitute	47		
9. Kasse	10		
	2.500		**2.500**

Die Laufzeiten der Hypothek und der Darlehen betragen jeweils länger als fünf Jahre.

15. Aufgabe

15.1 Berechnen Sie die Anlagenintensität der Autohaus Schmidt GmbH.

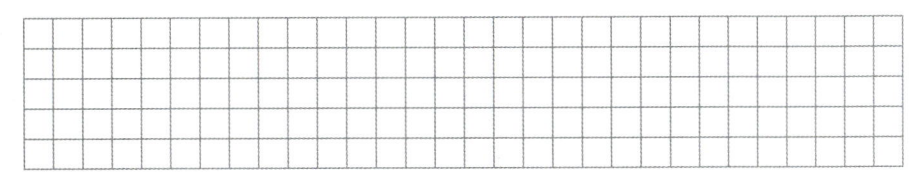

15.2 Berechnen Sie die Fremdkapitalquote.

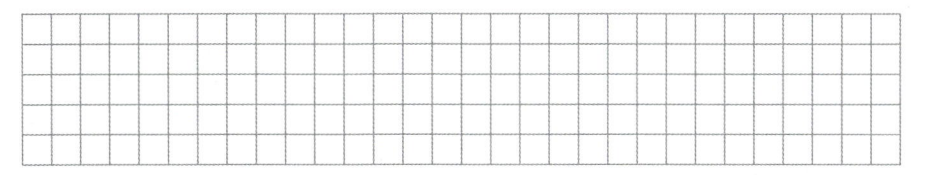

16. Aufgabe

Fortführung der Situation

Die horizontalen Bilanzkennzahlen geben unter anderem Auskunft über die Fähigkeit des Unternehmens, seine kurzfristigen Schulden zeitnah zu zahlen, oder darüber, wie viel Anlagevermögen mit Eigenkapital finanziert wird.

16.1 Berechnen Sie die Anlagendeckung I (Deckungsgrad I) der Autohaus Schmidt GmbH.

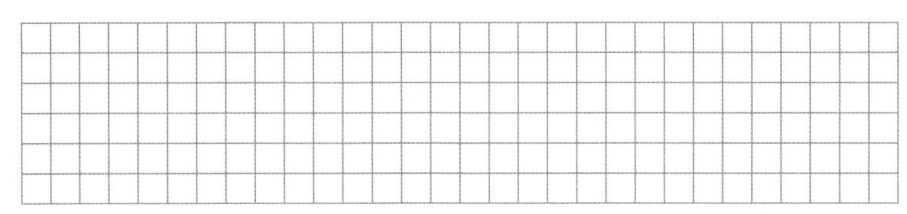

16.2 Berechnen Sie die Liquidität 1. Grades (Barliquidität).

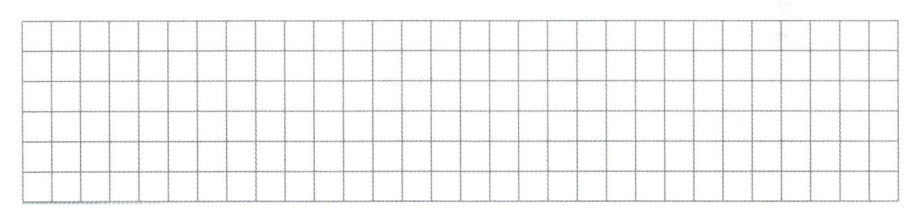

16.3 Berechnen Sie die Liquidität 2. Grades.

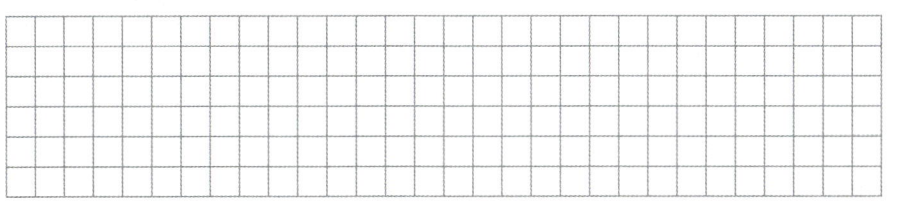

Prüfung **Kaufmännische Unterstützungsprozesse**   Kaufmännische Steuerung und Kontrolle – Am buchhalterischen Jahresabschluss mitwirken

Erläuterungen und Lösungen

15. Aufgabe

15.1 Bei der Anlagenintensität ermittelt man den prozentualen Anteil des Anlagevermögens am Gesamtvermögen.

Gesamtvermögen ➡ 100 %
Anlagevermögen ➡ X %

$$\text{Anlagenintensität} = \frac{\text{Anlagevermögen} \cdot 100\,\%}{\text{Gesamtvermögen}}$$

Rechnung: 1.400 T€ · 100 % : 2.500 T€ = **56 %**

15.2 Die Fremdkapitalquote ist das Gegenstück zur Eigenkapitalquote (siehe Seite 144). Zusammen ergeben Sie 100 % bzw. das Gesamtkapital. Die Fremdkapitalquote ist der prozentuale Anteil des Fremdkapitals am Gesamtkapital.

Gesamtkapital ➡ 100 %
Fremdkapital ➡ X %

$$\text{Fremdkapitalquote} = \frac{\text{Fremdkapital} \cdot 100\,\%}{\text{Gesamtkapital}}$$

Rechnung: 1.200 T€ · 100 % : 2.500 T€ = **48 %**

16. Aufgabe

16.1 Die Anlagendeckung I (Deckungsgrad I) sagt aus, welcher Prozentsatz des Anlagevermögens mit Eigenkapital finanziert wird.

Anlagevermögen ➡ 100 %
Eigenkapital ➡ X %

$$\text{Anlagendeckung} = \frac{\text{Eigenkapital} \cdot 100\,\%}{\text{Anlagevermögen}}$$

Rechnung: 1.300 T€ · 100 % : 1.400 T€ = **92,86 %**

Der Anlagengrad II (Deckungsgrad II) berücksichtigt bei der Ermittlung außer dem Eigenkapital auch noch die langfristigen Schulden (> fünf Jahre Restlaufzeit).

16.2 Die Liquidität 1. Grades oder Barliquidität sagt aus, inwieweit die Autohaus Schmidt GmbH in der Lage ist, ihre kurzfristigen Schulden (Verbindlichkeiten) sofort zu bezahlen. Als kurzfristig gelten alle Verbindlichkeiten mit einer Restlaufzeit von weniger als einem Jahr. Als liquide (sofort zur Verfügung stehende) Mittel gelten lediglich die Bankguthaben und der Kassenbestand.

Kurzfristige Schulden ➡ 100 %
Liquide Mittel ➡ X %

$$\text{Barliquidität} = \frac{\text{Liquide Mittel} \cdot 100\,\%}{\text{kurzfristige Schulden}}$$

Rechnung: 57 T€ · 100 % : 82 T€ = **69,51 %**

16.3 Die Aussagekraft der Liquidität 2. Grades ist höher, da hierbei zu den liquiden Mitteln die kurzfristigen Forderungen zur Deckung der kurzfristigen Schulden herangezogen werden.

Kurzfristige Schulden ➡ 100 %
Liquide Mittel + Forderungen a. L. L. ➡ X %

$$\text{Liquidität 2. Grades} = \frac{(\text{Liquide Mittel} + \text{Ford. a. L. L.}) \cdot 100\,\%}{\text{kurzfristige Schulden}}$$

Rechnung: (57 T€ + 68 T€) · 100 % : 82 T€ = **152,44 %**

Bei der Liquidität 3. Grades wird das gesamte Umlaufvermögen hinzugezogen.

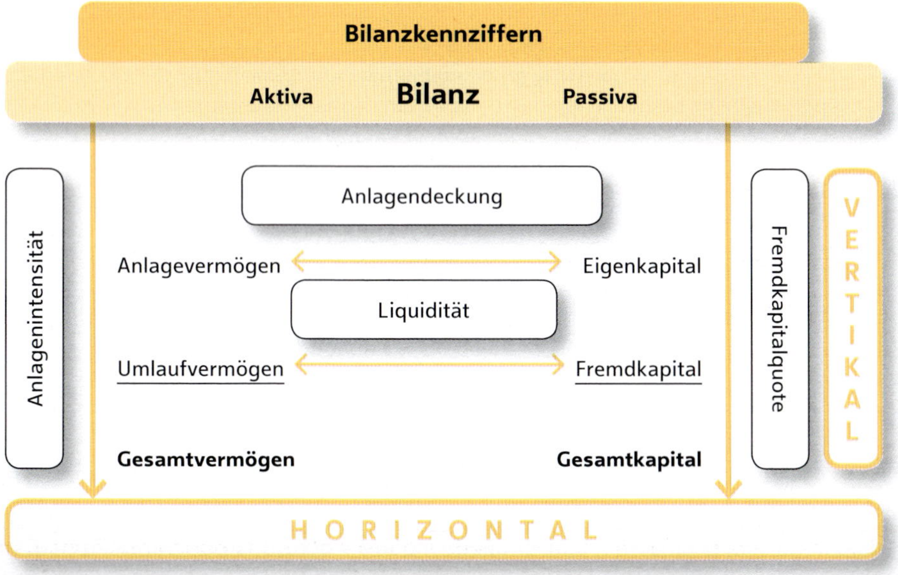

Prüfung Kaufmännische Unterstützungsprozesse — Kaufmännische Steuerung und Kontrolle – Auftragsbezogene Kosten überwachen und kontrollieren

Situation zur 1. bis 3. Aufgabe
Sie sind zurzeit in Ihrem Autohaus zuständig für die Kalkulation der Verkaufspreise im Bereich Teile und Zubehör. Die verrechneten Anschaffungskosten (VAK) beliefen sich im letzten Jahr in dieser Sparte des Unternehmens auf 240.000,00 €, die Summe der Gemeinkosten betrug im selben Zeitraum 80.000,00 €.

1. Aufgabe

Erläutern Sie den Unterschied zwischen Einzelkosten und Gemeinkosten.

2. Aufgabe

Nennen Sie für die unten angeführten vier Arten von Gemeinkosten jeweils einen passenden Verteilungsschlüssel.

Gemeinkostenart	Verteilungsschlüssel
Stromrechnung	
Abschreibung Personal Computer	
Heizkosten	
Gehälter von Mitarbeitern	

3. Aufgabe

Ermitteln Sie die Höhe des Gemeinkostenzuschlags (GKZ), der im Bereich Teile und Zubehör zu berücksichtigen ist.

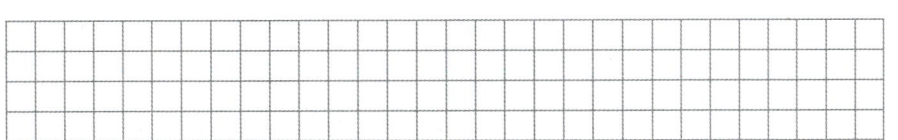

4. Aufgabe

Fortführung der Situation
Der Bezugspreis für eine neu in das Sortiment aufgenommene Felge beträgt 89,00 €.

Ermitteln Sie den Selbstkostenpreis für eine Felge unter Berücksichtigung des von Ihnen ermittelten Gemeinkostenzuschlags (GKZ).

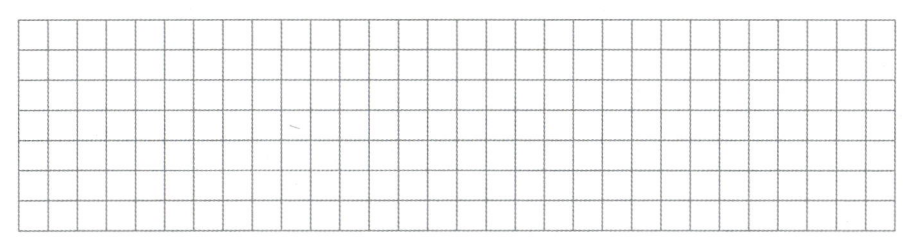

5. Aufgabe

Situation
Die Kosten für Miete sollen entsprechend der Raumgrößen auf die Kostenstellen umgelegt werden. Für alle Bereiche der Autohaus Schmidt GmbH fallen insgesamt monatliche Mietkosten in Höhe von 15.300,00 € an.

Die einzelnen Bereiche des Autohauses beanspruchen folgende Quadratmeter:

Werkstatt: 500 m²
Neuwagenverkauf: 450 m²
Gebrauchtwagenverkauf: 350 m²
Teile und Zubehör: 300 m²
Verwaltung: 200 m²

Berechnen Sie die anteiligen Mietkosten der Abteilung Werkstatt.

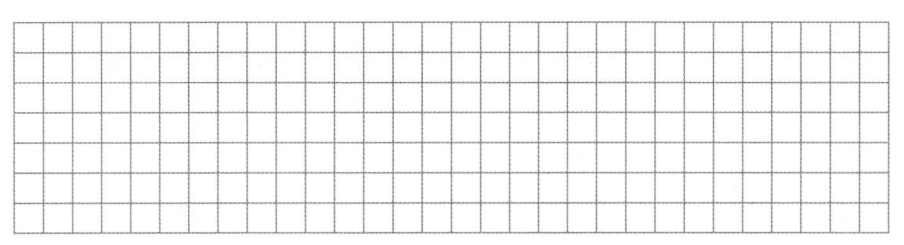

Prüfung Kaufmännische Unterstützungsprozesse

Kaufmännische Steuerung und Kontrolle – Auftragsbezogene Kosten überwachen und kontrollieren

Erläuterungen und Lösungen

1. Aufgabe

Während Einzelkosten einem Produkt oder einem Auftrag mengen- und wertmäßig direkt zugerechnet werden können, sind alle anderen Kosten Gemeinkosten. Die Einzelkosten entfallen, wenn der Kostenträger (Produkt oder Auftrag) aus dem Sortiment genommen wird. Die Gemeinkosten fallen für mehrere Kostenträger an und werden auf die Kostenstellen (Abteilungen) verteilt.

2. Aufgabe

Gemeinkostenart	Verteilungsschlüssel
Stromrechnung	Stromzähler, Raumvolumen, m²
Abschreibung Personal Computer	Standorte, Abteilungen
Heizkosten	Raumvolumen, m²
Gehälter von Mitarbeitern	Abteilungen, Arbeitsstunden

3. Aufgabe

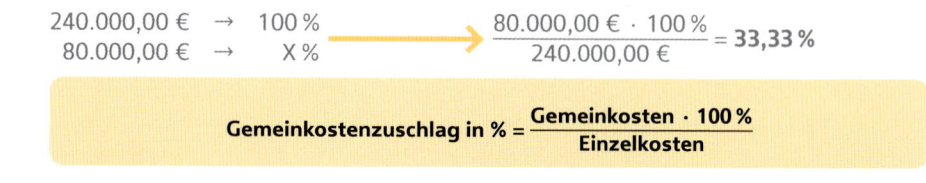

$$240.000,00 € \rightarrow 100\,\%$$
$$80.000,00 € \rightarrow X\,\%$$

$$\frac{80.000,00 € \cdot 100\,\%}{240.000,00 €} = \mathbf{33{,}33\,\%}$$

$$\text{Gemeinkostenzuschlag in \%} = \frac{\text{Gemeinkosten} \cdot 100\,\%}{\text{Einzelkosten}}$$

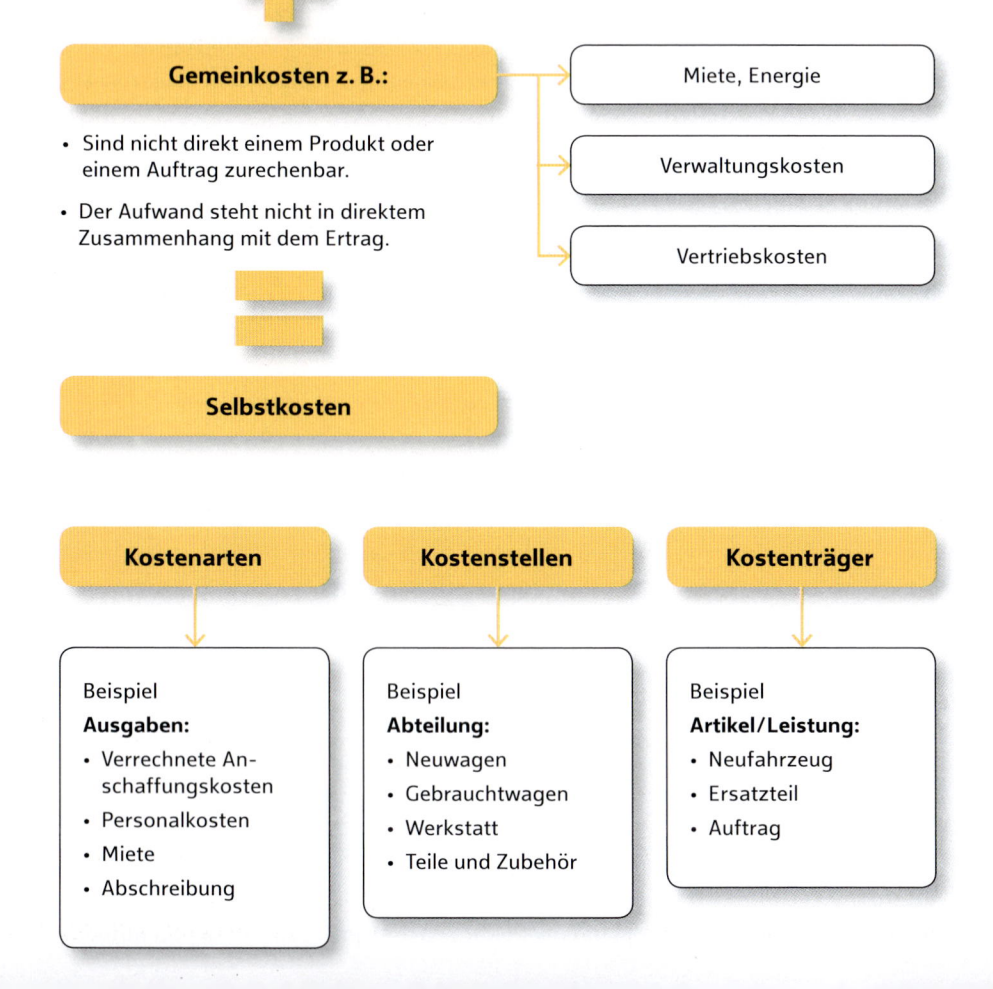

4. Aufgabe

$$100\,\% \rightarrow 89,00 €$$
$$33,33\,\% \rightarrow X €$$

$$\frac{33,33\,\% \cdot 89,00 €}{100\,\%} = 29,66 €$$

$$\begin{aligned} &89,00 €\\ +\ &29,66 €\\ \hline &\mathbf{118{,}66\ €}\end{aligned}$$

Selbstkosten in € = Einzelkosten in € + Gemeinkostenzuschlag in €

5. Aufgabe

$$1.800\ m^2 \rightarrow 15.300,00 €$$
$$500\ m^2 \rightarrow X €$$

$$\frac{500\ m^2 \cdot 15.300,00 €}{1.800\ m^2} = \mathbf{4.250{,}00\ €}$$

Einzelkosten z. B.:

- Können einem Produkt oder einem Auftrag direkt zugerechnet werden.
- Der Aufwand steht in direktem Zusammenhang mit dem Ertrag.

→ Verrechnete Anschaffungskosten

→ Verkaufsprovisionen

→ Produktive Löhne

+

Gemeinkosten z. B.:

- Sind nicht direkt einem Produkt oder einem Auftrag zurechenbar.
- Der Aufwand steht nicht in direktem Zusammenhang mit dem Ertrag.

→ Miete, Energie

→ Verwaltungskosten

→ Vertriebskosten

=

Selbstkosten

Kostenarten

Beispiel
Ausgaben:
- Verrechnete Anschaffungskosten
- Personalkosten
- Miete
- Abschreibung

Kostenstellen

Beispiel
Abteilung:
- Neuwagen
- Gebrauchtwagen
- Werkstatt
- Teile und Zubehör

Kostenträger

Beispiel
Artikel/Leistung:
- Neufahrzeug
- Ersatzteil
- Auftrag

© Westermann Gruppe

6. Aufgabe

Situation
Zurzeit sind Sie in der Abteilung Controlling des Unternehmens eingesetzt. Ihr Vorgesetzter möchte Ihnen die Kostensituation der Autohaus Schmidt GmbH erläutern. Dazu legt er Ihnen den folgenden Betriebsabrechnungsbogen (BAB) vor. Während die Einzelkosten den Kostenträgern direkt zugerechnet werden können, werden die Gemeinkosten über den BAB auf die verschiedenen Kostenstellen aufgeteilt. Dabei soll die Verteilung möglichst nach dem Verursacherprinzip erfolgen. Abschließend werden die Gemeinkostenzuschlagssätze der einzelnen Hauptkostenstellen ermittelt.

Autohaus Schmidt GmbH – Betriebsabrechnungsbogen   Juli 20XY

	Aufwand Betriebsergebnisrechnung		Hilfskostenstelle	Hauptkostenstellen			
	Kostenart	€	Verwaltung	NW*	GW*	TuZ*	Werkstatt
1	Hilfslöhne	5.600					5.600
2	Gehälter	48.700	23.300	8.900	2.420	4.100	9.980
3	Soziale Aufwendungen	31.558	6.210	2.375	630	1.095	21.248
4	Miete	23.218	1.300	4.630	795	5.263	11.230
5	Heizung	5.073	440	1.540	214	984	1.895
6	Raumkosten	2.946	450	853	120	810	713
7	Werbekosten	8.034	0	3.987	1.874	298	1.875
17	Beratungskosten	3.450	589	630	334	180	1.717
18	Kalkulatorische Zinsen	8.200	800	2.325	1.215	1.600	2.260
19	**Summe Gemeinkosten I**	180.430	33.275	21.660	2.968	15.904	120.823
20	Umlage Verwaltung		↳	10.203	1.654	8.956	12.462
21	**Summe Gemeinkosten II**	180.430		31.863	4.622	24.860	133.285
22	Produktive Löhne	69.900					69.900
23	VAK*	405.960		212.280	119.531	74.149	
24	Gemeinkostenzuschlag %						

* NW = Neuwagen
* GW = Gebrauchtwagen
* TuZ = Teile und Zubehör

6.1 Ermitteln Sie die Gemeinkostenzuschläge in Prozent für folgende Kostenstellen. (Runden Sie auf zwei Nachkommastellen.)

Neuwagen	Gebrauchtwagen	Teile und Zubehör	Werkstatt

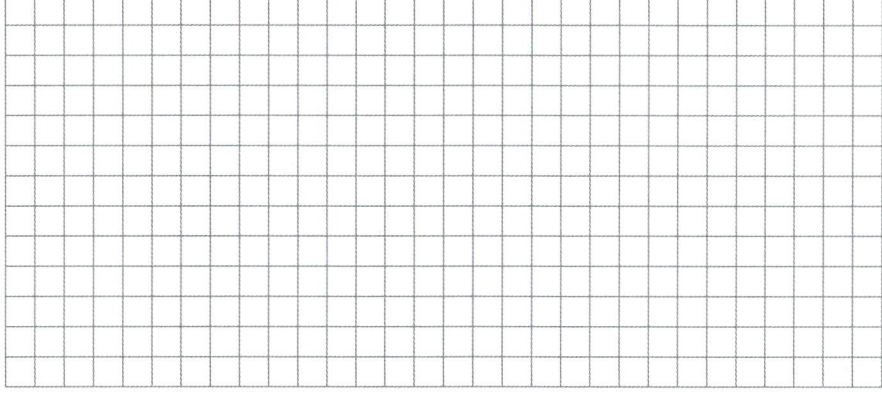

6.2 Worin unterscheidet sich eine Hilfskostenstelle von einer Hauptkostenstelle?

6.3 Bei den kalkulatorischen Kosten unterscheidet man verschiedene Kostenarten. Nennen Sie jeweils ein Beispiel.

Anderskosten	
Zusatzkosten	

6.4 Bestimmen Sie den Verteilungsschlüssel in Prozent, der bei der Umlage der Verwaltungskosten auf die Hauptkostenstelle Neuwagen angesetzt wurde.

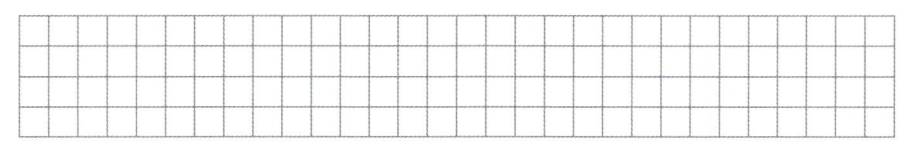

Prüfung Kaufmännische Unterstützungsprozesse

Kaufmännische Steuerung und Kontrolle – Auftragsbezogene Kosten überwachen und kontrollieren

Erläuterungen und Lösungen

6. Aufgabe

6.1

Neuwagen	Gebrauchtwagen	Teile und Zubehör	Werkstatt
15,01 %	3,90 %	33,53 %	190,68 %

Für die Kostenstellen Neuwagen, Gebrauchtwagen und Teile/Zubehör sind die verrechneten Anschaffungskosten Grundlage (100 %) zur Berechnung des Gemeinkostenzuschlags. Für die Werkstatt sind die produktiven Löhne 100 %.

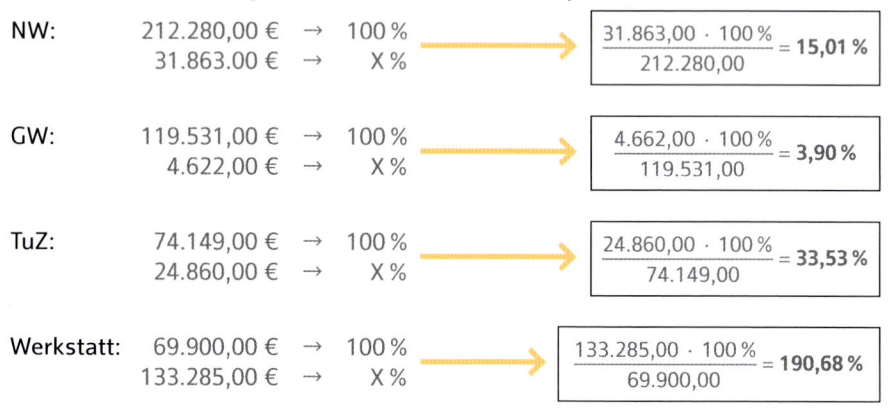

NW: 212.280,00 € → 100 %
31.863,00 € → X %
$$\frac{31.863,00 \cdot 100\,\%}{212.280,00} = \textbf{15,01 \%}$$

GW: 119.531,00 € → 100 %
4.622,00 € → X %
$$\frac{4.662,00 \cdot 100\,\%}{119.531,00} = \textbf{3,90 \%}$$

TuZ: 74.149,00 € → 100 %
24.860,00 € → X %
$$\frac{24.860,00 \cdot 100\,\%}{74.149,00} = \textbf{33,53 \%}$$

Werkstatt: 69.900,00 € → 100 %
133.285,00 € → X %
$$\frac{133.285,00 \cdot 100\,\%}{69.900,00} = \textbf{190,68 \%}$$

6.2 Eine Hilfskostenstelle erbringt unterstützende Leistungen für die Hauptkostenstellen. Sie erbringt keine Leistung gegenüber dem Endkunden und wird auf die Hauptkostenstellen umgelegt.

6.3

Anderskosten	Kalkulatorische Abschreibungen oder kalkulatorische Zinsen
Zusatzkosten	Kalkulatorischer Unternehmerlohn oder kalkulatorische Miete

Den Anderskosten stehen Werte aus der Finanzbuchhaltung gegenüber. Sie werden nur anders bewertet. Zusatzkosten werden angesetzt, obwohl ihnen in der Finanzbuchhaltung keine Werte entsprechen, z. B. Miete, obwohl die Geschäftsgebäude sich im Eigentum befinden

6.4 Die Summe der Gemeinkosten I ist Grundlage (100 %) zur Berechnung der Verteilung der Verwaltungskosten für die Kostenstelle Neuwagen.

21.660,00 € → 100 %
10.203,00 € → X %
$$\frac{10.203,00 \cdot 100\,\%}{21.660,00} = \textbf{47.11 \%}$$

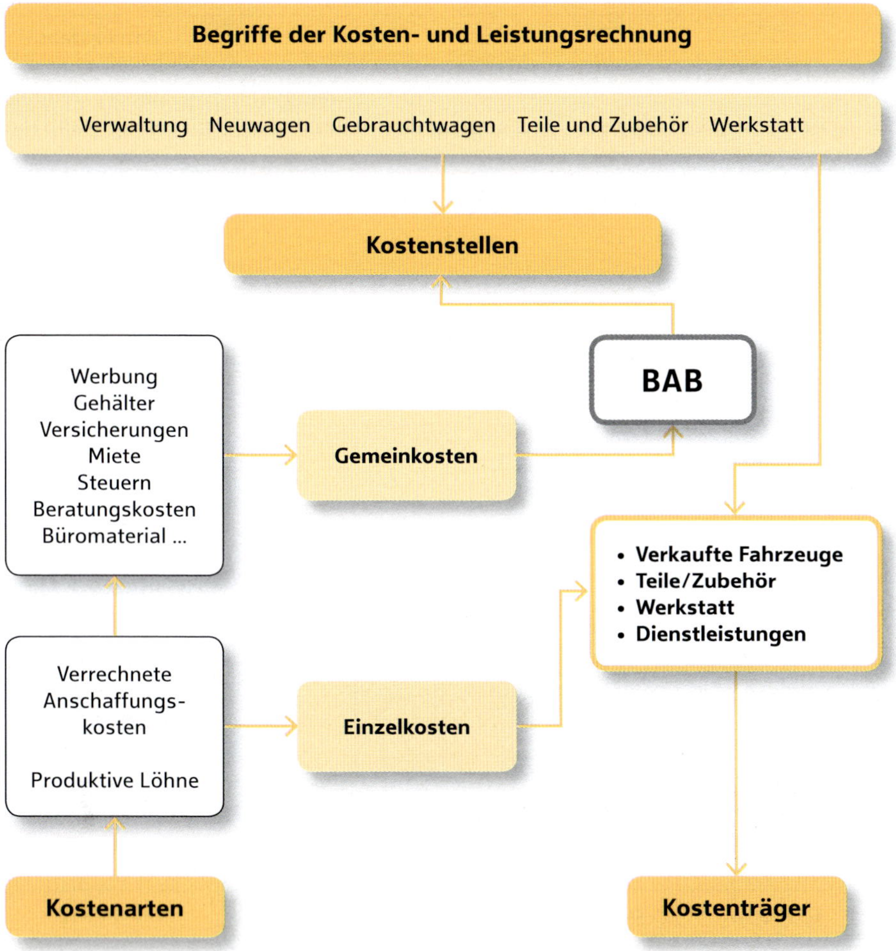

Begriffe der Kosten- und Leistungsrechnung

Verwaltung Neuwagen Gebrauchtwagen Teile und Zubehör Werkstatt

Kostenstellen

BAB

Werbung
Gehälter
Versicherungen
Miete
Steuern
Beratungskosten
Büromaterial …

Gemeinkosten

- **Verkaufte Fahrzeuge**
- **Teile/Zubehör**
- **Werkstatt**
- **Dienstleistungen**

Verrechnete Anschaffungskosten

Produktive Löhne

Einzelkosten

Kostenarten

Kostenträger

Prüfung Kaufmännische Unterstützungsprozesse

Kaufmännische Steuerung und Kontrolle – Verkaufspreise kalkulieren

1. Aufgabe

Situation
Im Rahmen einer Sortimentserweiterung beabsichtigt man, in Zukunft eine hochwertige Dachbox eines angesehenen Herstellers anzubieten. Der Listeneinkaufspreis einer Dachbox liegt bei 314,00 €. Der Nettoverkaufspreis liegt aus Konkurrenzgründen bei 500,00 €. Die Autohaus Schmidt GmbH kalkuliert mit einem Gemeinkostenzuschlag von 30 %. Stammkunden wird ein Rabatt von 5 % und 2 % Skonto gewährt. Der Lieferant der Dachbox gewährt einen Rabatt von 10 % sowie 3 % Skonto. Die Bezugskosten je Dachbox betragen 10,00 €.

1.1 Ermitteln Sie im folgenden Schema den Gewinn in Euro, den die Autohaus Schmidt GmbH mit dem Verkauf der Dachbox erzielen würde.
(Runden Sie die Zwischenergebnisse auf zwei Stellen nach dem Komma.)

Kalkulationsschema	%	Betrag (€)
Listeneinkaufspreis		
=		
=		
=		
=		
+ Gewinn		
=		
=		
= Nettoverkaufspreis		

1.2 Ermitteln Sie den Gewinnzuschlagssatz in %.

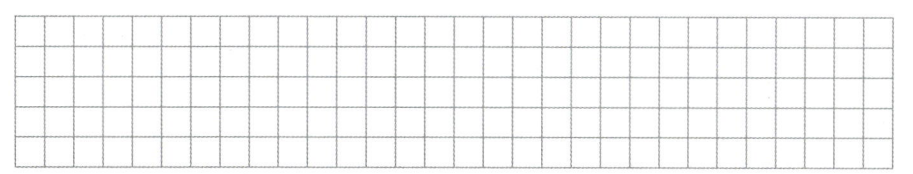

2. Aufgabe

Fortführung der Situation
Die Geschäftsführung bittet Sie, aus Ihren Ergebnissen der Berechnungen für die Dachbox einige Kennziffern der Kalkulationsvereinfachung für künftige Kalkulationen zu ermitteln.

2.1 Ermitteln Sie den Kalkulationszuschlag.

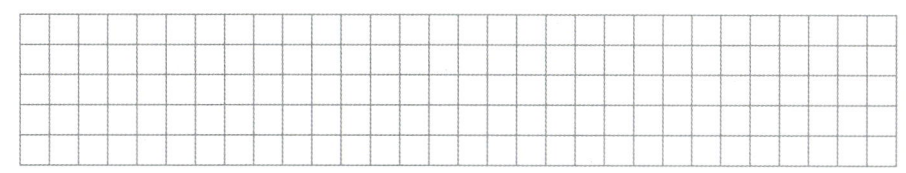

2.2 Ermitteln Sie den Kalkulationsfaktor.

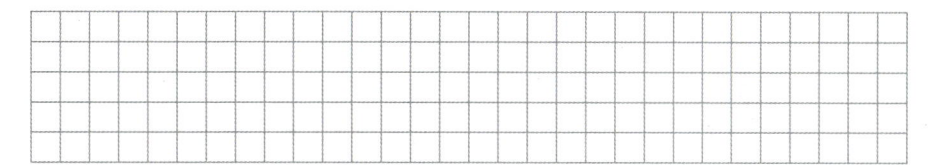

2.3 Ermitteln Sie die Handelsspanne.

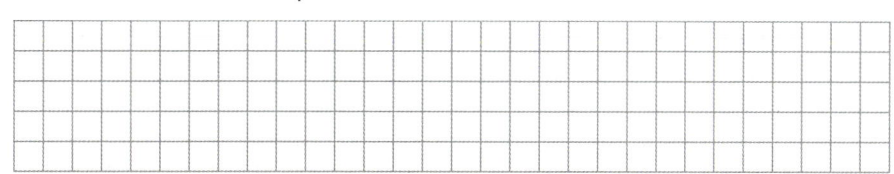

Verweis
Dieses Thema wurde bereits ausführlicher im Teil 1 der Prüfungsvorbereitung auf den Seiten 19 ff. behandelt.

Prüfung **Kaufmännische Unterstützungsprozesse**

Kaufmännische Steuerung und Kontrolle – Verkaufspreise kalkulieren

Erläuterungen und Lösungen

1. Aufgabe

1.1

Kalkulationsschema	Berechnung in €				
Listeneinkaufspreis	314,00	=	100 %		
– Lieferantenrabatt	31,40	–	10 %		
= Zieleinkaufspreis	282,60	=	90 %	=	100 %
– Lieferantenskonto	8,48			–	3 %
= Bareinkaufspreis	274,12			=	97 %
+ Bezugskosten	10,00				
= Bezugspreis	284,12			=	100 %
+ Gemeinkosten	85,24			+	30 %
= Selbstkostenpreis	369,36	=	100 %	=	130 %
+ Gewinn	96,14	=	26,03 %		
= Barverkaufspreis	465,50			=	98 %
– Kundenskonto	9,50			–	2 %
= Zielverkaufspreis	475,00	=	95 %	=	100 %
– Kundenrabatt	25,00	–	5 %		
= Nettoverkaufspreis	500,00	=	100 %		

Differenzkalkulation

Der Gewinn ergibt sich aus der Differenz zwischen dem Barverkaufspreis und dem Selbstkostenpreis:

465,50 € – 369,36 € = **96,14 €**

1.2 Bei der Berechnung des Zuschlags geht man davon aus, dass die Selbstkosten die Grundlage, also 100 %, bilden. Der Gewinn, ausgedrückt in Prozent des Selbstkostenpreises, ist der Gewinnzuschlagsatz.

hier: 369,36 € → 100 %
96,14 € → X % X = 26,03 %

2. Aufgabe

Der Bruttoverkaufspreis der Dachbox liegt bei 595,00 €
(500,00 € + 19 % Umsatzsteuer).

2.1
$$\text{Kalkulationszuschlag} = \frac{(\text{Bruttoverkaufspreis} - \text{Bezugspreis}) \cdot 100\,\%}{\text{Bezugspreis}}$$

Hier: $\dfrac{(595,00\ € - 284,12\ €) \cdot 100\,\%}{284,12\ €}$ → **109,42 %**

2.2
$$\text{Kalkulationsfaktor} = \frac{\text{Bruttoverkaufspreis}}{\text{Bezugspreis}}$$

Hier: $\dfrac{595,00\ €}{284,12\ €} =$ **2,09**

2.3
$$\text{Handelsspanne} = \frac{(\text{Nettoverkaufspreis} - \text{Bezugspreis}) \cdot 100\,\%}{\text{Nettoverkaufspreis}}$$

Hier: $\dfrac{(500,00\ € - 284,12\ €) \cdot 100\,\%}{500,00\ €}$ → **43,18 %**

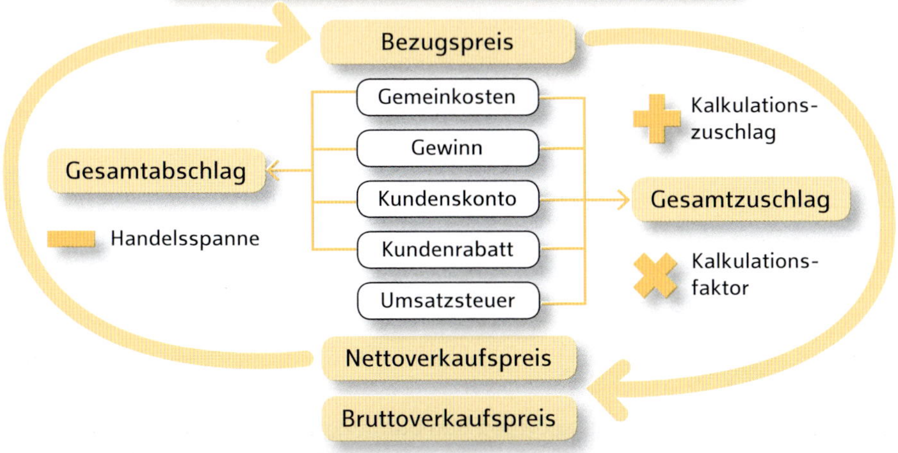

© Westermann Gruppe

Prüfung Kaufmännische Unterstützungsprozesse — Kaufmännische Steuerung und Kontrolle – Betriebliche Kennzahlen unter Anwendung der Teilkostenrechnung ermitteln

1. Aufgabe

Situation
Bisher erfolgt die Verkaufspreiskalkulation in der Autohaus Schmidt GmbH auf Vollkostenbasis. Hierbei werden sämtliche anfallende Kosten auf die Kostenträger verteilt. Es wird überlegt, die Kalkulation in Zukunft auf Teilkostenbasis durchzuführen.

1.1 Erläutern Sie den Unterschied zwischen fixen Kosten und variablen Kosten.

1.2 Nennen Sie jeweils drei Beispiele für:

Fixe Kosten	Variable Kosten

Situation zur 2. und 3. Aufgabe
Momentan werden im Zubehörbereich zwei Dachträgerboxen angeboten. Um den Erfolg dieser Warengruppe und der einzelnen Artikel besser beurteilen zu können, bittet Sie Ihr Vorgesetzter, einige Berechnungen durchzuführen. Dafür stellt er Ihnen folgende Daten zur Verfügung:

	Dachbox universal	Dachbox comfort
Verkaufspreis in € (netto)	130,00	200,00
Bezugspreis in €	84,00	115,00
variable Handlungskosten in €	6,00	15,00
Absatzmenge in Stück	110	30

2. Aufgabe

Erklären Sie die Vorgehensweise bei der Deckungsbeitragsrechnung.

3. Aufgabe

3.1 Berechnen Sie die Stückdeckungsbeiträge der beiden Dachboxen.

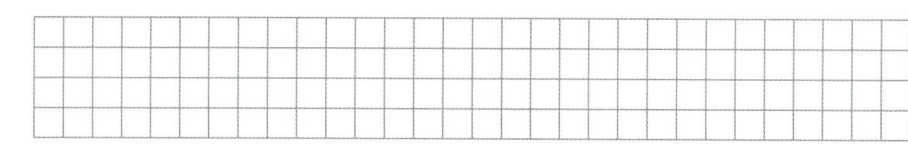

3.2 Berechnen Sie den Gesamtdeckungsbeitrag der Warengruppe Dachboxen.

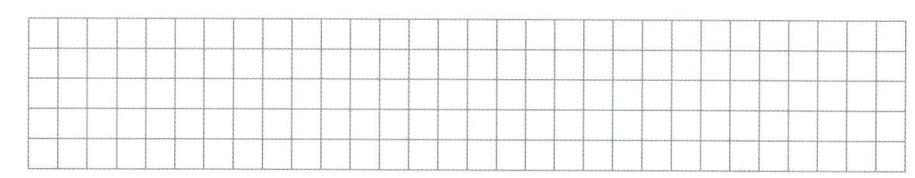

Fortführung der Situation
Der Stammkunde Herr Meier interessiert sich für die Dachbox comfort, ist aber nicht bereit, unseren Verkaufspreis zu akzeptieren. Der Verkaufsleiter möchte den Kunden nicht verlieren und ihm preislich entgegenkommen, ist aber unsicher, welchen Preis er mindestens verlangen muss, um keinen Verlust zu verzeichnen.

3.3 Wie hoch ist die kurzfristige Preisuntergrenze für die Dachbox comfort?

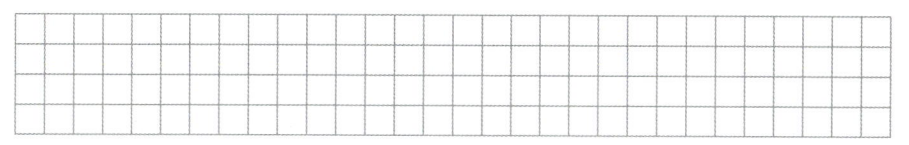

Prüfung Kaufmännische Unterstützungsprozesse   Kaufmännische Steuerung und Kontrolle – Betriebliche Kennzahlen unter Anwendung der Teilkostenrechnung ermitteln

Erläuterungen und Lösungen

1. Aufgabe

1.1 Fixe Kosten sind Kosten, die unabhängig von der Verkaufs- oder Beschäftigungsmenge entstehen, d. h., es sind feste Kosten, die kurzfristig nicht veränderbar sind. Variable Kosten sind einem Produkt oder einer Leistung direkt zurechenbar, d. h., sie sind in der Höhe kurzfristig veränderbar. Sie steigen bei steigendem Absatz und sinken bei rückläufigem Absatz.

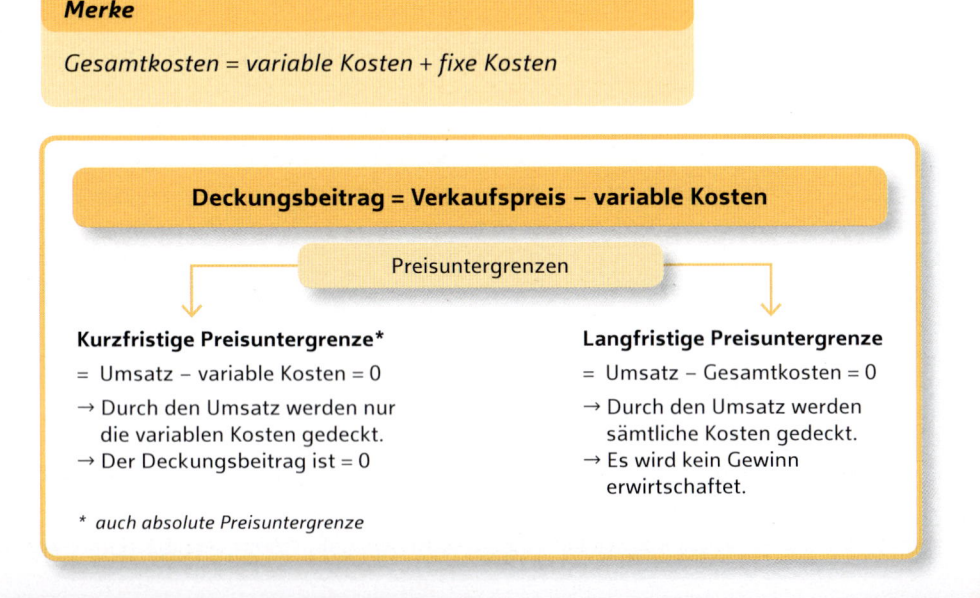

1.2.

Fixe Kosten	Variable Kosten
Geschäftsführergehalt	Bezugspreis
Gebäudeversicherung	Verkäuferprovisionen
Miete für Geschäftsräume	Zulassungskosten

2. Aufgabe

Bei der Deckungsbeitragsrechnung geht man davon aus, dass ein Artikel oder eine Leistung zunächst nur die Kosten erwirtschaften muss, die diese/r verursacht hat (variable Kosten). Der zusätzlich erzielte Umsatz (= Deckungsbeitrag) dient zunächst zur Deckung des Fixkostenblocks. Darüber hinaus ist der Deckungsbeitrag der erzielte Reingewinn des Unternehmens.

3. Aufgabe

3.1 Deckungsbeitrag: Verkaufspreis – variable Kosten
Dachbox universal Deckungsbeitrag: 130,00 € – 84,00 € – 6,00 € = **40,00 €**
Dachbox comfort   Deckungsbeitrag: 200,00 € – 115,00 € – 15,00 € = **70,00 €**

Der Deckungsbeitrag ergibt sich, indem man vom Verkaufspreis (Umsatz) die dem Artikel direkt zurechenbaren Kosten (variable Kosten) abzieht. Dies ist in erster Linie der Bezugspreis des Artikels und evtl. weitere Kosten, die nur aufgrund dieses Artikels entstehen (z. B. Lagerkosten).

3.2 Gesamtdeckungsbeitrag = Summe aller erzielten Deckungsbeiträge
= Stückdeckungsbeitrag · verkaufte Stückzahl

Dachbox universal Gesamtdeckungsbeitrag: 40,00 € · 110 Stück = 4.400,00 €
Dachbox comfort   Gesamtdeckungsbeitrag: 70,00 €* · 30 Stück = 2.100,00 €

Warengruppe Dachboxen Gesamtdeckungsbeitrag: **6.500,00 €**

3.3 Die kurzfristige Preisuntergrenze liegt dort, wo der Deckungsbeitrag = 0 ist, also da, wo der Umsatzerlös des Artikels die von ihm verursachten variablen Kosten abdeckt.

Dachbox comfort variable Kosten: 115,00 € + 15,00 € = **130,00 €**

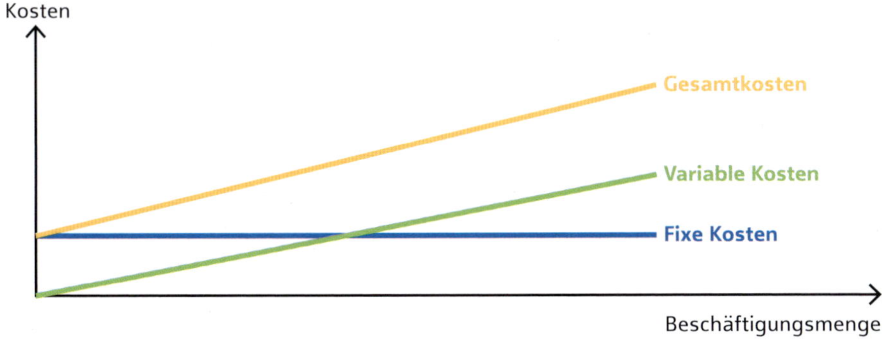

Merke

Gesamtkosten = variable Kosten + fixe Kosten

Deckungsbeitrag = Verkaufspreis – variable Kosten

Preisuntergrenzen

Kurzfristige Preisuntergrenze*

= Umsatz – variable Kosten = 0

→ Durch den Umsatz werden nur die variablen Kosten gedeckt.
→ Der Deckungsbeitrag ist = 0

Langfristige Preisuntergrenze

= Umsatz – Gesamtkosten = 0

→ Durch den Umsatz werden sämtliche Kosten gedeckt.
→ Es wird kein Gewinn erwirtschaftet.

* *auch absolute Preisuntergrenze*

4. Aufgabe

Situation
Die Deckungsbeitragsrechnung und die Break-even-Analyse stehen in einem engen Zusammenhang. Ab dem Break-even-Point, der sogenannten „Gewinnschwelle", erzielt das das Unternehmen Gewinn.
Ein befreundeter Unternehmer, Herr Meier, der mit Neu- und Gebrauchtwagen handelt, bittet Sie, ihm bei der Ermittlung seines Betriebsergebnisses zu helfen. Für den letzten Monat stehen Ihnen folgende Daten zur Verfügung:

	Neuwagen	Gebrauchtwagen
Verkaufspreis netto (VKP)	155.000,00 €	132.000,00 €
VAK* durchschnittlich	90 % des VKP	85 % des VKP

* VAK = verrechnete Anschaffungskosten

- Miete für die Geschäftsräume (Verwaltung): 2.000,00 €
- Miete für den Neuwagenbereich: 3.000,00 €
- Miete für den Gebrauchtwagenbereich: 1.000,00 €
- Fixe Personalkosten: 3.000,00 €
- Sonstige fixe Kosten: 9.000,00 €

Da Herr Meier keine Verkäufer beschäftigt, entfallen entsprechende Provisionen.

4.1 Vervollständigen Sie aufgrund der oben stehenden Daten die folgende Tabelle.

	Neuwagen	Gebrauchtwagen
Deckungsbeitrag I		
– bereichsbezogene Fixkosten		
= Deckungsbeitrag II		
– unternehmensbezogene Fixkosten		
Deckungsbeitrag III = Betriebsergebnis		

4.2 Erläutern Sie den Unterschied zwischen bereichsbezogenen und unternehmensbezogenen Kosten.

4.3 Ermitteln Sie rechnerisch die Höhe des Gesamtdeckungsbeitrags, bei dem der Break-even-Point erreicht wird.

5. Aufgabe

Fortführung der Situation
Herr Meier überlegt, sich demnächst ganz auf das Gebrauchtwagengeschäft zu konzentrieren.

Wie hoch müssten die Erlöse aus dem Gebrauchtwagenverkauf sein, um den Break-even-Point zu erreichen? (Hinweis: Die Miete für den Neuwagenbereich entfällt.)

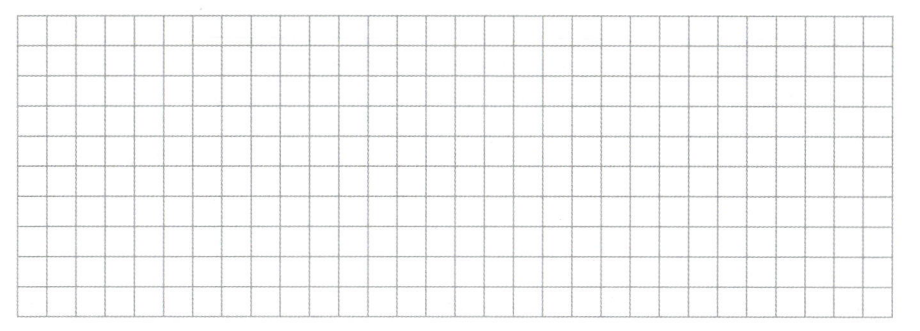

Prüfung Kaufmännische Unterstützungsprozesse   Kaufmännische Steuerung und Kontrolle – Betriebliche Kennzahlen unter Anwendung der Teilkostenrechnung ermitteln

Erläuterungen und Lösungen

4. Aufgabe

4.1

	Neuwagen	Gebrauchtwagen
Deckungsbeitrag I	10 % von 155.000,00 € = 15.500,00 €	15 % von 132.000,00 € = 19.800,00 €
– bereichsbezogene Fixkosten	– 3.000,00 €	– 1.000,00 €
= Deckungsbeitrag II	= 12.500,00 €	= 18.800,00 €
– unternehmensbezogene Fixkosten	= 2.000,00 € + 3.000,00 € + 9.000,00 € = 14.000,00 €	
Deckungsbeitrag III = Betriebsergebnis	= (12.500,00 € + 18.800,00 €) – 14.000,00 € = 17.300,00 €	

Beachte: Bereichsbezogene Kosten sind hier nur die Mieten für Neu- und Gebrauchtfahrzeuge. Alle anderen Kosten sind unternehmensbezogen, da sie für beide/alle Bereiche anfallen.

4.2   Der Unterschied der beiden Fixkostenarten besteht darin, dass die bereichsbezogenen fixen Kosten für einen bestimmten Unternehmensbereich, wie z. B. Neuwagen-, Gebrauchtwagenverkauf, Werkstatt oder Ersatzteilverkauf, anfallen.

Die unternehmensbezogenen Fixkosten hingegen fallen für alle Bereiche an, wie das Geschäftsführergehalt oder die allgemeinen Verwaltungskosten.

Bei der mehrstufigen Deckungsbeitragsrechnung werden die Fixkosten in verschiedene Gruppen unterteilt. Dadurch erhält man detailliertere Kenntnisse über die Kostenverursachung im bestehenden Sortiment. Diese Erkenntnisse können entscheidend für zukünftige Entscheidungen sein.

Die Anzahl der Deckungsbeitragsarten ist hierbei abhängig von der Breite und Tiefe des angebotenen Sortiments. Da wir im vorliegenden Fall nur zwei Produktgruppen haben, beschränken wir uns auf drei Deckungsbeitragsarten.

Denkbar sind aber auch fünf oder sechs Arten, je nachdem wie viele Produktarten und Dienstleistungen angeboten werden.

Eine Differenzierung könnte folgendermaßen aussehen:

Gruppe	Kostenart und Beispiele
Produkt	**Produktfixe Kosten:** Alle fixen Kosten, die einem Produkt direkt zugeordnet werden können, aber unabhängig vom Umsatz sind *Beispiel:* Abschreibung für Spezialwerkzeug, welches nur für ein bestimmtes Modell zu gebrauchen ist
Produktgruppe-/Bereich	**Bereichsfixe-/Produktgruppenfixe Kosten:** Alle fixen Kosten, die einer bestimmten Produktgruppe/einem Unternehmensbereich zuzurechnen sind *Beispiel:* Miete für die Ausstellungshalle, in der nur mehrere, verschiedene Neufahrzeuge präsentiert werden
Unternehmen	**Unternehmensfixe Kosten:** Alle fixen Kosten, die keinem der oben genannten Bereiche zuzuordnen sind und für die alle Bereiche verantwortlich sind *Beispiel:* Geschäftsführungskosten, allgem. Verwaltungskosten

4.3   Summe aller Fixkosten = **18.000,00 €** (2 T€ + 3 T€ + 1 T€ + 3 T€ + 9 T€)

Da die variablen Kosten bereits bei der Berechnung des Deckungsbeitrags berücksichtigt werden, muss der Gesamtdeckungsbeitrag nur noch die Fixkosten decken, um den Break-even-Point zu erreichen.

5. Aufgabe

Die Fixkosten betragen, ohne die Miete für den Neuwagenbereich, 15.000,00 €. Die VAK betragen 85 % vom Verkaufspreis. Der Deckungsbeitrag daher 15 %. Es muss also ein Gesamtdeckungsbeitrag von 15.000,00 € erzielt werden.

15 % →   15.000,00 €
100 % →   100.000,00 €

Bei einem Umsatz von **100.000,00 €** würde der Break-even-Point erreicht.

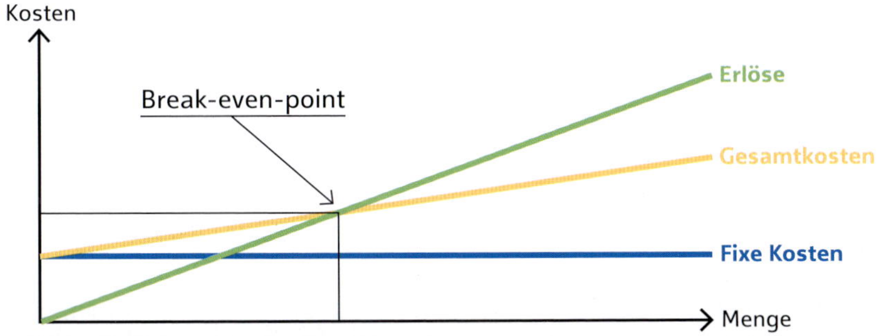

Beschreibung des Modellunternehmens

Firma	Mindener Haushaltsgeräte GmbH *MiHaG GmbH*
Geschäftszweck	Herstellung und Vertrieb von Haushaltsgeräten • Entwicklung und Installation vernetzter Haushaltsgeräte • Planung und Montage von Großküchen im Bereich betrieblicher Werkskantinen sowie der Gastronomie
Geschäftsphilosophie	Das Unternehmen akzentuiert in besonderer Weise ein nachhaltiges Wirtschaften; dies zeigt sich u. a. in der Produktion langlebiger Haushaltsgeräte, dem sparsamen Umgang mit Ressourcen und dem Einsatz erneuerbarer Energien.
Innovatives Produktsortiment	*mihag-smart@home:* Handy- und Monitorsteuerung der intelligenten und vernetzten Haushaltsgeräte
Soziales Engagement	Beim Kauf eines intelligenten Haushaltsgeräts der Produktreihe *mihag-smart@home* werden 10,00 € der von ihr gegründeten Stiftung „Trinkwassergewinnung für die Trockengebiete Nordafrikas" zugeführt.
Geschäftssitz	Industriestraße 124 in 32423 Minden
Bilanzsumme	35.000.000 €
Umsatz	120.000.000 €
Registergericht	Amtsgericht Minden HRB 36005 Steuernummer 216/430/5671 USt.-ID.-Nummer: DE 45636897824
Gesellschafter/ Geschäftsanteile	Gerda Müller/80.000,00 € Hatice Öschdemir/60.000,00 € Tamara Tagellowsk/20.000,00 € Alle Geschäftsanteile sind vollständig eingezahlt.
Geschäftsführer	Tamara Tagellowsk, gleichzeitig: Gesellschafterin Cem Gül Beide Geschäftsführer haben Einzelvertretungsbefugnis.
Prokuristen	Gesamtprokura: Ruth Mallik und Maria Weber Einzelprokura: Karl Strauch
Mitarbeiter	134 Beschäftigte, dazu 16 Auszubildende sowie 2 Industriemeister Metall, 2 Elektromeister, 3 Ingenieure sowie 3 Netzwerkadministratoren
Mitbestimmung	Betriebsrat und Jugend- und Auszubildendenvertretung sind vorhanden; Betriebsvereinbarungen i. d. F. einer Arbeitsordnung und eines Betriebsurlaubs liegen vor.
Tarifzugehörigkeit	Die Mindener Haushaltsgeräte GmbH ist Mitglied im Arbeitgeberverband. Der entsprechende Tarifvertrag der Metall- und Elektrobranche NRW wird angewandt.
Absatzprogramm	*Eigene Erzeugnisse* • Backöfen • Dampfgarer • Mikrowellengeräte • Autarke Kochfelder • Gaskochfelder • Dunstabzugshauben • Kaffeevollautomaten • Kühl- und Gefriergeräte • Weinschränke • Geschirrspüler • Waschmaschinen • Trockner *Handelswaren* • Zubehör: Herde • Zubehör: Dampfgarer • Reinigungsprodukte • Zubehör: Geschirrspüler • Pflegeprodukte • Zubehör: Mikrowellengeräte • Monitore zur Gerätesteuerung *Dienstleistungen* • Planung, Lieferung und Montage von Großküchen • Vernetzung der Haushaltsgeräte • Wartung und Kundendienst • Entsorgung der Altgeräte
Fertigungsart	Einzel- und Serienfertigung
Internet	www.mihag.de
Kontakt	info@mihag.de

Prüfung Wirtschafts- und Sozialkunde　　　　　　　　　　　Grundlagen des Wirtschaftens – Notwendigkeit des Wirtschaftens

1. Aufgabe

> **Situation**
> Als innovatives und verantwortungsbewusstes Unternehmen mit „ökologischem Gewissen" achtet die MiHaG GmbH auf umweltgerechtes Verhalten und nachhaltiges Wirtschaften sowohl bei der Produktion, der Güterdistribution als auch bei der innerbetrieblichen Gestaltung der Arbeitsabläufe.

Die MiHaG GmbH möchte einen Beitrag zum Umweltschutz leisten.
Prüfen Sie, wie sie das erreichen kann.

1. In ihrer Werkskantine nutzt sie nur noch Getränke in Einwegverpackungen.
2. Für die Produktion von Küchen im Landhausstil werden tropische Edelhölzer verwendet, um Schwellenländer wirtschaftlich zu fördern.
3. Für Mitarbeiter im Außendienst werden PS-starke SUV angeschafft, damit Kunden schneller erreicht werden können und dadurch der CO_2-Ausstoß deutlich verringert wird.
4. Für die Versiegelung ihrer Arbeitsplatten nutzt die MiHaG GmbH einen alkoholbasierten und lösemittelarmen Lack.

2. Aufgabe

> **Fortführung der Situation**
> Mehrfach wurden die Mitarbeiter der MiHaG GmbH per Rundschreiben aufgefordert, sich auch am Arbeitsplatz umweltbewusst zu verhalten. Hierbei wurde auch auf sorgfältige Abfalltrennung hingewiesen. Ein Auszubildender stellt die Frage, in welchem Behälter verbrauchte Batterien entsorgt werden müssen.

Welchen Behälter empfehlen Sie ihm?

1. Glascontainer
2. Papiertonne
3. Restmüllbehälter
4. Gelbe Tonne
5. Biotonne
6. Sondermüllbehälter

3. Aufgabe

> **Fortführung der Situation**
> Die MiHaG GmbH möchte für den Versand der Erzeugnisse stärker die Bahn anstelle der bisherigen Spediteure nutzen. Sie erhofft sich dadurch einen aktiven Beitrag zum Umweltschutz.

Wie begründet die MiHaG GmbH ihre neue Distributionsstrategie?

1. Die Bahn trägt in keinem Fall zu einem vermehrten CO_2-Ausstoß oder zur Erwärmung der Erdatmosphäre bei.
2. Bahntransporte zeichnen sich durch zeitnahe Flexibilität und kundenorientierte Individualität bei der Anlieferung aus.
3. Die Bahn fährt ausschließlich mit umweltfreundlicher Energie.
4. Transporte mit der Bahn verursachen einen geringeren Schadstoffausstoß als der Gütertransport mit Lastkraftwagen.

4. Aufgabe

> **Fortführung der Situation**
> Bei der Wahl eines neuen geplanten Produktionsstandorts möchte die MiHaG GmbH neben ökonomischen auch ökologische Gesichtspunkte berücksichtigen.

Welcher gehört hierzu?

1. Forderungen nach einem vierspurigen Ausbau der Bundesautobahnen
2. Vertiefung von Schifffahrtswegen und Kanalisierung von Flüssen
3. Modernisierung schienengebundener Verkehrswege
4. Steuerliche Erleichterungen für das Speditions- und Transportgewerbe
5. Export von Industrieabfällen in das Ausland

5. Aufgabe

> **Fortführung der Situation**
> Dampfgarer und Backöfen bestehen aus Edelstahlblechen. Beim Zuschneiden der erforderlichen Bleche fallen Reste an, die die MiHaG GmbH sammelt und an ein Edelstahlwerk liefert. Dort werden diese eingeschmolzen und im Walzwerk zu neuen Edelstahlblechen (Coils) verarbeitet.

Wie bezeichnet man diese ökologische Form der Rohstoffeinsparung?

1. Rohstoffnutzung im Dualen System
2. Energieeffizienz
3. Recycling
4. Abfallverminderung
5. Müllverwertung
6. Abfallverwertung

Prüfung Wirtschafts- und Sozialkunde   Grundlagen des Wirtschaftens – Notwendigkeit des Wirtschaftens

Erläuterungen und Lösungen

1. Aufgabe

Lösung: 4

Nutzt die MiHaG GmbH für die Versiegelung ihrer Arbeitsplatten einen lösemittelarmen Lack statt eines Chemie-Cocktails, leistet sie damit aktiv einen
Beitrag zum Umweltschutz.

Der lösemittelarme Lack lässt sich möglicherweise auch mit dem Umweltsiegel
„Blauer Engel" auszeichnen. Die MiHaG GmbH kann dies umweltbewussten
Verbrauchern werbewirksam vermitteln.

2. Aufgabe

Lösung: 6

Batterien enthalten giftige Schwermetalle; sie gehören daher in den
Sondermüllbehälter.

3. Aufgabe

Lösung: 4

Der Elektroantrieb der Bahn verursacht einen geringen Schadstoffausstoß.
Allerdings erfolgt die Produktion der Energie derzeit nicht ausschließlich aus
erneuerbaren Energien, sondern auch durch die Nutzung fossiler Energieträger
und der Kernenergie.

Damit fährt die Bahn zwar nicht ausschließlich mit umweltfreundlicher Energie,
hat aber gegenüber anderen Verkehrsmitteln eine deutlich bessere Umwelt-
bilanz.

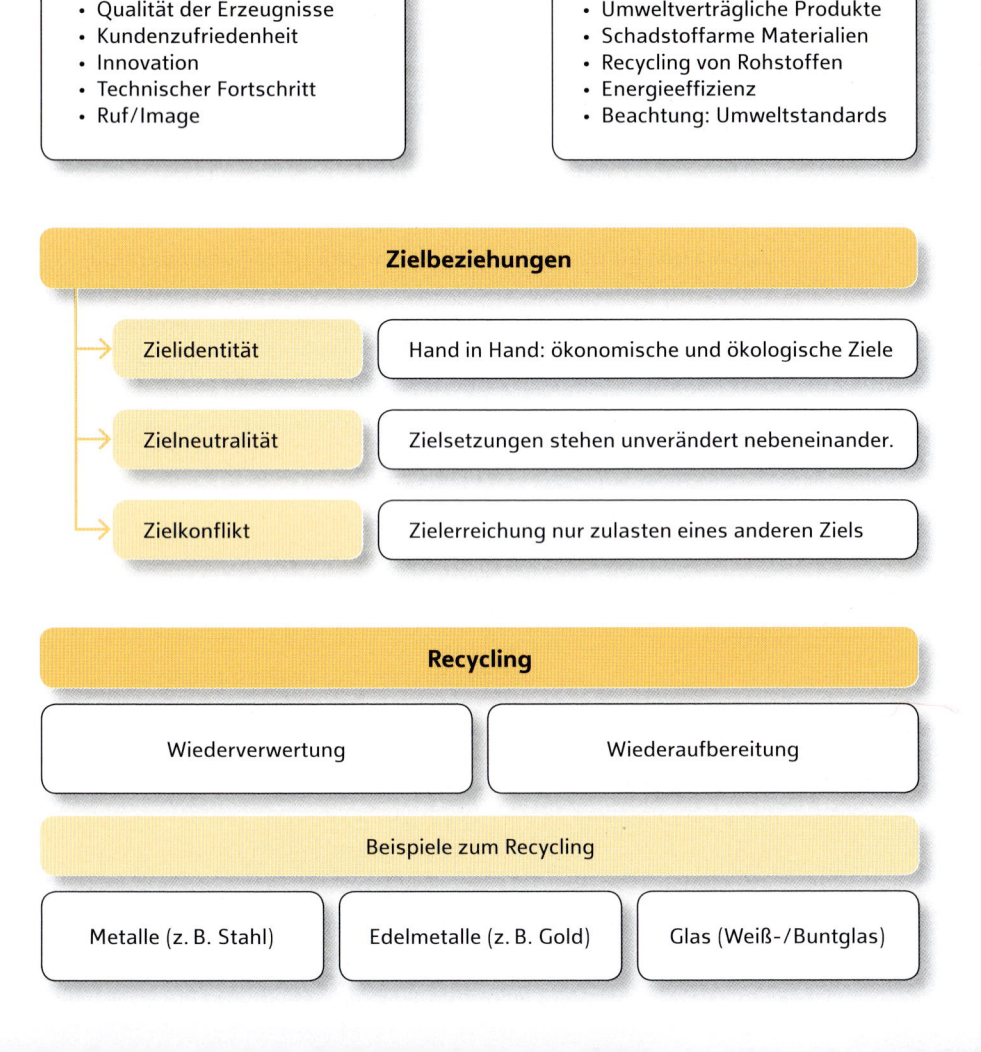

4. Aufgabe

Lösung: 3

Transporte über schienengebundene Verkehrswege verursachen einen
geringeren CO_2-Ausstoß als Lkw-Transporte. Berücksichtigt die MiHaG GmbH
bereits bei der Standortwahl einen möglichen Gleisanschluss sowie schienengebundene Transportmöglichkeiten, verringert sie damit Schadstoffemissionen
und leistet somit einen aktiven Umweltbeitrag.

5. Aufgabe

Lösung: 3

Als Recycling bezeichnet man eine Wiederverwertung oder auch Wiederauf-
bereitung von Stoffen, wie z. B. hier Metalle. Metalle zeichnen sich durch eine
hohe Quote bei der Wiederverwertung aus.

Zielsystem der Unternehmung

Ökonomische Ziele ⟷ **Ökologische Ziele**

Ökonomische Ziele	Ökologische Ziele
• Gewinnerzielung • Marktanteile • Qualität der Erzeugnisse • Kundenzufriedenheit • Innovation • Technischer Fortschritt • Ruf/Image	• Nachhaltige Produktion • Ressourcenschonung • Umweltverträgliche Produkte • Schadstoffarme Materialien • Recycling von Rohstoffen • Energieeffizienz • Beachtung: Umweltstandards

Zielbeziehungen

Zielidentität	Hand in Hand: ökonomische und ökologische Ziele
Zielneutralität	Zielsetzungen stehen unverändert nebeneinander.
Zielkonflikt	Zielerreichung nur zulasten eines anderen Ziels

Recycling

Wiederverwertung	Wiederaufbereitung

Beispiele zum Recycling

Metalle (z. B. Stahl)	Edelmetalle (z. B. Gold)	Glas (Weiß-/Buntglas)

Prüfung Wirtschafts- und Sozialkunde

Rechtliche Rahmenbedingungen des Wirtschaftens – Rechtssubjekte, Rechtsobjekte, Rechtsgeschäfte

Situation zur 1. bis 3. Aufgabe
Die angehenden Kaufleute für Büromanagement der MiHaG GmbH lernen im Berufsschulunterricht rechtliche Grundbegriffe kennen und bitten Sie bei den folgenden Aufgaben um Hilfe.

1. Aufgabe

Ordnen Sie den folgenden Sachverhalten die zugehörigen Begriffe zu.

Sachverhalt

a) Rechtliche Verfügungsgewalt über eine Sache

b) Fähigkeit einer Person, Träger von Rechten und Pflichten zu sein

c) Personenvereinigung/Vermögensmasse mit eigener Rechtspersönlichkeit

d) Fähigkeit, Rechtsgeschäfte wirksam abschließen zu können

Begriff

1 Rechtsfähigkeit

2 Juristische Person

3 Geschäftsfähigkeit

4 Eigentum

2. Aufgabe

Kennzeichnen Sie bei der folgenden Aufgabe die natürlichen Personen mit der Ziffer 1 und die juristischen Personen mit der Ziffer 2.

a) Stadt Minden

b) Rechtsanwälte Dr. Ede & Stark

c) Gerichtsvollzieherin Gerlinde Preuss

d) Mindener Edelstahlwerke GmbH

e) Stahl- und Walzbetriebe Gute Hoffnung AG

Begriff

1 Natürliche Person

2 Juristische Person

3. Aufgabe

Prüfen Sie, in welchem der folgenden Fälle ein rechtswirksamer Vertrag zustande gekommen ist:

1 Ein 17-Jähriger schließt schriftlich mit dem Ausbildungsbetrieb einen Ausbildungsvertrag ab.

2 Ein Kaufmann erhält ein schriftliches Angebot mit dem Zusatz „freibleibend" und bestellt unverzüglich am gleichen Tag.

3 Ein Lieferer schickt einem Stammkunden unaufgefordert Waren.

4 Es werden versehentlich 400 Jahreskalender statt der in der Bedarfsmeldung angeforderten 40 bestellt.

5 Auf ein verbindliches telefonisches Angebot bestellt ein Kaufmann noch am nächsten Tag mit dem schnellen Medium „elektronische Post".

4. Aufgabe

Situation
Bei einem wöchentlich einmal stattfindenden Direktverkauf der MiHaG GmbH hat die 14-jährige Paula Classdorf einen Grill für ihre Geburtstagsparty im Wert von 800,00 € erworben. Die Hälfte des Kaufpreises zahlt sie aus ihren Ersparnissen, den Rest monatlich aus ihrem künftigen Taschengeld.

Bewerten Sie den Kaufvertrag und tragen Sie die zutreffende Ziffer in das Lösungskästchen ein. Der Vertrag ist ...

1 unwirksam, weil die Eltern nicht vorher zugestimmt haben.

2 schwebend unwirksam, weil Paula beschränkt geschäftsfähig ist.

3 nichtig, weil Paula nicht geschäftsfähig ist.

4 rechtsgültig, weil Paula mit dem Taschengeld bezahlt hat.

5. Aufgabe

Situation
Vertragspartner der MiHaG GmbH ist u. a. auch die Stahlwerke Salzgitter AG. Nachdem sie Monat für Monat von ihrer Vertragspartnerin Edelstahlbleche bezogen hat, liefert diese ihr auch unaufgefordert im April 2 t Edelstahlbleche zu einem besonders günstigen Preis.

Kommt unter diesen Bedingungen rechtswirksam ein Vertrag zustande? Welche der folgenden Aussagen ist richtig?

1 Die MiHaG GmbH müsste dem Vertrag ausdrücklich zustimmen.

2 Stillschweigen unter Kaufleuten mit bestehender Geschäftsverbindung bedeutet Zustimmung zum Antrag des Vertragspartners, hier also zum Abschluss eines gültigen Vertrags.

3 Die Zusendung unbestellter Ware gilt nur als Angebot, was aber hier nicht angenommen wurde.

4 Unternimmt die MiHaG GmbH nichts, so kann man von einer Ablehnung des Angebots ausgehen.

Prüfung Wirtschafts- und Sozialkunde

Rechtliche Rahmenbedingungen des Wirtschaftens – Rechtssubjekte, Rechtsobjekte, Rechtsgeschäfte

Erläuterungen und Lösungen

1. Aufgabe

Lösung: 4, 1, 2, 3

Die Rechtsfähigkeit eines Menschen beginnt mit Vollendung der Geburt. Sie ist die Fähigkeit, Träger von Rechten und Pflichten zu sein.
Juristische Personen (AG oder GmbH) zeichnen sich durch eine eigene Rechtspersönlichkeit aus und eigenem Vermögen. Sie erlangen Rechtsfähigkeit durch Eintragung in das Handelsregister.
Geschäftsfähigkeit ist die Fähigkeit, Rechtsgeschäfte (z. B. Verträge) wirksam abzuschließen. Nur der Eigentümer einer Sache kann darüber verfügen und andere von der Nutzung ausschließen.

2. Aufgabe

Lösung: 2, 1, 1, 2, 2

Juristische Personen des privaten Rechts sind die GmbH und die AG. Eine Stadt ist eine juristische Person des öffentlichen Rechts.

3. Aufgabe

Lösung: 4

Werden von der MiHaG GmbH 400 Kalender bestellt statt der gewünschten 40, ist der Kaufvertrag zunächst wirksam zustande gekommen. Er kann aber angefochten werden, weil eine Willenserklärung mit dem Inhalt „400 Stück" gar nicht abgegeben werden sollte (Erklärungsirrtum).

4. Aufgabe

Lösung: 2

Die Willenserklärung eines beschränkt Geschäftsfähigen ist zunächst „schwebend unwirksam", d. h., hier muss der gesetzliche Vertreter (z. B. Eltern) das Rechtsgeschäft genehmigen, damit es zustande kommt, oder dem Rechtsgeschäft widersprechen. Ratenkäufe eines beschränkt Geschäftsfähigen, die aus dem künftigen Taschengeld finanziert werden, sind durch den sog. „Taschengeldparagraph" nicht abgedeckt.

5. Aufgabe

Lösung: 2

Im Geschäftsleben bedeutet Stillschweigen grundsätzlich Ablehnung und nur bei Kaufleuten mit bestehender Geschäftsverbindung Zustimmung. In diesem Fall muss die MiHaG GmbH ausdrücklich das Angebot ablehnen, sonst würde ein Vertrag zustande kommen.

Rechtssubjekte

Natürliche Personen	Juristische Personen

Rechtsfähigkeit

= Fähigkeit, Träger von Rechten und Pflichten zu sein.

Beginn
- Natürliche Personen: mit Vollendung der Geburt
- Juristische Personen (AG oder GmbH): Eintragung ins Handelsregister

Geschäftsfähigkeit

= Fähigkeit, Rechtsgeschäfte wirksam abzuschließen

3 Stufen der Geschäftsfähigkeit
- Stufe 1: Geschäftsunfähigkeit
- Stufe 2: Beschränkte Geschäftsfähigkeit
- Stufe 3: Unbeschränkte Geschäftsfähigkeit

Geschäftsunfähigkeit → Rechtsgeschäfte sind nichtig.	• Alle Personen unter 7 Jahren • Personen mit dauerhaftem Zustand einer krankhaften Störung der Geistestätigkeit
Beschränkte Geschäftsfähigkeit → Schwebend unwirksames Geschäft	Personen von 7 bis 17 Jahren
Unbeschränkte Geschäftsfähigkeit → Rechtsgeschäfte sind wirksam.	Personen ab 18 Jahren

© Westermann Gruppe

Prüfung Wirtschafts- und Sozialkunde
Rechtliche Rahmenbedingungen des Wirtschaftens – Rechtssubjekte, Rechtsobjekte, Rechtsgeschäfte

---

Situation zur 6. bis 10. Aufgabe
Als zuständige Sachbearbeiterin in der Abteilung Einkauf I – Materialwirtschaft der MiHaG GmbH schließen Sie mit Ihren Kunden, Lieferanten und sonstigen Geschäftsfreunden Verträge unter Beachtung rechtlicher Rahmenbedingungen ab.

6. Aufgabe

Welche der folgenden Behauptungen ist richtig?

1. Nur wenn das Erfüllungs- und Verpflichtungsgeschäft zusammenfallen, also sofort die Zahlung erfolgt, sind auch mündlich abgeschlossene Verträge wirksam.
2. Es gilt die Vertragsfreiheit (Formfreiheit): Alle Verträge – und damit auch Kaufverträge – können grundsätzlich formfrei abgeschlossen werden.
3. Telefonisch abgeschlossene Kaufverträge bedürfen immer der Schriftform.
4. Kaufverträge über große Beträge – ab einem Wert von 10.000,00 € und mehr – muss man allein schon aus Beweisgründen immer schriftlich abschließen.

7. Aufgabe

Zur Feststellung der Liefermöglichkeit und des aktuellen Preises erstellen Sie Anfragen. Welche der folgenden Aussagen ist richtig?

1. Erfolgt auf eine Anfrage ein verbindliches Angebot, kommt durch zwei übereinstimmende Willenserklärungen der Kaufvertrag zustande.
2. Durch die Anfrage verpflichtet sich die MiHaG GmbH, die angefragten Artikel auch wirklich abzunehmen und zu bezahlen.
3. Durch eine Anfrage ist die MiHaG GmbH rechtlich nicht gebunden.
4. Nur wenn innerhalb der verkehrsüblichen Annahmefrist bestellt wird, kommt der Kaufvertrag wirksam zustande.

8. Aufgabe

In welchem Fall ist die Mitarbeiterin der MiHaG GmbH, Rita Simmel, sowohl Besitzerin als auch Eigentümerin der Sache?

1. Rita Simmel kauft für die MiHaG GmbH Tonerkartuschen.
2. Sie least einen Pkw für einen Tagesausflug.
3. Sie leiht sich von ihrer Nachbarin sechs Eier zum Kuchenbacken.
4. Rita Simmel mietet eine Wohnung.
5. Sie leiht sich in einer Videothek eine Musik-DVD aus

9. Aufgabe

Ihnen wird morgens telefonisch von Ihrem langjährigen Geschäftspartner, der „Stahlhandel Braunschweig AG", ein besonders günstiges Angebot über eine Containerlieferung Edelstahlbleche (Coils) unterbreitet. Wie lange ist Ihr Geschäftspartner an dieses Angebot gebunden?

1. 14 Tage
2. Verkehrsübliche Beförderungs- und Bearbeitungsdauer eines Briefs
3. Ein ganzer Tag bei Übersendung der Bestellung durch die MiHaG GmbH mit einem schnellen Medium (Fax, E-Mail)
4. 24 Stunden ab Zugang des Antrags
5. Nur solange das Telefonat dauert

10. Aufgabe

Eine erste Willenserklärung bezeichnet man juristisch als „Antrag", die Zustimmung hierzu als „Annahme". Ordnen Sie den unten genannten Sachverhalten die entsprechenden Begriffe zu:

Sachverhalt		Begriff
a) Die MiHaG GmbH erhält nach erfolgtem verbindlichem Angebot eine Bestellung über 250 Backöfen.		1 Antrag
b) Die MiHaG GmbH erhält per Postwurfsendung ein Angebot über Laminiergeräte.		2 Annahme
c) Die MiHaG GmbH bittet bei ihrem Metalllieferanten Edelstahlwerke Krefeld AG um ein Angebot über 4 t Edelstahlbleche.		3 Weder Antrag noch Annahme
d) Ein Geschäftspartner bietet der MiHaG GmbH für den gebrauchten Firmenwagen mündlich 16.000,00 € an.		
e) Nachdem Ihr Lieferant für Küchenleuchten Ihnen verbindlich 250 Stück einer neuen Küchenserie zu einem Einführungspreis von 22,50 € angeboten hat, bestellen Sie daraufhin 50 Stück zum Einführungspreis.		

173

Prüfung Wirtschafts- und Sozialkunde

Rechtliche Rahmenbedingungen des Wirtschaftens – Rechtssubjekte, Rechtsobjekte, Rechtsgeschäfte

Erläuterungen und Lösungen

6. Aufgabe

Lösung: 2

Im Rahmen der sog. „Privatautonomie" gilt die Vertragsfreiheit. Hierzu zählen die Abschluss-, Inhalts- und Formfreiheit. Letztere gilt für den Abschluss von Verträgen. Willenserklärungen, die zu Verträgen führen, können grundsätzlich in jeder beliebigen Form abgegeben werden. Für bestimmte Rechtsgeschäfte gilt allerdings Formzwang, z. B. beim Kauf eines Grundstücks oder bei der Kündigung eines Arbeitsvertrags.

7. Aufgabe

Lösung: 3

Die Anfrage dient der Informationsbeschaffung (Liefermöglichkeit, Lieferungs- und Zahlungskonditionen). Sie hat für die anfragende MiHaG GmbH keine rechtliche Wirkung.

8. Aufgabe

Lösung: 3

Rita Simmel hält die „geborgten" Eier in den Händen und ist damit Besitzerin. Sie kann mit den Eiern auch nach Belieben verfahren und ist damit Eigentümerin. Weil sie hier einen sog. „Sachdarlehensvertrag" abgeschlossen hat, ist sie allerdings verpflichtet, Eier in der gleichen Güte zurückzugeben.
In den anderen Fällen wird Rita Simmel nur Besitzerin, d. h., sie hat nur die tatsächliche Herrschaft über die Sache, nicht aber die rechtliche.

9. Aufgabe

Lösung: 5

Willenserklärungen/Anträge unter Anwesenden müssen während der Dauer des Gesprächs angenommen werden, sonst erlischt die Bindung an den Antrag. Anwesende sind auch Vertragspartner, die ein Telefon zur Kommunikation nutzen.

10. Aufgabe

Lösung: 2, 3, 3, 1, 1

a) Erfolgt auf ein verbindliches Angebot die Bestellung, handelt es sich um eine Annahme des Antrags, die zu einem Vertrag führt.
b) Postwurfsendungen sind Anpreisungen an die Allgemeinheit, die zu einem ersten Schritt – einem Antrag – führen sollen.
c) Die Bitte um ein Angebot ist eine Anfrage ohne jede rechtliche Bedeutung.
d) Das mündliche Angebot stellt einen ersten Schritt, einen Antrag zum Abschluss eines Vertrags dar.
e) Die Änderung eines Angebots gilt als Ablehnung, verbunden mit einem neuen Antrag.

Rechtsgeschäfte

Einseitige Rechtsgeschäfte z. B. Kündigung, Testament

Zweiseitige Rechtsgeschäfte

Vertrag

Grundsätzlich: Formfreiheit
Formzwang: Grundstückskauf, Kündigung eines Arbeitsvertrags

Zustandekommen von Verträgen durch zwei übereinstimmende Willenserklärungen

1. Willenserklärung = **Antrag**

2. Willenserklärung = **Annahme**

Antrag
Genaue Bestimmung der Inhalte

Annahme
Durch Zustimmung: JA

Bindung an einen Antrag

Anwesende

Abwesende

nur für die Dauer des Gesprächs

verkehrsübliche Beförderungsdauer

Anfragen
Sie sind rechtlich ohne Bedeutung. Sie dienen in Unternehmen der Informationsbeschaffung.

Besitz

Eigentum

Tatsächliche Herrschaft über eine Sache

Rechtliche Herrschaft über eine Sache

Eigentumsübertragung
durch: Einigung und Übergabe

© Westermann Gruppe

11. Aufgabe

Situation
Sie sind Sachbearbeiter in der Abteilung Einkauf Material, Rohstoffe und Frachten. Am 15.09.20XX erstellen Sie eine Anfrage über die Lieferung von 100 Granit-Arbeitsplatten an einen neuen Lieferanten, an die „Natursteinhandel Willingen GmbH". Am 20.09.20XX trifft bei Ihnen das verbindliche Angebot des Unternehmens ein.

Bewerten Sie die rechtliche Bedeutung der Anfrage.
Welche Aussage ist zutreffend?

1. Eine Anfrage wird rechtlich auch als „Antrag" bezeichnet.
2. Durch Ihre Anfrage beschaffen Sie sich lediglich Informationen. Rechtlich gebunden sind Sie dadurch nicht.
3. Eine Anfrage ist immer die 1. Willenserklärung zum Abschluss eines Kaufvertrags.
4. Liefert die Natursteinhandel Willingen GmbH auf eine Anfrage der MiHaG GmbH innerhalb der verkehrsüblichen Bindungsfrist, kommt dadurch ein wirksamer Kaufvertrag zustande.

12. Aufgabe

Fortführung der Situation
Nachdem Sie das Angebot eingehend geprüft haben, bestellen Sie am 24.09.20XX die von Ihnen angefragten Granit-Arbeitsplatten zum 15.10.20XX mit dem Zusatz „fix". Am 26.09.20XX erhalten Sie die Auftragsbestätigung per E-Mail von Ihrem neuen Lieferanten, der die Bestellung morgens mit der Morgenpost erhalten hat. Allerdings erhalten Sie am 15.10.20XX nicht die zugesagte Lieferung.

Wann kam der Kaufvertrag zwischen der MiHaG GmbH und der Natursteinhandel Willingen GmbH rechtswirksam zustande? __.__.XX

13. Aufgabe

Fortführung der Situation
Eine telefonische Rückfrage bei anderen Natursteinherstellern ergab, dass Sie die benötigten Granit-Arbeitsplatten dort sofort und auch preiswerter erhalten können. Sie schildern den Sachverhalt dem für Kaufvertragsstörungen zuständigen Juristen der Stabsabteilung „Recht", der daraufhin eine Empfehlung ausspricht.

Was unternehmen Sie nun nach seiner Empfehlung?

1. Sie mahnen zunächst Ihren Lieferanten an, weil Sie erst nach Ablauf einer Nachfrist Rechte aus dem Lieferungsverzug geltend machen können.
2. Sie treten sofort vom Kaufvertrag zurück.
3. Sie machen von Ihrem Recht auf Preisminderung Gebrauch.
4. Sie verlangen Schadensersatz und Lieferung der Granit-Arbeitsplatten.
5. Sie müssen sich zwischen Schadensersatz und Lieferung entscheiden. Beide Rechte zusammen können Sie nicht geltend machen.

14. Aufgabe

Bewerten Sie die folgenden Aussagen, indem Sie richtigen Aussagen die Ziffer 1, falschen Aussagen die Ziffer 2 zuordnen.

Aussage — **Zuordnung**

a) Warenschulden werden auch als „Schickschulden" bezeichnet, weil der Verkäufer dem Käufer diese zusenden = „schicken" muss.

b) Gesetzlicher Erfüllungsort ist immer der Wohn- oder Geschäftssitz des Schuldners.

c) Ist kein Termin für eine Lieferung vereinbart, kann der Kunde sofortige Lieferung verlangen bzw. der Lieferant sofort liefern.

d) Erfüllungsort für Geldschulden ist immer der Wohn- oder Geschäftssitz des Verkäufers, weil der Käufer hier seine Leistung erbringt.

15. Aufgabe

Situation
Ein Auszubildender der MiHaG GmbH fragt Sie nach dem Begriff „Zweiseitiger Handelskauf" und bittet um ein Beispiel.

Was sagen Sie ihm?

1. Die MiHaG GmbH erwirbt beim Computerhändler 30 Personalcomputer.
2. Die Gesellschafterin Tamara Tagellowsk kauft im Telefonladen für ihre Tochter ein Blackberry.
3. Die Mitarbeiterin Gerlinde Roth kauft im Betrieb einen Geschirrspüler.
4. Die Auszubildende Mathilde Reichert kauft von ihrer Nachbarin ein gebrauchtes E-Bike.

Prüfung Wirtschafts- und Sozialkunde | Rechtliche Rahmenbedingungen des Wirtschaftens – Rechtssubjekte, Rechtsobjekte, Rechtsgeschäfte

Erläuterungen und Lösungen

11. Aufgabe

Lösung: 2

Die Anfrage dient der Informationsbeschaffung: Hierbei sollen Preis, Liefer- und Zahlungsbedingungen und Verfügbarkeit von Waren ermittelt werden.

12. Aufgabe

Lösung: 26.09.20XX

Nach einer Änderung des bestehenden Angebots – die MiHaG GmbH bestellte mit dem Zusatz „fix" am 24.09.20XX – erfolgte die Annahme der Bestellung am 26.09.20XX durch die E-Mail des Lieferanten. Diese erreichte die MiHaG GmbH an diesem Tag.

13. Aufgabe

Lösung: 2

Bei dem bestehenden Fixgeschäft kann die MiHaG GmbH ihre Rechte aus dem Lieferungsverzug direkt geltend machen, ohne dass sie den Lieferanten in Verzug setzen müsste.
Der sofortige Rücktritt ist hier die sinnvolle Entscheidung, weil die MiHaG GmbH die benötigten Waren sofort anderweitig und ohne Mehrkosten erhalten kann.

14. Aufgabe

Lösung: 2, 1, 1, 2

a) Warenschulden sind „Holschulden". Der Verkäufer stellt dem Käufer die Waren an seiner gewerblichen Niederlassung zur Abholung zur Verfügung.

b) und d) Am Erfüllungs- oder Leistungsort muss der Schuldner erfüllen. Somit ergeben sich zwei Erfüllungsorte: Der Erfüllungsort für die Zahlung ist der Wohn- oder Gewerbesitz des Käufers, für die Warenlieferung ist es der Sitz des Verkäufers.

c) Die gesetzliche Bestimmung besagt, dass bei einem fehlenden Liefertermin der Kunde die Ware sofort verlangen bzw. der Verkäufer sofort liefern kann.

15. Aufgabe

Lösung: 1

Ein zweiseitiger Handelskauf liegt immer dann vor, wenn zwei Kaufleute einen Kaufvertrag abschließen über Waren im Rahmen ihres Geschäftsbetriebs.

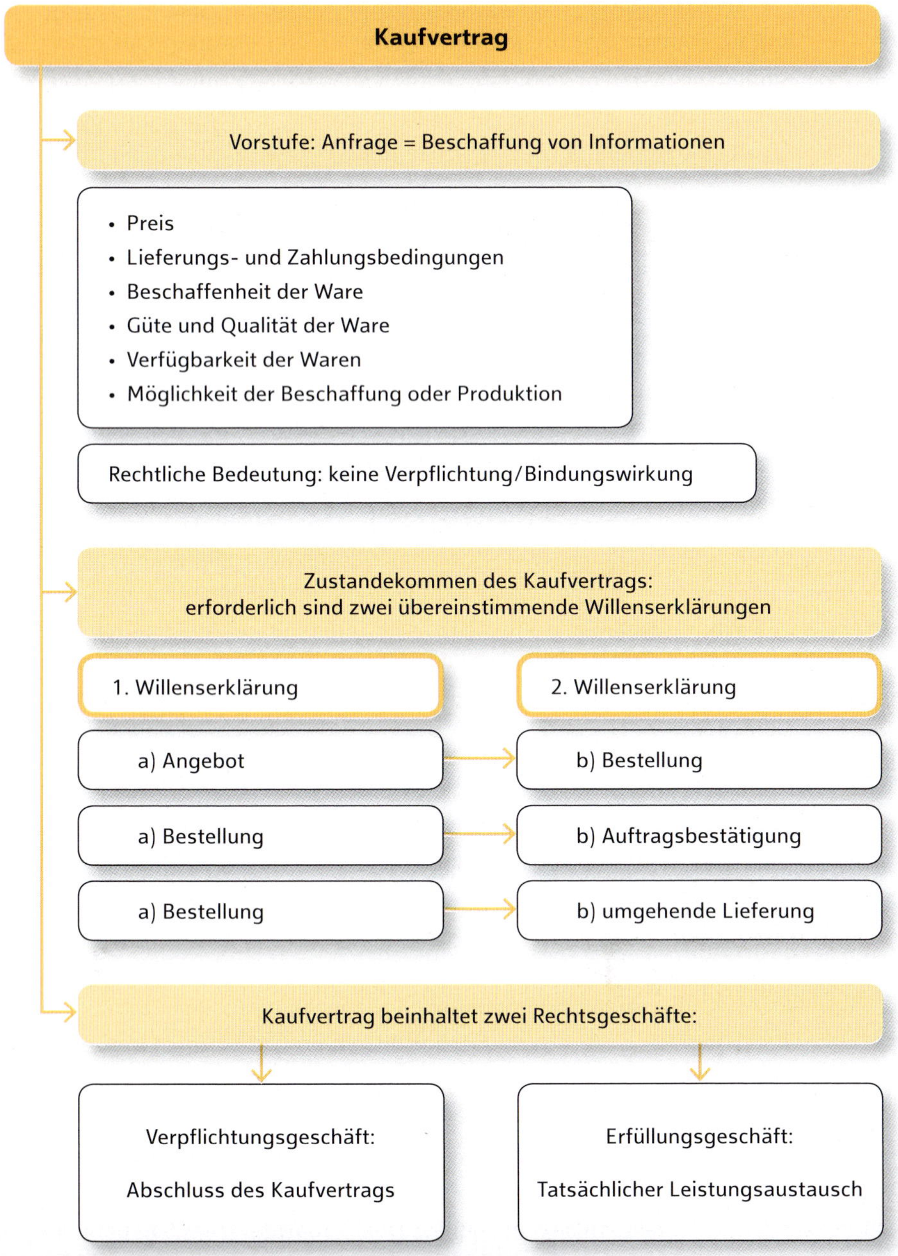

Kaufvertrag

Vorstufe: Anfrage = Beschaffung von Informationen

- Preis
- Lieferungs- und Zahlungsbedingungen
- Beschaffenheit der Ware
- Güte und Qualität der Ware
- Verfügbarkeit der Waren
- Möglichkeit der Beschaffung oder Produktion

Rechtliche Bedeutung: keine Verpflichtung/Bindungswirkung

Zustandekommen des Kaufvertrags:
erforderlich sind zwei übereinstimmende Willenserklärungen

1. Willenserklärung	2. Willenserklärung
a) Angebot	b) Bestellung
a) Bestellung	b) Auftragsbestätigung
a) Bestellung	b) umgehende Lieferung

Kaufvertrag beinhaltet zwei Rechtsgeschäfte:

Verpflichtungsgeschäft:	Erfüllungsgeschäft:
Abschluss des Kaufvertrags	Tatsächlicher Leistungsaustausch

16. Aufgabe

Situation
Als Einkäuferin in der Abteilung Einkauf Rohstoffe, Frachten und Versicherung kontrollieren Sie die Bestellabwicklung bis zum Eintreffen der Waren. Gelegentlich kommt es aber bei der Erfüllung von Verträgen zu Vertragsstörungen.

Ein Kaufvertrag besteht aus dem Verpflichtungs- und dem Erfüllungsgeschäft. Im Rahmen der Erfüllung eines Kaufvertrags kann es zu Leistungsstörungen kommen. Ordnen Sie den folgenden Rechten die Leistungsstörungen richtig zu.

Rechte

a) Nachbesserung oder Neulieferung fordern
b) Deckungskauf durchführen
c) Verkauf der Ware als Selbsthilfe

Leistungsstörungen

1 Lieferungsverzug
2 Annahmeverzug
3 Mangelhafte Lieferung

17. Aufgabe

Situation
Die MiHaG GmbH hat eine neue Metall-Stanzmaschine Voest-Alpine erworben, deren zugesicherte Leistung im Dauereinsatz bei 160 Stück pro Stunde liegt. Ein wiederholter Praxistest unter realistischen Bedingungen ergab aber, dass nicht einmal die Hälfte der vom Hersteller zugesagten Leistung erreicht wird.

Welche zwei Rechte stehen der MiHaG GmbH nach BGB zu?

1 Lieferung einer mangelfreien Metall-Stanzmaschine
2 Sofortiger Rücktritt vom Kaufvertrag
3 Schadensersatz statt Leistung
4 Beseitigung des Mangels

18. Aufgabe

Situation
Ein Geschäftskunde der MiHaG GmbH gerät in Zahlungsverzug. Entsprechend den Allgemeinen Geschäftsbedingungen des Unternehmens erfolgte die Lieferung der MiHaG GmbH unter „Eigentumsvorbehalt".

Welches Recht hat die MiHaG GmbH aus dem vereinbarten Eigentumsvorbehalt? Sie kann …

1 eine Zwangsvollstreckung in das Vermögen des Kunden veranlassen.
2 Verzugszinsen von höchstens 5 % über dem Basiszinssatz verlangen.
3 bei bereits erfolgter Veräußerung der gelieferten Gegenstände den Rechnungsbetrag beim Käufer einfordern.
4 nach Ablauf von 20 Tagen einen Verzugsschaden geltend machen.
5 eine Nachfrist einräumen und nach deren Ablauf vom Kaufvertrag zurücktreten und die Ware zurückverlangen.

19. Aufgabe

Situation
Die MiHaG GmbH hatte 200 integrierte LED-Küchenleuchten „Luminex 2020" zum 15.11.20XX fix bestellt, die aber zu diesem Termin nicht eingetroffen sind. Eine telefonische Nachfrage bei einem weiteren Lieferanten ergab, dass dieser die Küchenleuchten sofort und auch zu einem günstigeren Preis liefern kann.

Von welchem Recht wird die MiHaG GmbH daraufhin Gebrauch machen?

1 Sie kann vom Lieferanten eine angemessene Konventionalstrafe verlangen.
2 Sie wird sofort vom Kaufvertrag zurücktreten.
3 Das Recht auf Nachlieferung steht ihr bei einem Fixkauf nicht zu.
4 Sie kann erst vom Vertrag zurücktreten, nachdem sie eine Nachfrist gesetzt hat.

20. Aufgabe

Situation
Die MiHaG GmbH hat zur Produktion ihrer Küchenschränke selbstschmierende Scharniere bezogen. Erst bei der Fertigung stellt sich heraus, dass sie aufgrund von Mängeln in der Verarbeitung unbrauchbar sind.

Wann verjähren Ansprüche aus der Gewährleistung spätestens?

1 Nach 30 Jahren
2 Nach fünf Jahren
3 Gemäß der regelmäßigen Verjährungsfrist nach drei Jahren
4 Nach zwei Jahren
5 Hier bereits nach erfolgter Lieferung, weil nicht unverzüglich geprüft wurde.

Prüfung Wirtschafts- und Sozialkunde

Rechtliche Rahmenbedingungen des Wirtschaftens – Rechtssubjekte, Rechtsobjekte, Rechtsgeschäfte

Erläuterungen und Lösungen

16. Aufgabe

Lösung: 3, 1, 2

Sofern der Lieferer seinen vertraglichen Verpflichtungen nicht nachkommt, kann sich der Kunde – nach Setzung einer Nachfrist und Ablauf der Nachfrist – die Waren anderweitig beschaffen. Entstehende Mehrkosten gehen dabei zulasten des ursprünglichen Lieferers.
Nimmt ein Kunde ordnungsgemäß gelieferte Ware nicht ab, kann der Lieferer die Ware versteigern lassen oder einen Selbsthilfeverkauf vornehmen.

17. Aufgabe

Lösung: 1 und 4

Bei einer mangelhaften Lieferung steht dem Käufer vorrangig das Recht auf „Nacherfüllung" zu. Er kann nach seiner Wahl Beseitigung des Mangels oder die Lieferung einer mangelfreien Sache verlangen.

18. Aufgabe

Lösung: 5

Gerät ein Kunde in Zahlungsverzug, muss die MiHaG GmbH zunächst eine angemessene Nachfrist setzen und kann dann nach Ablauf dieser Nachfrist vom Kaufvertrag zurücktreten, sofern der Kunde nicht gezahlt hat. Weil in diesem Fall der Eigentumsvorbehalt vereinbart wurde, kann die MiHaG GmbH die Waren zurückfordern.

19. Aufgabe

Lösung: 2

Bei einem Fixkauf steht und fällt der Vertrag mit der Einhaltung des fest vereinbarten Liefertermins, der einen wesentlichen Bestandteil beim Fixkauf darstellt. Liefert der Verkäufer nicht zum zugesagten Fixtermin, hat der Kunde häufig kein Interesse an einer – verspäteten – Lieferung.
Das Recht, auch in diesem Fall die Lieferung zu verlangen, hat der Kunde, muss es aber dem Verkäufer unverzüglich anzeigen. Neben dem Rücktritt vom Vertrag kann der Kunde auch Schadensersatz verlangen. Die beim Verzug sonst übliche Nachfrist ist hier nicht erforderlich.

20. Aufgabe

Lösung: 4

Ansprüche aus Gewährleistung verjähren zwar erst nach zwei Jahren. Für Kaufleute wie die MiHaG GmbH aber gilt darüber hinaus: Sie müssen Warensendungen unverzüglich prüfen und bei Entdecken offener Mängel auch unverzüglich rügen.

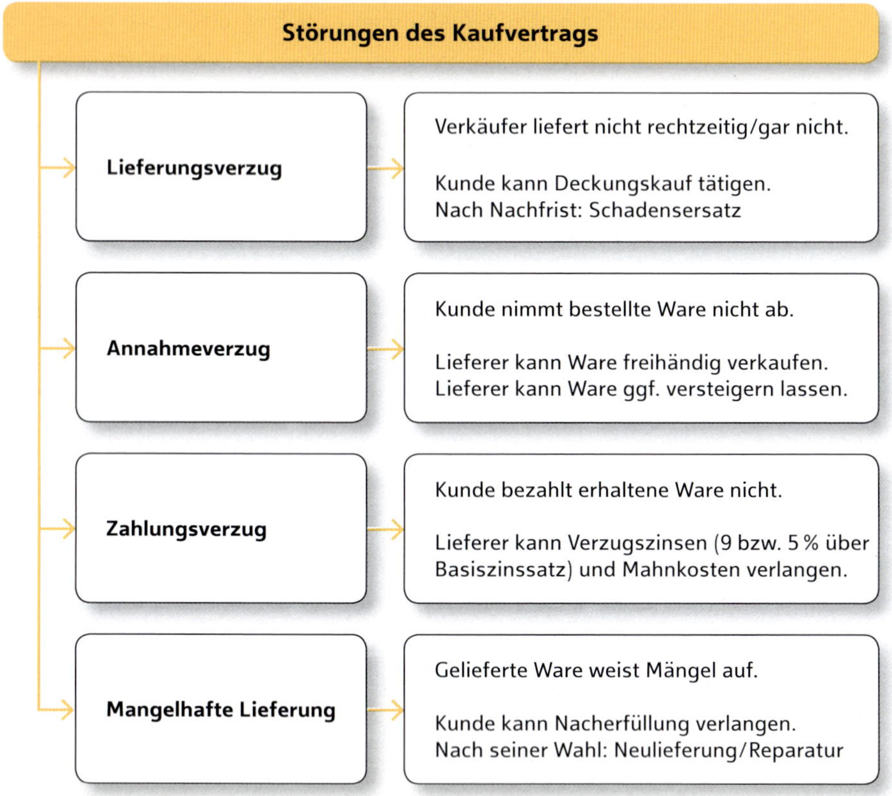

Störungen des Kaufvertrags

Lieferungsverzug	Verkäufer liefert nicht rechtzeitig/gar nicht. Kunde kann Deckungskauf tätigen. Nach Nachfrist: Schadensersatz
Annahmeverzug	Kunde nimmt bestellte Ware nicht ab. Lieferer kann Ware freihändig verkaufen. Lieferer kann Ware ggf. versteigern lassen.
Zahlungsverzug	Kunde bezahlt erhaltene Ware nicht. Lieferer kann Verzugszinsen (9 bzw. 5 % über Basiszinssatz) und Mahnkosten verlangen.
Mangelhafte Lieferung	Gelieferte Ware weist Mängel auf. Kunde kann Nacherfüllung verlangen. Nach seiner Wahl: Neulieferung/Reparatur

Verzug des Käufers oder des Verkäufers

Gläubigerverzug	Schuldnerverzug
• Annahmeverzug	• Lieferungsverzug • Zahlungsverzug

Voraussetzungen

• Fälligkeit der Leistung • Tatsächliches Angebot der Leistung • Gläubiger nimmt Leistung nicht an. • Kein Verschulden erforderlich	• Fälligkeit der Leistung • Verschulden • Mahnung • Entbehrlich bei: Kalender-/Fixgeschäft

21. Aufgabe

Situation
Zwar gilt für den Abschluss von Verträgen die Privatautonomie, viele Verträge sind aber nicht durch die Vertragsfreiheit, sondern durch die Einbeziehung Allgemeiner Geschäftsbedingungen (AGB) gekennzeichnet. Verträge kommen oft nur dann zustande, wenn ein Vertragspartner die vom Verwender genutzten AGB akzeptiert.

AGB werden häufig als „Selbstgeschaffenes Recht der Wirtschaft" bezeichnet. Welche Aussage ist hierzu richtig?

1. Sollten in AGB nichtige Regelungen enthalten sein, wird auch der gesamte Vertrag nichtig, weil: Teilnichtigkeit führt zur Gesamtnichtigkeit.
2. AGB werden dann Vertragsbestandteil, wenn es sich um höherwertige Güter handelt oder diese – wie z. B. bei Banken – branchenüblich sind.
3. AGB werden nur dann wirksam, wenn auf sie deutlich hingewiesen wurde und der Kunde damit einverstanden ist.
4. Die AGB gelten ausschließlich bei einem zweiseitigen Handelskauf.

22. Aufgabe

Situation
Beim Bezug von Scharnieren wurde Ihnen mündlich eine 3-jährige Gewährleistung zugesagt. In den von Ihnen akzeptierten AGB des Unternehmens findet sich aber der Hinweis: „Mündliche Vereinbarungen bedürfen zu ihrer Wirksamkeit der Schriftform."

Nachfolgend sollen Aussagen zur Gültigkeit individueller und mündlicher Abreden geprüft werden. Welche der folgenden Aussagen ist richtig?

1. Weil Sie im Kaufvertrag die Bedingungen Ihres Lieferanten akzeptiert haben, scheidet eine 3-jährige Gewährleistung aus.
2. Eine AGB-Klausel, die die Schriftform vorsieht, ist grundsätzlich nach BGB unzulässig. Die sog. „Inhaltskontrolle" verbietet diese.
3. Individuelle Vereinbarungen zwischen den Vertragspartnern haben Vorrang vor den AGB. Die 3-jährige Gewährleistung gilt damit.
4. Nur dann, wenn Sie eine schriftliche Bestätigung Ihres Lieferanten über die 3-jährige Gewährleistung vorweisen können, haben Sie darauf Anspruch.
5. Weil Verträge grundsätzlich schriftlich abgeschlossen werden müssen, gilt das auch für einzelne Bestandteile wie hier die Garantiebedingungen.

23. Aufgabe

Situation
Die MiHaG GmbH prüft, ob es sinnvoll ist, die vorhandenen Allgemeinen Geschäftsbedingungen (AGB) zu überarbeiten und ggf. den aktuellen gesetzlichen Bestimmungen anzupassen.

Welche **zwei** der folgenden Aussagen sind richtig?

1. Die gesetzlichen Regelungen finden sich im „Gesetz über die Allgemeinen Geschäftsbedingungen".
2. Ein Hinweis auf vorhandene AGB kann dann entfallen, wenn Kunden üblicherweise mit dem Vorhandensein von AGB rechnen müssen, z. B. bei Versicherungen und Banken.
3. Die AGB dienen dem Schutz der MiHaG GmbH gegen jegliche Ansprüche des Kunden.
4. Verstoßen einzelne Bestimmungen gegen das Gesetz, gelten die Regelungen des BGB.
5. Die gesetzlichen Regelungen zu den AGB findet man im BGB.

24. Aufgabe

Situation
Als Verkäufer verwendet die MiHaG GmbH ihre eigenen AGB; tritt sie als Käuferin auf, stößt sie auf die AGB ihrer Lieferanten. Allgemeine Geschäftsbedingungen sind aus dem täglichen Geschäftsleben nicht mehr wegzudenken.

Warum verwenden viele Marktteilnehmer AGB?
Welche **zwei** der folgenden Aussagen sind richtig?

1. Risiken werden in den AGB oft einseitig zulasten eines Vertragspartners verteilt.
2. Sie dienen unmittelbar dem Verbraucherschutz, kann doch jeder Kunde genau seine Rechte und Pflichten aus dem beabsichtigten Vertrag erkennen.
3. Sie sollen Ansprüche des Vertragspartners auf Schadensersatz verhindern.
4. Einmal aufgestellte AGB bringen Rationalisierungsvorteile zugunsten beider Vertragsteile, weil eine individuelle Vertragsgestaltung bei jeglichem Güterkauf zeit- und kostenintensiv wäre.

Prüfung Wirtschafts- und Sozialkunde

Rechtliche Rahmenbedingungen des Wirtschaftens – Rechtssubjekte, Rechtsobjekte, Rechtsgeschäfte

Erläuterungen und Lösungen

21. Aufgabe

Lösung: 3

Damit AGB wirksam werden, muss der Kunde in zumutbarer Weise davon Kenntnis erlangen können. Er muss mit der Einbeziehung der AGB in den von ihm geschlossenen Vertrag einverstanden sein.

22. Aufgabe

Lösung: 3

Es bleibt den Beteiligten eines Vertrages überlassen, unabhängig von den AGB individuelle Abreden zu treffen (§ 305 BGB, „Vorrang der Individualabrede"). Für die Abgabe von Willenserklärungen gilt aber grundsätzlich die Formfreiheit.

23. Aufgabe

Lösung: 4 und 5

Verwendet die MiHaG GmbH AGB, die gegen gesetzliche (Schutz-)Bestimmungen verstoßen, gelten die Bestimmungen des BGB.

Das Recht der Allgemeinen Geschäftsbedingungen findet sich im allgemeinen Teil des Bürgerlichen Gesetzbuche (§§ 305–310 BGB).

24. Aufgabe

Lösung: 1 und 4

Leistungsanbieter am Markt, wie etwa Produzenten, Banken und Versicherungen, verwenden vorformulierte Vertragsbedingungen für eine Vielzahl von künftigen Verträgen. Würde jeder Vertrag individuell ausgehandelt, würde das zeit- und kostenaufwendig sein. Einmal aufgestellte AGB schaffen hier einen kostensenkenden Rationalisierungseffekt, der beiden Vertragspartnern zugutekommt.

Das Recht, individuelle Abreden zu treffen, bleibt den Vertragspartnern unbenommen. Es gilt per Gesetz der „Vorrang der Individualabrede".

AGB haben aber neben dem Rationalisierungseffekt auch noch das Ziel einer Risikoabwälzung auf den Vertragspartner. Eine komplette Risikoabwälzung auf den Vertragspartner ist seitens des Verwenders nicht möglich, weil das Recht der AGB ihn nicht schutzlos dastehen lässt.

AGB: Allgemeine Geschäftsbedingungen

= vorformulierte Vertragsbedingungen eines Verwenders, die für eine Vielzahl von Verträgen aufgestellt wurden

Gründe für die Anwendung der AGB

Rationalisierungseffekt:	Kostenersparnis beim Verwender
Risikoabwälzung:	Oft einseitig zulasten des Vertragspartners
Standardisierung:	Bei Massenverträgen

AGB werden nur dann Vertragsbestandteil, wenn ...

... der Verwender die andere Partei ausdrücklich darauf hinweist;
... die andere Partei Gelegenheit hat, vom Inhalt Kenntnis zu nehmen;
... die andere Partei mit ihrer Geltung einverstanden ist.

Gesetzliche Grundlage: §§ 305 – 310 BGB
Ziel: Schutz des wirtschaftlich Schwächeren

Unzulässige Klauseln:
- Kurzfristige Preiserhöhungen (binnen vier Monaten)
- Überraschungsklauseln, mit denen man nicht rechnen kann
- Pauschalierung von Schadensersatzansprüchen
- Allgemein: Verstoß gegen Treu und Glauben

Zu beachten: Vorrang der Individualabrede

Es gilt der Grundsatz der Vertragsfreiheit: Unabhängig von bestehenden AGB können Verkäufer und Käufer im Rahmen der Gesetze ihre Verträge völlig frei gestalten. Die von ihnen abgeschlossenen Verträge können dabei durchaus in Widerspruch zu den AGB stehen.

Prüfung Wirtschafts- und Sozialkunde

Situation zur 1. bis 4. Aufgabe

Ihre Auszubildende Ivanka Jasrembovic möchte sich nach bestandener Abschlussprüfung zur Industriekauffrau selbständig machen. Von der EDV während ihrer Ausbildung begeistert, plant sie Service- und Dienstleistungen rund um die EDV, also:

- Cloud-Computing & mehr
- Installation und Reparatur von Rechnern gleich welcher Art
- Mietservice für PC und Notebook
- Einrichtung einer Firewall
- Installation und Betreuung von Netzwerken
- Beratung in Sicherheitsfragen

Zwar geht sie in der Gründungsphase ihres neuen Start-up-Unternehmens nicht davon aus, einen kaufmännisch eingerichteten Gewerbebetrieb in vollem Umfang zu betreiben, möchte sich aber in das Handelsregister eintragen lassen. Beachten Sie zur Beantwortung der folgenden Fragen den abgedruckten Gesetzestext:

Handelsgesetzbuch (Auszug)

§ 1 [Istkaufmann] (1) Kaufmann im Sinne dieses Gesetzes ist, wer ein Handelsgewerbe betreibt.

(2) Handelsgewerbe ist jeder Gewerbebetrieb, es sei denn, dass das Unternehmen nach Art und Umfang einen in kaufmännischer Weise eingerichteten Geschäftsbetrieb nicht erfordert.

§ 2 [Kannkaufmann] Ein gewerbliches Unternehmen, dessen Gewerbebetrieb nicht schon nach § 1 Abs. 2 Handelsgewerbe ist, gilt als Handelsgewerbe im Sinne dieses Gesetzbuches, wenn die Firma des Unternehmens in das Handelsregister eingetragen ist.

---

1. Aufgabe

Ist für Ivanka Jasrembovic eine Eintragung in das Handelsregister überhaupt möglich? Wählen Sie **zwei** richtige Antworten aus:

1 Eine Eintragung in das Handelsregister setzt immer eine ausreichende kaufmännische Kapitalbasis voraus. Diese liegt hier nicht vor.

2 Eine Eintragung in das amtliche Verzeichnis der Kaufleute am Ort scheidet aus, weil sie einen kaufmännisch eingerichteten Gewerbebetrieb mit Gewinnerzielung voraussetzt.

3 Ivanka Jasrembovic kann sich in das Handelsregister, Abteilung A eintragen lassen. Nach § 2 HGB hat sie die Eigenschaft eines Kannkaufmanns.

4 Für den Fall einer Eintragung in das Handelsregister gelten für die künftige Jungunternehmerin die engeren Vorschriften des Handelsgesetzbuchs und nicht die des Bürgerlichen Gesetzbuchs.

2. Aufgabe

Ivanka Jasrembovic steht vor der schwierigen Aufgabe, eine aussagefähige und werbewirksame Firmenbezeichnung zu wählen.
Welche Firmenbezeichnung kann die Start-up-Unternehmensgründerin führen?

1 Ivanka Jasrembovic, Computer & Mehr
2 Ivanka Jasrembovic e. K., Computergroßhandlung und Computerservice
3 Computer & Mehr, Ivanka Jasrembovic e. Kffr.
4 Netz- & Cloud-Computing, EDV-Beratung Ivanka Jasrembovic

3. Aufgabe

Für die beabsichtige Namensgebung müssen handelsrechtliche Vorschriften (Firmengrundsätze) beachtet werden.
Was gilt für den Grundsatz der „Firmenausschließlichkeit"?

1 Die Rechtsform der Firma ist nicht zwingend erforderlich, wenn erkennbar ist, dass es sich um einen gewinnorientierten Gewerbebetrieb handelt.

2 Ivanka Jasrembovic darf ausschließlich nur an einem Ort ihre Handelsgeschäfte tätigen, also keine Filialen gründen.

3 Nur solange Ivanka Jasrembovic selber die Geschäfte der Firma führt, kann sie den gewählten Firmennamen mit ihrem Hausnamen beibehalten.

4 Die Firma muss wahr und klar sein.

5 Die Firma darf nicht veräußert werden.

6 Der gewählte Firmenname muss sich eindeutig von anderen Firmen am gleichen Ort unterscheiden.

Prüfung **Wirtschafts- und Sozialkunde** | Rechtliche Rahmenbedingungen des Wirtschaftens – Rechtsformen der Unternehmen

Erläuterungen und Lösungen

1. Aufgabe

Lösung: 3 und 4

Gewerbliche Handelsunternehmen (Kleinbetriebe) können sich nach § 2 HGB (Kannkaufmann) in das Handelsregister eintragen lassen. Aufgrund ihrer Kaufmannseigenschaft gelten dann die schärferen Bestimmungen des Handelsrechts.

So müssen Kaufleute beispielsweise erhaltene Waren unverzüglich prüfen und bei erkannten Mängeln auch unverzüglich rügen.

Kaufleute können sich auch mündlich verbürgen, wobei ihre Bürgschaft immer eine selbstschuldnerische Bürgschaft ist.

Auch land- und forstwirtschaftliche Betriebe haben die Möglichkeit, sich als Kaufleute in das Handelsregister eintragen zu lassen. Auch hier handelt es sich um Kannkaufleute.

2. Aufgabe

Lösung: 3

Die Rechtsform, z. B. „e. Kffr.", muss in jedem Fall Bestandteil der Firmenbezeichnung sein. Weitere Rechtsformzusätze sind AG, GmbH, OHG und KG.

Ansonsten sind Unternehmer in der Formulierung ihrer Firmenbezeichnung grundsätzlich frei.

Der Firmenname darf damit aus Sachinformationen, Personennamen oder Fantasiebezeichnungen gewählt werden. Es darf allerdings durch die Firmenbezeichnung kein falscher Eindruck, z. B. über die Größe des Unternehmens, erweckt werden (Grundsatz der Wahrheit).

3. Aufgabe

Lösung: 6

Die Firmenbezeichnung muss einzigartig sein, d. h., sie muss sich von anderen Kaufleuten am gleichen Ort unterscheiden. Haben zwei Kaufleute am gleichen Ort den gleichen Namen, müssen sie sich durch einen aussagefähigen Firmenzusatz voneinander unterscheiden.

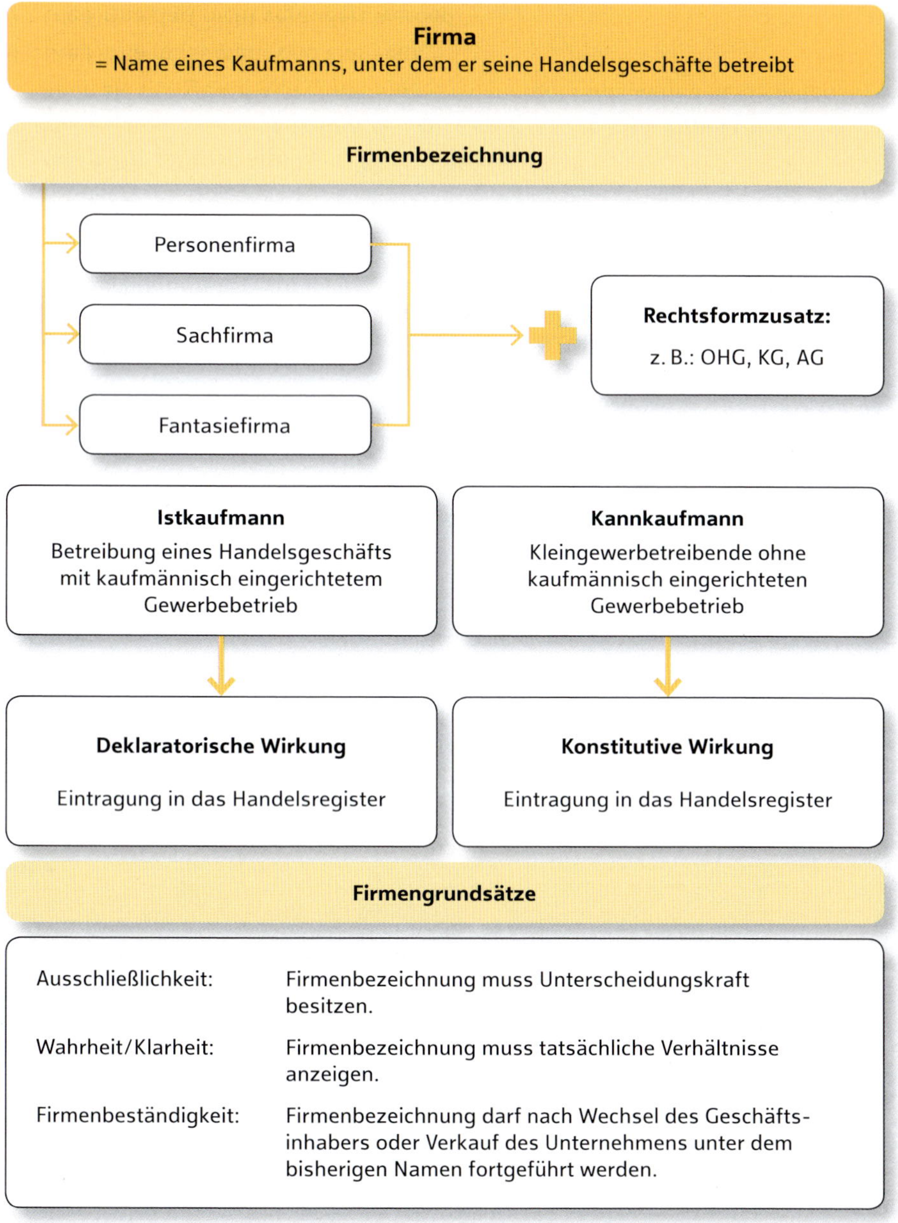

Firma
= Name eines Kaufmanns, unter dem er seine Handelsgeschäfte betreibt

Firmenbezeichnung

- Personenfirma
- Sachfirma
- Fantasiefirma

+

Rechtsformzusatz:
z. B.: OHG, KG, AG

Istkaufmann	**Kannkaufmann**
Betreibung eines Handelsgeschäfts mit kaufmännisch eingerichtetem Gewerbebetrieb	Kleingewerbetreibende ohne kaufmännisch eingerichteten Gewerbebetrieb
Deklaratorische Wirkung Eintragung in das Handelsregister	**Konstitutive Wirkung** Eintragung in das Handelsregister

Firmengrundsätze

Ausschließlichkeit:	Firmenbezeichnung muss Unterscheidungskraft besitzen.
Wahrheit/Klarheit:	Firmenbezeichnung muss tatsächliche Verhältnisse anzeigen.
Firmenbeständigkeit:	Firmenbezeichnung darf nach Wechsel des Geschäftsinhabers oder Verkauf des Unternehmens unter dem bisherigen Namen fortgeführt werden.

4. Aufgabe

Eintragungen in das Handelsregister erzeugen unterschiedliche Wirkungen. Ordnen Sie die einzelnen Wirkungen durch die Eintragung ins Handelsregister den folgenden Sachverhalten zu.

Sachverhalt

a) Ivanka Jasrembovic mit einem geringen Geschäftsumfang lässt sich in das Handelsregister eintragen.

b) Carla Orloff, bisher Leiterin der Buchhaltung, hat mit sofortiger Wirkung Prokura erhalten.

c) Ivanka Jasrembovic erteilt ihrem neuen Abteilungsleiter allgemeine Handlungsvollmacht.

Wirkung

1 konstitutiv (rechtsbegründend)

2 deklaratorisch (rechtsbekundend)

3 entfällt, da Eintragung nicht möglich

Situation zur 5. bis 7. Aufgabe

Marlies Neureuther und Karl Astendorf gestalten in ihrer Werbeagentur Firmenprospekte sowie professionelle Internet-Auftritte für Unternehmen, u. a. auch für die MiHaG GmbH. Sie beschäftigen derzeit 28 Mitarbeiter.
Karl Astendorf hat eine Kapitaleinlage von 220.000,00 € in die Gesellschaft eingebracht, arbeitet aber nicht im Unternehmen. Marlies Neureuther hat die Geschäftsführung sowie persönliche Haftung für die Werbeagentur übernommen.

5. Aufgabe

Um welche der folgenden Rechtsformen handelt es sich hierbei?

1 GmbH
2 AG
3 KG
4 OHG
5 GmbH & Co. KG

6. Aufgabe

Die Werbeagentur ist nach dem geschilderten Sachverhalt …

1 Kannkaufmann
2 Istkaufmann
3 Scheinkaufmann
4 Formkaufmann
5 weder Ist- noch Kann- noch Formkaufmann

7. Aufgabe

Beachten Sie zur Lösung dieser Aufgabe den folgenden Gesetzestext:

> **Handelsgesetzbuch (Auszug)**
>
> § 17 [Begriff] (1) Die Firma ist der Name eines Kaufmanns, unter dem er seine Geschäfte betreibt und die Unterschrift abgibt.
>
> (2) Ein Kaufmann kann unter seiner Firma klagen und verklagt werden.
>
> § 18 [Firma des Kaufmanns] (1) Die Firma muss zur Kennzeichnung des Kaufmanns geeignet sein und Unterscheidungskraft besitzen.
>
> (2) Die Firma darf keine Angaben enthalten, die geeignet sind, über geschäftliche Verhältnisse, die für die angesprochenen Verkehrskreise wesentlich sind, irrezuführen.

Umgangssprachlich wird mit dem Begriff „Firma" oft ein Unternehmen verbunden. Was versteht das Handelsgesetzbuch unter dem Begriff „Firma"?

1 Einen eingerichteten kaufmännischen Betrieb mit umfangreicher Organisation, einer Gliederung des Betriebs in Abteilungen sowie einer eingerichteten Geschäftsbuchhaltung und einer Abteilung Kostenrechnung

2 Ein Grundhandelsgewerbe nach § 1 HGB

3 Den Geschäftsnamen des Kaufmanns, unter dem er sein Handelsgewerbe betreibt

4 Einen Betrieb, der nachhaltig auf Gewinnerzielung ausgerichtet ist und eine Auf- und Ablauforganisation zwingend erforderlich macht

Prüfung Wirtschafts- und Sozialkunde

Rechtliche Rahmenbedingungen des Wirtschaftens – Rechtsformen der Unternehmen

Erläuterungen und Lösungen

4. Aufgabe

Lösung: 1, 2, 3

Kleingewerbetreibende erwerben erst mit ihrer Eintragung in das Handelsregister die Kaufmannseigenschaft. Die Eintragung hat damit konstitutive Wirkung.

Die Erteilung der Prokura erfolgt durch ausdrückliche Erklärung des Kaufmanns. Sie muss zwar in das Handelsregister eingetragen werden, hat aber nur deklaratorische Bedeutung.

Eine erteilte Handlungsvollmacht wird, anders als etwa die Prokura, nicht in das Handelsregister eingetragen.

5. Aufgabe

Lösung: 3

Kennzeichen einer Kommanditgesellschaft sind zwei unterschiedliche Gesellschaftertypen: Neben einem Vollhafter (Komplementär) gibt es darüber hinaus auch noch mindestens einen Teilhafter (Kommanditist).

Nur die Kapitaleinlagen der Teilhafter einer KG werden in das Handelsregister eingetragen, die Kapitalanteile der Vollhafter dagegen nicht.

6. Aufgabe

Lösung: 2

Die Mitarbeiterzahl von 28 Mitarbeitern lässt auf einen Istkaufmann schließen.

7. Aufgabe

Lösung: 3

Die Gesetzesdefinition (Legaldefinition) des § 17 HGB besagt, dass die Firma der Name eines Kaufmanns ist, unter dem er seine Geschäfte betreibt und die Unterschrift abgibt.

Der Kaufmann kann unter seiner Firma klagen und verklagt werden.

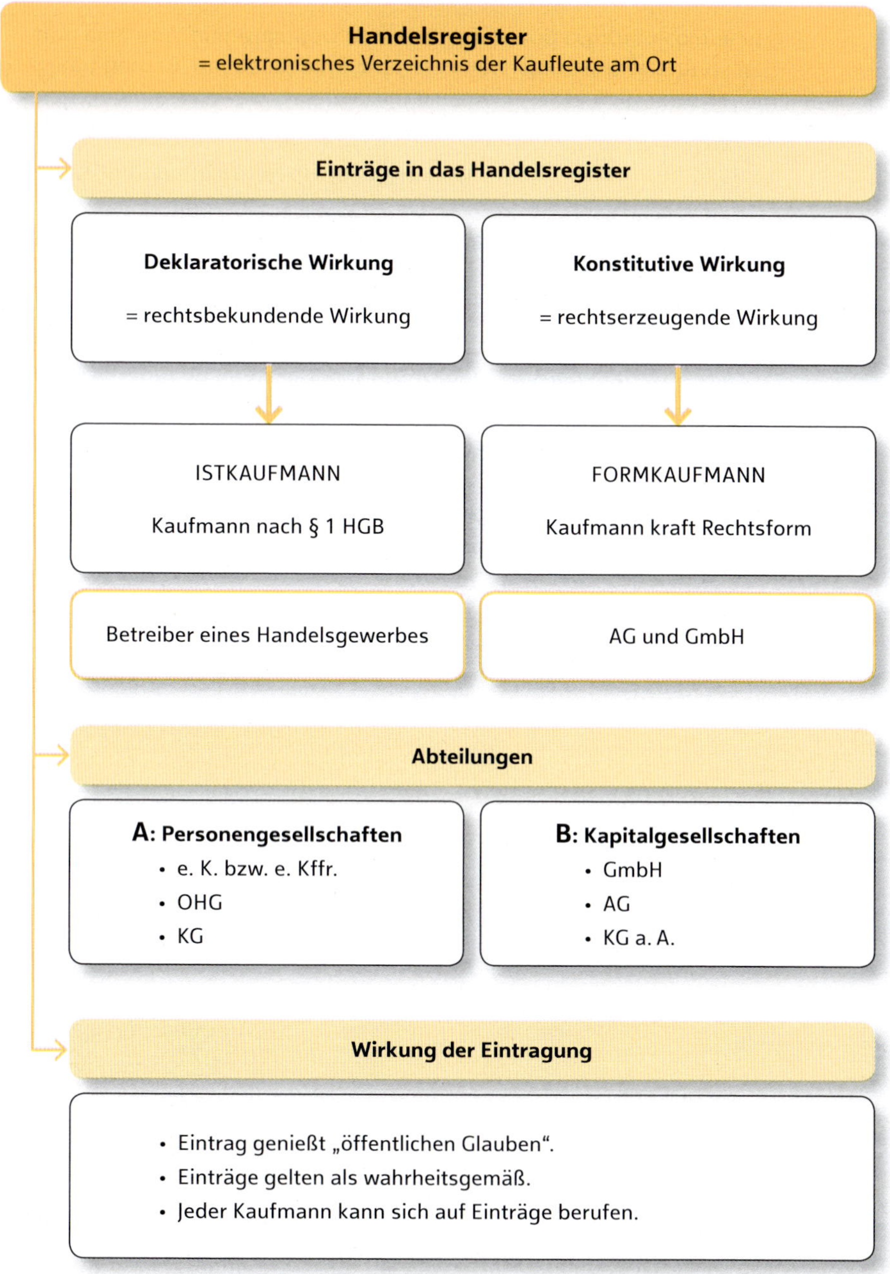

Handelsregister
= elektronisches Verzeichnis der Kaufleute am Ort

Einträge in das Handelsregister

Deklaratorische Wirkung	**Konstitutive Wirkung**
= rechtsbekundende Wirkung	= rechtserzeugende Wirkung

ISTKAUFMANN	FORMKAUFMANN
Kaufmann nach § 1 HGB	Kaufmann kraft Rechtsform

Betreiber eines Handelsgewerbes	AG und GmbH

Abteilungen

A: Personengesellschaften	**B: Kapitalgesellschaften**
• e. K. bzw. e. Kffr.	• GmbH
• OHG	• AG
• KG	• KG a. A.

Wirkung der Eintragung

- Eintrag genießt „öffentlichen Glauben".
- Einträge gelten als wahrheitsgemäß.
- Jeder Kaufmann kann sich auf Einträge berufen.

© Westermann Gruppe

Prüfung **Wirtschafts- und Sozialkunde** — Rechtliche Rahmenbedingungen des Wirtschaftens – Rechtsformen der Unternehmen

Situation zur 8. und 9. Aufgabe
Für den Vertrieb ihrer intelligenten und vernetzten Haushaltsgeräte aus ihrem innovativen Programm *mihag-smart@home* hat die Geschäftsleitung beschlossen, ein Filialunternehmen zu gründen. Als Assistentin der Geschäftsleitung sind Sie nun aufgerufen, Informationen über mögliche Rechtsformen zur Entscheidungsvorbereitung zusammenzustellen.

8. Aufgabe

Eine mögliche Rechtsform des neuen Unternehmens könnte die KG sein. Sie möchten sich mit den rechtlichen Voraussetzungen vertraut machen. Wo schauen Sie nach?

1. GmbH-Gesetz
2. Gesetz gegen den unlauteren Wettbewerb
3. Handelsgesetzbuch
4. Bürgerliches Gesetzbuch
5. Umsatzsteuergesetz

9. Aufgabe

Welche zwei Aussagen zur KG sind richtig?

1. Jeder Gesellschafter der KG ist sowohl zur Geschäftsführung als auch zur Vertretung berechtigt, gleichzeitig aber auch verpflichtet.
2. Vollhafter der KG haften mit ihrem Gesamtvermögen, Teilhafter nur mit ihrer Kapitaleinlage.
3. Das Eigenkapital aller Gesellschafter wird in das Handelsregister eingetragen.
4. Nur die Kapitalanteile der Kommanditisten werden in das Handelsregister eingetragen.

10. Aufgabe

Fortführung der Situation
Sie verschaffen sich einen Überblick über die Gewinnverteilung unterschiedlicher Gesellschaftsformen. Einer Ihrer Handelspartner, die Küchenwelt Dortmund KG, hat einen Gewinn in Höhe von 320.000,00 € erzielt. Nach dem Gesellschaftsvertrag des Unternehmens erhält jeder Gesellschafter zunächst 8 % Vorabverzinsung auf seine Kapitaleinlage, der Rest ist wie folgt zu verteilen:

Die Komplementärin Gerda Immenhof erhält 6 Anteile, der Kommanditist Klaus Junker 3 Anteile und die Kommanditistin Greta Gärtner 1 Anteil.

Ermitteln Sie den Gesamtgewinn der drei Gesellschafter:

Gesellschafter	Eigenkapital	Gesamtgewinn
Gerda Immenhof	80.000,00 €	
Klaus Junker	40.000,00 €	
Greta Gärtner	20.000,00 €	

11. Aufgabe

Fortführung der Situation
Vertragspartner der MiHaG GmbH ist auch das Küchenstudio Carla Winkler OHG. Die Gesellschafter dieser Firma haben vereinbart, dass die Firmengründerin und Gesellschafterin Carla Winkler im Falle einer Insolvenz nicht mit ihrem Privatvermögen haften muss.

Welche Wirkung hat diese Vereinbarung?

1. Wegen der Vertragsfreiheit gilt: Carla Winkler ist von privater Haftung befreit.
2. Sie haftet nur subsidiär, nämlich dann, wenn das Geschäftsvermögen nicht zur Deckung der Verbindlichkeiten ausreicht.
3. Wird die zwischen den Gesellschaftern getroffene Vereinbarung in das Handelsregister eingetragen, gilt diese. Schließlich genießen Einträge in das Handelsregister öffentlichen Glauben.
4. Carla Winkler haftet als Gesellschafterin der OHG unbeschränkt.

12. Aufgabe

Fortführung der Situation
Als nächsten Kandidaten auf Ihrer Agenda möglicher Unternehmensformen haben Sie die GmbH eingetragen.

Prüfen Sie, zu welchem Zeitpunkt eine GmbH rechtsfähig im Sinne von wirksam entstanden ist.

1. Erst mit der Einzahlung aller Stammeinlagen
2. Mit der Aufnahme der wirtschaftlichen Geschäftstätigkeit
3. Mit der Beurkundung der Firmengründung durch den Notar
4. Mit der Eintragung der GmbH in das Handelsregister
5. Nach Zugang eines Rundschreibens an die Geschäftspartner

Prüfung Wirtschafts- und Sozialkunde | Rechtliche Rahmenbedingungen des Wirtschaftens – Rechtsformen der Unternehmen

Erläuterungen und Lösungen

8. Aufgabe

Lösung: 3

Gesetzliche Regelungen zur Einzelunternehmung und zu den Personen-gesellschaften wie OHG und KG finden sich im Handelsgesetzbuch.

9. Aufgabe

Lösung: 2 und 4

Nur die Vollhafter (Komplementäre) sind zur Geschäftsführung und Vertretung berechtigt, nicht dagegen die Kommanditisten, die auch nur mit ihrer Kapital-einlage haften. Die Kapitaleinlagen der Kommanditisten werden in das Handels-register eingetragen.

10. Aufgabe

Gesell-schafter	EK	8 %	Anteile	Restgewinn	Gesamt-gewinn
Immenhof	80.000,00 €	6.400,00 €	6	185.280,00 €	191.680,00 €
Junker	40.000,00 €	3.200,00 €	3	92.640,00 €	95.840,00 €
Gärtner	20.000,00 €	1.600,00 €	1	30.880,00 €	32.480,00 €
		11.200,00 €	10	308.800,00 €	320.000,00 €

11. Aufgabe

Lösung: 4

Vollhafter (Komplementäre) einer OHG haften nach Gesetz (HGB) in jedem Fall unmittelbar, unbeschränkt und solidarisch. Die im Gesetz genannte persönliche Haftung kann nicht durch Gesellschafterbeschluss ausgeschlossen werden.

12. Aufgabe

Lösung: 4

Die GmbH entsteht als sog. „Formkaufmann" erst mit ihrer Eintragung in das Handelsregister, Abteilung „B".

Personengesellschaften

Einzelunternehmung (e. K. bzw. e. Kffr.)

Betreiber eines Handelsgewerbes nach § 1 HGB
Einzelner Kaufmann entscheidet alleine.

Offene Handelsgesellschaft (OHG)

Zusammenschluss von Personen
Ziel: Betreibung eines gemeinschaftlichen Handelsgewerbes

Rechte aller Gesellschafter:	• Geschäftsführung • Vertretung • Privatentnahmen
Haftung der Gesellschafter:	• Unmittelbar • Unbeschränkt • Solidarisch
Gewinnverteilung:	• 4 % des Eigenkapitals • Rest nach Köpfen

Kommanditgesellschaft (KG)

Besonderheit: Zwei Gesellschafter-Typen
Haftung mindestens eines Gesellschafters nur mit seiner Einlage

Vollhafter (Komplementäre)
• Rechte: wie die Gesellschafter einer OHG
• Pflichten: wie die Gesellschafter einer OHG

Teilhafter (Kommanditisten)
• Recht auf Gewinnbeteiligung
• Recht auf Bilanzeinsicht
• Widerspruchsrecht bei riskanten Geschäften

© Westermann Gruppe

Prüfung Wirtschafts- und Sozialkunde — Rechtliche Rahmenbedingungen des Wirtschaftens – Finanzierung und Kreditsicherung

1. Aufgabe

Situation
Zur Mitte des Jahres werden in der MiHaG GmbH für die geplanten Investitionen des kommenden Jahres verschiedene Finanzierungsformen analysiert. Für die Herstellung ihrer Trockner benötigt die MiHaG GmbH drei Bürkle-Stanzmaschinen im Gesamtwert von 264.000,00 €. Die Gesellschafterin Tamara Jagellowsk bespricht mit den Prokuristen Finanzierungsarten und deren Folgen.

Die MiHaG GmbH hat bereits einen hohen Fremdkapitalanteil. Welche Finanzierungsart würde diesen bereits hohen Anteil an Fremdkapital in der Bilanz weiter erhöhen?

1 Darlehen
2 Selbstfinanzierung
3 Leasing
4 Factoring

2. Aufgabe

Fortführung der Situation
Die zuvor genannten Stanzmaschinen ließen sich auch per Leasing finanzieren. Geschäftsführung und Prokuristen wägen auch hier die Vor- und Nachteile gegeneinander ab.

Welchen Vorteil hat das Unternehmen, wenn es sich anstelle eines Kaufs für Leasing entscheidet?

1 Einmalige Anschaffungskosten
2 Unmittelbarer Erwerb von Besitz und Eigentum
3 Erhöhung der Bilanzsumme
4 Schonung der Liquidität

3. Aufgabe

Fortführung der Situation
Gerda Müller, Gesellschafterin der MiHaG GmbH, bietet an, eine der benötigten Bürkle-Stanzmaschinen zu finanzieren.

Welchen Weg der Finanzierung würde das Unternehmen hierbei gehen?

1 Finanzierung aus Rückstellungen
2 Finanzierung mittels des Lohmann-Ruchti-Effekts
3 Selbstfinanzierung
4 Finanzierung aus „Stillen Reserven"
5 Beteiligungsfinanzierung

4. Aufgabe

Situation
Die MiHaG GmbH stellt ihren Fuhrpark um auf umweltfreundliche Elektrofahrzeuge, die fremdfinanziert werden. Ihre Hausbank ist bereit, die Fahrzeuge zu finanzieren, verlangt aber die Zulassungsbescheinigung Teil II (Fahrzeugbrief).

Welche Form der Finanzierung/der Kreditsicherung liegt hier vor?

1 Kurzfristiger Liefererkredit
2 Lombardkredit
3 Hypothekendarlehen
4 Sicherungsübereignungskredit
5 Kontokorrentkredit

5. Aufgabe

Situation
Zur Anschaffung einer neuen vollautomatischen Lackierstation möchte die MiHaG GmbH den Weg der Selbstfinanzierung gehen.

Welche Maßnahme muss sie hierzu ergreifen?

1 Die Einlagen der Kommanditisten werden erhöht.
2 Die Maschine wird zunächst geleast mit späterer Kaufoption.
3 Ein Teil des Gewinns wird nicht ausgeschüttet („thesauriert").
4 Die Sparkasse Minden gewährt ein Investitionsdarlehen.

6. Aufgabe

Situation
Für eine neue Fertigungsstraße kann die MiHaG GmbH auf unterschiedliche Finanzierungsformen zurückgreifen.

Ordnen Sie den folgenden Finanzierungsbeispielen die zugehörige Finanzierungsart zu.

Finanzierungsbeispiel

a) Gewinnthesaurierung: Ein Teil des erzielten Jahresüberschusses verbleibt im Unternehmen.

b) Mit der Hausbank der MiHaG GmbH wird ein Darlehensvertrag abgeschlossen.

Finanzierungsart

1 Selbstfinanzierung
2 Beteiligungs-/Einlagenfinanzierung
3 Fremdfinanzierung

187

Prüfung Wirtschafts- und Sozialkunde

Rechtliche Rahmenbedingungen des Wirtschaftens – Finanzierung und Kreditsicherung

Erläuterungen und Lösungen

1. Aufgabe

Lösung: 1

Ein Darlehen stellt langfristiges Fremdkapital dar und wird auf der rechten Seite der Bilanz auch als Fremdkapital ausgewiesen.

2. Aufgabe

Lösung: 4

Bei der Finanzierungsform „Leasing" entfällt die sofortige Bezahlung des Kaufpreises, weil der Gegenstand praktisch „nur" gemietet wird. Gezahlt wird eine monatliche Leasingrate, die dazu im Rahmen der Betriebsausgaben steuerlich absetzbar ist. Je nach Art des Leasingvertrags gibt es regelmäßig auch die sog. „Kaufoption", d. h., den Gegenstand zum Ende der Nutzung zu erwerben.

3. Aufgabe

Lösung: 5

Stellen die Eigentümer eines Unternehmens Eigenkapital zur Verfügung, spricht man von einer „Beteiligungsfinanzierung". Die Beteiligungsfinanzierung ist eine Form der Eigenfinanzierung. Hierbei wird entweder das Eigenkapital erhöht oder es werden neue Gesellschafter aufgenommen. Bei der Aktiengesellschaft erfolgt die Erhöhung des Eigenkapitals durch die Ausgabe neuer Aktien.

4. Aufgabe

Lösung: 4

Die MiHaG GmbH kann im Falle der Sicherungsübereignung die Fahrzeuge weiterhin nutzen, sie ist Besitzerin. Ihre Hausbank wird „bedingte Eigentümerin". Zur Absicherung eines Sicherungsübereignungskredits werden häufig Maschinen, Kraftfahrzeuge und Warenlager übereignet. Werden Kraftfahrzeuge übereignet, verlangt der Kreditgeber oft die Vollkaskoversicherung.

5. Aufgabe

Lösung: 3

Wird der Gewinn oder werden Teile des Gewinns nicht ausgeschüttet, verbleiben flüssige Mittel im Unternehmen, die zu Investitionszwecken genutzt werden können. Hierbei spricht man von einer offenen Selbstfinanzierung. Wird der tatsächliche Gewinn dagegen verdeckt durch Unterbewertung des Vermögens oder Überbewertung der Rückstellungen, liegt eine verdeckte Selbstfinanzierung vor.

6. Aufgabe

Lösung: 1, 3

Nicht ausgeschüttete Gewinne sind Beispiele für eine offene Selbstfinanzierung. Ein in der Bilanz auf der rechten Seite auszuweisendes Darlehen ist ein Beispiel für eine Fremdfinanzierung.

Finanzierung
Ziel: Ausstattung des Unternehmens mit finanziellen Ressourcen

Eigene Mittel / Fremdmittel

Eigenfinanzierung	Fremdfinanzierung
• Kapitaleinlage durch Gesellschafter • Aufnahme neuer Gesellschafter • Ausgabe neuer Aktien (AG)	• Aufnahme eines Bankkredits • Kurzfristiger Kontokorrentkredit • Lieferantenkredit

WOHER kommt das Kapital?

Innenfinanzierung	Außenfinanzierung
• Kapital kommt aus dem Unternehmen. • Es wird dort erwirtschaftet.	• Kapitalzufluss von außen • Neuer Gesellschafter • Bankkredit

Leasing = Mietkauf

Leasingnehmer:	Erhält Gegenstand zur Nutzung
Kosten:	Nur monatliche Leasingrate
Kaufoption:	Bei Vertragsende ist der Erwerb möglich

Vorteile Leasingnehmer	Nachteile Leasingnehmer
• Keine Sicherheiten erforderlich • Leasinggeber übernimmt Wartung • Schonung der eigenen Liquidität • Leasingraten sind Betriebsausgaben. • Immer: neueste Technik	• Kein Eigentum des Leasingnehmers • Leasing: häufig teurer als Kauf • Miet- und Pachtkosten sind hoch. • Müssen aus Umsatzerlösen rechtzeitig zurückfließen

Prüfung Wirtschafts- und Sozialkunde — Rechtliche Rahmenbedingungen des Wirtschaftens – Finanzierung und Kreditsicherung

Situation zur 7. bis 12. Aufgabe
Bei den anstehenden Investitionsplanungen werden neben den Finanzierungsaspekten und deren Kosten auch die Möglichkeiten einer Kreditsicherung besprochen. Potenzielle Kreditgeber wie Banken knüpfen an die Vergabe eines Kredits auch die Leistung von Sicherheiten durch den Kreditnehmer.

7. Aufgabe

Ein langjähriger und zuverlässiger Lieferer von Stahlblechen der MiHaG GmbH hat vorübergehende Liquiditätsprobleme. Wie kann die MiHaG GmbH bei einem Bankdarlehen helfen?

1. Im Falle eines erforderlichen Bankdarlehens kann die MiHaG GmbH eine Ausfallbürgschaft zusichern.
2. Bei einem Bankdarlehen wünscht die kreditgebende Bank regelmäßig eine selbstschuldnerische Bürgschaft, die die MiHaG GmbH übernimmt.
3. Die MiHaG GmbH kann ihrem Lieferer einen Kontokorrentkredit bei ihrer eigenen Hausbank eröffnen.
4. Zur Kreditsicherung des Lieferers kann die MiHaG GmbH eines ihrer Grundstücke verpfänden.

8. Aufgabe

Die flüssigen Mittel der MiHaG GmbH reichen nicht immer aus zur Liquiditätssicherung, so dass sie auf Kredite zurückgreift. Welche der folgenden Kreditarten wird von der MiHaG GmbH bei den unten dargestellten Sachverhalten genutzt?

Sachverhalt

a) Die MiHaG GmbH übereignet ihrer Bank ein Warenlager.
b) Die Bank verlangt den Verzicht auf die Einrede der Vorausklage.
c) Die MiHaG GmbH bietet ihr Grundstück zur Kreditsicherung an.
d) Zur Kreditsicherung werden bei der Bank Wertpapiere hinterlegt.

Kreditart

1. Bürgschaftskredit
2. Hypothekarkredit
3. Lombardkredit
4. Sicherungsübereignungskredit

9. Aufgabe

Zur Finanzierung der Schaffung neuer Kundenparkplätze an ihrem neuen Standort möchte die MiHaG GmbH den Weg der Eigenfinanzierung gehen. Wann liegt diese Finanzierungsform vor?

1. Erhöhung der Einlagen der Gesellschafter
2. Aufnahme eines Bankdarlehens
3. Finanzierung durch Einbehalten eines Gewinnanteils
4. Finanzierung durch den Bauträger
5. Aufnahme eines weiteren Gesellschafters

10. Aufgabe

Bei der Abwägung alternativer Finanzierungsmodelle taucht auch die Frage nach einer möglichen Innenfinanzierung auf. Wann liegt diese vor?

1. Die Gesellschafterin Hatice Öschdemir leistet eine Privateinlage.
2. Die MiHaG GmbH zahlt eine Rechnung unter Abzug von Skonto.
3. Ein Lieferant der MiHaG GmbH stundet die Bezahlung einer Rechnung.
4. Die MiHaG GmbH nimmt bei der Sparkasse Minden einen Kredit auf.
5. Ein Teil des Gewinns wird reserviert für künftige Investitionen.

11. Aufgabe

Welche der folgenden Aussagen ist richtig, wenn die MiHaG GmbH ein Darlehen durch eine Grundschuld absichert?

1. Die Vereinbarung über die Grundschuld kann mündlich erfolgen.
2. Ein schriftlicher Vertrag über die Grundschuld reicht aus.
3. Für die Grundschuld ist eine notarielle Beglaubigung erforderlich.
4. Die Grundschuld wird ins Grundbuch eingetragen.
5. Die Grundschuld ist im Handelsregister vermerkt.

12. Aufgabe

In der MiHaG GmbH gibt es Überlegungen, künftige Anlagegegenstände nur noch zu leasen. Was zeichnet diese Finanzierungsform aus?

1. Die Liquidität der MiHaG GmbH wird dadurch deutlich eingeschränkt.
2. Anlagegegenstände sind dadurch immer auf dem neuesten Stand.
3. Miet- und Pachtkosten für die „geleasten" Gegenstände sind niedrig.
4. Die MiHaG GmbH hat die uneingeschränkte Verfügungsgewalt über die Gegenstände.
5. Mit der Übergabe der „geleasten" Gegenstände wird die MiHaG GmbH sowohl Besitzerin als auch Eigentümerin.

Prüfung Wirtschafts- und Sozialkunde · Rechtliche Rahmenbedingungen des Wirtschaftens – Finanzierung und Kreditsicherung

Erläuterungen und Lösungen

7. Aufgabe

Lösung: 2

Banken verlangen regelmäßig eine sog. selbstschuldnerische Bürgschaft.
Das bedeutet, dass sich die Bank direkt an den Bürgen wenden kann, wenn der Kreditnehmer den gewährten Kredit nicht zurückzahlt. Sie muss daher nicht erst versuchen, die Rückzahlung des Kredits beim Schuldner einzuklagen.

8. Aufgabe

Lösung: 4, 1, 2, 3

a) Werden Vermögensgegenstände als Sicherheit hinterlegt, die aber der Schuldner noch nutzen möchte (Besitzkonstitut), spricht man von einer Sicherungsübereignung.

b) Wird auf die „Einrede der Vorausklage" verzichtet, kann sich die kreditgebende Bank direkt an den Bürgen wenden. Es handelt sich dabei um eine selbstschuldnerische Bürgschaft.

c) Bei einem Hypothekarkredit tritt neben die persönliche Haftung des Kreditnehmers noch die dingliche Haftung über ein Grundstück hinzu.

d) Werden vertretbare Sachen als (Faust-)Pfand hinterlegt, spricht man von einem Lombardkredit.

9. Aufgabe

Lösungen: 1 und 5

Bei der Eigenfinanzierung stellen die Eigentümer eines Unternehmens Eigenkapital zur Verfügung. Gleiches gilt, wenn neue Gesellschafter in das Unternehmen aufgenommen werden.

10. Aufgabe

Lösung: 5

Die Innenfinanzierung zeichnet sich dadurch aus, dass das Kapital aus dem Unternehmen kommt, es wird dort erwirtschaftet. Teile des Gewinns werden damit für künftige Investitionen reserviert.

11. Aufgabe

Lösung: 4

Hypothekarkredite und Grundschulden werden in das Grundbuch eingetragen.

12. Aufgabe

Lösung: 2

Leasinggüter werden immer wieder dem neuesten Stand der Technik angepasst. Die MiHaG GmbH muss eine monatliche Leasingrate zahlen, ihre Liquidität wird dadurch geschont.

Ähnlich einem nur gemieteten Gegenstand hat die MiHaG GmbH nur ein Nutzungsrecht, was beinhaltet, dass sie keineswegs Eigentümerin, sondern Mieterin der Gegenstände ist und über diese nicht in jeder Hinsicht uneingeschränkt verfügen kann.

Kreditsicherung

Bürgschaft

Selbstschuldnerische Bürgschaft	Ausfallbürgschaft
• Bürge haftet wie Kreditnehmer • Kreditgeber kann sich direkt an den Bürgen wenden • Keine Einrede der Vorausklage	• Einrede der Vorausklage • Bürge haftet nur, wenn gilt: • Kreditnehmer zahlt nicht

Form der Bürgschaft

Privat: Schriftformerfordernis	Kaufleute: formfrei, auch: mündlich

Sicherungsübereignung

• Sicherheitsleistung durch: Maschinen, Fahrzeuge, Warenlager
• Kreditgeber wird „bedingter Eigentümer"
• Besitzkonstitut: Kreditnehmer ist weiterhin Besitzer
• Kreditnehmer kann mit verpfändeten Gegenständen weiterarbeiten
• Bei Kraftfahrzeugen häufig: Hinterlegung des Kfz-Briefes
• Versicherung der verpfändeten Gegenstände (z. B. Vollkasko)

Prüfung Wirtschafts- und Sozialkunde — Menschliche Arbeit im Betrieb – Handlungsvollmacht und Prokura

> **Situation zur 1. und 2. Aufgabe**
> Ein Unternehmen kann häufig nicht von einer Einzelperson in allen Fällen wirksam geleitet werden. Der Kaufmann bedient sich zur Aufgabenerfüllung daher kaufmännischer Hilfspersonen. Diese stattet er mit entsprechenden Vollmachten aus. Hierbei kommen Prokura und Handlungsvollmacht in Betracht.

1. Aufgabe

Als Prokuristin der MiHaG GmbH ist Ruth Mallik im Handelsregister eingetragen. Welche Wirkung hat dieser Eintrag?

1 Die Eintragung über eine erteilte Prokura in das Handelsregister hat konstitutive Wirkung.

2 Die Eintragung über eine erteilte Prokura in das Handelsregister hat nur dann konstitutive Wirkung, wenn dies vorab auch den Geschäftsfreunden per Rundschreiben angekündigt wurde.

3 Die Eintragung über eine erteilte Prokura in das Handelsregister hat deklaratorische Wirkung.

4 Nur die Eintragung über den Widerruf einer erteilten Prokura hat deklaratorische Wirkung.

2. Aufgabe

Ute Hasselt, neue Mitarbeiterin der Abteilung Rechnungswesen der MiHaG GmbH, soll verschiedene Aufgaben erledigen.
Zu welcher der folgenden Aufgaben benötigt sie eine Artvollmacht?

1 Für das bevorstehende zehnjährige Unternehmensjubiläum kauft sie Getränke ein.

2 Ute Hasselt prüft die Offene-Posten-Liste und erstellt für zahlungsunwillige Kunden Mahnschreiben.

3 Vertretungsweise soll sie morgen einem Stammkunden ein funktionsfähiges Ersatzgerät zur Verfügung stellen.

4 Die Mitarbeiterin soll für das bevorstehende Betriebsjubiläum eine Firmenpräsentation ausarbeiten zum Thema: „Unser Betrieb stellt sich vor".

> **Situation zur 3. und 4. Aufgabe**
> Karl Strauch, Prokurist der MiHaG GmbH, hat der neuen Personalchefin, Sybille Hofreither, mündlich allgemeine Handlungsvollmacht erteilt.

3. Aufgabe

Prüfen Sie, welches der folgenden Rechtsgeschäfte Frau Hofreither wirksam mit dieser Vertretungsvollmacht abschließen darf.

1 Zur Aufrechterhaltung der Liquidität darf sie mit der Hausbank, der Sparkasse Minden, einen Darlehensvertrag über einen Kontokorrentkredit abschließen.

2 Im Falle drohender Zahlungsunfähigkeit muss sie beim Amtsgericht Minden den Antrag auf Insolvenzeröffnung stellen.

3 Sie darf Grundstücke erwerben, nicht aber verkaufen.

4 Sie kann rechtswirksam Mitarbeiter einstellen und entlassen.

5 Sie ist berechtigt, vertrauenswürdigen Personen allgemeine Handlungsvollmacht zu erteilen.

6 Am Jahresende muss sie die Bilanz und Steuererklärung unterschreiben.

4. Aufgabe

Stellen Sie fest, ob die erteilte Handlungsvollmacht durch mündliche Erklärung des Prokuristen Karl Strauch rechtswirksam zustande gekommen ist.

1 Die Befugnisse des Prokuristen Karl Strauch reichen nicht aus, um rechtswirksam allgemeine Handlungsvollmacht zu erteilen.

2 Erst dann, wenn ein weiterer Prokurist mit Gesamtprokura der allgemeinen Handlungsvollmacht zustimmt, ist diese rechtswirksam.

3 Zur Wirksamkeit wäre eine Eintragung in das Handelsregister erforderlich gewesen, was aber hier nicht erfolgt ist.

4 Der Prokurist Karl Strauch, der alle gewöhnlichen und außergewöhnlichen Rechtsgeschäfte abschließen darf, kann auch wirksam allgemeine Handlungsvollmacht erteilen.

5 Die Erteilung der allgemeinen Handlungsvollmacht bedarf der Schriftform. Weil diese hier nur mündlich erfolgt ist, führt der Formverstoß zur Nichtigkeit der allgemeinen Handlungsvollmacht.

6 Nur die Geschäftsführerin Tamara Tagellowsk kann wirksam bestimmen, wer allgemeine Handlungsvollmacht erhält.

Prüfung Wirtschafts- und Sozialkunde

Menschliche Arbeit im Betrieb – Handlungsvollmacht und Prokura

Erläuterungen und Lösungen

1. Aufgabe

Lösung: 3

Die Prokura entsteht bereits mit ausdrücklicher Erklärung des Firmeninhabers. Zwar muss sie in das Handelsregister eingetragen werden; die Eintragung ist aber nicht Voraussetzung ihrer Wirksamkeit und hat damit nur deklaratorische Bedeutung.

2. Aufgabe

Lösung: 2

Artvollmacht setzt immer wiederkehrende, gleichartige Geschäftsfälle voraus, wie etwa die Abwicklung des Zahlungsverkehrs und die Überwachung der Außenstände. Auch Ein- und Verkäufer, Kassierer und Handlungsreisende verfügen häufig über Artvollmacht.

3. Aufgabe

Lösung: 4

Allgemeine Handlungsvollmacht bedeutet für die neue Personalchefin, dass sie alle Rechtsgeschäfte tätigen darf, die der Handelsbetrieb gewöhnlich mit sich bringt.

Die Einstellung und Entlassung von Mitarbeitern gehört im Bereich der Personalarbeit zu den üblichen und gewöhnlichen Rechtsgeschäften eines Unternehmens.

4. Aufgabe

Lösung: 4

Der Prokurist Karl Strauch hat Einzelprokura. Die Prokura berechtigt zur Vornahme aller gerichtlichen und außergerichtlichen Rechtsgeschäfte, die ein Handelsbetrieb mit sich bringt.

Hierzu gehört auch die Erteilung eines nachrangigen Rechts, wie etwa die Handlungsvollmacht. Die Handlungsvollmacht kann mündlich, schriftlich oder durch schlüssiges Verhalten erteilt werden.

Prokura dürfte der Prokurist Karl Strauch nicht erteilen, weil dieses Recht nur dem Kaufmann oder seinem Stellvertreter vorbehalten ist.

Stellvertretung des Kaufmanns

Prokura	Handlungsvollmacht
Prokura ermächtigt zu allen Arten von *gerichtlichen und außergerichtlichen Geschäften und Rechtshandlungen*, die der Betrieb eines Handelsgewerbes mit sich bringt (§ 49 I HGB).	Handlungsvollmacht ermöglicht alle Geschäfte und Rechtshandlungen, die der Betrieb eines derartigen Handelsgewerbes *gewöhnlich* mit sich bringt (§ 54 I HGB).

Erteilung der Prokura: nur durch ausdrückliche Erklärung

Prokuraerteilung:	nur durch den Kaufmann/Stellvertreter
Handelsregistereintrag:	erforderlich nach Gesetz
Wirkung der Eintragung:	deklaratorische Wirkung
Geschäftsfreunde:	Bekanntmachung durch Rundschreiben

Befugnisse des Prokuristen

Was er darf:	Was er nicht darf:
• Grundstücke kaufen	• Grundstücke verkaufen
• Kredite aufnehmen	• Gesellschafter aufnehmen
• Prozesse führen	• Firmenzweck ändern

Arten der Prokura

Einzelprokura:	Prokurist kann alleine handeln; er benötigt zur Wirksamkeit von Rechtsgeschäften keine zweite Unterschrift.
Gesamtprokura:	Prokurist kann nur zusammen mit einem weiteren Prokuristen rechtswirksam das Unternehmen vertreten.
Filialprokura:	Beschränkung auf eine Filiale oder Zweigstelle

Unterzeichnung

ppa., pp, per procura oder sonstiger, sinnvoller Zusatz

5. Aufgabe

Situation
Zur Erfüllung ihrer Sachaufgaben benötigen sowohl ausführende wie auch leitende Mitarbeiter entsprechende Vollmachten. Das Spektrum reicht von der einfachen Einzelvollmacht über die Art- bis zur allgemeinen Handlungsvollmacht und zur Prokura.
Bei privaten Kunden der MiHaG GmbH werden Haushaltsgeräte geliefert und installiert. Monteure und Auslieferungsfahrer dürfen hierbei Geld entgegennehmen und auch dem Kunden die Zahlung quittieren.

Über welche Vollmacht verfügen hierbei die Monteure und Auslieferungsfahrer?

1. Erforderlich ist die allgemeine Handlungsvollmacht, die es ermöglicht, ein so wichtiges Rechtsgeschäft wie die Zahlung wirksam abzuschließen.
2. Es handelt sich jeweils um eine Einzelvollmacht, die es dem Auslieferungsfahrer nur einmalig ermöglicht, einen fälligen Geldbetrag entgegenzunehmen.
3. Es handelt sich um die Inkassovollmacht, eine Form der Artvollmacht.
4. Die Abwicklung des Zahlungsverkehrs schreibt die Prokura zwingend vor.

6. Aufgabe

Situation
Auf der Abteilungsleiterkonferenz zu Beginn des Jahres wurde von der Geschäftsleitung festgelegt, dass das angebotene Topfsortiment nur von dem bisherigen Stammlieferanten auch weiterhin bezogen werden soll.
Die Prokuristin Ruth Mallik war von Preis, Qualität und Funktionalität des konkurrierenden Herstellers BÖSLE Metallwarenfabrik auf der Haushaltswarenmesse in Hamburg dermaßen überzeugt, dass sie mit diesem Unternehmen eine jährliche Abnahmemenge vertraglich vereinbart hatte.

Muss die MiHaG GmbH den abgeschlossenen Vertrag erfüllen?

1. Ja, weil eine Einschränkung der Prokura nicht im Außenverhältnis gilt
2. Nein, weil die Prokuristin nicht gegen ihren Dienstvertrag handeln darf
3. Ja, weil die ihr eingeräumte Prokura solche Rechtsgeschäfte abdeckt
4. Nein, weil der Umfang ihrer Prokura für den Vertragsabschluss nicht ausreicht
5. Ja, weil ihre Prokura sie befähigt, die MiHaG GmbH in allen gewöhnlichen und außergewöhnlichen Rechtsgeschäften wirksam zu vertreten

7. Aufgabe

Situation
Im Rahmen ihrer differenzierten Distributionspolitik werden Produkte der MiHaG GmbH auch über Handlungsreisende vertrieben. Diese besuchen und beraten Kunden und können dabei auch rechtswirksame Kaufverträge abschließen.

Welche Art der Vollmacht benötigen Handlungsreisende hierzu?

1. Um Rechtsgeschäfte gleicher Art wirksam abschließen zu können, benötigt der Handlungsreisende Artvollmacht (Abschlussvollmacht).
2. Weil es sich um finanziell bedeutende Geschäfte handeln kann, die die MiHaG GmbH vertraglich binden, ist eine Gesamtprokura erforderlich.
3. Die Einzelprokura reicht zum Abschluss von Kaufverträgen bereits aus.
4. Zum Abschluss eines Kaufvertrags benötigt der Handlungsreisende jeweils eine Einzelvollmacht.
5. Handlungsreisende können Kaufverträge nur vorbereiten; rechtswirksam und damit für das Unternehmen bindend werden diese aber erst durch die Unterschrift der Geschäftsführerin Tamara Tagellowsk.

8. Aufgabe

Situation
Die Mitarbeiterin Carla Messerschmidt muss eine Reihe von Rechtsgeschäften durchführen und Willenserklärungen im Namen der Gesellschaft abgeben.

Welche Vollmacht benötigt sie jeweils hierbei? Ordnen Sie zu.

Rechtsgeschäft	Vollmacht
a) Gerichtliche Vertretung des Unternehmens	1 Allgemeine Handlungsvollmacht
b) Kauf eines Betriebsgrundstücks	2 Prokura
c) Erteilen von allgemeiner Handlungsvollmacht	3 Nicht möglich
d) Personaleinstellung und -eingruppierung	
e) Unterschreiben der Bilanz	
f) Verkauf eines Grundstücks	

Prüfung Wirtschafts- und Sozialkunde

Menschliche Arbeit im Betrieb – Handlungsvollmacht und Prokura

Erläuterungen und Lösungen

5. Aufgabe

Lösung: 3

Bei der Entgegennahme und Quittierung von Geldbeträgen handelt es sich um immer wiederkehrende, gleichartige Aufgaben. Hierzu ist die Artvollmacht – hier auch Inkassovollmacht genannt – erforderlich.

6. Aufgabe

Lösung: 4

Ruth Mallik hat Gesamtprokura. Das bedeutet, dass sie nur rechtswirksam die MiHaG GmbH vertreten kann, wenn sie mit einem weiteren Prokuristen Willenserklärungen abgibt. Damit ist die MiHaG GmbH rechtlich nicht verpflichtet.

Die Gesamtprokura von Ruth Mallik wurde in das Handelsregister der Stadt Minden eingetragen und steht damit allen Kaufleuten zur Einsichtnahme zur Verfügung.

7. Aufgabe

Lösung: 1

Der rechtswirksame Abschluss von Kaufverträgen durch Handlungsreisende und Angestellte der MiHaG GmbH setzt die Artvollmacht – hier: Abschlussvollmacht – voraus.

8. Aufgabe

Lösung: 2, 2, 2, 1, 3, 3

a) und b) Die Prokura ermächtigt zu allen Arten von gerichtlichen und außergerichtlichen Geschäften und Rechtshandlungen. Hierunter fallen der Erwerb von Grundstücken – nicht aber der Verkauf – sowie die gerichtliche Vertretung des Unternehmens in einem Prozess.

c) Um Handlungsvollmacht rechtswirksam erteilen zu können, ist eine „übergeordnete" Vollmacht erforderlich, hier die Prokura.

d) Im Allgemeinen haben u. a. Personalchefs allgemeine Handlungsvollmacht. Sie können mit dieser Vollmacht wirksam Einstellungen und Entlassungen vornehmen.

e) Die Unterschrift unter Bilanz und Jahresabschluss obliegt allerdings den Gesellschaftern des Unternehmens.

f) Einem Prokuristen ist es untersagt, Grundstücke zu verkaufen. Hat er eine Vollmacht des Kapitaleigners, ist er in diesem Fall dazu berechtigt.

Stellvertretung des Kaufmanns: Handlungsvollmacht

↓

Formen der Handlungsvollmacht

Allgemeine Handlungsvollmacht	Artvollmacht	Einzelvollmacht
Rechtsgeschäfte, die ein Betrieb gewöhnlich mit sich bringt	Vornahme von immer wiederkehrenden Rechtsgeschäften	Vollmacht nur für ein einzelnes Rechtsgeschäft
Einstellung/Entlassung von Mitarbeitern	Einkauf, Verkauf, Inkasso	Auszubildende kauft Postwertzeichen

Die Handlungsvollmacht wird **nicht** in das Handelsregister eingetragen.

Die Handlungsvollmacht könnte auch durch Duldung übertragen werden.

Unterzeichnung

i. A.: im Auftrag
i. V.: in Vertretungsvollmacht

Prüfung Wirtschafts- und Sozialkunde — Menschliche Arbeit im Betrieb – Arbeitsrecht

Situation zur 1. bis 5. Aufgabe
Als Mitarbeiter in der Personalabteilung müssen Sie arbeits- und sozialrechtliche Aspekte bei Ihrer Tätigkeit beachten. Die Zusammenarbeit mit dem Betriebsrat erfordert gute Kenntnisse des Tarifvertrags- und des Betriebsverfassungsrechts.

1. Aufgabe

Ansprüche eines Arbeitnehmers aus einem Arbeitsverhältnis können in unterschiedlichen Tarifverträgen ihre Rechtsgrundlage haben. Ordnen Sie richtig zu.

Situation/Begriff		Zuordnung
a) Stundenlohn		1 Manteltarifvertrag
b) Dauer des Urlaubs		2 Gehaltstarifvetrag
c) Azubi-Vergütung (kfm. Ausbildung)		3 Gehaltsrahmentarifvertrag
d) Voraussetzung für die Vergütung nach Gehaltsgruppe 3		4 Lohntarifvertrag

2. Aufgabe

In Ihrem Unternehmen stehen Tarifverhandlungen an. Vergeben Sie für die richtige Reihenfolge die Ziffern 1 bis 8.

a) 75 % der Gewerkschaftsmitglieder stimmen für einen Streik.

b) Die Gewerkschaftsmitglieder stimmen in einer weiteren Abstimmung über den Einigungsvorschlag ab.

c) Fristgemäße Kündigung/Auslaufen des Tarifvertrags

d) Arbeitgeber sperren Arbeitnehmer aus.

e) Aufnahme der Verhandlungen durch die Tarifpartner

f) Die zuständige Gewerkschaft organisiert eine Urabstimmung über Streikmaßnahmen.

g) Neue Tarifverhandlungen führen zu einer Einigung.

h) Die Tarifverhandlungen werden als gescheitert erklärt.

3. Aufgabe

Die MiHaG GmbH ist tarifgebunden, sie gehört dem entsprechenden Arbeitgeberverband der Metall- und Elektroindustrie NRW an. Wer kann Tarifverträge rechtswirksam abschließen?

1. Betriebsrat und Geschäftsführung der MiHaG GmbH
2. Jeder Arbeitgeber mit den beschäftigten Arbeitnehmern
3. Ein einzelner Arbeitgeber und die Gewerkschaft
4. Gewerkschaft und Arbeitgeberverband
5. Arbeitgeber und Industrie- und Handelskammer

4. Aufgabe

Tarifverträge beeinflussen und gestalten auch das einzelne Arbeitsverhältnis eines Arbeitnehmers mit dem Arbeitgeber.
Für wen gelten die Bestimmungen des Tarifvertrags unmittelbar und zwingend?

1. Für alle Arbeiter des Betriebs
2. Für die beiderseits Tarifgebundenen
3. Für den Betriebsrat nur während seiner Tätigkeit
4. Nur für die Auszubildenden des Betriebs
5. Für alle Arbeitnehmer der MiHaG GmbH

5. Aufgabe

Die Gestaltung der Arbeits- und Wirtschaftsbedingungen werden den Tarifvertragsparteien, den Arbeitgebern und den Gewerkschaften ohne staatliche Einmischung überlassen.
Wie nennt man dieses im Grundgesetz verankerte Prinzip der sozialen Marktwirtschaft?

1. Betriebliche Mitbestimmung der Arbeitnehmer
2. Koalitionsfreiheit
3. Tariffreiheit
4. Tarifautonomie
5. Unternehmensmitbestimmung der Arbeitnehmer
6. Betriebsverfassung

195

Prüfung Wirtschafts- und Sozialkunde

Menschliche Arbeit im Betrieb – Arbeitsrecht

Erläuterungen und Lösungen

1. Aufgabe

Lösung: 4, 1, 2, 3

a) In einem Lohntarifvertrag wird den entsprechenden Lohngruppen die Vergütung für eine geleistete Arbeitsstunde gegenübergestellt.

b) Ein Manteltarifvertrag enthält allgemeine Arbeitsbedingungen (z. B. wöchentliche Arbeitszeit, Urlaubsdauer, Erschwerniszuschläge).

c) Der Gehaltstarifvertrag enthält für die kaufmännischen Gruppen die Monatsvergütungen, für Auszubildende die Ausbildungsvergütung.

d) Der Gehaltsrahmentarifvertrag erläutert für die jeweiligen Gehaltsgruppen die Voraussetzungen.

2. Aufgabe

Lösung: 5 – 8 – 1 – 6 – 2 – 4 – 7 – 3

Bei einem auslaufenden oder gekündigten Tarifvertrag nehmen die Tarifvertragsparteien rechtzeitig Tarifverhandlungen auf. Führen diese zu keinem Ergebnis, werden Arbeitskampfmaßnahmen eingeleitet. Nach einer Urabstimmung der gewerkschaftlich organisierten Arbeitnehmer, bei denen 75 % dem Streik zustimmen müssen, kann gestreikt werden, was die Arbeitgeber mit einer Aussperrung beantworten können. Nach neuen Verhandlungen oder einer erfolgten Schlichtung stimmen die organisierten Arbeitnehmer über das Ergebnis ab. Hierzu reichen 25 % aus. Damit gilt ein neuer Tarifvertrag und die sog. Friedenspflicht setzt ein.

3. Aufgabe

Lösung: 3 und 4

Grundlage bildet das Tarifvertragsgesetz. Hiernach sind Tarifvertragsparteien Gewerkschaften (Organisationen von Arbeitnehmern) sowie einzelne Arbeitgeber oder Zusammenschlüsse von Arbeitgebern (Arbeitgeberverbände).

4. Aufgabe

Lösung: 2

Auf der Ebene eines Tarifvertrags schließen Arbeitgeberverbände und Gewerkschaften Tarifverträge ab. Weil diese Tarifvertragsparteien gewissermaßen stellvertretend für ihre Mitglieder handeln, gelten die Tarifverträge nur für die Arbeitgeber, die dem Arbeitgeberverband angehören, sowie für die gewerkschaftlich organisierten Arbeitnehmer.

5. Aufgabe

Lösung: 4

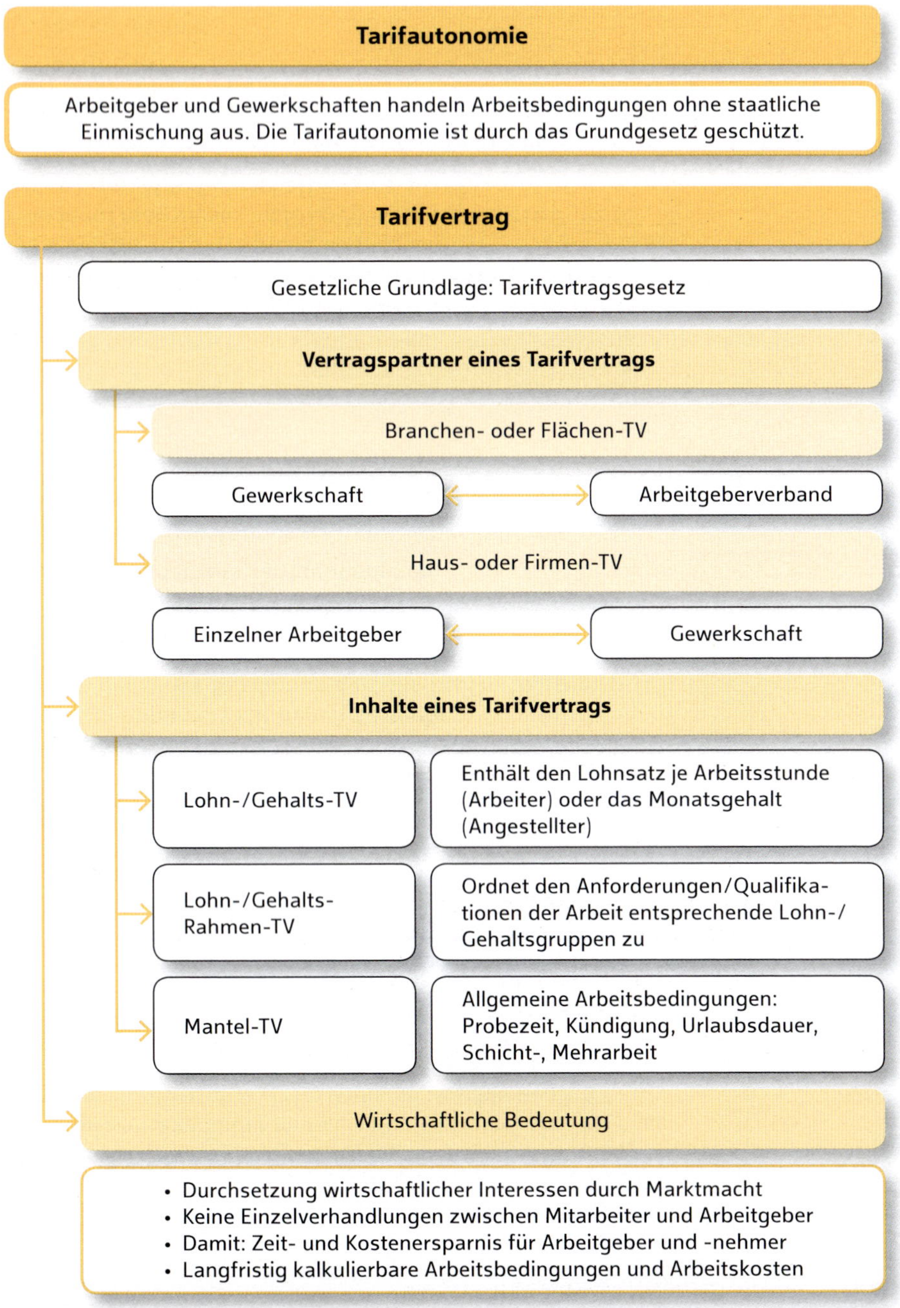

© Westermann Gruppe

Tarifautonomie

Arbeitgeber und Gewerkschaften handeln Arbeitsbedingungen ohne staatliche Einmischung aus. Die Tarifautonomie ist durch das Grundgesetz geschützt.

Tarifvertrag

Gesetzliche Grundlage: Tarifvertragsgesetz

Vertragspartner eines Tarifvertrags

Branchen- oder Flächen-TV

| Gewerkschaft | ⟷ | Arbeitgeberverband |

Haus- oder Firmen-TV

| Einzelner Arbeitgeber | ⟷ | Gewerkschaft |

Inhalte eines Tarifvertrags

Lohn-/Gehalts-TV	Enthält den Lohnsatz je Arbeitsstunde (Arbeiter) oder das Monatsgehalt (Angestellter)
Lohn-/Gehalts-Rahmen-TV	Ordnet den Anforderungen/Qualifikationen der Arbeit entsprechende Lohn-/Gehaltsgruppen zu
Mantel-TV	Allgemeine Arbeitsbedingungen: Probezeit, Kündigung, Urlaubsdauer, Schicht-, Mehrarbeit

Wirtschaftliche Bedeutung

- Durchsetzung wirtschaftlicher Interessen durch Marktmacht
- Keine Einzelverhandlungen zwischen Mitarbeiter und Arbeitgeber
- Damit: Zeit- und Kostenersparnis für Arbeitgeber und -nehmer
- Langfristig kalkulierbare Arbeitsbedingungen und Arbeitskosten

Prüfung Wirtschafts- und Sozialkunde — Menschliche Arbeit im Betrieb – Arbeitsrecht

6. Aufgabe

Situation
Das Arbeitsrecht ist nicht in einem einzelnen Gesetzeswerk, sondern in einer Vielzahl von (Schutz-) Gesetzen geregelt.

Ordnen Sie die entsprechenden Ziffern der Arbeitsgesetze den Sachverhalten zu.

Sachverhalt

a) Beachtung des gesetzlichen Wettbewerbsverbots ☐

b) Maximale Höhe der täglichen Arbeitszeit ☐

c) Verbot der Akkordarbeit für Schwangere ☐

d) Mitbestimmung in sozialen Angelegenheiten ☐

e) Gesetzlicher Mindesturlaub ☐

f) Außerordentliche Kündigung ☐

g) Personen-, verhaltens- und betriebsbedingte Kündigung ☐

Arbeitsgesetze

1 Betriebsverfassungsgesetz
2 Handelsgesetzbuch
3 Mutterschutzgesetz
4 Bürgerliches Gesetzbuch
5 Bundesurlaubsgesetz
6 Arbeitszeitgesetz
7 Kündigungsschutzgesetz

7. Aufgabe

Situation
Rechte und Pflichten in einem Arbeitsverhältnis können aus ganz unterschiedlichen Gestaltungsfaktoren hergeleitet werden. Diese stehen in einer Rangfolge zueinander.

Ordnen Sie die Ziffern der folgenden Gestaltungsfaktoren nach ihrer Priorität und beginnen dabei mit dem schwächsten Gestaltungsmittel.

1 Tarifvertrag   2 Gesetz   3 Verordnung
4 Betriebsvereinbarung   5 Grundgesetz   6 Arbeitsvertrag

☐ ☐ ☐ ☐ ☐ ☐

8. Aufgabe

Situation
Hauptpflichten eines Arbeitsverhältnisses sind Arbeits- und Vergütungspflicht. Diese stehen in einem unmittelbaren Austauschverhältnis zueinander. Daneben gibt es Nebenpflichten für Arbeitgeber und Arbeitnehmer.

Welche beiden Nebenpflichten gehören für den Arbeitnehmer dazu? ☐ ☐

1 Der Arbeitnehmer ist zum sorgfältigen Umgang mit den Werkzeugen und Betriebsmitteln verpflichtet. Entstandene oder drohende Schäden muss er unverzüglich melden.

2 Alle Nebenpflichten des Arbeitnehmers werden unter dem Begriff „Fürsorgepflicht" zusammengefasst.

3 Der Arbeitnehmer darf auch nach Beendigung des Arbeitsverhältnisses für die Dauer von zwei Jahren keine Gewerbe im Bereich seines ehemaligen Arbeitgebers ausüben, ihm also auch nach Beschäftigungsende keine Konkurrenz bieten.

4 Nur während der Dauer des Beschäftigungsverhältnisses gilt das gesetzliche Wettbewerbsverbot: Hiernach darf der Arbeitnehmer kein eigenes Gewerbe wie sein Arbeitgeber ausüben.

9. Aufgabe

Situation
Unbefristete Arbeitsverträge, bei der MiHaG GmbH noch anders als in der betrieblichen Praxis der Regelfall, weisen eine Probezeit von sechs Monaten auf.

Welche der folgenden Aussagen zur Probezeit ist zutreffend? ☐ ☐

1 Eine Probezeit kann auch in der Form eines befristeten Arbeitsvertrags abgeschlossen werden.

2 Die von der MiHaG GmbH standardmäßig festgelegte Probezeit von sechs Monaten entspricht der gesetzlich maximal zulässigen Dauer.

3 Die MiHaG GmbH kann bei der von ihr festgelegten Probezeit das Arbeitsverhältnis erst nach Ablauf der Probezeit rechtsverbindlich kündigen.

4 Wird keine Probezeit vereinbart, gilt trotzdem in den ersten sechs Monaten nach Beginn des Arbeitsverhältnisses die gesetzliche Mindestkündigungsfrist von 14 Tagen.

5 Bei einem Arbeitsvertrag mit einer Probezeit von weniger als drei Monaten bedarf es keiner Zustimmung des Betriebsrats.

Prüfung Wirtschafts- und Sozialkunde

Menschliche Arbeit im Betrieb – Arbeitsrecht

Erläuterungen und Lösungen

6. Aufgabe

Lösung: 2, 6, 3, 1, 5, 4, 7

a) § 60 des HGB verbietet es dem Angestellten, ein eigenes Gewerbe zu betreiben sowie für eigene oder fremde Rechnung im Bereich seines Arbeitgebers Geschäfte zu machen.

b) Die tägliche Arbeitszeit darf nach dem Arbeitszeitgesetz acht Stunden täglich nicht überschreiten.

c) Das Mutterschutzgesetz verbietet die Beschäftigung einer Schwangeren mit leistungsabhängigen Arbeiten.

d) § 87 des BetrVG beinhaltet die sog. „erzwingbare Mitbestimmung" in sozialen Angelegenheiten.

e) Das Bundesurlaubsgesetz nennt einen Mindesturlaub für alle Arbeitnehmer in Höhe von 24 Werktagen.

f) Im Falle eines schwerwiegenden Dienstverstoßes ist eine außerordentliche Kündigung nach § 626 BGB möglich.

g) Das Kündigungsschutzgesetz soll vor einer sozial nicht gerechtfertigten Kündigung schützen.

7. Aufgabe

Lösung: 6 – 4 – 1 – 3 – 2 – 5

8. Aufgabe

Lösung: 1 und 4

Zu den Nebenpflichten des Arbeitnehmers zählen neben dem sorgfältigen Umgang mit den betrieblichen Ressourcen und der Beachtung des gesetzlichen Wettbewerbsverbots auch die Pflicht zur Verschwiegenheit (kein Verrat von Betriebs- und Geschäftsgeheimnissen). Die Nebenpflichten des Arbeitnehmers fasst man unter dem Begriff der „Treuepflicht" zusammen.

9. Aufgabe

Lösung: 1 und 2

Eine vertraglich vereinbarte Probezeit dient beiden Seiten des Arbeitsvertrags dazu, Informationen zu gewinnen: Der Arbeitgeber möchte hierbei die Leistungsfähigkeit und Kompetenz des Arbeitnehmers kennenlernen, der Arbeitnehmer Betriebsklima und Aufgabenerfüllung.

Eine Probezeit bis zur Höchstdauer von sechs Monaten ist gesetzlich zulässig; sie muss aber nicht vereinbart werden. Innerhalb einer Probezeit kann mit einer Frist von 14 Tagen gekündigt werden. Eine Probezeit kann auch als befristeter Arbeitsvertrag vereinbart werden; hierbei endet der befristete Arbeitsvertrag mit dem festgelegten Kalenderdatum.

Gestaltungsmittel im Arbeitsrecht

Grundgesetz	Oberste Norm; z. B. Gleichbehandlung von Mann und Frau
Gesetz	Vielzahl von arbeitsrechtlichen (Schutz-)Gesetzen, z. B. Kündigungs-, Jugendarbeits- und Mutterschutzgesetz
Verordnung	Gesetz im materiellen, nicht aber im formellen Sinn, z. B. Ausbildungsordnung für Automobilkaufleute
Tarifvertrag	Vertrag zwischen Arbeitgeberverband/einem einzelnen Arbeitgeber und der Gewerkschaft
Betriebsvereinbarung	Vertrag zwischen Arbeitgeber und Betriebsrat; häufigster Anwendungsfall: Arbeitsordnung
Arbeitsvertrag	Individueller Vertrag zwischen Arbeitgeber und Arbeitnehmer aufgrund der Privatautonomie

---

Pflichtengefüge im Arbeitsverhältnis

Hauptpflichten: Leistung von Arbeit gegen Entgelt

Arbeitgeber: Lohnzahlungspflicht ⟷ Arbeitnehmer: Dienstleistungspflicht

Nebenpflichten

Arbeitgeber: Fürsorgepflicht

Arbeitnehmer: Treuepflicht

- Pflicht zur Beschäftigung
- Urlaubsgewährung
- Zeugnispflicht
- Arbeitsmittel und Schutzkleidung
- Einhaltung/Abführung Lohnsteuer/SV

- Wettbewerbsverbot
- Verschwiegenheitspflicht
- Sorgfältiger Umgang mit Ressourcen und Betriebsmitteln
- Meldung bei drohenden Schäden

© Westermann Gruppe

Prüfung Wirtschafts- und Sozialkunde

Menschliche Arbeit im Betrieb – Arbeitsrecht

Situation zur 10. bis 19. Aufgabe
Als Mitarbeiter der Personalabteilung Aus- und Fortbildung sind Sie auch zuständig für die Auszubildenden. Sie wenden Ihre fundierten Kenntnisse des Berufsbildungs- sowie des Jugendarbeitsschutzrechts an.

10. Aufgabe

Nach dem Berufsbildungsgesetz findet die Ausbildung im sog. Dualen System statt. Was versteht man darunter?

1 Die Vermittlung des erforderlichen theoretischen Wissens im Rahmen der Ausbildung erfolgt an den Lernorten Schule und Betrieb.
2 An den beiden Lernorten Betrieb und Schule werden die gleichen Inhalte vermittelt.
3 Die in der Schule vermittelten Inhalte werden im Betrieb vertieft.
4 Der Lernort Schule ist für die Vermittlung fachtheoretischer, der Lernort Betrieb für die Vermittlung praktischer Inhalte zuständig.

11. Aufgabe

Für die neuen Auszubildenden erstellen Sie die Ausbildungsverträge. Wo schauen Sie nach, wenn Sie prüfen möchten, ob Ihre Ausbildungsverträge den gesetzlichen Bestimmungen entsprechen?

1 Arbeitsstättenverordnung
2 Handelsgesetzbuch
3 Betriebsverfassungsgesetz
4 Berufsbildungsgesetz
5 Jugendarbeitsschutzgesetz

12. Aufgabe

Die von Ihnen erstellten Ausbildungsverträge müssen in jedem Fall einen Pflichtbestandteil enthalten. Um welchen handelt es sich dabei?

1 Ausbildungsplan des Ausbildungsbetriebs
2 Rahmenlehrplan der Berufsschule
3 Fachlich gegliederter Stoffplan der Berufsschule
4 Dauer der täglichen Ruhepausen

13. Aufgabe

Es steht eine Reihe von Fragen im Rahmen der Berufsausbildung an, die Sie klären möchten. In welchen Gesetzen oder Verordnungen finden Sie Antworten bzw. welche Institutionen sind dafür zuständig?

1 Betriebsverfassungsgesetz
2 Berufsbildungsgesetz
3 Jugendarbeitsschutzgesetz
4 Bürgerliches Gesetzbuch
5 Bundesurlaubsgesetz
6 Industrie- und Handelskammer
7 Kündigungsschutzgesetz

Anstehende Fragen:

a) Bei der Auszubildenden Marga Becker steht nach drei Wochen fest, dass sie den Anforderungen ihres Ausbildungsberufs zur Automobilkauffrau nicht gerecht werden kann. Ihr soll gekündigt werden.
b) Pausenzeiten der jugendlichen Auszubildenden sollen besser mit betrieblichen Abläufen harmonisiert werden.
c) Denis Olschewski hat Abitur und möchte wissen, an welche Institution er sich wenden muss, wenn er seine Ausbildung verkürzen möchte.
d) Die gesamte Jugend- und Auszubildendenvertretung der MiHaG GmbH möchte an der geplanten Betriebsratssitzung teilnehmen. Mehrere Tagungsordnungspunkte betreffen die Berufsausbildung.

14. Aufgabe

Ein Ausbildungsvertrag weist Fehler auf. Welche beiden Inhalte entsprechen nicht den Voraussetzungen des Berufsbildungsgesetzes?

1 Für alle drei Ausbildungsjahre ist bereits jetzt die gleich hohe Ausbildungsvergütung eingetragen.
2 Die Konfession der Eltern oder Erziehungsberechtigten fehlt.
3 Die Dauer der Ausbildung beträgt 36 Monate.
4 Die Probezeit beträgt sechs Monate.
5 Es sind nur die Kündigungsvoraussetzungen einer ordentlichen Kündigung aufgeführt, nicht aber die einer außerordentlichen Kündigung.

Prüfung Wirtschafts- und Sozialkunde

Menschliche Arbeit im Betrieb – Arbeitsrecht

Erläuterungen und Lösungen

10. Aufgabe

Lösung: 4

Das Duale System sieht für die Ausbildung zwei Lernorte vor: den Lernort Betrieb und den Lernort Schule. Beide haben eigene Schwerpunkte. Der Lernort Berufsschule vermittelt das erforderliche fachtheoretische Wissen, der Lernort Betrieb steht für die Vermittlung des praktischen berufsbezogenen Wissens.

11. Aufgabe

Lösung: 4

Das Berufsbildungsgesetz enthält Regelungen, die für alle Ausbildungsverhältnisse gelten, z. B. Inhalt und Abschluss des Ausbildungsvertrags, Kündigung und Probezeit.

12. Aufgabe

Lösung: 1

Hierzu gehören u. a. die Art, die sachliche und zeitliche Gliederung der Ausbildung.

13. Aufgabe

Lösung: 2, 3, 6, 1

Unter welchen Voraussetzungen ein Ausbildungsvertrag gekündigt werden kann, ist im Berufsbildungsgesetz geregelt.

Das Jugendarbeitsschutzgesetz schützt den jugendlichen Auszubildenden sowie den jugendlichen Arbeitnehmer. Es enthält auch umfangreiche Pausenzeiten zum Schutz der Jugendlichen.

Zuständig für rechtliche Fragen im Rahmen der Berufsausbildung ist die jeweilige Industrie- und Handelskammer, für gewerbliche Auszubildende die Handwerkskammer. Darüber hinaus gibt es für manche Berufsausbildungen andere zuständige Kammern, z. B. die Ärztekammer für die Medizinischen Fachangestellten.

Das Betriebsverfassungsgesetz lässt die Teilnahme aller Jugend- und Auszubildendenvertreter an Betriebsratssitzungen dann zu, wenn Themen behandelt werden, die diese betreffen. Einen Vertreter kann sie sogar zu allen Sitzungen des Betriebsrats entsenden.

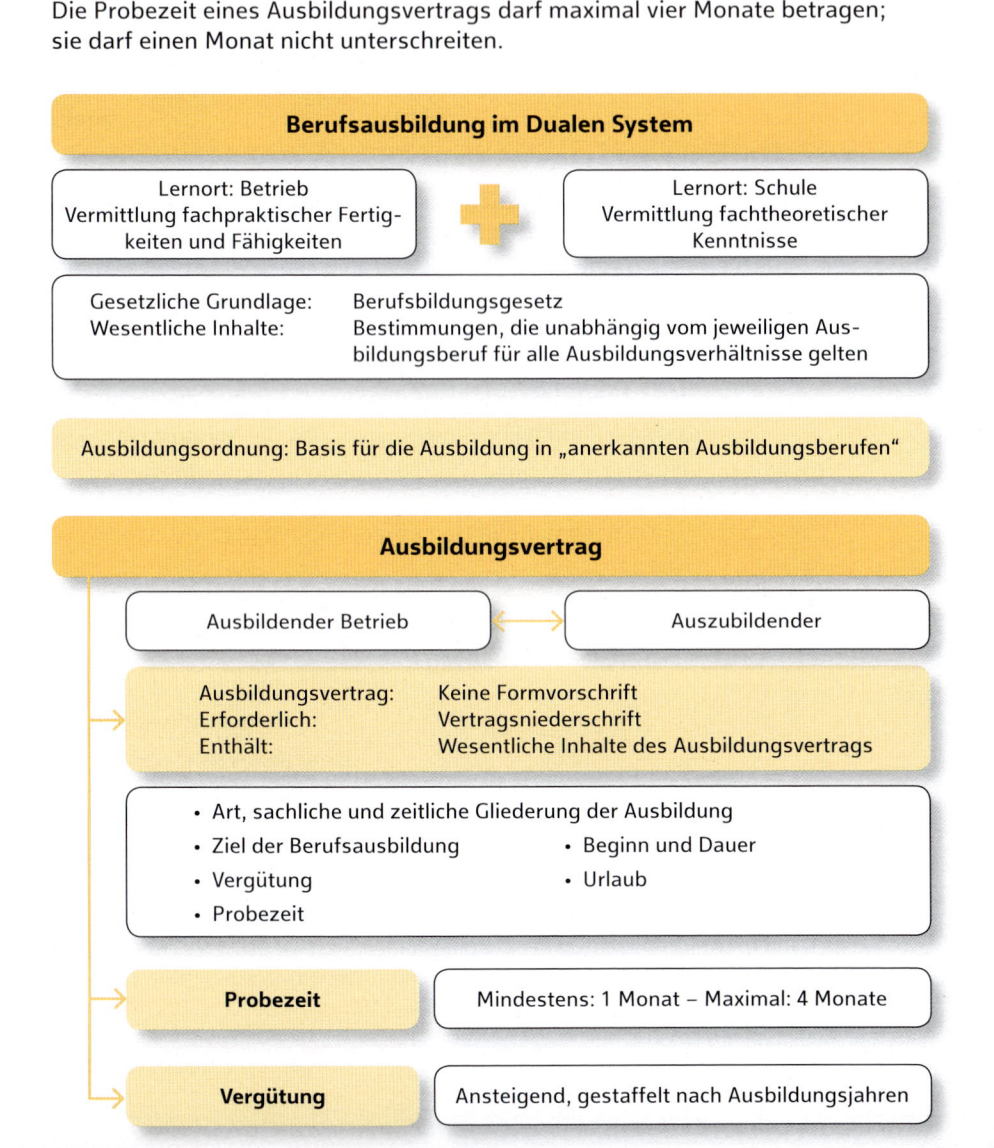

14. Aufgabe

Lösung: 1 und 4

Eine Ausbildungsvergütung muss jährlich ansteigen; sie darf nicht für alle drei Ausbildungsjahre gleich hoch sein.

Die Probezeit eines Ausbildungsvertrags darf maximal vier Monate betragen; sie darf einen Monat nicht unterschreiten.

Berufsausbildung im Dualen System	
Lernort: Betrieb Vermittlung fachpraktischer Fertigkeiten und Fähigkeiten	Lernort: Schule Vermittlung fachtheoretischer Kenntnisse
Gesetzliche Grundlage: Berufsbildungsgesetz Wesentliche Inhalte: Bestimmungen, die unabhängig vom jeweiligen Ausbildungsberuf für alle Ausbildungsverhältnisse gelten	

Ausbildungsordnung: Basis für die Ausbildung in „anerkannten Ausbildungsberufen"

Ausbildungsvertrag	
Ausbildender Betrieb	Auszubildender
Ausbildungsvertrag: Keine Formvorschrift Erforderlich: Vertragsniederschrift Enthält: Wesentliche Inhalte des Ausbildungsvertrags	

- Art, sachliche und zeitliche Gliederung der Ausbildung
- Ziel der Berufsausbildung
- Vergütung
- Probezeit
- Beginn und Dauer
- Urlaub

Probezeit	Mindestens: 1 Monat – Maximal: 4 Monate
Vergütung	Ansteigend, gestaffelt nach Ausbildungsjahren

Prüfung Wirtschafts- und Sozialkunde

Menschliche Arbeit im Betrieb – Arbeitsrecht

15. Aufgabe

Das Berufsbildungsgesetz (BBiG) enthält Bestimmungen, die unabhängig von dem jeweiligen Ausbildungsberuf für sämtliche Ausbildungsverhältnisse gelten. Welche beiden Bestimmungen gehören dazu?

1. Der Ausbildungsbetrieb muss dem Auszubildenden bei einer Beendigung des Berufsausbildungsverhältnisses ein Zeugnis ausstellen, auf dessen Wunsch hin auch ein qualifiziertes Zeugnis.
2. Ein Ausbildungsverhältnis ist ein befristeter Vertrag und endet immer mit dem vertraglich festgesetzten Termin der Ausbildungsdauer. Dies gilt auch dann, wenn die letzte IHK-Abschlussprüfung vorher erfolgreich bestanden wurde.
3. Während der vereinbarten Probezeit kann das Berufsausbildungsverhältnis nur mit einer Kündigungsfrist von vier Wochen gekündigt werden.
4. Aufgrund der Vertragsfreiheit (Inhalts-/Gestaltungsfreiheit) können Vereinbarungen über eine Tätigkeit nach der Ausbildungszeit bereits im Berufsausbildungsvertrag festgelegt werden.
5. Will eine Auszubildende ein Studium beginnen, kann sie auch nach der Probezeit ihren Ausbildungsvertrag noch rechtmäßig kündigen.

16. Aufgabe

Karl Meerbusch, Auszubildender in der MiHaG GmbH, besteht erfolgreich den letzten Teil der Abschlussprüfung am 15.11.20XX; sein Ausbildungsvertrag läuft aber bis zum 31.12.20XX. Welche Aussage trifft zu?

1. Mit der bestandenen Abschlussprüfung hat Karl Meerbusch das Recht erworben, eine Weiterbeschäftigung bei der MiHaG GmbH im Angestelltenverhältnis zu verlangen.
2. Karl Meerbusch muss bis zum 31.12.20XX weiterarbeiten.
3. Wird der Auszubildende nach der abgeschlossenen Prüfung weiterbeschäftigt, hat er Anspruch auf die volle Ausbildungsvergütung bis zum Vertragsende, also bis zum 31.12.20XX.
4. Karl Meerbusch hat Anspruch auf eine anteilige Ausbildungsvergütung für den Monat November bis zum 15.11.20XX.

17. Aufgabe

Auszubildende haben nach Abschluss ihrer Ausbildung das Recht auf ein Zeugnis. Wo finden Sie die gesetzliche Grundlage hierzu?

1. Gesetzesgrundlage für das Zeugnis eines Auszubildenden ist wie für alle anderen Arbeitnehmer auch das BGB.
2. Für gewerbliche Azubis ist die Zeugnispflicht in der Gewerbeordnung genannt.
3. Kaufmännische Auszubildende können den Zeugnisanspruch aus dem Handelsgesetzbuch ableiten.
4. Für alle Auszubildenden, sowohl im gewerblichen wie auch im kaufmännischen Bereich, ist das Recht auf Ausstellung eines Zeugnisses im Berufsbildungsgesetz festgelegt.

18. Aufgabe

Bei der Kündigung eines Ausbildungsverhältnisses wird geprüft, ob diese innerhalb oder nach Ablauf der Probezeit erfolgt ist.
Unter welchen beiden der folgend genannten Voraussetzungen kann ein Ausbildungsverhältnis wirksam gekündigt werden?

1. Eine außerordentliche Kündigung ist bei einer Ausbildung nicht möglich.
2. Möchte ein Auszubildender in einem ganz anderen Beruf ausgebildet werden, kann er das bestehende Ausbildungsverhältnis auch nach der Probezeit noch wirksam kündigen.
3. Ist die Probezeit beendet, kann weder der Ausbildungsbetrieb noch der Auszubildende ordentlich kündigen, weil das Ausbildungsverhältnis ein befristeter Vertrag ist.
4. Die Kündigung eines Ausbildungsverhältnisses ist jederzeit formfrei möglich.
5. Will eine Auszubildende die Ausbildung aufgeben, um zu studieren, kann sie das Ausbildungsverhältnis auch noch nach der Probezeit mit einer Frist von vier Wochen und Angabe des Grundes kündigen.

19. Aufgabe

In Ausbildungs- wie auch in den Arbeitsverträgen der MiHaG GmbH ist immer eine Probezeit vereinbart.
Wodurch unterscheidet sich die Probezeit in einem Ausbildungsvertrag von der in einem Arbeitsvertrag?

1. Anders als ein Arbeitnehmer muss ein Auszubildender im Falle der Kündigung innerhalb der Probezeit immer den Grund angeben.
2. Für Ausbildungsverhältnisse beträgt die Mindest-Probezeit zwei, für Arbeitsverhältnisse vier Monate.
3. Die Höchstdauer der Probezeit beträgt bei Arbeitsverhältnissen sechs, bei einem Ausbildungsverhältnis vier Monate.
4. In einem Arbeitsverhältnis muss eine Probezeit vereinbart werden, in einem Ausbildungsverhältnis kann diese entfallen.

201

Prüfung Wirtschafts- und Sozialkunde

Menschliche Arbeit im Betrieb – Arbeitsrecht

Erläuterungen und Lösungen

15. Aufgabe

Lösung: 1 und 5

Unter bestimmten Voraussetzungen kann ein Ausbildungsverhältnis auch noch nach der Probezeit gekündigt werden. Dies gilt z. B. für die Aufgabe des Ausbildungsverhältnisses, um einen ganz anderen Beruf zu erlernen oder auch um ein Studium zu beginnen.

Vereinbarungen über eine Tätigkeit nach der Ausbildung sind im Ausbildungsvertrag nicht zulässig.

16. Aufgabe

Lösung: 4

Für den Monat November hat der Auszubildende Anspruch auf eine anteilige Ausbildungsvergütung bis zum 15.11.20XX. Wird er danach weiterbeschäftigt, begründet dies einen unbefristeten Arbeitsvertrag mit entsprechendem Anspruch auf Gehalt.

17. Aufgabe

Lösung: 4

Das Berufsbildungsgesetz ist Grundlage jeder Ausbildung und regelt auch das Recht des Auszubildenden auf ein Zeugnis. Entsprechend wird der Ausbildungsbetrieb zur Erstellung eines Zeugnisses verpflichtet.

18. Aufgabe

Lösung: 2 und 5

Die Kündigung eines Ausbildungsverhältnisses muss in jedem Fall schriftlich erfolgen. Bei einem Wechsel des Ausbildungsberufs oder einem beabsichtigten Studium muss die Kündigung mit einer Frist von vier Wochen und der Angabe des Grundes erfolgen.

19. Aufgabe

Lösung: 3

Die Probezeit in einem Berufsausbildungsvertrag beträgt nach dem Berufsbildungsgesetz mindestens einen Monat und maximal vier Monate.

In einem Arbeitsverhältnis muss keine Probezeit vereinbart werden. Wird sie vereinbart, darf sie einen Zeitraum von sechs Monaten nicht überschreiten.

Berufsausbildungsverhältnis

Kündigung (Schriftform erforderlich)

Innerhalb der Probezeit	Nach der Probezeit
• jederzeit	• Studienwunsch
	• Andere Berufstätigkeit

Besonderheit: Außerordentliche Kündigung aus wichtigem Grund

Ausbildungsende

1. Mit Ablauf der Ausbildungszeit
2. Bei bestandener Abschlussprüfung vor dem Ende der Ausbildungszeit mit der Bekanntgabe des Ergebnisses durch den Prüfungsausschuss

Weiterarbeit des Auszubildenden nach Ausbildungsende

Begründung eines unbefristeten Arbeitsverhältnisses

Anspruch auf ein Zeugnis

Einfaches Zeugnis:	Qualifiziertes Zeugnis auf Wunsch des Auszubildenden:
• Art/Dauer der Berufsausbildung	Erweiterung um:
• Ziel der Berufsausbildung	• Führung
• Vermittelte Fertigkeiten	• Leistung
• Fähigkeiten	
• Erworbene Kenntnisse	

Prüfung **Wirtschafts- und Sozialkunde**   Menschliche Arbeit im Betrieb – Arbeitsschutzbestimmungen

1. Aufgabe

Situation
Die Soziale Marktwirtschaft zeichnet sich neben rein wirtschaftlichen Aspekten auch durch soziale aus: Hier genießt der Schutz des wirtschaftlich Schwächeren einen hohen Stellenwert, was sich auch im Arbeitsrecht als Schutzrecht für Arbeitnehmer darstellt. In einer Vielzahl von arbeitsrechtlichen Gesetzen finden wir Bestimmungen zum Schutz des Arbeitnehmers.

Ordnen Sie die entsprechenden Ziffern der Arbeitsgesetze den Sachverhalten zu.

Sachverhalt

a) Urlaubsanspruch jugendlicher Arbeitnehmer

b) Kündigungsschutz für Betriebsräte

c) Gesetzlicher Mindesturlaub

d) Mitbestimmung in sozialen Angelegenheiten

e) Personen-, verhaltens- und betriebsbedingte Kündigung

Arbeitsgesetz

1 Betriebsverfassungsgesetz
2 Jugendarbeitsschutzgesetz
3 Mutterschutzgesetz
4 Bundesurlaubsgesetz
5 Kündigungsschutzgesetz

2. Aufgabe

Situation
Der Gesetzgeber schützt mit dem Jugendarbeitsschutzgesetz den jugendlichen Arbeitnehmer und den jugendlichen Auszubildenden.

Welche Aussage zum Jugendarbeitsschutz trifft zu?

1 Um Jugendliche am Arbeitsplatz zu schützen, müssen in allen Betrieben Jugend- und Auszubildendenvertretungen eingerichtet werden.
2 Regelungen im Ausbildungsvertrag dürfen nicht gegen das Jugendarbeitsschutzgesetz verstoßen.
3 Wahlberechtigt für die Jugend- und Auszubildendenvertretung sind alle Mitarbeiter der MiHaG GmbH.
4 Mitglieder der Jugend- und Auszubildendenvertretung unterliegen – anders als der Betriebsrat – keinem besonderen Kündigungsschutz.
5 Das Jugendarbeitsschutzgesetz findet auf alle Arbeitnehmer des Betriebs Anwendung, sofern sie das 25. Lebensjahr noch nicht vollendet haben.

3. Aufgabe

Situation
In der MiHaG GmbH werden sowohl jugendliche Arbeitnehmer wie auch jugendliche Auszubildende beschäftigt. Das Unternehmen muss dabei die Bestimmungen des Jugendarbeitsschutzgesetzes beachten.

Ordnen Sie zu: Bei welchem der unten genannten Sachverhalte ...

1 ... verhält sich die MiHaG GmbH gesetzestreu entsprechend den Bestimmungen des JArbSchG?
2 ... würde die MiHaG GmbH gegen die Schutzvorschriften des Jugendarbeitsschutzgesetzes verstoßen?
3 ... finden sich die gesetzlichen Regelungen nicht im JArbSchG?

a) Die Arbeitszeit am Freitag beträgt nur sechs Stunden. Von Montag bis Donnerstag arbeiten auch die Jugendlichen jeweils achteinhalb Stunden.
b) Im Berufsausbildungsvertrag wird wie in den Arbeitsverträgen generell auch für Jugendliche eine Probezeit von vier Monaten vereinbart.
c) Alle Auszubildenden einschl. der Jugendlichen werden regelmäßig an sechs Tagen in der Woche beschäftigt.

4. Aufgabe

Situation
Die MiHaG GmbH beschäftigt auch eine schwerbehinderte Auszubildende (70 % Schwerbehinderung). Diese kommt mit einigen Fragen zu Ihnen.

Zur Beantwortung der u. a. Fragen schauen Sie in welchen Rechtsquellen nach?

Frage

a) „Kann ich meine Ausbildungszeit verkürzen?"
b) „Stehen mir aufgrund meiner Behinderung mehr Urlaubstage zu?"

Rechtsquelle

1 Arbeitszeitgesetz
2 Betriebsverfassungsgesetz
3 Jugendarbeitsschutzgesetz
4 Bundesurlaubsgesetz
5 Sozialgesetzbuch IX (Schwerbehindertenrecht)
6 Berufsbildungsgesetz

Prüfung Wirtschafts- und Sozialkunde

Menschliche Arbeit im Betrieb – Arbeitsschutzbestimmungen

Erläuterungen und Lösungen

1. Aufgabe

Lösung: 2, 5, 4, 1, 5

Beachten Sie: Den Kündigungsschutz für Betriebsräte finden Sie im Kündigungsschutzgesetz und nicht im Betriebsverfassungsgesetz.

2. Aufgabe

Lösung: 2

Schließt die MiHaG GmbH mit einem Jugendlichen einen Ausbildungsvertrag ab, muss sie die gesetzlichen Bestimmungen des Berufsbildungs- und Jugendarbeitsschutzgesetzes bei der Vertragsgestaltung beachten.

3. Aufgabe

Lösung: 1, 3, 2

a) Zwar beträgt die maximale tägliche Arbeitszeit für jugendliche Arbeitnehmer und Auszubildende acht Stunden. Eine Erhöhung um eine halbe Stunde ist aber möglich, wenn in derselben Woche noch ein zeitlicher Ausgleich erfolgt.

b) Die Probezeit beträgt bei einem Ausbildungsverhältnis mindestens einen und maximal vier Monate. Die gesetzliche Grundlage hierzu ist das Berufsbildungsgesetz.

c) Jugendliche dürfen nur an fünf Tagen in der Woche beschäftigt werden. Eine sechstägige Beschäftigung stellt einen Verstoß gegen das JArbSchG dar.

4. Aufgabe

Lösung: 6, 5

a) Das Berufsbildungsgesetz enthält Regelungen, die für alle Ausbildungsverhältnisse gelten, so auch die Voraussetzungen einer verkürzten Ausbildung. Hierüber entscheidet die Industrie- und Handelskammer im Rahmen der kaufmännischen Ausbildung sowie die Handwerkskammer im Bereich der gewerblichen Ausbildung.

b) Alle behinderten Arbeitnehmer haben nach Sozialgesetzbuch Anspruch auf zusätzlich sechs Werktage. Zu beachten ist, dass auch der Samstag ein Werktag ist.

Schutz des Arbeitnehmers

Kündigungsschutz	Jugendarbeitsschutz
Mutterschutz	Entgeltschutz
Arbeitszeitschutz	Schwerbehindertenschutz

Jugendarbeitsschutz

Verbot leistungsabhängiger/belastender Arbeiten

- Verbot der Akkordarbeit
- Verbot der Schicht-/Nachtarbeit

Weitere Schutzvorschriften für Jugendliche

- Wöchentliche Höchstarbeitszeit: 40 Stunden
- Maximale tägliche Arbeitszeit: 8 Stunden
- Maximale Arbeitstage je Woche: 5
- Gestaffelter weitergehender Urlaubsanspruch: Altersabhängig: 30 – 27 – 25 Werktage
- Umfangreiche Ruhe- und Pausenzeiten

Bundesurlaubsgesetz
Ziel: Regeneration der Arbeitskraft

Minimum: 24 Werktage	6 Monate Betriebszugehörigkeit

5. Aufgabe

Situation
Das Kündigungsschutzgesetz soll den Arbeitnehmer vor einer nicht sozial gerechtfertigten Kündigung schützen.

Welche beiden Aussagen zum Kündigungsschutzgesetz sind richtig?

1. Das Gesetz soll den Arbeitnehmer in jedem Fall vor einer Kündigung schützen, seinen Arbeitsplatz erhalten und sein Einkommen sichern.
2. Bei Kleinbetrieben unter 25 Arbeitnehmern ohne die Auszubildenden findet das Gesetz keine Anwendung.
3. Das Gesetz schützt nur bei einer außerordentlichen, nicht aber bei einer ordentlichen Kündigung.
4. Jeder Arbeitnehmer steht ab dem ersten Tag der Beschäftigung unter dem Schutz des Kündigungsschutzgesetzes.
5. Das Kündigungsschutzgesetz schützt die Arbeitnehmer nur vor sozial ungerechtfertigten Kündigungen.
6. Es gilt erst ab einer Beschäftigungsdauer von mehr als sechs Monaten.

6. Aufgabe

Situation
Neben der ordentlichen Kündigung eines Arbeitsverhältnisses ist unter bestimmten Voraussetzungen auch eine außerordentliche Kündigung möglich.

Bei welchem der folgenden Sachverhalte kann ein Arbeitsverhältnis außerordentlich gekündigt werden?

1. Lang andauernde oder ansteckende Krankheit des Arbeitnehmers
2. Wiederholte schlechte Arbeitsleistung
3. Verrat von Betriebs- und Geschäftsgeheimnissen
4. Diebstahl von betrieblichem Eigentum
5. Häufiges Zuspätkommen

7. Aufgabe

Situation
Das Kündigungsschutzgesetz regelt u. a. die Zulässigkeit einer arbeitgeberseitigen Kündigung im Arbeitsverhältnis.

Welche beiden Voraussetzungen müssen erfüllt sein, damit der allgemeine Kündigungsschutz zur Anwendung kommt?

1. Es muss ein Betriebsrat vorhanden sein.
2. Es müssen mehr als zehn Arbeitnehmer beschäftigt sein.
3. Das Arbeitsverhältnis muss länger als zwölf Monate bestehen.
4. Das Arbeitsverhältnis muss länger als sechs Monate bestehen.

8. Aufgabe

Situation
Zwar ist der generelle Urlaubsanspruch von Arbeitnehmern im Gesetz oder in Tarifverträgen geregelt. Eine Arbeitnehmergruppe hat aber einen weiteren gesetzlichen Urlaubsanspruch.

Um welche Arbeitnehmer handelt es sich hier?

1. Werdende Mütter
2. Betriebsratsmitglieder
3. Mitarbeiter über 50 Jahre
4. Schwerbehinderte
5. Prokuristen des Betriebs

9. Aufgabe

Situation
Als Mitarbeiter der Personalabteilung der MiHaG GmbH sind Sie auch zuständig für die Urlaubsplanung. In Ihrem Betrieb gilt die Fünf-Tage-Woche (montags bis freitags).

9.1 Der Urlaubsanspruch der Mitarbeiter beträgt laut Tarifvertrag 30 Werktage. Ermitteln Sie die Höhe des Urlaubsanspruchs in Arbeitstagen. ☐☐ Tage

9.2 Zum 01.05.20XX hat Herr Münch sein Arbeitsverhältnis begonnen. Ermitteln Sie den Urlaubsanspruch für das Jahr 20XX unter Berücksichtigung der u. a. Urlaubsbescheinigung sowie des Auszugs aus dem Bundesurlaubsgesetz: ☐☐ Tage

Urlaubsbescheinigung
Herr Karl Münch hat im Jahre 20XX 14 Arbeitstage Urlaub genommen.

§ 6 BUrlG: Ausschluss von Doppelansprüchen
(1) Der Anspruch auf Urlaub besteht nicht, soweit dem Arbeitnehmer für das laufende Kalenderjahr bereits von einem früheren Arbeitgeber Urlaub gewährt worden ist.

Prüfung Wirtschafts- und Sozialkunde

Menschliche Arbeit im Betrieb – Arbeitsschutzbestimmungen

Erläuterungen und Lösungen

5. Aufgabe

Lösung: 5 und 6

Das Kündigungsschutzgesetz setzt eine ununterbrochene Beschäftigung eines Arbeitnehmers von sechs Monaten voraus. Es soll vor einer nicht sozial gerechtfertigten Kündigung – einer willkürlichen Kündigung – schützen.

Sozial gerechtfertigte Kündigungen seitens des Arbeitgebers sind Gründe in der Person oder dem Verhalten eines Arbeitnehmers sowie dringenden betrieblichen Erfordernissen.

6. Aufgabe

Lösung: 3 und 4

Nur bei schwerwiegenden Gründen kann ein Arbeitsverhältnis außerordentlich gekündigt werden. Beispiele dazu sind der Verrat von Betriebs- und Geschäftsgeheimnissen sowie der Diebstahl betrieblichen Eigentums oder der Diebstahl bei Arbeitskollegen.

Auf die Geltendmachung eines schwerwiegenden Grundes kann sich der Arbeitgeber aber nur 14 Tage berufen.

7. Aufgabe

Lösung: 2 und 4

Der allgemeine Kündigungsschutz eines Arbeitnehmers setzt nicht sofort mit der Aufnahme der Beschäftigung ein. Er ist an folgende Voraussetzungen gebunden:

- Mindestens 6-monatige Betriebszugehörigkeit
- Betriebsgröße mit mehr als zehn Arbeitnehmern

8. Aufgabe

Lösung: 4

Schwerbehinderte haben nach dem Sozialgesetzbuch Anspruch auf sechs zusätzliche Werktage. Es ist dabei zu beachten, dass der Samstag ein Werktag ist.

9. Aufgabe

9.1 Lösung: 25 Arbeitstage

Rechnung: $30 : 6 \cdot 5 = 25$

9.2 Lösung: 11 Arbeitstage

Rechnung: Es verbleiben damit $25 - 14 = 11$ Arbeitstage

Kündigung eines Arbeitsverhältnisses

= einseitige, empfangsbedürftige Willenserklärung

| Formzwang: | Schriftform erforderlich |
| | NICHT möglich: Elektronische Form |

Arten der Kündigung

Ordentliche Kündigung (mit Frist)	**Außerordentliche** Kündigung
4 Wochen zum 15. eines Monats	Voraussetzung: Wichtiger Grund
4 Wochen zum Ende eines Monats	Frist: 14 Tage nach Kenntnisnahme
Probezeit: 14 Tage	auch: fristlose Kündigung

Kündigungsschutz nach Kündigungsschutzgesetz

= Schutz vor willkürlicher, d. h. sozial nicht gerechtfertigter Kündigung

Mögliche Gründe einer arbeitgeberseitigen Kündigung

Betrieb →
- Umsatzrückgang
- Betriebsschließung

Person →
- Entzug der Fahrerlaubnis
- lang andauernde Krankheit

Verhalten →
- Häufiges Zuspätkommen
- Arbeitsbummelei

Verhaltensbedingte Kündigung → Abmahnung erforderlich

© Westermann Gruppe

Prüfung Wirtschafts- und Sozialkunde — Menschliche Arbeit im Betrieb – Arbeitsschutzbestimmungen

10. Aufgabe

Situation
Als Mitarbeiterin der Abteilung Personalwirtschaft sind Sie auch zuständig für Arbeitsschutz und -sicherheit am Arbeitsplatz. In regelmäßigen Abständen informieren Sie Arbeitnehmer und Auszubildende über mögliche Gefahren am Arbeitsplatz und deren Vermeidung.
Für die Sicherheit am Arbeitsplatz gibt es unterschiedliche Ansprechpartner.

Geben Sie an, wer nach den gesetzlichen Vorschriften in letzter Instanz die Verantwortung für Arbeitsschutz und Arbeitssicherheit in der MiHaG GmbH zu tragen hat.

1. Die staatliche Aufsichtsbehörde für den Arbeitsplatzschutz, das Gewerbeaufsichtsamt
2. Die MiHaG GmbH als Arbeitgeberin
3. Die Berufsgenossenschaft als Träger der gesetzlichen Unfallversicherung
4. Der Sicherheitsbeauftragte, aber nur dann, sofern ein solcher vorhanden ist

11. Aufgabe

Situation
Die Brandschutzordnung nach DIN 14096 regelt Maßnahmen zur Verhütung von Bränden und auch das richtige Verhalten im Brandfall.

11.1 Welche der folgenden Aussagen zu einem effektiven Brandschutz ist falsch?

1. Vorhandene Feuerlöscheinrichtungen müssen jederzeit funktionsfähig und einsatzbereit sein.
2. Nur sachkundiges Personal darf die Feuerlöscheinrichtungen überprüfen.
3. Die Überprüfung der Feuerlöscheinrichtungen ist schriftlich zu dokumentieren.
4. Die MiHaG GmbH muss über ausreichende Feuerlöscheinrichtungen verfügen.
5. Nur für den Fall, dass die MiHaG GmbH mit Gefahrenstoffen oder leicht entzündbaren Materialien arbeitet, muss sie für einen ausreichenden Brandschutz sorgen.

11.2 Wie gehen Sie im Falle eines Brandes Schritt für Schritt vor? Bringen Sie die durcheinander geratenen Schritte in die richtige Reihenfolge, indem Sie die Nummerierung von 1 bis 5 in die Kästchen eintragen

Gekennzeichneten Rettungswegen folgen ☐

Aufzug nicht benutzen ☐

Brandmelder betätigen ☐

Notruf 112 ☐

Sammelstelle aufsuchen ☐

12. Aufgabe

Situation
Als verantwortlicher Mitarbeiter für die Bereiche Arbeitsschutz und -sicherheit weisen Sie die Arbeitnehmer auf die besonderen Gesundheitsgefahren für die Wirbelsäule hin.

Bei welchen Tätigkeiten ist das besonders wichtig?

1. Nur bei sitzenden Tätigkeiten
2. Bei der Arbeit mit einer Bürosoftware (z. B. „Office 2019")
3. Bei der Arbeit mit ätzenden und giftigen Stoffen
4. Bei der Brandbekämpfung
5. Beim manuellen Anheben von Lasten
6. Bei jeder Arbeit an einem Bildschirmarbeitsplatz

13. Aufgabe

Situation
Clara Sommer, Auszubildende der MiHaG GmbH, stürzt im Wareneingang beim Einsortieren von gelieferten Waren von der Leiter und bricht sich ein Bein.

Wem muss die entsprechende Unfallmeldung zugeleitet werden?

1. Der Krankenkasse
2. Der Industrie- und Handelskammer
3. Der Betriebshaftpflichtversicherung
4. Der Berufsgenossenschaft
5. Der Personalabteilung der MiHaG GmbH
6. Dem Betriebsarzt
7. Dem Sicherheitsbeauftragten

207

Prüfung Wirtschafts- und Sozialkunde

Menschliche Arbeit im Betrieb – Arbeitsschutzbestimmungen

Erläuterungen und Lösungen

10. Aufgabe

Lösung: 2

Als Arbeitgeberin kombiniert die Mindener Haushaltsgeräte GmbH im Produktionsprozess die Produktionsfaktoren. Sie gestaltet Arbeitsabläufe und schafft damit auch potenzielle Gefahrenquellen. Ihre Fürsorgepflicht als Nebenpflicht in einem Arbeitsverhältnis besteht darin, alles zum Schutz der Gesundheit und des Lebens der beschäftigten Arbeitnehmer zu unternehmen.

Gewerbeaufsichtsamt und Berufsgenossenschaft sind Einrichtungen, die die Einhaltung des Arbeitsschutzes und der Arbeitssicherheit am Arbeitsplatz überwachen.

11. Aufgabe

11.1 Lösung: 5

Feuerlöscheinrichtungen müssen in jedem Fall in einem Betrieb vorhanden sein, unabhängig von der Art der Produktion.

11.2 Lösung: 3 – 4 – 1 – 2 – 5

Über die Betätigung des Brandmelders informieren Sie die im Hause befindlichen Mitarbeiter über die Brandgefahr. Es folgt der Notruf über die 112. Folgen Sie dann den gekennzeichneten Rettungswegen und bringen Sie sich in Sicherheit.

Vermeiden Sie hierzu die Benutzung der Aufzüge und suchen Sie die gekennzeichnete Sammelstelle auf. Hier kann dann festgestellt werden, ob wirklich alle Personen das Gebäude verlassen haben.

12. Aufgabe

Lösung: 5

Werden schwere Lasten manuell falsch angehoben, kann das die Wirbelsäule unmittelbar schädigen. Hierauf sind Arbeitnehmer besonders hinzuweisen.

13. Aufgabe

Lösung: 4

Träger der gesetzlichen Unfallversicherung ist die Berufsgenossenschaft. Diese erhält bei Arbeits- und Wegeunfällen die erforderliche Mitteilung darüber.

Arbeitsschutz und -sicherheit im Betrieb

Arbeitgeber: Schutz der Beschäftigten

- Gewährleistung der ersten Hilfe bei Arbeitsunfällen
- Brandbekämpfung
- Evakuierung im Brand-/Gefahrenfall
- Arbeitsmedizinische Vorsorge und Untersuchungen

Arbeitgebermaßnahmen

- Gute Beleuchtung
- Ausreichende Lüftung
- Beseitigung von Staub und Gasen
- Schutzvorrichtungen an Maschinen
- Stellung der Schutzkleidung für die Arbeitnehmer

Berufsgenossenschaft: Träger der gesetzlichen Unfallversicherung

- Erlass von Unfallverhütungsvorschriften
- Überwachung der Einhaltung
- Beratung der Arbeitgeber
- Leistungen bei Arbeits- und Wegeunfällen (Reha)

Sicherheitsbeauftragte

- Überwachung der Einhaltung von Unfallverhütungsvorschriften

Gewerbeaufsichtsämter: Technischer Arbeitsschutz

- Überwachung der Einhaltung vorhandener Schutzbestimmungen
- Beseitigung von erkannten Missständen

Prüfung Wirtschafts- und Sozialkunde

Menschliche Arbeit im Betrieb – Soziale Sicherung der Arbeitnehmer

Situation zur 1. und 2. Aufgabe
In der sozialen Marktwirtschaft sind Arbeitnehmer im Fall der Krankheit, des Alters oder der Arbeitslosigkeit sozial gesichert. Die gesetzliche Grundlage hierzu finden Sie im Sozialgesetzbuch. Im Rahmen der gesetzlichen Sozialversicherung sind verschiedene Träger zuständig.

1. Aufgabe

Ordnen Sie den Zweigen der gesetzlichen Sozialversicherung die entsprechenden Träger zu.

Sozialversicherungszweig

a) Gesetzliche Krankenversicherung ☐
b) Gesetzliche Rentenversicherung ☐
c) Gesetzliche Pflegeversicherung ☐
d) Gesetzliche Unfallversicherung ☐

Träger

1 Berufsgenossenschaften
2 Deutsche Rentenversicherung
3 Pflegekassen der Krankenkassen
4 Gesetzliche und Ersatzkrankenkassen

2. Aufgabe

Welcher Zweig der Sozialversicherung erbringt welche Leistung? Ordnen Sie zu.

Leistungen

a) Finanzielle Leistungen nach betriebsbedingtem Arbeitsplatzverlust ☐
b) Reha-Maßnahmen nach Betriebsunfall ☐
c) Kosten bei Vorsorgeuntersuchungen ☐
d) Geldzahlung wegen Erwerbsminderung ☐
e) Übernahme von Sachleistungen bei einem Rentner mit der Pflegestufe IV. ☐

Zweige der SV

1 Arbeitslosenversicherung
2 Rentenversicherung
3 Krankenversicherung
4 Pflegeversicherung
5 Unfallversicherung

3. Aufgabe

Situation
Bei einer Inventur im Hauptlagerhaus ist Ihr Mitarbeiter Klaus Wagenknecht von der Leiter gestürzt und hat sich das Bein gebrochen.

Prüfen Sie, welcher Stelle die Unfallmeldung zugestellt werden muss, wenn die Arbeitsunfähigkeit mehr als drei Kalendertage andauert. ☐

1 Krankenkasse
2 Berufsgenossenschaft
3 Hausarzt
4 Betriebshaftpflichtversicherung
5 Krankenversicherung Ihres Mitarbeiters

4. Aufgabe

Situation
Bei dem Unfall mit einem Gabelstapler hat die Mitarbeiterin Clara Hausmann einen komplizierten Oberschenkelhalsbruch erlitten, der eine lange Heilbehandlung mit anschließender Rehabilitation zur Folge hat.

Welcher Sozialversicherungsträger übernimmt die Kosten? ☐

1 Die Krankenkasse als gesetzlicher Träger der Krankenversicherung
2 Die private Unfallversicherung des Mitarbeiters
3 Die Haftpflichtversicherung der MiHaG GmbH
4 Die zuständige Berufsgenossenschaft der MiHaG GmbH

5. Aufgabe

Situation
Die Auszubildende Yvonne Cayser hat am 15.11.20XX ihre dreijährige Ausbildung erfolgreich mit der Note „gut" beendet, kann aber nicht in ein Dauerarbeitsverhältnis übernommen werden, weil keine Planstelle frei ist. Sie fragt bei Ihnen in der Personalabteilung nach, ob sie ein Recht auf Leistungen der Arbeitslosenversicherung hat.

Welche der folgenden Aussagen ist richtig? ☐

1 Weil die Auszubildende während der Ausbildungszeit steuer- und sozialversicherungsfrei beschäftigt war, ist noch kein Anspruch zur Arbeitslosenversicherung entstanden.
2 Bei einem befristeten Vertrag, wie hier dem Ausbildungsvertrag, gibt es keinen Anspruch auf Sozialleistungen.
3 Leistungen aus der Sozialversicherung entstehen erst nach einer Anwartschaft von 60 Kalendermonaten. Bei einer dreijährigen Ausbildung ist diese Voraussetzung nicht gegeben, so dass ein Anspruch ausscheidet.
4 Sie hat einen Anspruch, weil sie während ihrer Ausbildungszeit Beiträge zur Arbeitslosenversicherung entrichtet und damit einen Anspruch auf Leistungen begründet hat.

209

Prüfung Wirtschafts- und Sozialkunde

Menschliche Arbeit im Betrieb – Soziale Sicherung der Arbeitnehmer

Erläuterungen und Lösungen

1. Aufgabe

Lösung: 4, 2, 3, 1

Siehe nebenstehende, rechte Übersicht über Träger und Leistungen der Sozialversicherung.

2. Aufgabe

Lösung: 1, 5, 3, 2, 4

3. Aufgabe

Lösung: 2

Träger der gesetzlichen Unfallversicherung ist die zuständige Berufsgenossenschaft. Diese erhält bei einem Arbeitsunfall eine entsprechende Mitteilung.

4. Aufgabe

Lösung: 4

Grundsätzlich tragen die Krankenkassen die Kosten der Heilbehandlung ihrer Versicherten. Bei einem Arbeitsunfall allerdings übernimmt die zuständige Berufsgenossenschaft die Kosten der Heilbehandlung und die der Rehabilitation.

5. Aufgabe

Lösung: 4

Auszubildende sind während ihrer Ausbildungszeit steuer- und sozialversicherungspflichtig. Sie entrichten Beiträge zur Kranken-, Renten-, Arbeitslosen- und Pflegeversicherung. Entsprechend haben sie im Leistungsfall Anspruch auf die Leistungen der Sozialversicherung.

Sozialversicherung
= gesetzliche Versicherung zum Schutz vor wirtschaftlicher Not:

im Alter – bei Arbeitslosigkeit – bei Erwerbsminderung – bei Krankheit
bei Arbeitslosigkeit – bei Pflegebedürftigkeit – bei einem Unfall

Zweige der Sozialversicherung

Rentenversicherung

Krankenversicherung

Arbeitslosenversicherung

Pflegeversicherung

Unfallversicherung

Träger der Sozialversicherung

Rentenversicherung:	Deutsche Rentenversicherung
Krankenversicherung:	Gesetzliche und Ersatzkassen
Arbeitslosenversicherung:	Bundesanstalt für Arbeit
Pflegeversicherung:	Pflegekassen der Krankenversicherung
Unfallversicherung:	Berufsgenossenschaft

Finanzierung der Sozialversicherung

Renten-, Kranken-,Arbeitslosen- und Pflegeversicherung	Grundsätzlich ½ AG, ½ AN
Unfallversicherung	Ausschließlich Arbeitgeber

Prüfung Wirtschafts- und Sozialkunde — Menschliche Arbeit im Betrieb – Soziale Sicherung der Arbeitnehmer

6. Aufgabe

Situation
Als Personalsachbearbeiterin müssen Sie arbeits- und sozialversicherungsrechtliche Sachverhalte bewerten und darauf reagieren.

Welche der nachstehenden Erläuterungen im Zusammenhang mit der Sozialversicherung sind zutreffend?

1. Bei einem Arbeits- oder Wegeunfall muss die MiHaG GmbH unverzüglich die gesetzliche Krankenkasse unterrichten.
2. Beitragserhöhungen in der Sozialversicherung führen automatisch auch zu Erhöhungen der Leistungen.
3. Mit 65 hat jeder Arbeitnehmer Anspruch auf die Leistungen der gesetzlichen Rentenversicherung.
4. Kinderlose Arbeitnehmer müssen nach Vollendung des 23. Lebensjahres einen höheren Beitrag in die gesetzliche Pflegeversicherung entrichten, als Arbeitnehmer mit Kindern.

7. Aufgabe

Situation
Die künftige Mitarbeiterin Elke Brandström hat vor Abschluss ihres Arbeitsvertrags noch Fragen zu ihrer Krankenversicherung.

Welche Aussagen entsprechen den gesetzlichen Bestimmungen?

1. Sollte Frau Brandström versicherungsfrei sein, kann sie die Entscheidung, sich gesetzlich oder privat zu versichern, selber treffen.
2. Alle Beiträge zur Krankenversicherung werden vom gesamten Brutto-Einkommen berechnet.
3. Bei der Berechnung des Beitrags zur Krankenversicherung werden Steuerfreibeträge beitragsmindernd berücksichtigt.
4. Basis der Beitragsberechnung bildet das sozialversicherungspflichtige Einkommen.

8. Aufgabe

Situation
Das Prinzip der Sozialversicherung geht zwar grundsätzlich von einer Beitragsteilung zwischen Arbeitgeber und Arbeitnehmer aus. Hiervon gibt es eine Ausnahme.

Welche der folgenden Aussagen zur Beitragsteilung zwischen Arbeitgeber und Arbeitnehmer sind richtig?

1. Beiträge zur Rentenversicherung muss der Arbeitgeber nunmehr nur bis zur Höhe der Versicherungspflichtgrenze zahlen.
2. In der Pflegeversicherung müssen kinderlose Arbeitnehmer einen Zusatzbeitrag leisten: Hierbei zahlt der Arbeitgeber nicht die Hälfte dazu.
3. In der Krankenversicherung ist der Beitrag des Arbeitgebers festgeschrieben. Beitragserhöhungen treffen daher nur noch den Arbeitnehmer.
4. Bei Geringverdienern unter 800 € zahlt nur der Arbeitgeber die SV-Beiträge.

9. Aufgabe

Situation
Grundlage der Beitragserhebung in der Sozialversicherung ist das sozialversicherungspflichtige Einkommen. Anders aber als beim steuerpflichtigen Einkommen gibt es hier Höchstbeträge.

Welche der folgenden Aussagen ist richtig?

1. Bei einem Steuerfreibetrag zahlt der Arbeitnehmer auch geringere Sozialversicherungsbeiträge.
2. Ein Steuerfreibetrag mindert auch in der Unfallversicherung die Beitragshöhe.
3. Die Steuerklasse III in Kombination mit mindestens einem Kind führt zur Minderung der Beiträge in der Sozialversicherung.
4. Die Beitragsbemessungsgrenze ist die maximale Einkommensgröße, von der Beiträge zur Sozialversicherung erhoben werden.

10. Aufgabe

Situation
Zu den Personalkosten in Form von Lohn oder Gehalt, die der Arbeitgeber trägt, kommen noch weitere Personalnebenkosten hinzu.

Welche Kosten gehören zu den Personalnebenkosten?

1. Der Arbeitgeber zahlt auch Lohn- und Kirchensteuer des Arbeitnehmers und führt diese an das Betriebsstättenfinanzamt ab.
2. Der Arbeitgeber zahlt die Hälfte der Beiträge zur Unfallversicherung.
3. Nur dann, wenn der Arbeitnehmer eine Unfallversicherung abgeschlossen hat, muss der Arbeitnehmer hierzu die halben Beiträge zahlen.
4. Beiträge zur gesetzlichen Unfallversicherung zahlt nur der Arbeitgeber.

211

Prüfung Wirtschafts- und Sozialkunde

Menschliche Arbeit im Betrieb – Soziale Sicherung der Arbeitnehmer

Erläuterungen und Lösungen

6. Aufgabe

Lösung: 4

Bei Arbeits- und Wegeunfällen muss die MiHaG GmbH die Berufsgenossenschaft informieren, sofern die Arbeitsunfähigkeit länger als drei Tage dauert.
Das Renteneintrittsalter wird bis zum Jahre 2029 schrittweise angehoben.
Für Arbeitnehmer mit dem Geburtsjahrgang 1964 ist es dann 67. Möchte ein Arbeitnehmer früher Rente beziehen, muss er regelmäßig Abschläge bei seiner Rente in Kauf nehmen.

7. Aufgabe

Lösung: 1 und 4

Basis der Beitragsberechnung zur gesetzlichen Sozialversicherung bildet das sozialversicherungspflichtige Einkommen. Dieses Einkommen ist – anders als bei der Einkommensteuerberechnung – nicht unbegrenzt, sondern hat als Höchstgrenze die sog. „Beitragsbemessungsgrenze".

Steuerfreibeträge mindern nur die Steuerlast des Arbeitnehmers. Bei der Berechnung der Sozialversicherungsbeiträge spielen diese keine Rolle.

8. Aufgabe

Lösung: 2

Für die Zahlung des AG-Beitrags zur Rentenversicherung gilt: Arbeitgeber wie Arbeitnehmer zahlen die Rentenbeiträge jeweils zur Hälfte bis zur Beitragsbemessungsgrenze.

Auch bei der Krankenversicherung zahlen Arbeitgeber und Arbeitnehmer jeweils die Hälfte der Beiträge.

9. Aufgabe

Lösung: 4

Das Einkommen eines Arbeitnehmers ist nur bis zu einer bestimmten Höhe sozialversicherungspflichtig. Es handelt sich dabei um die Beitragsbemessungsgrenze.

10. Aufgabe

Lösung: 4

Anders als sonst in der Sozialversicherung, bei der die Beiträge vom Arbeitgeber und vom Arbeitnehmer zu leisten sind, zahlt der Arbeitgeber alleine die Beiträge zur gesetzlichen Unfallversicherung.

Leistungen der Sozialversicherung

Rentenversicherung	Altersruhegeld, Rehabilitation
Krankenversicherung	Krankenbehandlung, Vorsorgeuntersuchungen
Pflegeversicherung	Häusliche und stationäre Pflege
Arbeitslosenversicherung	Arbeitslosengeld I und II, Kurzarbeitsgeld
Unfallversicherung	Heilbehandlung, Verletztengeld, Rehabilitation

Beitragsbemessungsgrenze

= maximaler Bruttobetrag, der als Basis für die Beitragshöhe dient

Beitragsbemessungsgrenzen 2021:	West	Ost
Rentenversicherung	7.100,00 €	6.700,00 €
Arbeitslosenversicherung	7.100,00 €	6.700,00 €
Kranken- und Pflegeversicherung	4.837,50 €	4.837,50 €

Gesetzliche Unfallversicherung

Beitragszahlung:	Nur Arbeitgeber alleine
Basis der Beitragsberechnung:	Gefahrenklassen und Lohnsummen

© Westermann Gruppe

Prüfung Wirtschafts- und Sozialkunde — Menschliche Arbeit im Betrieb – Mitwirkung und Mitbestimmung der Arbeitnehmer

Situation zur 1. und 2. Aufgabe
Bei der MiHaG GmbH stehen demnächst Betriebsratswahlen an. Beachten Sie hierzu den folgenden Auszug aus dem Betriebsverfassungsgesetz:

§ 5 Arbeitnehmer
(1) Arbeitnehmer (Arbeitnehmerinnen und Arbeitnehmer) im Sinne dieses Gesetzes sind Arbeiter und Angestellte einschließlich der zu ihrer Berufsausbildung Beschäftigten, unabhängig davon, ob sie im Betrieb, im Außendienst oder mit Telearbeit beschäftigt werden.

§ 7 Wahlberechtigung
(1) Wahlberechtigt sind alle Arbeitnehmer des Betriebs, die das 18. Lebensjahr vollendet haben. Werden Arbeitnehmer eines anderen Arbeitgebers zur Arbeitsleistung überlassen, so sind diese wahlberechtigt, wenn sie länger als drei Monate im Betrieb eingesetzt werden.

§ 8 Wählbarkeit
Wählbar sind alle Wahlberechtigten, die sechs Monate dem Betrieb angehören oder als in Heimarbeit Beschäftigte in der Hauptsache für den Betrieb gearbeitet haben.

1. Aufgabe

Zur bevorstehenden Wahl des Betriebsrats prüft der Wahlvorstand die Wahlberechtigung. Welche der folgenden Personen sind wahlberechtigt?

1 Der 17-jährige Auszubildende Theo Melter, der sich im dritten Ausbildungsjahr kurz vor der Abschlussprüfung befindet

2 Klaus Kubitschek, ein 30-jähriger Mitarbeiter eines Zeitunternehmens, der vor vier Monaten der MiHaG GmbH zur Aktualisierung der Software-Anwendungen auf unbestimmte Zeit überlassen wurde

3 Annie Belker, eine 18-jährige Schülerpraktikantin, die in ihren sechswöchigen Sommerferien in der MiHaG GmbH tätig ist

4 Die Handelsvertreterin Gerda Lüdenscheid, die seit zehn Jahren eng mit der MiHaG GmbH zusammenarbeitet

5 Clemens Brentinger, ein Mitarbeiter, der mittels Telearbeitsplatz wöchentlich zu Hause 30 Stunden für die MiHaG GmbH tätig ist

2. Aufgabe

Im nächsten Schritt geht es um die Wählbarkeit.
Wer kann für den Betriebsrat kandidieren?

1 Alle Arbeitnehmer, die das 18. Lebensjahr vollendet haben, haben das passive Wahlrecht zum Betriebsrat.

2 Zeitarbeitnehmer, die länger als zwei Monate in der MiHaG GmbH arbeiten, können für den Betriebsrat kandidieren.

3 Alle Arbeitnehmer des Betriebs können zum Betriebsrat kandidieren.

4 Befristet beschäftigte Arbeitnehmer können nicht zum Betriebsrat gewählt werden.

5 Alle wahlberechtigten Arbeitnehmer, die in der MiHaG GmbH mindestens sechs Monate beschäftigt sind, können für den Betriebsrat kandidieren.

3. Aufgabe

Situation
Eine Aktiengesellschaft kennt neben der betrieblichen Mitbestimmung auch die Unternehmensmitbestimmung. In Aktiengesellschaften ist als Kontrollorgan ein Aufsichtsrat vorgeschrieben, der sich aus Arbeitnehmer- und Arbeitgebervertretern zusammensetzt.

Nach welchem Gesetz entscheidet der Aufsichtsratsvorsitzende bei Stimmengleichheit in einer erneuten Abstimmung und hat damit zwei Stimmen?

1 Aktiengesetz
2 Montanmitbestimmungsgesetz
3 Kartellgesetz
4 Betriebsverfassungsgesetz
5 Mitbestimmungsgesetz von 1976

4. Aufgabe

Situation
Nach Betriebsverfassungsgesetz hat der Betriebsrat der MiHaG GmbH unterschiedlich abgestufte Rechte.

Welches Recht hat der Betriebsrat im Fall einer beabsichtigten Kündigung?

1 Unterrichtungsrecht
2 Anhörungsrecht
3 Mitbestimmungsrecht
4 Beratungsrecht

Prüfung Wirtschafts- und Sozialkunde   Menschliche Arbeit im Betrieb – Mitwirkung und Mitbestimmung der Arbeitnehmer

Erläuterungen und Lösungen

1. Aufgabe

Lösung: 2 und 5

Grundsätzlich sind alle Arbeitnehmer eines Betriebs wahlberechtigt, sofern sie das 18. Lebensjahr vollendet haben. Hinzu kommen Mitarbeiter, die über einen Telearbeitsplatz verfügen; auch sie sind bei Betriebsratswahlen wahlberechtigt.

Werden Arbeitnehmer eines anderen Arbeitgebers dem Betrieb überlassen, sind auch diese Arbeitnehmer nach drei Monaten Betriebszugehörigkeit zu den Betriebsratswahlen wahlberechtigt.

2. Aufgabe

Lösung: 5

Das passive Wahlrecht setzt zunächst einmal das aktive Wahlrecht voraus. Hinzu kommt, dass der Arbeitnehmer mindestens sechs Monate dem Betrieb angehören muss.

3. Aufgabe

Lösung: 5

Im Aufsichtsrat sind Kapitaleigner und Arbeitnehmer gleichermaßen vertreten. Um Pattsituationen dort zu vermeiden, verleiht das Mitbestimmungsgesetz von 1976 dem Aufsichtsratsvorsitzenen praktisch zwei Stimmen in einer erneuten Abstimmung.

4. Aufgabe

Lösung: 2

Der Betriebsrat hat im Falle einer Kündigung ein Anhörungsrecht: Er muss dabei vor jeder Kündigung gehört werden (§ 102 BetrVG). Dies gilt sowohl für die ordentliche wie auch für die außerordentliche Kündigung. Eine ohne Anhörung des Betriebsrats ausgesprochene Kündigung ist unwirksam.

Mitwirkung und Mitbestimmung der Arbeitnehmer

- Betriebliche Mitbestimmung
  - Betriebsverfassungsgesetz
    - In Betrieben mit fünf Arbeitnehmern werden Betriebsräte gewählt.
    - Betriebsrat: Betriebliches Vertretungsorgan der Arbeitnehmer

- Unternehmensmitbestimmung
  - Mitbestimmungsgesetze

Aktives und passives Wahlrecht zum Betriebsrat

Wahlberechtigt (Aktives Wahlrecht):
- Alle Arbeitnehmer des Betriebs, sofern 18 Jahre, sowie:
- Leiharbeitnehmer mit mindestens dreimonatiger Betriebszugehörigkeit

Wählbarkeit (Passives Wahlrecht):
- Alle Wahlberechtigten, die sechs Monate dem Betrieb angehören, sowie:
- die in Heimarbeit Beschäftigten, die in der Hauptsache für den Betrieb gearbeitet haben

**Unternehmensmitbestimmung
Mitbestimmungsgesetz von 1976**

Mitbestimmung im Aufsichtsrat durch Beteiligung der Arbeitnehmer

Weitere Mitbestimmung durch Montan-Mitbestimmung (Paritätische Mitbestimmung) und Mitbestimmung nach Betriebsverfassungsgesetz

Situation zur 5. bis 6. Aufgabe

Im Zuge der vermehrten Nachfrage nach innovativen Haushaltsgeräten der *mihag-smart@home-Serie* plant die MiHaG GmbH die Einstellung mehrerer Mitarbeiter und berücksichtigt die Bestimmungen des Betriebsverfassungsgesetzes.

Beachten Sie zur Beantwortung der Fragen den nachfolgenden Gesetzestext:

> **§ 93 BetrVG: Ausschreibung von Arbeitsplätzen**
>
> Der Betriebsrat kann verlangen, dass Arbeitsplätze, die besetzt werden sollen, allgemein oder für bestimmte Arten von Tätigkeiten vor ihrer Besetzung innerhalb des Betriebs ausgeschrieben werden
>
> **§ 99 BetrVG: Mitbestimmung bei personellen Einzelmaßnahmen**
>
> (1) In Unternehmen mit in der Regel mehr als zwanzig wahlberechtigten Arbeitnehmern hat der Arbeitgeber den Betriebsrat vor jeder Einstellung, Eingruppierung, Umgruppierung und Versetzung zu unterrichten, ihm die erforderlichen Bewerbungsunterlagen vorzulegen und Auskunft über die Person der Beteiligten zu geben.
> Er hat dem Betriebsrat unter Vorlage der erforderlichen Unterlagen Auskunft über die Auswirkungen der geplanten Maßnahme zu geben und die Zustimmung des Betriebsrats zu der geplanten Maßnahme einzuholen.

5. Aufgabe

Welche drei Vorschriften hinsichtlich der Beteiligung des Betriebsrats beim Einstellungsprozess müssen beachtet werden?

1 Verlangt der Betriebsrat die interne Ausschreibung, ist der Arbeitgeber verpflichtet, einen internen Bewerber einem externen vorzuziehen.

2 Personellen Einzelmaßnahmen muss der Betriebsrat zur Wirksamkeit zustimmen.

3 Bei einer Eingruppierung, Umgruppierung, Versetzung und Einstellung hat der Betriebsrat die sog. „erzwingbare Mitbestimmung". Verweigert der Betriebsrat die Zustimmung, entscheidet die Einigungsstelle.

4 Dem Betriebsrat müssen vor einer Einstellung die erforderlichen Bewerbungsunterlagen zur Verfügung gestellt werden.

5 Zwar kann der Betriebsrat die interne Stellenausschreibung verlangen; die Personaleinstellung ist letztlich aber Sache des Arbeitgebers.

6. Aufgabe

In welchem der folgenden Fälle hat der Betriebsrat ein bloßes Informationsrecht?

1 Die MiHaG GmbH möchte einem Mitarbeiter, der gegen das Wettbewerbsverbot verstoßen hatte, fristlos kündigen.

2 Der Arbeitgeber möchte Multimoment-Kameras installieren, die die Produktion, aber auch die Leistung der Mitarbeiter überwachen können.

3 Die MiHaG GmbH beabsichtigt, für eine vorgesehene Produkterweiterung neue Maschinen anzuschaffen.

4 Im Zuge der Produkterweiterung möchte die MiHaG GmbH zehn weitere Mitarbeiter einstellen.

7. Aufgabe

Situation
Die MiHaG GmbH beabsichtigt, bei der Gestaltung der Arbeitszeiten den Mitarbeitern bei der individuellen Flexibilisierung entgegen zu kommen.

Welches Recht hat der Betriebsrat hierbei? Beachten Sie den unten abgebildeten Auszug aus dem Betriebsverfassungsgesetz.
Der Betriebsrat muss ...

1 vor Einführung dieser Änderungen den geplanten Maßnahmen zustimmen.

2 vorher lediglich angehört werden.

3 die geplanten Änderungen der Gewerbeaufsichtsbehörde melden.

4 die Geschäftsleitung vor Einführung dieser Änderungen beraten.

5 von der Geschäftsleitung vor Einführung dieser Änderungen lediglich informiert werden.

> **Auszug aus § 87 BetrVG Mitbestimmungsrechte**
>
> Der Betriebsrat hat, soweit eine gesetzliche oder tarifliche Regelung nicht besteht, in folgenden Angelegenheiten mitzubestimmen:
>
> 1. Fragen der Ordnung des Betriebs und des Verhaltens der Arbeitnehmer im Betrieb
>
> 2. Beginn und Ende der täglichen Arbeitszeit einschließlich der Pausen sowie Verteilung der Arbeitszeit auf die einzelnen Wochentage
>
> 3. Vorübergehende Verkürzung oder Verlängerung der betriebsüblichen Arbeitszeit ...

Prüfung **Wirtschafts- und Sozialkunde**   Menschliche Arbeit im Betrieb – Mitwirkung und Mitbestimmung der Arbeitnehmer

Erläuterungen und Lösungen

5. Aufgabe

Lösung: 2, 4 und 5

Bei der Einstellung von Mitarbeitern hat der Betriebsrat das Recht, eine interne Stellenausschreibung zu verlangen. Allerdings ist der Arbeitgeber nicht verpflichtet, einen internen Bewerber einem externen den Vorzug zu geben.

Im Rahmen einer Einstellung muss der Arbeitgeber dem Betriebsrat die notwendigen Bewerbungsunterlagen zur Verfügung stellen und Auskunft über die Bewerber erteilen.

Der Betriebsrat muss einer personellen Einzelmaßnahme (Einstellung, Versetzung) zustimmen. Für den Fall, dass der Betriebsrat die erforderliche Zustimmung nicht erteilt, hat der Arbeitgeber die Möglichkeit, die fehlende Zustimmung beim Arbeitsgericht zu beantragen.

6. Aufgabe

Lösung: 3

In wirtschaftlichen Entscheidungen – hierzu gehören auch Investitionsentscheidungen – hat der Arbeitgeber das Sagen. Dieser muss allerdings den Betriebsrat informieren. Das Informationsrecht stellt ein schwaches betriebsverfassungsrechtliches Recht des Betriebsrats dar.

Bei einer geplanten Aufstellung von Multimoment-Kameras hat der Betriebsrat die Möglichkeit, dieser Maßnahme zu widersprechen.

Die Einstellung von Mitarbeitern als sog. „personelle Einzelmaßnahme" setzt zwingend die Zustimmung des Betriebsrats voraus.

7. Aufgabe

Lösung: 1

Fragen der Ordnung des Betriebs, der Ausgestaltung von Arbeitszeiten und Ruhepausen gehören zur sog. „erzwingbaren Mitbestimmung". § 87 des Betriebsverfassungsgesetzes listet 13 Maßnahmen auf, bei denen der Betriebsrat echte Mitbestimmungsrechte hat.

Kommt bei solchen Fragen eine Einigung zwischen Arbeitgeber und Betriebsrat nicht zustande, entscheidet die Einigungsstelle. Diese ersetzt die fehlende Einigung zwischen Betriebsrat und Arbeitgeber.

Mitwirkung und Mitbestimmung des Betriebsrats
= abgestufte Rechte des Betriebsrats

Echte erzwingbare Mitbestimmung des Betriebsrats

Mitbestimmung in sozialen Angelegenheiten

- Ordnung des Betriebs
- Betriebsurlaub
- Einrichtung von Überstunden

Im Streitfall: Entscheidung durch die **Einigungsstelle**

Zustimmung bei personellen Einzelmaßnahmen

- Einstellung
- Versetzung
- Eingruppierung
- Umgruppierung

Im Streitfall: Anrufung des **Arbeitsgerichts**

Anhörung des Betriebsrats vor jeder Kündigung

- Ordentliche Kündigung
- Außerordentliche Kündigung

Ohne Anhörung: Unwirksame Kündigung

Reine Information in wirtschaftlichen Angelegenheiten

- Investitionen
- Kauf neuer Hardware
- Kauf neuer Software

Bedeutung: Schwächstes Gestaltungsmittel des Betriebsrats

Prüfung Wirtschafts- und Sozialkunde
Menschliche Arbeit im Betrieb – Mitwirkung und Mitbestimmung der Arbeitnehmer

Situation zur 8. bis 10. Aufgabe
Betriebsrat und Jugend- und Auszubildendenvertretung der MiHaG GmbH arbeiten vertrauensvoll im Sinne des Betriebsverfassungsgesetzes mit dem Arbeitgeber zusammen. Demnächst stehen Wahlen zur Jugend- und Auszubildendenvertretung (JAV) sowie zum Betriebsrat an. Beachten Sie den folgenden Auszug aus dem Betriebsverfassungsgesetz:

> **§ 60 BetrVG – Errichtung und Aufgabe**
> (1) In Betrieben mit in der Regel mindestens fünf Arbeitnehmern, die das 18. Lebensjahr noch nicht vollendet haben (jugendliche Arbeitnehmer) oder die zu ihrer Berufsausbildung beschäftigt sind und das 25. Lebensjahr noch nicht vollendet haben, werden Jugend- und Auszubildendenvertretungen gewählt.
>
> **§ 61 Wahlberechtigung und Wählbarkeit**
> (1) Wahlberechtigt sind alle in § 60 I BetrVG genannten Arbeitnehmer des Betriebs.
> (2) Wählbar sind alle Arbeitnehmer des Betriebs, die das 25. Lebensjahr noch nicht vollendet haben.

8. Aufgabe

Welche beiden Aussagen zur anstehenden Betriebsratswahl sind richtig?

1. Das Betriebsverfassungsgesetz lässt nur eine einzige Amtsperiode eines Betriebsratsmitgliedes zu. Eine Wiederwahl scheidet damit aus.
2. Wegen der vertrauensvollen Zusammenarbeit zwischen Betriebsrat und Geschäftsführung muss diese der Wahl eines Betriebsrats zustimmen.
3. Gewählte Vertreter der Jugend- und Auszubildendenvertretung können nicht gleichzeitig Mitglied des Betriebsrats sein.
4. Einem Mitglied des Betriebsrats kann während seiner Amtszeit nur außerordentlich gekündigt werden.

9. Aufgabe

Welche beiden Aussagen zur Jugend- und Auszubildendenvertretung sind richtig?

1. Die Amtszeit der Jugend- und Auszubildendenvertretung beträgt genauso wie die des Betriebsrats vier Jahre.
2. Wählbar zur Jugend- und Auszubildendenvertretung sind alle Arbeitnehmer, die das 18. Lebensjahr noch nicht vollendet haben oder noch in der Berufsausbildung sind und das 25. Lebensjahr noch nicht vollendet haben.
3. Amtierende Betriebsratsmitglieder können ihren Erfahrungsschatz auch als Mitglieder der Jugend- und Auszubildendenvertretung nutzen und einbringen.
4. Werden bei einer Betriebsratssitzung Themen behandelt, die alle Jugendlichen betreffen, dürfen an der Betriebsratssitzung auch alle Jugend- und Auszubildendenvertreter teilnehmen.
5. Wählbar zur Jugend- und Auszubildendenvertretung sind alle Arbeitnehmer des Betriebs, die das 25. Lebensjahr noch nicht vollendet haben.

10. Aufgabe

Der Mitarbeiterstamm der MiHaG GmbH sieht zum Zeitpunkt der Betriebsratswahl wie folgt aus:

85 Angestellte, davon 6 leitende Angestellte Alle Angestellten: volljährig	64 Arbeiter, davon 5 Arbeiter minderjährig, 38 Arbeiter volljährig	10 Auszubildende, davon 2 Azubis minderjährig, 4 Azubis volljährig unter 25 Jahre, 2 Azubis über 25 Jahre

Stellen Sie fest, wie viele Personen für die Jugend- und Auszubildendenvertretung wahlberechtigt sind. _____ Personen

11. Aufgabe

Situation
Dem Lagerarbeiter Karl Klug wurde sofort fristlos gekündigt, als er beim Aufbrechen eines Spindes ertappt wurde. Der Betriebsrat wurde nach der fristlosen Kündigung informiert und hatte ganz spontan der Kündigung zugestimmt.

Welche Rechtsfolgen hat die erfolgte Kündigung?

1. Die Kündigung ist unwirksam.
2. Die Kündigung ist wirksam, wenn der Betriebsrat noch binnen sieben Tagen der Kündigung zustimmt.
3. Ohne jede Frage ist bei einem Straftatbestand wie Diebstahl oder bei einem schweren Vertrauensbruch die Kündigung immer wirksam.
4. Bei einer fristlosen Kündigung kann der Betriebsrat auch noch im Nachhinein der bereits erfolgten Kündigung zustimmen. Diese ist dann wirksam.

Prüfung **Wirtschafts- und Sozialkunde**   Menschliche Arbeit im Betrieb – Mitwirkung und Mitbestimmung der Arbeitnehmer

Erläuterungen und Lösungen

8. Aufgabe

Lösung: 3 und 4

Das Betriebsverfassungsgesetz lässt eine Wiederwahl eines gewählten Betriebsratsmitgliedes zu, nicht aber die gleichzeitige Mitgliedschaft als Betriebsrat und Mitglied der Jugend- und Auszubildendenvertretung.

Während seiner Amtszeit genießt der Betriebsrat Kündigungsschutz. Ordentlich kann ihm daher nicht gekündigt werden, wohl aber bei schweren Dienstvergehen und einem wichtigen Grund außerordentlich.

9. Aufgabe

Lösung: 4 und 5

Die Amtszeit der Jugend- und Auszubildendenvertretung beträgt zwei Jahre. Das passive Wahlrecht besitzen alle Arbeitnehmer, die das 25. Lebensjahr noch nicht vollendet haben.

Das aktive Wahlrecht haben alle Arbeitnehmer, die das 18. Lebensjahr noch nicht vollendet haben sowie alle Auszubildenden, die das 25. Lebensjahr noch nicht vollendet haben.

10. Aufgabe

Lösung: 11 Personen sind wahlberechtigt

11. Aufgabe

Lösung: 1

§ 102 BetrVG bestimmt unmissverständlich, dass der Betriebsrat **vor** einer jeden Kündigung zu hören ist. Erfolgt eine Kündigung ohne vorherige Anhörung des Betriebsrats, ist diese, wie im vorliegenden Fall, unwirksam. Die außerordentliche Kündigung ist damit hinfällig.

Der Arbeitgeber könnte im vorliegenden Fall versuchen, nach vorheriger Anhörung des Betriebsrats eine ordentliche Kündigung auszusprechen.

Jugend- und Auszubildendenvertretung

Voraussetzungen

- Arbeitnehmer unter 18 Jahren
- Auszubildende unter 25 Jahren

Voraussetzung zur Wahl einer Jugend- und Auszubildendenvertretung: Es müssen 5 Personen mit diesen Merkmalen im Betrieb vorhanden sein.

Amtszeit:	2 Jahre

Wahlberechtigung

Aktives Wahlrecht:
- Arbeitnehmer, die das 18. Lebensjahr noch nicht vollendet haben
- Auszubildende, die das 25. Lebensjahr noch nicht vollendet haben.

Passives Wahlrecht:
- Arbeitnehmer unter 25 Jahren

Teilnahme an Betriebsratssitzungen

- Entsendung eines Vertreters zur Betriebsratssitzung
- Bei Tagesordnungspunkten, die alle Jugendlichen betreffen: Teilnahme der kompletten Jugend- und Auszubildendenvertretung

Prüfung Wirtschafts- und Sozialkunde — Menschliche Arbeit im Betrieb – Mitwirkung und Mitbestimmung der Arbeitnehmer

> **Situation zur 12. bis 17. Aufgabe**
> Im Rahmen des Betriebsverfassungsgesetzes hat der Betriebsrat unterschiedlich abgestufte Rechte. Er kann darüber hinaus mit dem Arbeitgeber Betriebsvereinbarungen abschließen. Potenzielle Konflikte zwischen Arbeitgeber und Betriebsrat werden durch das Arbeitsgericht oder in bestimmten Fällen durch die Einigungsstelle entschieden.

12. Aufgabe

Welche arbeitsrechtlichen Inhalte können zwischen Arbeitgeber und Betriebsrat in einer Betriebsvereinbarung geregelt werden?

1. Dauer der wöchentlichen Arbeitszeit
2. Formen der Entlohnung – Arbeitsentgelte
3. Höhe des Urlaubsanspruchs
4. Gleitende Arbeitszeit

13. Aufgabe

Der Sozialplan ist eine besondere Form einer Betriebsvereinbarung. Welche Beschreibung hierzu ist richtig?

1. Gewerkschaft und Arbeitgeber vereinbaren einen Sozialplan.
2. Gewerkschaft und Betriebsrat sind Vertragspartner eines Sozialplans.
3. Im Falle einer Betriebsänderung soll der Sozialplan mögliche wirtschaftliche Nachteile der Arbeitgeber mildern.
4. Bei betriebsbedingten Kündigungen können Arbeitnehmer hierüber einen finanziellen Ausgleich für den Verlust ihres Arbeitsplatzes erhalten.

14. Aufgabe

Die MiHaG GmbH beabsichtigt, einen neuen Mitarbeiter einzustellen. Der Betriebsrat widerspricht dieser personellen Einzelmaßnahme. Was gilt nun?

1. Der Arbeitgeber muss die Ablehnung des Betriebsrats hinnehmen.
2. Bei Nichteinigung muss ein Schlichter hinzugezogen werden, der einen für beide Seiten verbindlichen Beschluss fassen kann.
3. Beim Arbeitsgericht kann der Arbeitgeber versuchen, die fehlende Zustimmung des Betriebsrats zu ersetzen.
4. Der Mitarbeiter kann bedenkenlos eingestellt werden, da der Betriebsrat nur ein reines Informationsrecht hat.

15. Aufgabe

Zur Lösung von innerbetrieblichen Konflikten gibt es u. a. auch die Einigungsstelle. In welchem der folgenden Fälle entscheidet diese?

1. Bei Konflikten zwischen Betriebsrat und Jugend- und Auszubildendenvertretung
2. Bei Meinungsverschiedenheiten zwischen Arbeitgeber und Betriebsrat
3. Bei Meinungsverschiedenheiten zwischen Arbeitgeber und den im Betrieb vertretenen Gewerkschaften
4. Bei Konflikten zwischen Arbeitgeber und Arbeitnehmern

16. Aufgabe

Die Geschäftsführung will einen Mitarbeiter für den Verkauf zunächst befristet einstellen.
Welches Recht hat der Betriebsrat der MiHaG GmbH im Fall dieser sog. „personellen Einzelmaßnahme"?

1. Weil es sich hier um einen befristeten Arbeitsvertrag handelt, muss der Betriebsrat nur informiert werden.
2. Der Betriebsrat hat das Recht, einen internen Bewerber durchzusetzen.
3. Bei dieser Kernkompetenz des Arbeitgebers, wie der Einstellung von Mitarbeitern, muss der Arbeitgeber sich nur vom Betriebsrat beraten lassen, trifft dann aber selbstständig die Personalentscheidung.
4. Unterbleibt eine vom Betriebsrat verlangte interne Stellenausschreibung, kann der Betriebsrat die Zustimmung zur Einstellung eines Bewerbers verweigern.

17. Aufgabe

Eine Auszubildende fragt Sie, wer an der geplanten Betriebsversammlung teilnehmen darf. Was antworten Sie?

1. Nur Arbeitnehmer, nicht aber Auszubildende
2. Alle Arbeitnehmer sowie der Arbeitgeber
3. Nur Arbeitnehmer mit unbefristetem Arbeitsvertrag
4. Nur Arbeitnehmer, nicht aber der Arbeitgeber

Prüfung Wirtschafts- und Sozialkunde

Menschliche Arbeit im Betrieb – Mitwirkung und Mitbestimmung der Arbeitnehmer

Erläuterungen und Lösungen

12. Aufgabe

Lösung: 4

Betriebsvereinbarungen zwischen Arbeitgeber und Betriebsrat können die betriebliche Ordnung betreffen, haben als Zielsetzung aber auch oft die Gleitzeit oder den Betriebsurlaub in den Sommerferien.

13. Aufgabe

Lösung: 4

Bei Verlust ihres Arbeitsplatzes nach betriebsbedingten Kündigungen, einer Betriebsstilllegung oder der Einstellung der Produktion erhalten Arbeitnehmer oft eine Ausgleichszahlung, vereinbart in einem Sozialplan. Dieser kann auch für die betroffenen Arbeitnehmer qualifizierende Weiterbildungsmaßnahmen vorsehen.

14. Aufgabe

Lösung: 3

Bei personellen Einzelmaßnahmen ist die Zustimmung des Betriebsrats erforderlich. Der Betriebsrat kann nur aus den im Gesetz genannten Gründen seine Zustimmung verweigern, z. B. wenn der Arbeitgeber eine vom Betriebsrat verlangte interne Stellenausschreibung nicht durchführt.
Bei Widerspruch des Betriebsrats kann der Arbeitgeber versuchen, die fehlende Zustimmung beim Arbeitsgericht zu beantragen.

15. Aufgabe

Lösung: 2

In sozialen Angelegenheiten hat der Betriebsrat die sog. „erzwingbare Mitbestimmung". Das bedeutet für den Fall, dass sich Betriebsrat und Arbeitgeber nicht auf einen gemeinsamen Nenner einigen können, dass dann ein Dritter entscheidet, die Einigungsstelle. Diese ersetzt die fehlende Einigung zwischen Betriebsrat und Arbeitgeber durch eine für beide verbindliche Entscheidung.

16. Aufgabe

Lösung: 4

Der Betriebsrat hat das Recht, eine interne Stellenausschreibung zu verlangen, nicht aber die Einstellung eines internen Bewerbers.
Unterlässt der Arbeitgeber aber eine vom Betriebsrat verlangte interne Stellenausschreibung, hat der Betriebsrat einen Grund, die Zustimmung zur Einstellung wirksam zu verneinen.

17. Aufgabe

Lösung: 2

Betriebsvereinbarungen

- Vertrag zwischen Arbeitgeber und Betriebsrat
- Häufige Anwendungsfälle: Arbeitsordnung, Betriebsurlaub
- **NICHT:** Inhalte, die durch Tarifvertrag geregelt sind

Sozialplan

- Besondere Form einer Betriebsvereinbarung
- Vertrag zwischen Arbeitgeber und Betriebsrat
- Ziel: Ausgleich von Nachteilen bei betriebsbedingten Kündigungen
- Ausgleichszahlungen
- Möglichkeit der Weiterbildung/Qualifizierung der Arbeitnehmer

Personelle Einzelmaßnahmen

Einstellung	Eingruppierung	Umgruppierung	Versetzung

Zustimmung des Betriebsrats:	Zwingend erforderlich
Bei Verweigerung der Zustimmung:	Arbeitgeber darf personelle Einzelmaßnahme nicht ausführen
Anrufung des Arbeitsgerichts:	Eventuell Ersetzung der Zustimmung

Betriebsversammlung

Teilnahmeberechtigt sind:

- Alle Arbeitnehmer einschl. der Auszubildenden des Betriebs
- Arbeitgeber
- Im Betrieb vertretene Gewerkschaften

Prüfung Wirtschafts- und Sozialkunde — Steuern – Grundzüge der Besteuerung

1. Aufgabe

Situation
Zur Finanzierung allgemeiner Aufgaben erheben die Gebietskörperschaften Steuern. Die Einkommensteuer trifft dabei unmittelbar die Arbeitnehmer. Das Bruttoeinkommen wird um Werbungskosten und Sonderausgaben gemindert und wird damit zum steuerpflichtigen Einkommen.

Die folgende Aufstellung zur Ermittlung des zu versteuernden Einkommens enthält einen Fehler. In welcher Zeile befindet sich dieser?

	Bruttoarbeitslohn/-gehalt
1	./. Werbungskosten
	= Einkünfte aus nicht selbstständiger Arbeit
2	+ Einkünfte aus weiteren Einkunftsarten
	= Summe der Einkünfte
3	+ Sonderausgaben
4	./. außergewöhnliche Belastungen
	= Einkommen
5	./. Freibeträge
	= zu versteuerndes Einkommen

2. Aufgabe

Situation
Sonderausgaben und Werbungskosten mindern die Steuerlast.

2.1 Welche Ausgabe ist keine Sonderausgabe?
1. Bausparbeiträge
2. Beiträge zu einer privaten Haftpflichtversicherung.
3. Unfallversicherungsbeiträge
4. Kfz-Haftpflichtversicherungsbeiträge

2.2 Welche der folgenden Ausgaben kann als „unbeschränkt abzugsfähige Sonderausgaben" geltend gemacht werden?
1. Aufwendungen für Fachliteratur
2. Spenden an soziale und gemeinnützige Vereine
3. Gezahlte Kirchensteuer
4. Aufwendungen für die Unterstützung naher Verwandter

3. Aufgabe

Situation
Für diese Mitarbeiterinnen sollen die Steuerklassen ermittelt werden.

Tragen Sie die Steuerklasse in das Lösungskästchen ein.

a) Camilla Hofer, verheiratet, Ehemann ist nicht berufstätig

b) Esmeralda Verdoja, ledig, keine Kinder

c) Adelheid Bongart, hauptberuflich bei einem anderen Unternehmen tätig

4. Aufgabe

Situation
„Außergewöhnliche Belastungen" wirken steuermindernd für den Steuerpflichtigen.

Welcher Beitrag/welche Aufwendung gehört zu den „außergewöhnlichen Belastungen"?

1. Beiträge zu Lebensversicherungen
2. Beiträge zu einem Bausparvertrag
3. Beiträge zur Unfallversicherung
4. Regelmäßige Aufwendungen für die bedürftige Mutter

5. Aufgabe

Situation
Ein Auszubildender der MiHaG GmbH hat im Berufsschulunterricht erfahren, dass ein Arbeitnehmer einen Lohnsteuerfreibetrag beim Finanzamt beantragt hat.

Welche beiden der folgenden Aussagen sind richtig?
1. Jeder Steuerpflichtige kann einen Steuerfreibetrag beantragen, wenn seine Werbungskosten höher als 5.000,00 € jährlich sind.
2. Nur Verheiratete mit Kindern haben das Recht auf einen Steuerfreibetrag.
3. Der Arbeitgeber berücksichtigt den Lohnsteuerfreibetrag bei der monatlichen Lohnabrechnung.
4. Der Lohnsteuerfreibetrag mindert das Bruttoeinkommen, sodass nur von diesem verminderten Betrag Lohnsteuer und Sozialversicherung erhoben wird.
5. Ein Lohnsteuerfreibetrag wird nach Antrag des Steuerpflichtigen und Prüfung durch das Finanzamt gewährt.

Prüfung Wirtschafts- und Sozialkunde

Steuern – Grundzüge der Besteuerung

Erläuterungen und Lösungen

1. Aufgabe

Lösung: Zeile 3

Sonderausgaben werden dem Bruttoeinkommen nicht hinzugerechnet, sondern abgezogen.

2. Aufgabe

2.1 Lösung: 2 und 4

Eine private Unfallversicherung sowie eine Kfz-Haftpflichtversicherung stellen „Kosten der privaten Lebensführung" dar. Sie können steuerlich nicht geltend gemacht werden.

2.2 Lösung: 3

Die gezahlte Kirchensteuer, vermindert um die erstattete Kirchensteuer, ist als Sonderausgabe unbegrenzt abzugsfähig

3. Aufgabe

Lösung: 3, 1, 6

Verheiratete Arbeitnehmer, bei denen nur ein Ehegatte arbeitet, wählen die Steuerklassenkombination 3/5.

Ledige ohne Kinder sind in der Steuerklasse 1.

Hat ein Arbeitnehmer ein weiteres Beschäftigungsverhältnis, unterliegt er damit der Steuerklasse 6.

4. Aufgabe

Lösung: 4

Regelmäßige Aufwendungen für die Unterstützung naher Angehöriger sind außergewöhnliche Belastungen, also Aufwendungen, die einem Steuerpflichtigen in höherem Maße erwachsen als anderen Steuerpflichtigen.

5. Aufgabe

Lösung: 3 und 5

Ein Lohnsteuerfreibetrag mindert nur das zu versteuernde Einkommen. Das sozialversicherungspflichtige Entgelt wird dadurch nicht gemindert. Dies würde im Falle der Rentenversicherung zu einer geringeren Rente führen.

Unbegrenzte Steuerpflicht
für Inländer mit ihrem Wohnsitz im Inland und inländischen Einkünften

| Basis der Besteuerung | → | Steuerpflichtiges Bruttoeinkommen |

Ermittlung des steuerpflichtigen Einkommens

Abzug von: Werbungskosten – Sonderausgaben – Außergewöhnlichen Belastungen

Vom Bruttoeinkommen zum zu versteuernden Einkommen:
Bruttoeinkommen = Summe aller Einkünfte

./. Werbungskosten	Aufwendungen, die erforderlich sind, um Einkünfte zu erzielen oder zu erhalten
	Beispiele: Fahrtkosten zwischen Wohnung und Arbeitsstätte, Fachliteratur, Kosten der Weiterbildung
./. Sonderausgaben	Kosten der Lebensführung ohne Zusammenhang mit den Einkunftsarten; sie werden sozialpolitisch begünstigt
	Beispiele: Beiträge zur Krankenversicherung, gezahlte Kirchensteuer
./. Außergewöhnliche Belastungen	Aufwendungen, die einem Steuerpflichtigen in höherem Maße erwachsen als anderen Steuerpflichtigen
	Beispiele: Kosten bei Krankheit, Körperbehinderung

= zu versteuerndes Einkommen

© Westermann Gruppe

Prüfung Wirtschafts- und Sozialkunde

Markt und Preis/Wirtschaftsordnung – Begriff, Funktionen und Arten des Marktes

1. Aufgabe

Situation
Im Wirtschaftssystem der Bundesrepublik Deutschland spielt der Markt eine entscheidende Rolle. Eine Vielzahl von Verbrauchern und Unternehmern entscheiden täglich über Produktion und Verteilung der Güter.
Die MiHaG GmbH ist Marktteilnehmerin auf ganz unterschiedlichen Märkten.

Prüfen Sie, welche Feststellung über den vollkommenen Markt richtig ist.

1 Kunden und Unternehmen orientieren sich am Grundsatz der Nutzenmaximierung.
2 Anbieter der gleichen Branche bilden Interessengemeinschaften.
3 Güter auf diesem Markt unterscheiden sich nur durch Ausstattung, Design und Service der Anbieter.
4 Kunden und Anbieter reagieren sofort auf Preisänderungen.

2. Aufgabe

Situation
Die MiHaG GmbH ist Anbieterin sowohl auf vollkommenen als auch auf unvollkommenen Märkten.

Inwieweit profitiert die MiHaG GmbH dabei von einem unvollkommenen Markt?

1 Jeder Marktteilnehmer hat dabei vollständige Markttransparenz.
2 Sachliche Präferenzen bestehen nicht.
3 Kunden vertrauen dem guten Namen der MiHaG GmbH und sind auch bereit, für Produkte des Unternehmens mehr zu bezahlen, verbinden sie doch damit eine besonders hohe Qualität.
4 Es bestehen keinerlei persönliche Präferenzen.
5 Kunden haben keinerlei räumliche Präferenzen.

3. Aufgabe

Situation
Bei einer Reihe von Haushaltsartikeln steht die MiHaG GmbH bei ihren wirtschaftlichen Aktivitäten mit einer Vielzahl von Mitbewerbern mit kleinen Angebots- und Nachfragemengen in einem Wettbewerbsprozess.

Welche Aussage beschreibt die hier vorhandene Marktform des Polypols richtig?

1 Das Angebot steigt bei sinkenden Preisen.
2 Angebot und Nachfrage steigen bei sinkenden Preisen.
3 Die Nachfrage steigt bei sinkenden Preisen.
4 Das Angebot sinkt bei steigenden Preisen.

4. Aufgabe

Situation
Mit ihrer vernetzten Gerätetechnik *mihag-smart@home* hat die MiHaG GmbH vor drei Jahren Neuland betreten.

Welcher der folgenden Marktformen entspricht diese Marktsituation?

1 Nachfragemonopol   3 Angebotsmonopol   5 Polypol
2 Nachfrageoligopol 4 Angebotsoligopol

5. Aufgabe

Situation
Die MiHaG GmbH vertreibt in ihrer Produktpalette Echtholz-Küchen im Landhausstil. Auf dem inländischen Markt ist sie damit eins von fünf Unternehmen mit anspruchsvollen Küchenmöbeln.

Welche Marktform liegt hier vor?

1 Nachfrageoligopol   3 Angebotsoligopol
2 Angebotsmonopol   4 Polypol

6. Aufgabe

Situation
Neben einem Gleichgewicht am Markt gibt es auch unterschiedliche Formen eines Ungleichgewichts. Bei einem Käufermarkt stimmen Angebots- und Nachfragemenge nicht überein.

Wann liegt dieses Marktungleichgewicht vor?

1 Staatliche Stellen legen Höchstpreise fest.
2 Nur bei einem allgemeinen Lohn- und Preisstopp gibt es einen Käufermarkt.
3 Die Nachfrage übersteigt das Angebot.
4 Hierbei muss das Angebot größer sein als die vorhandene Nachfrage.

223

Prüfung Wirtschafts- und Sozialkunde

Markt und Preis/Wirtschaftsordnung – Begriff, Funktionen und Arten des Marktes

Erläuterungen und Lösungen

1. Aufgabe

Lösung: 4

Kennzeichen des vollkommenen Markts ist die – unendlich – große Reaktionsgeschwindigkeit der Marktteilnehmer. Hinzu kommen vollständige Markttransparenz sowie keinerlei Präferenzen.

2. Aufgabe

Lösung: 3

Kunden haben persönliche Präferenzen, wenn sie dem guten Namen eines Unternehmens vertrauen.

Das Marktmodell des vollkommenen Markts geht davon aus, dass keinerlei persönliche, räumliche und zeitliche Präferenzen bei den Kunden vorliegen.

3. Aufgabe

Lösung: 3

Im Modell der vollständigen Konkurrenz steigt die Nachfrage bei sinkenden Preisen; dem entspricht ein zunehmendes Angebot bei steigenden Preisen.

4. Aufgabe

Lösung: 3

Bei nur einem einzigen Marktteilnehmer spricht man von einem Monopolisten. Ist dieser auf der Angebotsseite, handelt es sich um die Marktform des Angebotsmonopols. Gibt es nur einen einzigen Nachfrager am Markt, liegt ein Nachfragemonopol vor.

5. Aufgabe

Lösung: 3

Sofern es am Markt eine überschaubare Gruppe von wenigen Anbietern oder auch Nachfragern gibt, spricht man von einem Oligopol.

6. Aufgabe

Lösung: 4

Trifft die Angebotsmenge auf eine kleine Nachfragemenge, trifft das ein, was man auf dem Wochenmarkt zum Ende der Marktzeit feststellen kann: Händler vermindern die Preise, um ihre Waren noch absetzen zu können. In ähnlicher Weise reduzieren auch Anbieter allgemein am Markt ihre Preise, bevor sie auf den Waren sitzen bleiben, sehr zum Wohl der Käufer, die davon profitieren.

Markt: Zentrales Steuerungsorgan für Produktion und Verteilung der Güter

Modell des vollkommenen Markts

- Viele Anbieter mit kleinen Angebotsmengen
- Viele Nachfrager mit kleinen Nachfragemengen
- Vollständige Markttransparenz
- Unendlich große Reaktionsgeschwindigkeit
- Keine räumlichen Präferenzen
- Keine zeitlichen Präferenzen
- Keine persönlichen Präferenzen

Verhalten der Teilnehmer am Markt

- Bei steigenden Preisen erhöhen die Anbieter ihr Angebot.
- Bei steigenden Preisen vermindern Kunden ihre Nachfrage.
- Bei sinkenden Preisen vermindern die Anbieter ihr Angebot.
- Bei sinkenden Preisen erhöhen Kunden ihre Nachfrage.

Marktformenmorphologie

Monopol:	Ein Marktteilnehmer
Oligopol:	Mehrere Marktteilnehmer
Polypol:	Viele Marktteilnehmer

Angebotsseite

Nachfrageseite

Prüfung Wirtschafts- und Sozialkunde — Markt und Preis/Wirtschaftsordnung – Begriff, Funktionen und Arten des Marktes

7. Aufgabe

Situation
In marktwirtschaftlichen Systemen kommt dem Preis eine ganz besondere Funktion zu.

Ordnen Sie den folgenden Sachverhalten die zutreffende Funktion des Preises zu.

Sachverhalt

a) Das Angebot wird zielgerichtet auf dem Markt platziert, an dem der höchste Preis erzielbar ist.

b) Nachfrager, deren Preisvorstellung unterhalb des Gleichgewichtspreises liegt, werden vom Markt ausgeschlossen.

c) Veränderungen des Gleichgewichtspreises zwingen die Anbieter, ihr Verhalten anzupassen.

d) Der Gleichgewichtspreis räumt den Markt, d. h., Angebots- und Nachfragemenge entsprechen einander.

Preisfunktion

1. Lenkungsfunktion
2. Ausschaltungsfunktion
3. Ausgleichsfunktion
4. Signalfunktion

8. Aufgabe

Situation
Das nachfolgend skizzierte Marktmodell geht von einem bestimmten Verhalten der Marktteilnehmer am Markt aus.

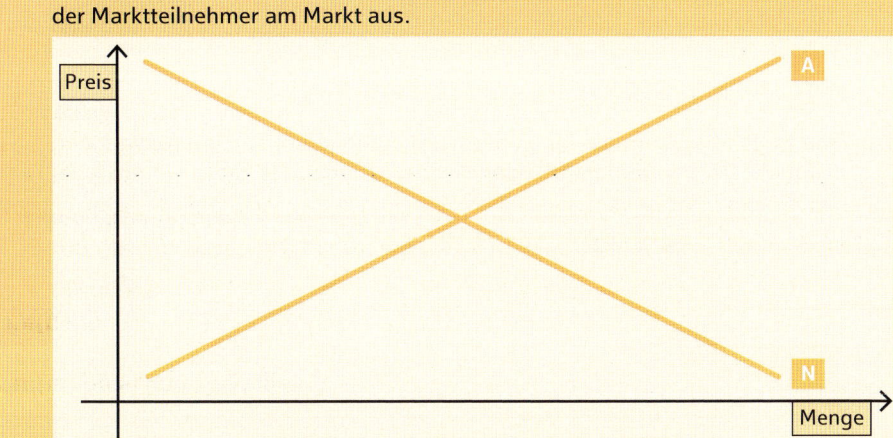

Welche beiden Aussagen sind richtig?

1. Preiserhöhungen bedingen einen Rückgang der Angebotsmenge.
2. Bei steigenden Preisen erhöhen die Anbieter ihre Angebotsmengen.
3. Steigende Preise gehen Hand in Hand mit einer erhöhten Nachfragemenge.
4. Die Nachfrage steigt bei sinkenden Preisen.

9. Aufgabe

Situation
Die MiHaG GmbH plant, in Zukunft eine neue Landhaus-Küchenmöbel-Serie in Echtholz zu fertigen. Sie hat aufgrund von Marktanalysen die folgende Angebots-Nachfragesituation am Markt festgestellt:

Die *Nachfragesituation* ist wie folgt gekennzeichnet:

Preis (€)	24.000	23.500	23.000	22.500	22.000	21.500	21.000	20.500
Menge (Stück)	500	1 000	1 500	2 000	2 500	3 000	3 500	4 000

Für die *Angebotssituation* am Markt gilt:

Preis (€)	20.500	21.000	21.500	22.000	22.500	23.000	23.500	24.000
Menge (Stück)	1 000	1 500	2 000	2 500	3 000	3 500	4 000	4 500

9.1 Ermitteln Sie mithilfe der Tabelle:

a) den Gleichgewichtspreis

b) den zu erwartenden mengenmäßigen Absatz bei einem Preis von 23.500,00 €.

9.2 Welche Marktsituation kennzeichnet einen Preis von 21.000,00 €?

1. Angebotslücke
2. Marktgleichgewicht
3. Angebotsüberhang
4. Käufermarkt

Prüfung Wirtschafts- und Sozialkunde

Markt und Preis/Wirtschaftsordnung – Begriff, Funktionen und Arten des Marktes

Erläuterungen und Lösungen

7. Aufgabe

Lösung: 1, 2, 4, 3

Der Gleichgewichtspreis sorgt am Markt für ein Gleichgewicht und den größtmöglichen Umsatz.

Jeder andere Preis ist mit einem Ungleichgewicht verbunden, also: entweder übersteigt dann das Angebot die Nachfrage oder die Nachfrage stößt auf ein vermindertes Angebot.

8. Aufgabe

Lösung: 2 und 4

Das Marktmodell geht von folgenden Voraussetzungen aus:

- Steigen die Preise, können Unternehmen auch ihre Gewinne erhöhen. Konsequenterweise bieten sie bei steigenden Preisen mehr Waren am Markt an.

- Verbraucher sehen es anders: Bei sinkenden Preisen erhöhen sie ihre Nachfrage. Steigen die Preise, vermindern Verbraucher ihre Nachfrage.

9. Aufgabe

9.1   a)   22.000,00 €

      Bei diesem Preis ist die Angebotsmenge mit 2 500 Stück genauso hoch wie die Nachfragemenge. Der Gleichgewichtspreis garantiert den höchsten Umsatz am Markt und erfüllt damit seine Ausgleichsfunktion.

     b)   1 000 Stück

      Bei diesem Preis trifft ein Angebot von 4 000 Stück nur auf eine verminderte Nachfrage von 1000 Stück.

9.2   Lösung: 1

    Einer Nachfrage von 3 500 Stück steht ein weitaus geringeres Angebot von nur 1 500 Stück gegenüber.

Angebot-Nachfrage-Funktion

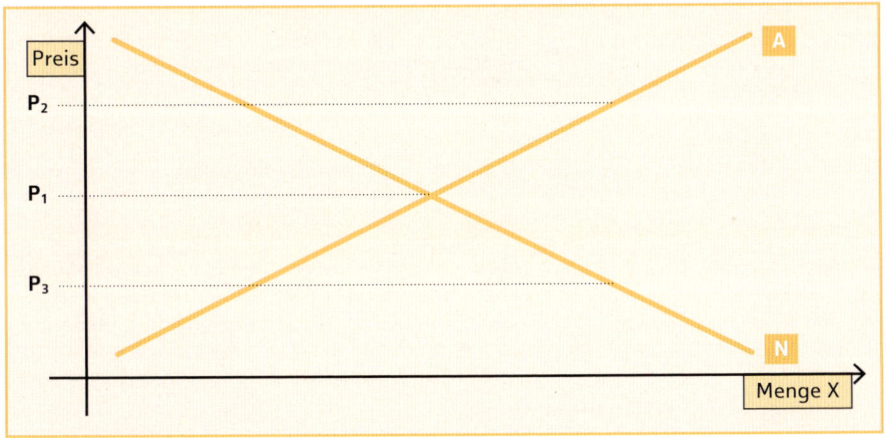

P1: Gleichgewicht am Markt	Angebot = Nachfrage
P2: Ungleichgewicht: Angebot > Nachfrage	Käufermarkt
P3: Ungleichgewicht: Nachfrage > Angebot	Verkäufermarkt

Funktionen des Gleichgewichtspreises

Lenkungsfunktion:	Produktion und Konsum werden durch den Gleichgewichtspreis gesteuert.
Ausschaltungsfunktion:	Marktteilnehmer, die den Gleichgewichtspreis nicht zahlen, werden ausgeschlossen.
Signalfunktion:	Marktteilnehmer orientieren sich am Gleichgewichtspreis.
Ausgleichsfunktion:	Beim Gleichgewichtspreis entspricht die Angebots- der Nachfragemenge; der Markt ist dadurch ausgeglichen.

Prüfung Wirtschafts- und Sozialkunde Markt und Preis/Wirtschaftsordnung – Kooperation und Konzentration in der Wirtschaft

Situation zur 1. bis 3. Aufgabe
Zwar stehen Unternehmen ständig im Wettbewerb untereinander, schließen sich aber oft wirtschaftlich oder rechtlich zusammen. Die unterschiedlichen Kooperationsformen der Unternehmen haben neben den positiven Aspekten für die beteiligten Unternehmen aber auch Auswirkungen auf Arbeitnehmer, Verbraucher und das Marktgeschehen.

1. Aufgabe

Ordnen Sie den beschriebenen Kooperationen die Kooperationsform zu.

Kooperation		Kooperationsform
a) Unternehmen tauschen gegenseitig Aktien aus und werden unter einheitlicher Leitung geführt.	☐	1 Konzern
b) Im Rahmen eines Brainstormings vereinbaren die beteiligten Mineralölfirmen, von der kommenden Woche an die Benzinpreise um 5 % anzuheben.	☐	2 Trust
c) Zwei bundesweit tätige Kaufhäuser verschmelzen zu einem einzigen Kaufhaus.	☐	3 Sonstige Form
d) Dachdecker gründen eine Einkaufsgenossenschaft, um aufgrund größerer Bestellmengen günstig die benötigten Materialien zu erwerben.	☐	

2. Aufgabe

Welche Formen der Kooperation und Konzentration sind zulässig? ☐ ☐

1 Automobilhäuser vereinbaren einheitliche Liefer- und Zahlungsbedingungen.
2 Stahlhersteller der Bundesrepublik vereinbaren verbindliche Produktionsquoten.
3 Produzenten von Schienen vereinbaren einheitliche Kalkulationsgrundsätze.
4 Hersteller von Sanitärartikeln vereinbaren einheitliche Gewindegrößen für Siphons.

3. Aufgabe

Welche Aussagen zu den Auswirkungen der Zusammenschlüsse von Unternehmen auf das Marktgeschehen und den Wettbewerb sind richtig? ☐ ☐

1 Es gilt: Kostendegression durch Massenproduktion. Großunternehmen können tendenziell kostengünstiger und effizienter produzieren.
2 Durch Unternehmenszusammenschlüsse können Betriebe zu „Global Playern" werden und damit weltweit an Bedeutung gewinnen.
3 Durch den Zusammenschluss von Unternehmen entstehen dem Wettbewerb keinerlei Nachteile, sondern nur Vorteile durch Rationalisierung.
4 Der Zusammenschluss von Unternehmen unterliegt der Vertragsfreiheit und kann damit nicht staatlich kontrolliert werden.

4. Aufgabe

Situation
Wegen der zunehmenden Konkurrenz aus Fernost schließen sich fünf von sieben Reifenherstellern zu einer Interessengemeinschaft zusammen. Sie vereinbaren kostendeckende Mindestpreise für die von ihnen gefertigten Lkw-Reifen und wollen damit auch die Arbeitsplätze ihrer Mitarbeiter schützen.

Bewerten Sie die rechtliche Zulässigkeit der betrieblichen Zusammenarbeit. ☐

1 Es handelt sich um eine zulässige Form der Kooperation: Der Zusammenschluss zu dieser Interessengemeinschaft ist wegen der unternehmerischen Entscheidungsfreiheit zulässig,
2 Diese Form der Konzentration ist rechtlich zulässig, weil Verbraucher durch die Interessengemeinschaft nicht betroffen sind.
3 Rechtlich handelt es sich um ein Preiskartell, was nicht zulässig ist.
4 Die beteiligten Unternehmen wollen auch ihre Arbeitnehmer schützen. Weil dies auch dem sozialen Engagement der Arbeitgeber entspricht und damit im Interesse der Arbeitnehmer ist, handelt es sich hier um eine rechtlich zulässige Kooperationsform.

5. Aufgabe

Situation
Die MiHaG GmbH möchte sich mit einem Lieferanten der Elektrobranche zu einem Konzern zusammenschließen.

Welche Aussage zur wirtschaftlichen oder rechtlichen Selbstständigkeit stimmt? ☐

1 Beide Unternehmen behalten nur ihre wirtschaftliche Selbstständigkeit.
2 Beide Unternehmen behalten ihre wirtschaftliche Selbstständigkeit, verschmelzen aber rechtlich zu einem neuen Unternehmen.
3 Beide Unternehmen geben ihre wirtschaftliche Selbstständigkeit auf, behalten aber ihre rechtliche.
4 Bei dem beabsichtigten Zusammenschluss bleibt es beiden Unternehmen vorbehalten, wie sie sich wirtschaftlich entscheiden.

Prüfung Wirtschafts- und Sozialkunde

Markt und Preis/Wirtschaftsordnung – Kooperation und Konzentration in der Wirtschaft

Erläuterungen und Lösungen

1. Aufgabe

Lösung: 1 – 3 – 2 – 3

Kennzeichen eines Konzerns ist die Aufgabe der wirtschaftlichen Selbstständigkeit bei Erhaltung der rechtlichen Selbstständigkeit.

Preisabsprachen zwischen den beteiligten Unternehmen stellen eine verbotene Kartellform dar.

Die Verschmelzung von Unternehmen bei Aufgabe der wirtschaftlichen und rechtlichen Selbstständigkeit bezeichnet man als „Trust".

Die Gründung einer Einkaufsgenossenschaft ist eine rechtlich zulässige Form einer Kooperation und fällt nicht unter die Begriffe „Konzern" oder „Trust".

2. Aufgabe

Lösung: 1 und 4

Erlaubt sind Normen-, Typen- und Rationalisierungskartelle. Hierzu gehören die Anwendung einheitlicher Liefer- und Zahlungsbedingungen und die Normung/Typisierung von Artikeln.

Die Festlegung von Produktionsquoten dagegen beeinträchtigt den Wettbewerb, weil die Angebotsmenge auch den Preis bestimmt (siehe OPEC).

Auch die Vereinbarung einheitlicher Kalkulationsgrundsätze beeinträchtigt den Wettbewerb, ist doch die Kalkulation die Vorstufe zur Preisgestaltung.

3. Aufgabe

Lösung: 1 und 2

Schließen sich Unternehmen zusammen, können sie regelmäßig kostengünstiger produzieren („Economies of Scale"). Sie werden darüber hinaus am Markt stärker wahrgenommen und spielen dadurch im internationalen Wettbewerb mit („Global Player").

Andererseits führt die Bildung großer Unternehmenseinheiten aber auch zu einer Verminderung des Wettbewerbs und damit zu Nachteilen für die Konsumenten.

4. Aufgabe

Lösung: 3

Nach Kartellrecht sind Kartelle verboten, die den Wettbewerb einschränken oder behindern. Typischerweise gehören hier Preisabsprachen von Unternehmen dazu. Der Nachteil der zunehmenden Konzentration der Unternehmen besteht in der Einschränkung des Wettbewerbs.

5. Aufgabe

Lösung: 3

Bei einem Konzern werden die angeschlossenen Unternehmen unter einer einheitlichen wirtschaftlichen Leitung geführt. Sie behalten aber allesamt ihre rechtliche Selbstständigkeit.

Formen betrieblicher Zusammenarbeit: Kooperation und Konzentration

Kennzeichen der Kooperation

- Rechtliche Selbstständigkeit
- Wirtschaftliche Selbstständigkeit
- Zusammenarbeit durch vertragliche Verpflichtung

Beispiele zur Kooperation

- Arbeitsgemeinschaft zur Grundlagenforschung
- Bildung einer Handwerker-Einkaufsgenossenschaft
- Bildung eines rechtlich zulässigen Kartells

Kennzeichen der Konzentration

- Weitestgehend rechtliche Selbstständigkeit (Ausnahme: Trust)
- Wirtschaftliche Selbstständigkeit wird aufgegeben
- Einheitliche Leitung der beteiligten Unternehmen

Beispiele zur Konzentration

• Konzern	Konzentration durch: Aufgabe der wirtschaftlichen Selbstständigkeit Beibehaltung der rechtlichen Selbstständigkeit
• Trust	Besonders enge Form der Konzentration durch Verschmelzung bei Aufgabe der wirtschaftlichen und auch der rechtlichen Selbstständigkeit

© Westermann Gruppe

Prüfung Wirtschafts- und Sozialkunde — Markt und Preis/Wirtschaftsordnung – Soziale Marktwirtschaft und staatliche Wettbewerbspolitik

Situation zur 1. bis 4. Aufgabe
Die Wirtschaftsverfassung der Bundesrepublik Deutschland bezeichnet man als „soziale Marktwirtschaft". Die Wirtschaftspolitik der sozialen Marktwirtschaft betont primär das „freie Spiel" der Kräfte am Markt, gestaltet aber auch das Marktgeschehen im Sinne eines funktionsfähigen Wettbewerbs. Staatliche Aufgabe ist darüber hinaus die soziale Sicherung wirtschaftlich schwacher Gruppen.

1. Aufgabe

Nennen Sie zwei Merkmale der sozialen Marktwirtschaft.

1 Es gilt: „So viel Markt wie möglich, so wenig staatliche Regelung wie nötig."
2 Aufgabe des Staates ist es, für einen funktionsfähigen Wettbewerb und für den Schutz der sozial Schwächeren zu sorgen.
3 Zum Schutz einkommensschwacher Schichten kann die Bundesregierung Höchstpreise festlegen.
4 Einen langanhaltenden Streik kann die Bundesregierung durch eine Zwangsschlichtung beenden.

2. Aufgabe

Welche Institution dient der Überwachung des Wettbewerbs?

1 Bundeswirtschaftsminister
2 Gewerbeaufsichtsamt
3 Bundeskartellamt
4 Ordnungsamt
5 Handelskammern

3. Aufgabe

Wichtige staatliche Aufgabe in der sozialen Marktwirtschaft ist die Korrektur der durch den Markt gegebenen Einkommensverteilung. Durch sog. „Transferleistungen" erfolgt eine Einkommensumverteilung. Welche Maßnahme ist keine staatliche Transferleistung?

1 Sparzulagen für vermögenswirksame Leistungen
2 Entgeltfortzahlung im Krankheitsfall
3 Kindergeldzahlungen
4 Zahlung von Wohngeld

4. Aufgabe

Im Rahmen der sozialen Marktwirtschaft hat der Verbraucherschutz einen besonderen Stellenwert.
Welche staatliche Maßnahme dient dem Verbraucherschutz?

1 Im Falle unverschuldeter Krankheit haben Arbeitnehmer Anspruch auf Entgeltfortzahlung.
2 Die Verwendung von Allgemeinen Geschäftsbedingungen ist zum Schutz des Verbrauchers gesetzlich geregelt.
3 Arbeitnehmer erhalten finanzielle Hilfen bei Arbeitslosigkeit.
4 Familien mit Kindern können ein „Baukindergeld" erhalten.

Situation zur 5. und 6. Aufgabe
Unternehmen schließen sich oft zu größeren Einheiten zusammen, um kostengünstig produzieren zu können. Das Bundeskartellamt kann allerdings einen geplanten Zusammenschluss verbieten.

5. Aufgabe

Aus welchem Grund überwacht das Bundeskartellamt den Zusammenschluss von Unternehmen?

1 Ein Zusammenschluss von Unternehmen würde die Steuereinnahmen mindern.
2 Schließen sich Unternehmen zusammen, werden oft Arbeitskräfte freigesetzt.
3 Eine Minderung der Marktanbieter geht oft einher mit einer Einschränkung des Wettbewerbs.
4 Der Zusammenschluss von Unternehmen behindert den technischen Fortschritt.

6. Aufgabe

Welche Möglichkeit hat das Bundeskartellamt zur Sicherung des Wettbewerbs?

1 Festlegung von Höchstpreisen bei Lieferungen innerhalb eines Konzerns
2 Fusionskontrolle bei Unternehmen, die sich zusammenschließen wollen
3 Überprüfung von Allgemeinen Geschäftsbedingungen der Unternehmen
4 Verhängung von Ausfuhrverboten für Waffenlieferungen in Krisenherde
5 Überprüfung von Kalkulation und Kostenrechnung

Prüfung Wirtschafts- und Sozialkunde

Markt und Preis/Wirtschaftsordnung – Soziale Marktwirtschaft und staatliche Wettbewerbspolitik

Erläuterungen und Lösungen

1. Aufgabe

Lösung: 1 und 2

Die Produktion und Verteilung von Gütern sind in der sozialen Marktwirtschaft dem freien Spiel der Kräfte am Markt vorbehalten. Hier sorgt der Staat für einen funktionsfähigen Wettbewerb. Gleichzeitig wird aber auch der sozial Schwächere geschützt, z. B. durch einen umfassenden Verbraucherschutz und eine Einkommensumverteilung.

2. Aufgabe

Lösung: 3

Das Bundeskartellamt überwacht den Wettbewerb. Es kann Zusammenschlüsse von Unternehmen verbieten, prüft das aufeinander abgestimmte Marktverhalten von Unternehmen sowie das Entstehen einer marktbeherrschenden Stellung.

3. Aufgabe

Lösung: 2

Die Entgeltfortzahlung im Krankheitsfall wird vom Arbeitgeber im Falle der unverschuldeten Krankheit längstens für die Dauer von sechs Wochen gezahlt.

4. Aufgabe

Lösung: 2

Die von vielen Anbietern verwendeten AGB dürfen nicht einseitig den Verbraucher benachteiligen. AGB unterliegen der sog. „Inhaltskontrolle".

5. Aufgabe

Lösung: 3

Bereits das theoretische Marktmodell der „vollständigen Konkurrenz" geht von einer Vielzahl von Anbietern und Nachfragern mit kleinen Angebots- und Nachfragemengen aus.

Tendenziell gilt: Wird die Anzahl der Marktteilnehmer verringert, so geht das zulasten des Wettbewerbs.

6. Aufgabe

Lösung: 2

Im Fall der Fusion/Verschmelzung von Unternehmen prüft das Bundeskartellamt, ob dadurch eine marktbeherrschende Stellung entsteht, die den Wettbewerb einschränkt. Ist das der Fall, kann eine geplante Fusion vom Kartellamt verboten werden.

Soziale Marktwirtschaft = Arbeitsteilung zwischen Markt und Staat

Aufgaben des Marktes	Aufgaben des Staates
• Produktion der Güter	• Funktionierender Wettbewerb
• Verteilung der Güter	• Einkommensumverteilung

Bundeskartellamt

Überwachung des Wettbewerbs durch:

- Fusionskontrolle
- Prüfung auf verbotene Preisabsprachen/Kartelle
- Prüfung auf missbräuchliche Nutzung einer marktbeherrschenden Stellung

Maßnahmen des Bundeskartellamts:

- Verbot geplanter Unternehmenszusammenschlüsse
- Abschöpfung des Gewinns bei Kartellabsprachen
- Verhängung von Bußgeldern bei Wettbewerbsverstößen

Ministererlaubnis

Der Bundeswirtschaftsminister kann einen durch das Bundeskartellamt untersagten Unternehmenszusammenschluss aus übergeordneten Aspekten genehmigen.

Verbraucherschutz = Schutz des wirtschaftlich Schwächeren

- Gewährleistung
- Recht der Allgemeinen Geschäftsbedingungen
- Bankgeschäfte der Verbraucher
- Reiserecht

Prüfung Wirtschafts- und Sozialkunde — Grundzüge der Wirtschaftspolitik in der sozialen Marktwirtschaft – Wirtschaftskreislauf mit staatlicher Aktivität und Außenwirtschaft

Situation zur 1. bis 4. Aufgabe
Das Statistische Bundesamt veröffentlicht jährlich Zahlen u. a. zur wirtschaftlichen Entwicklung der Bundesrepublik Deutschland. Eine wichtige Rechengröße hierbei ist das Bruttoinlandsprodukt als Summe aller Güter und Dienstleistungen.

1. Aufgabe

Das Bruttoinlandsprodukt (BIP) kann auf verschiedene Art und Weise berechnet werden. werden:

1. Beiträge des produzierenden Gewerbes, des Handels und des Verkehrs, des Dienstleistungsgewerbes und weiterer Branchen zum BIP
2. Erfassung der privaten und der staatlichen Konsumausgaben
3. Zusammensetzung des BIP aus den Arbeitnehmerentgelten (den Löhnen sowie den Gehältern) und den Gewinneinkünften der Unternehmen

Ordnen Sie den folgenden drei Begriffen die jeweils korrekte Berechnungsart zu.

a) Verwendungsrechnung
b) Verteilungsrechnung
c) Entstehungsrechnung

2. Aufgabe

Die Lohn- oder Gewinnquote entnehmen Sie der …

1. volkswirtschaftlichen Gesamtrechnung
2. Verteilungsrechnung
3. Verwendungsrechnung
4. Entstehungsrechnung
5. Handelsbilanz

3. Aufgabe

Angenommen, das Volkseinkommen beträgt 2.532,1 Mrd. € und setzt sich dabei aus Arbeitnehmerentgelten in Höhe von 1.746,5 Mrd. € sowie Unternehmenseinkommen in Höhe von 785,6 Mrd. € zusammen.
Runden Sie kaufmännisch auf eine Nachkommastelle, wenn Sie daraus berechnen:

a) die Lohnquote   b) die Gewinnquote   %

4. Aufgabe

Sie erhalten die folgenden Zahlen der volkswirtschaftlichen Gesamtrechnung:

Konsum		Investitionen	Außenhandel	
privat	1.800 Mrd. €	710 Mrd. €	Exporte	1.420 Mrd. €
staatlich	640 Mrd. €		Importe	1.180 Mrd. €

Errechnen Sie aus dem Zahlenmaterial das Bruttoinlandsprodukt: Mrd. €

5. Aufgabe

Situation
Die wirtschaftliche Leistung eines Landes wird mit dem „Bruttoinlandsprodukt" jährlich ermittelt. Hierbei unterscheidet man das nominale vom realen Bruttoinlandsprodukt (BIP).

Welche Aussage zum realen Bruttoinlandsprodukt ist richtig?

1. Es ist in jedem Fall größer als das nominale Bruttoinlandsprodukt.
2. Hier sind die Preissteigerungen des Vorjahrs berücksichtigt.
3. Es handelt sich um das Bruttonationaleinkommen.
4. Es ist das preisbereinigte nominale Bruttoinlandsprodukt.

Prüfung Wirtschafts- und Sozialkunde | Grundzüge der Wirtschaftspolitik in der sozialen Marktwirtschaft – Wirtschaftskreislauf mit staatlicher Aktivität und Außenwirtschaft

Erläuterungen und Lösungen

1. Aufgabe

Lösung: 2, 3, 1

Entstehungsrechnung:	Beitrag der Wirtschaftssektoren zum BIP
Verwendungsrechnung:	Privater und staatl. Konsum, Investitionen und Außenbeitrag (Exporte-Importe)
Verteilungsrechnung	Lohn- und Gewinneinkünfte

2. Aufgabe

Lösung: 2

Die Verteilungsrechnung gibt Auskunft über die Entlohnung der Produktionsfaktoren Arbeit (Lohneinkünfte) und Kapital (Gewinneinkünfte).

3. Aufgabe

2.532,1 Mrd. €		
1.746,5 Mrd. €	a) 69,0 %	Lohnquote
785,6 Mrd. €	b) 31,0 %	Gewinnquote

4. Aufgabe

Lösung: 3.390 Mrd. €

Berechnung:

Privater Konsum	1.800 Mrd. €
+ staatlicher Konsum	640 Mrd. €
=	2.440 Mrd. €
+ Investitionen	710 Mrd. €
=	3.150 Mrd. €
+ Exporte	1.420 Mrd. €
– Importe	1.180 Mrd. €
=	3.390 Mrd. €

Die Differenz zwischen Export und Import (hier: 240 Mrd. €) wird als Außenbeitrag bezeichnet.

5. Aufgabe

Lösung: 4

Addiert man nur die Güter und Dienstleistungen eines Jahres und vergleicht diese mit dem Vorjahr, hat man darin auch Preissteigerungen erfasst. Korrigiert man diese, ermittelt man die echte volkswirtschaftliche Leistung.

© Westermann Gruppe

Bruttoinlandsprodukt (BIP)

= Summe aller Güter und Dienstleistungen einer Volkswirtschaft in einem Jahr

Nominales BIP | **Reales BIP**

Enthält neben den Gütern und Diensten auch Preissteigerungen | Ist um Preissteigerungen bereinigt und enthält die reine Wertschöpfung

Entwicklung des BIP im Zeitablauf

= Messgröße für das Wachstum, einem Ziel des Stabilitätsgesetzes

3 Berechnungsmethoden

1. Entstehungsrechnung	WO entstanden? – Wirtschaftssektoren wie z. B. Produktion, Handel, Dienstleistung
2. Verwendungsrechnung	WIE verwendet? – Grundsätzlich privater und staatlicher Konsum
3. Verteilungsrechnung	WIE verteilt auf die Produktionsfaktoren Arbeit und Kapital? – Lohn- und Gewinneinkünfte

Lohnquote

Anteil der Arbeitnehmerentgelte am Volkseinkommen

Gewinnquote

Anteil der Unternehmens- und Vermögenseinkommen am Volkseinkommen

Prüfung Wirtschafts- und Sozialkunde
Grundzüge der Wirtschaftspolitik in der sozialen Marktwirtschaft – Ziele und Zielkonflikt

1. Aufgabe

Situation
Im „Gesetz zur Förderung der Stabilität und des Wachstums der Wirtschaft" – kurz: „Stabilitätsgesetz" – sind die wirtschaftlichen Ziele der Bundesrepublik Deutschland definiert. Alle Ziele gleichzeitig zu erreichen ist schwierig, wenn nicht unmöglich, weshalb man von „Zielkonflikten" und einem „Magischen Viereck" spricht.

Welche vier Ziele sind im Stabilitätsgesetz genannt?

1. Gerechte Einkommensverteilung
2. Angemessenes Wirtschaftswachstum
3. Erhaltung der natürlichen Ressourcen
4. Betriebliche Mitbestimmung
5. Außenwirtschaftliches Gleichgewicht
6. Preisniveaustabilität
7. Hoher Beschäftigungsgrad
8. Soziale Wohlfahrt für alle

Situation zur 2. und 3. Aufgabe
Um die vier Ziele des Stabilitätsgesetzes zu erreichen, verfügt die Bundesregierung über einen umfangreichen Maßnahmenkatalog und Instrumente im Rahmen der Einnahmen- und Ausgabenpolitik.

2. Aufgabe

Welches der folgenden Mittel zur Erreichung des angestrebten Ziels eines „gesamtwirtschaftlichen Gleichgewichts" wird aber nicht von der Bundesregierung, sondern von einer unabhängigen europäischen Institution eingesetzt?

1. Fiskalpolitik
2. Außenwirtschaftspolitik
3. Beschäftigungspolitik
4. Geldpolitik
5. Regionalpolitik
6. Strukturpolitik

3. Aufgabe

Mit welchen beiden Maßnahmen kann die Bundesregierung das Ziel einer Konjunkturbelebung erreichen?

1. Die EZB erhöht den Leitzins.
2. Nach Stabilitätsgesetz wird ein Zuschlag zur Einkommensteuer erhoben.
3. Es erfolgt eine Einstellung in die Konjunkturausgleichsrücklage.
4. Investitionen der Gebietskörperschaften werden verstärkt.
5. Sonderabschreibungen werden gekürzt.
6. Unternehmen erhalten eine Investitionszulage.

4. Aufgabe

Situation
Die MiHaG GmbH rechnet mit einer Änderung der gesamtwirtschaftlichen Konjunkturlage. Volkswirtschaftliche Messgrößen können hierzu Hilfestellung leisten. Hierbei wird in Früh- und Spätindikatoren unterschieden.

Welchen Frühindikator kann das Unternehmen nutzen, damit es sich rechtzeitig auf die sich ändernden Marktbedingungen einstellen kann?

1. Entwicklung der Lohnquote
2. Entwicklung des Bruttoinlandprodukts
3. Zahl der Auftragseingänge
4. Gewinnerwartungen der Unternehmen
5. Entwicklung der Verbraucherpreise
6. Höhe des Exportüberschusses

5. Aufgabe

Situation
In der Fachzeitschrift „Hausgeräte – aktuell" lesen Sie, dass der Sachverständigenrat zur Begutachtung der wirtschaftlichen Entwicklung empfiehlt, angesichts der Konjunkturschwäche die Binnennachfrage so anzuregen, dass diese schneller steigt als das noch reichlich vorhandene Angebot.

Der Vorschlag zur Konjunkturbelebung könnte zu einem Zielkonflikt führen. Welches wirtschaftspolitische Ziel könnte damit gefährdet werden?

1. Außenwirtschaftliches Gleichgewicht
2. Hoher Beschäftigungsstand
3. Stabilität des Preisniveaus
4. Angemessenes und stetiges Wirtschaftswachstum
5. Gerechte Einkommens- und Vermögensverteilung
6. Schonung der natürlichen Ressourcen

Prüfung Wirtschafts- und Sozialkunde

Grundzüge der Wirtschaftspolitik in der sozialen Marktwirtschaft – Ziele und Zielkonflikt

Erläuterungen und Lösungen

1. Aufgabe

Lösung: 2, 5, 6 und 7

Im sog. „Stabilitätsgesetz" finden wir die folgende Zielsetzung:

- Stetiges und angemessenes Wirtschaftswachstum
- Hoher Beschäftigungsstand
- Außenwirtschaftliches Gleichgewicht
- Stabilität des Preisniveaus

Die Ziele konkurrieren teilweise miteinander, so dass man bei der Zielerreichung von einem „Magischen Viereck" spricht.

2. Aufgabe

Lösung: 4

Träger der Geldpolitik im Euro-Raum ist die „Europäische Zentralbank".
Die nationalen Zentralbanken – in Deutschland die Bundesbank – unterstützen diese im Rahmen der Geldpolitik.

3. Aufgabe

Lösung: 4 und 6

Im Rahmen der Ausgabenpolitik können Gebietskörperschaften verstärkt Investitionen tätigen, wobei die hierzu erforderlichen Ausgaben zu Einnahmen an anderer Stelle führen und damit weitere konjunkturbelebende Wirkungen nach sich ziehen. Ähnlich konjunkturbelebend wirken Investitionszulagen, führen diese doch dazu, dass Unternehmen aktuell dann Investitionen vorziehen.

4. Aufgabe

Lösung: 3

Die Auftragseingänge von heute bilden die Beschäftigung und Produktion von morgen ab. Zunehmende Auftragseingänge zeigen ein optimistisches Bild des Wirtschaftsgeschehens. Entsprechend weisen abnehmende Auftragseingänge auf einen wirtschaftlichen Rückgang hin.

5. Aufgabe

Lösung: 3

Es handelt sich um einen Zielkonflikt: Zwar wird die Konjunkturschwäche durch verstärkte Nachfrage beseitigt, die Nachfrage, die das vorhandene Angebot übersteigt, kann aber zur Inflation führen.

Die letzten beiden Ziele „Gerechte Einkommens- und Vermögensverteilung" sowie die „Schonung der natürlichen Ressourcen" sind keine Ziele des Stabilitätsgesetzes, werden in der wirtschaftspolitischen Diskussion aber häufig genannt.

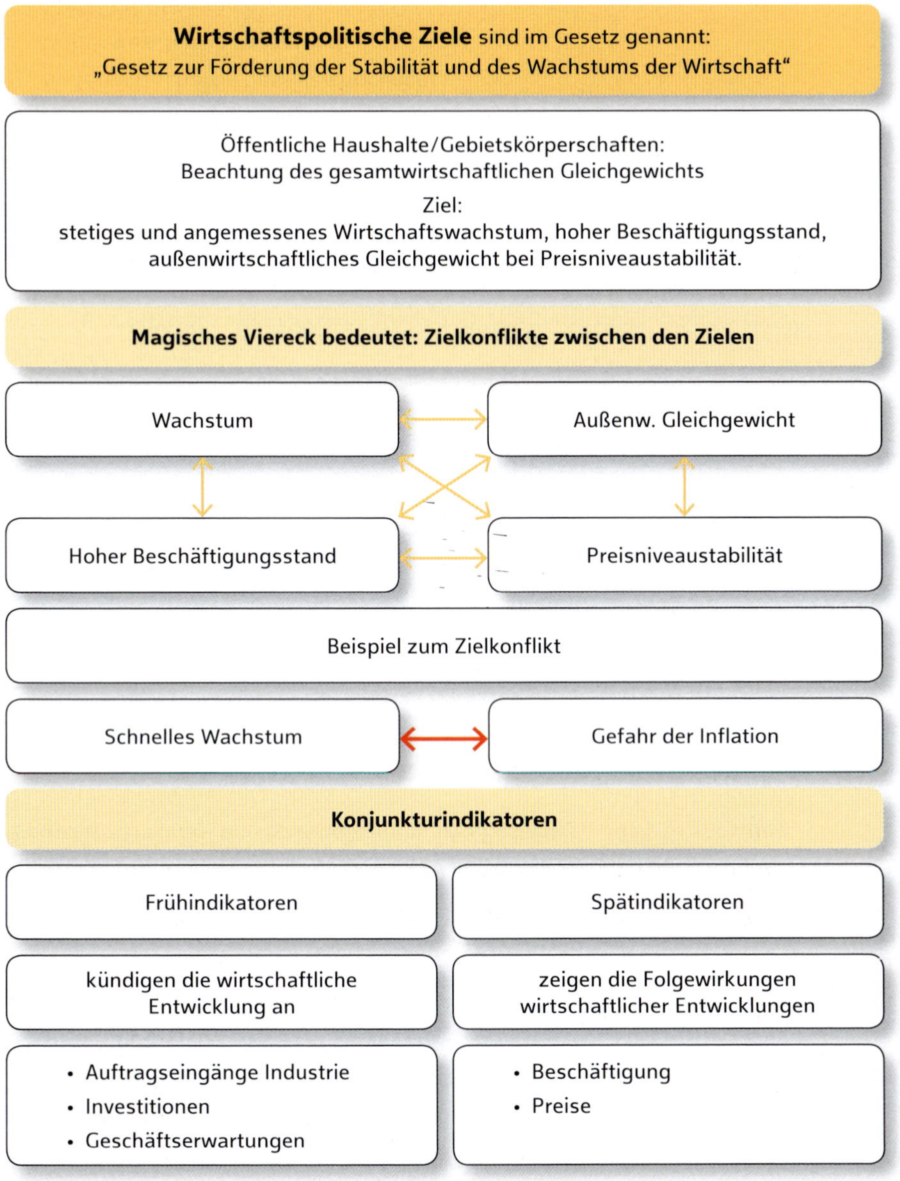

Wirtschaftspolitische Ziele sind im Gesetz genannt:
„Gesetz zur Förderung der Stabilität und des Wachstums der Wirtschaft"

Öffentliche Haushalte/Gebietskörperschaften:
Beachtung des gesamtwirtschaftlichen Gleichgewichts
Ziel:
stetiges und angemessenes Wirtschaftswachstum, hoher Beschäftigungsstand, außenwirtschaftliches Gleichgewicht bei Preisniveaustabilität.

Magisches Viereck bedeutet: Zielkonflikte zwischen den Zielen

Wachstum	Außenw. Gleichgewicht
Hoher Beschäftigungsstand	Preisniveaustabilität

Beispiel zum Zielkonflikt

Schnelles Wachstum	Gefahr der Inflation

Konjunkturindikatoren

Frühindikatoren	Spätindikatoren
kündigen die wirtschaftliche Entwicklung an	zeigen die Folgewirkungen wirtschaftlicher Entwicklungen
• Auftragseingänge Industrie • Investitionen • Geschäftserwartungen	• Beschäftigung • Preise

© Westermann Gruppe

Prüfung Wirtschafts- und Sozialkunde

Grundzüge der Wirtschaftspolitik in der sozialen Marktwirtschaft – Konjunkturpolitik

Situation zur 1. und 2. Aufgabe
Die wirtschaftliche Entwicklung verläuft in Wellenbewegungen, sog. „Konjunkturphasen". Hierbei folgen die Konjunkturphasen Expansion (Aufschwung) – Boom (Hochkonjunktur) – Rezession (Abschwung) – Depression (Tiefstand) hintereinander.

1. Aufgabe

Ordnen Sie die Konjunkturphasen ihrem Merkmal zu.

Merkmal

a) Vollbeschäftigung, die Hand in Hand geht mit einer sehr hohen Auslastung der Kapazitäten und steigenden Preisen

b) Massenarbeitslosigkeit mit sehr geringer Auslastung der Kapazitäten, stabilen bis sinkenden Preisen

c) Rückgang der Arbeitslosigkeit, vermehrt offene Stellen, steigende Auslastung der Kapazitäten bei stabilen Preisen

d) Kurzarbeit in Kombination mit dem Abbau von Überstunden, sinkender Kapazitätsauslastung und einer Verringerung der Preissteigerungen

Konjunkturphase

1 Aufschwung
2 Abschwung
3 Hochkonjunktur
4 Tiefstand

2. Aufgabe

Welche **zwei** Maßnahmen sind wirtschaftspolitisch im Rahmen der sozialen Marktwirtschaft geeignet, einer „Rezession" entgegenzuwirken?

1 Förderung von Start-up-Unternehmen
2 Kürzung staatlicher Subventionen
3 Senkung der Einkommensteuersätze
4 Eingrenzung von Abschreibungsmöglichkeiten

3. Aufgabe

Situation
Nach dem „Gesetz zur Förderung und Stabilität der Wirtschaft" – kurz: Stabilitätsgesetz – prognostiziert die Bundesregierung unter Federführung des Bundesministeriums für Wirtschaft und Energie dreimal im Jahr die gesamtwirtschaftliche Entwicklung für Deutschland. Berücksichtigen Sie zur Bewertung der Konjunktursituation das folgende fiktive Zahlenmaterial:

Kalenderjahr	Wirtschaftliche Entwicklung der BRD		
	Vorjahr	Aktuelles Jahr	Prognose
Wirtschaftswachstum	1,4 %	2,2 %	2,8 %
Arbeitslosenquote	9,8 %	9,2 %	8,4 %
Inflationsrate	1,4 %	1,6 %	1,9 %

Beachten Sie zur Bewertung der wirtschaftlichen Situation besonders die Prognose. Welche Konjunkturphase erwartet die Bundesregierung?

1 Boom oder Höchststand
2 Stagnation oder Stillstand
3 Depression oder Tiefstand
4 Rezession oder Abschwung
5 Expansion oder Aufschwung

4. Aufgabe

Situation
Eine Inflation (Geldwertschwund) kann unterschiedliche Ursachen haben.

Welche zwei Ursachen können zu einer Inflation führen?

1 Die Preise für fossile Energieträger wie z. B. für Erdöl/-gas steigen stark an.
2 Die amerikanische Regierung verhängt Strafzölle auf europäische Produkte.
3 Durch zunehmende Produktivität sinken die Lohnstückkosten.
4 In vielen Branchen gibt es überdurchschnittliche Tariflohnerhöhungen.

5. Aufgabe

Situation
Nachdem in der Eurozone die Preise stark angezogen haben, möchte die EZB den Preisauftrieb bremsen. Sie erhöht den Leitzins.

Bringen Sie die Folgen der Zinserhöhung in die richtige Reihenfolge:

1 Ein weiterer Preisauftrieb wird gebremst.
2 Die Refinanzierung der Geschäftsbanken bei der EZB verteuert sich.
3 Investition und Konsum gehen zurück.
4 Die Nachfrage der Verbraucher und Unternehmen nach Krediten sinkt.
5 Die Geschäftsbanken erhöhen die Zinsen für gewährte Kredite.

235

Prüfung Wirtschafts- und Sozialkunde   Grundzüge der Wirtschaftspolitik in der sozialen Marktwirtschaft – Konjunkturpolitik

Erläuterungen und Lösungen

1. Aufgabe

Lösung: 3 – 4 – 1 – 2

Bei einem wirtschaftlichen Aufschwung werden die Produktionskapazitäten zunehmend ausgelastet, die Nachfrage nach Gütern sowie nach Arbeitskräften steigt.

Der Abschwung geht einher mit einer verringerten Kapazitätsauslastung, einem Rückgang der Nachfrage, dem Abbau von Überstunden sowie auch das Einrichten von Kurzarbeit.

2. Aufgabe

Lösung: 1 und 3

Die Förderung von Neugründungen (Start-up-Unternehmen) bedeutet auch eine zunehmende Nachfrage nach Ressourcen, die diese Unternehmen benötigen.

Werden die Einkommensteuersätze gesenkt, führt dies bei den Verbrauchern zu einem höheren Einkommen. Neben einem Sparanteil wird der Einkommenszuwachs auch für konsumtive Zwecke genutzt, was zu einer konjunkturbelebenden Wirkung beiträgt.

3. Aufgabe

Lösung: 5

Wirtschaftliches Wachstum und Rückgang der Arbeitslosigkeit sind deutliche Kennzeichen eines aktuellen Aufschwungs.

4. Aufgabe

Lösung: 1 und 4

Die Verteuerung betrieblicher Ressourcen wie etwa Rohstoffpreise und Energie führen bei den Unternehmen zu erhöhten Kosten, die diese dann an ihre Kunden über höhere Preise weitergeben.

Der Preis einer Ware setzt sich u. a. aus den Material- und Lohnkosten zusammen. Steigen die Lohnkosten, kann das über die erhöhten Verbraucherpreise zur Inflation beitragen.

5. Aufgabe

Lösung: 2 – 5 – 4 – 3 – 1

Eine Erhöhung des Leitzinses der EZB verteuert die Kreditaufnahme der Banken. Die Banken berechnen daraufhin ihren Kunden höhere Zinsen.

Höhere Zinskosten führen bei Verbrauchern und Unternehmen zu einem Rückgang der Nachfrage nach Krediten.

Dadurch gehen auch kreditfinanzierter Konsum und kreditfinanzierte Investitionen zurück.

Eine Minderung der gesamtwirtschaftlichen Nachfrage führt letztlich zu einer Preisdämpfung.

Konjunkturphasen = Wellenbewegungen der Wirtschaft

Aufschwung	Hochkonjunktur	Abschwung	Tiefstand
• Auftragseingänge steigen • Steigerung der Produktion • Beschäftigungszunahme	• Hohe Auftragsbestände • Kapazitätsauslastung • Vollbeschäftigung	• Absatzschwierigkeiten • Arbeitslosigkeit • Geringe Produktion	• Produktionsrückgang • Absatzrückgang • Kurzarbeit

---

Geldpolitik: Aufgabe der Europäischen Zentralbank (EZB)

Zinspolitik: Zinserhöhung/-senkung zur Beeinflussung von Verbrauch und Investition

Offenmarktpolitik: An- und Verkauf von Wertpapieren zur Beeinflussung der Geldmenge

Ständige Fazilitäten: Bereitstellung/Absorbierung von Übernachtliquidität der Banken

Prüfung Wirtschafts- und Sozialkunde   Grundzüge der Wirtschaftspolitik in der sozialen Marktwirtschaft – Wachstum und Wachstumspolitik

Situation zur 1. bis 5. Aufgabe
Bei der Forderung nach einem Wachstum der Wirtschaft handelt es sich um ein Ziel des Stabilitätsgesetzes. Eine Steigerung des Wachstums wird dabei mit einer zunehmenden Güterbefriedigung und einer Steigerung des Wohlstands gleichgesetzt. Messlatte für das Wachstum bildet die Entwicklung des Bruttoinlandprodukts im Zeitablauf.

1. Aufgabe

Alle Volkswirtschaften nennen als wirtschaftspolitische Zielsetzung Wachstum. Welche der folgenden Aussagen zum Wirtschaftswachstum ist richtig?

1. Das Bildungsniveau der Arbeitnehmer hat keinen Einfluss auf das Wachstum.
2. Technische Innovationen können eine Ursache wirtschaftlichen Wachstums sein.
3. In der Bundesrepublik Deutschland ist Wachstum insbesondere auf die umfangreiche Landwirtschaft zurückzuführen.
4. Eine Steigerung der Arbeitsproduktivität kann zwar zu höheren Löhnen, nicht aber zu einem höheren Wachstum führen.
5. Frühindikator für das Ziel „Angemessenes und stetiges Wachstum" ist das nominale Bruttoinlandsprodukt.

2. Aufgabe

Prüfen Sie, welche Aussage zum Wachstum richtig ist.

1. Von einem qualitativen Wachstum spricht man dann, wenn das nominale Bruttoinlandsprodukt größer ist als die Preissteigerungsrate.
2. Wird die Umweltbelastung dadurch reduziert, dass neue Technologien entwickelt werden, spricht man von einem quantitativen Wachstum.
3. Nur über eine staatlich geförderte Grundlagenforschung lässt sich auf Dauer qualitatives Wachstum sicherstellen.
4. Qualitatives Wachstum berücksichtigt Umweltaspekte: Eine Erhöhung des Bruttoinlandsprodukts geht dabei einher mit einer Reduzierung der Umweltbelastungen.
5. Nur Großbetriebe haben die personellen und finanziellen Voraussetzungen, innovativ zu werden und damit Wirtschaftswachstum zu ermöglichen.

3. Aufgabe

Wie kann die Bundesregierung wirtschaftliches Wachstum fördern?

1. Sie gewährt Lohn- und Gehaltszuschüsse bei Kleinunternehmen mit bis zu zehn Mitarbeitern.
2. Sie sorgt für ein arbeitgeberfreundliches Kündigungsrecht.
3. Sie schafft finanziell günstige Rahmenbedingungen durch erhöhte Abschreibungen und Subventionen.
4. Sie vertraut den Selbstregulierungskräften der sozialen Marktwirtschaft.
5. Über die Kreditanstalt für Wiederaufbau fördert sie innovative „Start-up-Unternehmen".

4. Aufgabe

In der wirtschaftspolitischen Diskussion wird zwischen qualitativem und quantitativem Wachstum unterschieden. Welche der folgenden Maßnahmen sorgt für qualitatives Wachstum?

1. Kommunen senken ihre Hebesätze für kommunale Steuern.
2. Förderung umweltfreundlicher Technologien (Windkraft, Sonnenenergie)
3. Förderung von Langzeitarbeitslosen zur Beschäftigungsaufnahme
4. Gewährung von Einarbeitungszuschüssen für Berufsrückkehrer
5. Förderung der Grundlagenforschung in Universitäten

5. Aufgabe

Prüfen Sie, welche Auswirkungen Wachstum auf Bevölkerung, Ressourcen und Umwelt haben kann.

1. Ungehemmtes Wachstum ohne ökologische Aspekte kann zu einem vermehrten CO_2-Ausstoß führen, was in Schwellenländern derzeit auch erkennbar ist.
2. Negative Auswirkungen eines quantitativen Wachstums auf die Umwelt gibt es nicht, weil Wachstum in jedem Fall nur positive Aspekte auf Bevölkerung und Umwelt hat.
3. Wachstum um jeden Preis beinhaltet auch eine zunehmende Verminderung natürlicher Ressourcen, was sich am Beispiel Erdöl aufzeigen lässt.
4. Verfolgt eine Volkswirtschaft das Ziel „Wachstum", kann sie es nur erreichen, wenn sie Umweltbeeinträchtigungen in Kauf nimmt.

Prüfung **Wirtschafts- und Sozialkunde** | Grundzüge der Wirtschaftspolitik in der sozialen Marktwirtschaft – Wachstum und Wachstumspolitik

Erläuterungen und Lösungen

1. Aufgabe

Lösung: 2

Technische Innovationen können Wachstum initiieren und beschleunigen. So hat beispielsweise die Erfindung der Dampfmaschine industrielle Produktionsprozesse ermöglicht und zur wirtschaftlichen Entwicklung beigetragen.

Derzeit sind es die digitalen Welten, die Gesellschaft und Produktion beeinflussen und Produktionssteigerungen sowie Kostenreduzierungen ermöglichen. Der Breitbandausbau der Netze, schnelles Internet, 5G Mobilfunk, Industriestandard 4.0 sowie eine leistungsfähige Verkehrs- und Infrastruktur sind flankierende Maßnahmen der Bundesregierung, um Wachstum zu beschleunigen.

2. Aufgabe

Lösung: 4

Umweltaspekte in Kombination mit höherer Güter- und Dienstleistungsproduktion sind Kennzeichen eines qualitativen Wachstums.

3. Aufgabe

Lösung: 5

Werden innovative Start-up-Unternehmen mit finanziellen Mitteln ausgestattet, können sie Arbeitsplätze schaffen und einen erhöhten Beitrag zum Bruttoinlandsprodukt leisten.

4. Aufgabe

Lösung: 2

5. Aufgabe

Lösung: 1 und 3

Auswirkungen eines in der Regel zweistelligen Wachstums lassen sich am Beispiel China verdeutlichen: Die CO_2-Belastung nimmt dort drastisch zu. Zeitweilig müssen dort Verkehr und Produktion eingeschränkt oder ganz eingestellt werden, was an Zeiten von Smog und Smog-Alarm im Ruhrgebiet der späten 60er-Jahre erinnert.

Ein ungehemmtes Wachstum ohne Berücksichtigung natürlicher Ressourcen und deren Grenzen führt zu einer Verknappung der Rohstoffe. Um beispielsweise Öl im Meer zu fördern, muss man in immer tiefere Meeresschichten vorstoßen (sog. „übertiefe Bohrungen" mit mehr als 5 km Tiefe). Erdölvorräte sind nicht unbegrenzt und eines Tages aufgebraucht.

Eine Verknappung der Ressourcen führt letztlich aber zu höheren Preisen, die eine weitere Produktion einschränken und damit letztlich auch Wachstum reduzieren.

Prüfung Kundendienstprozesse

Fallbezogenes Fachgespräch – Allgemeines

Sie haben die schriftlichen Teile der Abschlussprüfung hinter sich gebracht.

Nun steht die letzte Hürde an:

Das fallbezogene Fachgespräch

Übersicht

1. Was erwartet mich?

2. Wie ist der Ablauf?

3. Was kann geprüft werden?

4. Wie bereite ich mich vor?

Die nächsten Seiten sollen Ihnen helfen, auch im mündlichen Prüfungsteil möglichst erfolgreich zu sein.

1. Was erwartet mich?

Im fallbezogenen Fachgespräch beweisen Sie, dass Sie den tagtäglichen Aufgaben im Autohaus gewachsen sind.

Wie beim „Gesellenstück" am Ende einer handwerklichen Ausbildung sollen Sie zeigen, dass Sie alle Tätigkeiten, die ein/e Automobilkaufmann/-frau im Autohaus durchzuführen hat, „drauf" haben.

Aber keine Angst!

Ihre „Meisterprüfung" müssen Sie erst in der beruflichen Praxis bestehen. Zum Ende der Ausbildung genügt es, die Grundlagen zu beherrschen.

Dies zeigen Sie vor einem Prüfungsausschuss der zuständigen Stellen, also den Industrie- und Handelskammern oder auch der Handwerkskammern. Er besteht aus mindestens drei Mitgliedern. Vertreter der Arbeitgeber, Arbeitnehmer und auch der Berufsschule werden das Gespräch leiten. Für den Inhalt sind Sie zuständig.

1. Wie ist der Ablauf?

Sie erhalten den Termin und den Ort Ihres Fachgesprächs in der Regel mit den Ergebnissen der schriftlichen Abschlussprüfung.

Bitte seien Sie pünktlich, denn ein unentschuldigtes Fernbleiben zählt als „nicht bestanden". Kontrollieren Sie also den Weg und vor allem die Zeit bis zum Prüfungsort.

Dann ist es soweit: Sie werden in den Prüfungsraum gebeten.

Nach Vorstellung des Prüfungsausschusses werden Sie oft nach Ihrem Ausbildungsbetrieb und dem Ablauf Ihrer Ausbildung gefragt. Dies gibt dem Prüfungsausschuss die Möglichkeit, sich schon mal einen ersten Eindruck über Sie zu machen. Und es nimmt ein wenig die Anspannung.

Wenn in der Einladung gefordert, legen Sie auch Ihr Berichtsheft vor.

Die eigentliche Prüfung beginnt nun.

Der Prüfungsausschuss legt Ihnen zwei praxisbezogene Aufgaben vor, aus denen Sie eine Aufgabe auswählen.

Prüfung Kundendienstprozesse

Fallbezogenes Fachgespräch – Allgemeines

Sie bearbeiten dann die Aufgabe und entwickeln einen Lösungsweg.

Hierzu bekommen Sie eine Vorbereitungszeit von 20 Minuten. Sie machen sich stichpunktartig Notizen als Leitfaden für das eigentliche Gespräch.

Das fallbezogene Fachgespräch wird mit der Darstellung des Lösungswegs durch Sie eingeleitet. Der Prüfungsausschuss stellt darüber hinaus Fragen zu Aspekten, die noch unklar sind. Insgesamt dauert das Gespräch höchstens 20 Minuten.

Sie verlassen nun den Prüfungsraum. Der Prüfungsausschuss bewertet das Gehörte. Maximal sind auch hier 100 Punkte möglich.

Schließlich werden Sie wieder hereingebeten. Sie erfahren jetzt, ob sie die Prüfung insgesamt bestanden haben und erhalten darüber eine Bescheinigung.

Herzlichen Glückwunsch: Ihre Ausbildung ist nun beendet.

Das Gesamtergebnis der Prüfung erfahren Sie dann in Ihrem Berufsabschluss-Zeugnis. Die Gesamtnote errechnet sich wie folgt:

Fach	Bewertung	Maximale Punkte
Teil 1 Gestreckte Abschlussprüfung (gebundene Aufgabenstellung) Warenwirtschafts- und Werkstattprozesse	20 %	100
Teil 2 Gestreckte Abschlussprüfung (Offene Aufgabenstellung) Fahrzeugvertriebsprozesse und Finanzdienstleistungen	25 %	100
Kaufmännische Unterstützungsprozesse	25 %	100
Wirtschafts- und Sozialkunde	10 %	100
Fallbezogenes Fachgespräch (mündlich) Kundendienstprozesse	20 %	100
Gesamtergebnis	100 %	100

3. Was kann geprüft werden?

Im Prüfungsbereich „Kundendienstprozesse" sollen Sie nachweisen, dass Sie in der Lage sind, komplexe Aufgaben des Kundendienstes unter Einbeziehung betrieblicher Marketingaktivitäten zu bearbeiten, die Vorgehensweise zu begründen, Problemlösungen zu erarbeiten, Hintergründe und Schnittstellen zu anderen Arbeitsbereichen zu erläutern und Ergebnisse zu bewerten.

Der inhaltliche Schwerpunkt liegt also im Service-/Werkstattgeschäft und seinen Schnittstellen zu z. B. Marketing, Garantien und Kfz-Versicherungen bei der Unfallschadenabwicklung.

Viele zuständige Stellen sehen den Begriff „Kundendienstprozesse" aber auch weit. „Dienst am Kunden" beinhaltet neben dem Service/Werkstattgeschäft dann z.B. auch eine Beratung zu Finanzierungs- oder Versicherungsprodukten, das Teile-und Zubehörgeschäft, usw.

4. Wie bereite ich mich vor?

Ihr Prüfungsergebnis wird nicht nur dadurch bestimmt, was Sie sagen, sondern auch, wie Sie es sagen.

Zu Ihren zukünftigen Aufgaben im Autohaus gehört es auf jeden Fall, dass Sie nicht nur Ihr Fach theoretisch beherrschen, sondern auch, dass Sie mit Menschen umgehen können.

Geben Sie also nicht nur den Schulstoff wieder. Zeigen Sie im Prüfungsgespräch, dass Sie die Arbeitsabläufe im Autohaus kennen und die Aufgaben strukturiert darstellen und erfüllen können.

> **Tipps**
>
> - *Seien Sie freundlich und höflich.*
> - *Kleiden Sie sich dem Anlass entsprechend (wie bei einem Termin mit wichtigen Kunden).*
> - *Ordnen und gliedern Sie Ihre Ausführungen (Schreibzeug, Konzeptpapier und Taschenrechner nicht vergessen).*
> - *Sprechen Sie klar und deutlich.*
> - *Veranschaulichen Sie durch Beispiele aus Ihrem Ausbildungsbetrieb.*

Auf den folgenden Seiten finden Sie Beispiele für mögliche praxisbezogene Aufgaben. Spielen Sie mit Ihren Prüfungskolleginnen und Kollegen fallbezogene Fachgespräche durch.

© Westermann Gruppe

Prüfung Kundendienstprozesse — Fallbezogenes Fachgespräch – Übungsfälle

Übungsfall 1: Inspektion

Situation

Ihre langjährige Kundin Frau Simone Schauder ruft am Freitagnachmittag bei Ihnen im Autohaus an, weil sie einen Termin in der nächsten Woche für eine Inspektion mit Mobilitätsgarantie ihres Pkw braucht. Sie sind derzeit in der Auftragsannahme tätig und nehmen den Anruf entgegen. Aus dem Gespräch geht hervor, dass Frau Schauder einen Termin zu Beginn der Woche benötigt, weil sie am kommenden Donnerstag eine Urlaubsreise antreten will. Außerdem kann sie den Wagen nur nachmittags entbehren, da sie am Vormittag arbeitet und ihr Kind um 12.30 Uhr vom Kindergarten abholen muss.

Der aktuelle Stand der Werkstattauslastung der kommenden Woche sieht folgendermaßen aus:

[Auslastungstabellen Montag bis Samstag, Bühnen 1–4, Uhrzeit 7–18]

1. Beurteilen Sie die Situation der Werkstattauslastung im Fall Schauder, wenn Sie davon ausgehen, dass die geplante Inspektion mindestens 90 Minuten in Anspruch nimmt. Zeigen Sie verschiedene Möglichkeiten auf, wie Sie mit Frau Schauder bei der Auslastungssituation in der Werkstatt einen Inspektionstermin vereinbaren können.

2. Frau Schauder bestätigt vorab telefonisch ihren Auftrag. Zählen Sie Vorteile auf, welche diese vorhergehende Anmeldung sowohl für die Kundin als auch für das Autohaus bringt.

3. Nach erfolgter Terminplanung fährt Frau Schauder mit ihrem Wagen bei der Direktannahme des Autohauses vor. Bei dieser Direktannahme stellt der Serviceberater Herr Wuj fest, dass an der Vorderachse Reparaturbedarf besteht. Herr Wuj weist Frau Schauder darauf hin.

   Erläutern Sie, warum die Direktannahme im Werkstattgeschäft für das Autohaus immer mehr an Bedeutung gewinnt (drei Aspekte).

4. Die Inspektion am Fahrzeug von Frau Schauder ist zum vereinbarten Abholtermin erledigt. Frau Schauder trifft im Autohaus ein und will ihr Fahrzeug abholen. Sie legen Frau Schauder die Rechnung vor. Die Kundin verlangt eine weitergehende Erläuterung der Rechnungsposition „Inspektion mit Mobilitätsgarantie". Nennen Sie Frau Schauder mindestens sechs Arbeitspositionen, die im Rahmen einer Inspektion normalerweise durchgeführt werden.

5. Erläutern Sie Frau Schauder die Leistungen einer Mobilitätsgarantie.

241

Prüfung Kundendienstprozesse

Fallbezogenes Fachgespräch – Übungsfälle

Lösungsvorschlag Übungsfall 1

1. Für den von Frau Schauder gewünschten Termin sind unmittelbar keine zeitlich ausreichenden Kapazitäten mehr vorhanden. Sie können aber evtl. durch Umplanungen in der Werkstatt (Dienstag Bühne 2/3 oder Mittwoch Bühne 1/2/3) geschaffen werden.

Montag												
Uhrzeit	7	8	9	10	11	12	13	14	15	16	17	18
Bühne 1												
Bühne 2												
Bühne 3												
Bühne 4												

Donnerstag												
Uhrzeit	7	8	9	10	11	12	13	14	15	16	17	18
Bühne 1												
Bühne 2												
Bühne 3												
Bühne 4												

Dienstag												
Uhrzeit	7	8	9	10	11	12	13	14	15	16	17	18
Bühne 1												
Bühne 2												
Bühne 3												
Bühne 4												

Freitag												
Uhrzeit	7	8	9	10	11	12	13	14	15	16	17	18
Bühne 1												
Bühne 2												
Bühne 3												
Bühne 4												

Mittwoch												
Uhrzeit	7	8	9	10	11	12	13	14	15	16	17	18
Bühne 1												
Bühne 2												
Bühne 3												
Bühne 4												

Samstag												
Uhrzeit	7	8	9	10	11	12	13	14	15	16	17	18
Bühne 1												
Bühne 2												
Bühne 3												
Bühne 4												

Weitere Möglichkeiten, z. B.:
- Anbieten eines Samstag-Termins (hier Auslastung in dieser Woche unbekannt)
- Hol- und Bring-Service für freie Vormittagstermine
- Ersatzwagen zur Verfügung stellen

2. Für die Kundin verringert sich die Wartezeit und es kann meist ein verbindlicher Abholtermin vereinbart werden.

   Die Werkstattauslastung lässt sich besser planen. Erforderliche Teile können rechtzeitig bestellt werden.

3.
   - Dienstleistung für den Kunden transparenter und damit vertrauensbildend
   - Anschaulichere Darstellung von Problemen
   - Möglichkeit zur frühzeitigen Auftragserweiterung (kein Nachtelefonieren)
   - Zusatzgeschäfte können angeboten werden (z. B. günstige Pauschal- oder Servicepakete) usw.

4. Arbeitspositionen bei Inspektion:
   - Bremsentest
   - Beleuchtung
   - Funktion Signalanlage
   - Zustand Gurte
   - Flüssigkeitsstand (Batterie, Kühlmittel, Frostschutz ...)
   - Profiltiefe Reifen
   - Bremsflüssigkeit
   - Motoröl- und Filterwechsel u. a.

5. Die Leistung der Mobilitätsgarantie besteht **im Pannenfall** in der Kostenübernahme für:
   - Soforthilfe vor Ort
   - Abschleppen und Bergen
   - Ersatzfahrzeug für Reparaturdauer (zeitliche Begrenzung möglich)
   - Hotel/Übernachtung bei weiteren Fahrten u. a.
   - Reparaturkosten werden nicht übernommen!

© Westermann Gruppe

Prüfung Kundendienstprozesse — Fallbezogenes Fachgespräch – Übungsfälle

Übungsfall 2: Auftragsannahme

Situation
Ein auswärtiger Autofahrer fährt vor Ihrem Autohaus vor. Der Kunde teilt Ihnen mit, dass die Temperaturanzeige seines Fahrzeugs sehr hoch sei. Bei der Auftragseröffnung stellen Sie fest, dass der Kunde sein Fahrzeug nicht regelmäßig zur Inspektion brachte.

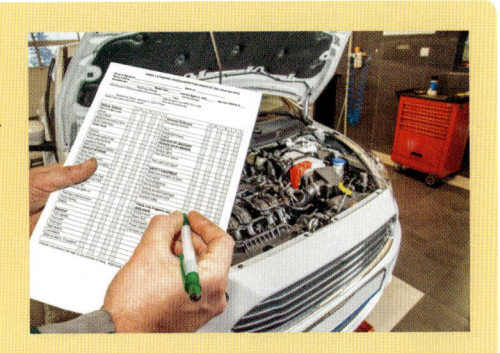

1. Nennen Sie dem Kunden mögliche Ursachen für die starke Erhitzung des Motors.

2. Sie sprechen den Kunden auf die Notwendigkeit zur regelmäßigen Durchführung von Inspektionen an.

   Welche Argumente bringen Sie vor?

3. Der Kunde erklärt, dass die Durchführung von Inspektionen für ihn mit sehr vielen Umständen verbunden sei.

   Welche Dienstleistungen im Zusammenhang mit den Inspektionen bieten Autohäuser ihren Kunden an?

4. Bei der Auftragseröffnung fragen Sie den Kunden bereits nach der beabsichtigten Zahlungsweise. Der Kunde hat nicht genügend Bargeld bei sich, um den Rechnungsbetrag zu begleichen, und möchte daher überweisen.

   Bieten Sie ihm verschiedene Möglichkeiten zur Zahlung an. Gehen Sie dabei auch auf die Vor- und Nachteile für Ihr Autohaus ein.

5. Es stellt sich heraus, dass die Reparatur doch länger dauern wird. Der Kunde möchte diese Zeit nicht im Autohaus warten und fragt Sie nach einem Mietwagen. Sie bieten dem Kunden eine entsprechende Ersatzmobilität an.

   Was müssen Sie vor Herausgabe eines Fahrzeugs an den Kunden beachten bzw. unternehmen?

Übungsfall 3: Werkstattlöhne

Situation
Ihr Kunde Fritz Listig beschwert sich bei Ihnen über die „gesalzenen Werkstattpreise".
Er ist der Meinung, dass die Preise der Vertragswerkstätten völlig überzogen sind, und will in Zukunft seine Inspektionen und Reparaturen von einem Bekannten am Wochenende erledigen lassen.

1. Mit welchen Argumenten versuchen Sie, den Kunden zu überzeugen, dass Reparaturen und Inspektionen, die in einer Vertragswerkstatt durchgeführt wurden, für ihn von Vorteil sind?

2. Erklären Sie dem Kunden, warum die Stundenverrechnungssätze so hoch sein müssen.

3. Ihr Kunde gibt zu bedenken, dass die Mechaniker ja wohl nur ca. 20 % von dem verdienen, was der Kunde pro Stunde bezahlen muss.

4. Wie nennt man diesen Multiplikator?

5. Eine freie Werkstatt in der Nähe Ihres Autohauses hat einen um 10 % geringeren Stundenverrechnungssatz als Sie.

   Welche Gründe können dafür ausschlaggebend sein?

6. Welche Maßnahmen erscheinen Ihnen sinnvoll, um Kunden mit älteren Fahrzeugen wieder für Ihre Werkstattleistungen zu gewinnen?

Prüfung Kundendienstprozesse

Fallbezogenes Fachgespräch – Übungsfälle

Lösungsvorschlag Übungsfall 2

1. Mögliche Ursachen für eine starke Erhitzung sind z. B.:
   - fehlendes Kühlerwasser
   - defekte Wasserpumpe
   - Thermostat defekt

2. Argumente für eine regelmäßige Inspektion sind z. B.:
   - Werterhalt des Fahrzeugs (scheckheftgepflegt)
   - Verkehrssicherheit bleibt gewährleistet.
   - Betriebssicherheit ist gewährleistet.
   - Erhalt von Garantieansprüchen
   - evtl. Mobilitätsgarantie

3. Sie bieten dem Kunden die Dienstleistungen an, die im Zusammenhang mit den Inspektionen vom Autohaus angeboten werden:
   - Hol- und Bringservice
   - Werkstattersatzfahrzeug
   - Taxigutscheine
   ...

4. Mögliche Zahlungsformen: Kreditkarte, EC-Karte im ELV oder im PIN-Verfahren, ….
   - Es wäre auch denkbar, den fremden Kunden zu einer Bank zu bringen, wo er das Geld am Automaten holen kann.
   - Eine Begleichung der Rechnung per Überweisung ist bei einem fremden Kunden sehr unsicher.
   - Generell ist der Zahlungseingang auch beim EL-Verfahren nicht sicher, da Lastschriften z. B. mangels Deckung abgewiesen werden können oder der Kunde der Ausführung widersprechen kann (Rückbelastung).
   - Kreditkarten sind grundsätzlich sicher. Allerdings entstehen hier für das Autohaus relativ hohe Gebühren.

5. Notwendige Tätigkeiten vor der Herausgabe eines Fahrzeugs an einen Kunden sind z. B.:
   - Ausfüllen einer entsprechenden Vereinbarung (z. B. Mietvertrag)
   - Kopie des Personalausweises
   - Kopie der Fahrerlaubnis
   - Fahrzeug mit dem Kunden auf mögliche Beschädigungen kontrollieren (ebenso bei Rückgabe)
   - Fahrzeug erklären
   - Auf Tankfüllung hinweisen

Lösungsvorschlag Übungsfall 3

1. Mögliche Argumente sind z. B.:
   - Vorteil beim Verkauf des Fahrzeugs
   - Gewährleistung der Werkstatt für die Reparaturarbeiten
   - Eine Vertragswerkstatt hat geschulte Mitarbeiter und entsprechende Werkstatteinrichtungen und Diagnosegeräte. Die Reparaturqualität ist deshalb sehr hoch.
   - Durch Spezialwerkzeug und geschultes Personal ist die Reparaturdauer kürzer. Der Kunde spart dadurch zu bezahlende Arbeitszeit.

2. In den Stundenverrechnungssatz fließen ebenfalls die Lohnnebenkosten, die Gemeinkosten wie AfA, Instandhaltungskosten, Energiekosten, Entsorgungskosten, Gehälter von Verwaltung, des Werkstattmeisters mit ein.

3. $\text{Werkstattindex} = \dfrac{\text{Stundenverrechnungssatz}}{\text{Produktivlohn}}$

4. Die freie Werkstatt hat häufig geringere Gemeinkosten, z. B. geringere Lagerhaltung, geringe Verwaltungskosten, wenig Personal.
   Nicht alle Arbeiten können dort ausgeführt werden.

5. Folgende Maßnahmen könnten den Kunden überzeugen:
   - Pauschalangebote für bestimmte Arbeiten
   - Kostenlose Fahrzeugwäsche
   - Kostenloser Beleuchtungstest
   - Reifeneinlagerung
   - Durchsicht vor dem Urlaub
   - Hol- und Bring-Service
   - Kostengünstige Fahrzeuge für die Reparaturdauer
   - Sonderrabatte auf Ersatzteile

© Westermann Gruppe

Prüfung Kundendienstprozesse   Fallbezogenes Fachgespräch – Übungsfälle

Übungsfall 4: Unfallschadenabwicklung

Situation
Ihr langjähriger Stammkunde, Herr Schnell, sitzt bei Ihnen in der Service-Annahme.
Heute Morgen hat ihm an einer Kreuzung ein SUV-Fahrer die Vorfahrt genommen. Sein erst drei Monate altes Auto wurde erheblich beschädigt. Zum Glück wurde er selbst nicht verletzt.
Die Schuldfrage ist eindeutig geklärt, die Versicherung des Unfallgegners ist Herrn Schnell bekannt.

1. Herr Schnell wünscht, dass Sie die Reparatur abwickeln.

   Welche Formulare lassen Sie ihn unterschreiben?
   Erläutern Sie den jeweiligen Zweck.

2. Welche Ansprüche hat Herr Schnell gegenüber der gegnerischen Versicherung?

3. Herr Schnell geht davon aus, dass er den Neuwagenwert ersetzt bekommt, schließlich ist er mit seinem neuen Wagen erst 2.000 km gefahren.

   Wie ist die Rechtslage?

4. Herr Schnell lässt das Auto in Ihrer Werkstatt. Am Nachmittag erscheint der Sachverständige, Herr Gütlich.

   Nennen Sie die Aufgaben eines Sachverständigen.

Prüfung Kundendienstprozesse   Fallbezogenes Fachgespräch – Übungsfälle

Lösungsvorschlag Übungsfall 4

1. Zu unterschreibende Dokumente und Formulare sind z. B.
   - RKÜ (Reparaturkosten-Übernahmebestätigung): Bestätigung, dass die Versicherung des Unfallgegners den Schaden übernimmt
   - Sicherungsabtretung: Der Kunde tritt damit seine Versicherungsansprüche gegenüber der gegnerischen Versicherung an das Autohaus ab.
   - Reparaturauftrag: Der Kunde legt den Umfang der Reparatur fest, erkennt die AGBs an und ist damit auch für die Bezahlung verantwortlich.

2. Herr Schnell hat gegenüber der gegnerischen Versicherung z. B. folgende Ansprüche:
   - Reparaturkosten
   - Gutachterkosten
   - Mietwagen für die Reparaturdauer, alternativ Nutzungsausfallentschädigung
   - Wertminderung
   - Abschleppkosten
   - Rechtsanwaltskosten
   - Sonstige Kosten wie Auslagen an Porto, Telefon usw.

3. Voraussetzungen für die Abrechnung auf Neuwagen-Basis ist:

   a) Das Fahrzeug ist nicht älter als einen Monat.

   b) Fahrzeug ist nicht mehr als 1.000 km gefahren.

   c) Es liegt ein erheblicher Schaden vor.

   Genaueres ist den jeweiligen Versicherungs-Vertragsbedingungen zu entnehmen.

   Punkt 1 und 2 treffen nicht zu, Herr Schnell wird somit nicht auf Neuwagen-Basis abrechnen können. Er erhält jedoch eine Wertminderung vergütet.

4. Die Aufgaben eines Sachverständigen sind z. B.:
   - Besichtigung und Feststellung des Schadens
   - Einschätzung der Reparaturkosten und -dauer
   - Angaben über die Höhe einer evtl. Wertminderung
   - Beurteilung der Reparaturwürdigkeit
   - Feststellung des Zeitwerts (einschl. Dokumentation von Sonderausstattung, Reifenprofil)
   - Bei nicht reparaturwürdigen Fahrzeugen Feststellen des Restwerts

Bildquellenverzeichnis

Brauner, Angelika, Hohenpeißenberg: 27.2

Bundesministerium für Verkehr und digitale Infrastruktur, Berlin: 25.1, 25.2, 25.3, 25.4, 25.5, 25.6, 25.7, 25.8, 25.9, 26.1, 26.2, 26.3, 26.4, 26.5, 26.6, 26.7, 26.8, 26.9.

Shutterstock.com, New York: damiangretka 243.1; Ivantsov, Ruslan 30.1; Kalinovsky, Dmitry 245.1; kitzcorner 31.1; kovop58 7.1; Minerva Studio 27.1; Muller, Frederic 14.1; nd3000 37.1; Photology1971 243.2; Podushko Alexander 17.1; Syda Productions 239.1; tuulijumala 12.1; UfaBizPhoto 241.1; Visual Generation 115.1

stock.adobe.com, Dublin: geschmacksRaum® 38.1; hedgehog94 Titel; peterschreiber.media 9.1; svort 17.2.

Sachwortverzeichnis

A

Abgrenzung 149, 151
Abschlussvollmacht 194
Abschreibung 147
Abschreibungsbetrag 147
Abschreibungsprozentsatz 147
Abschreibungstabelle 147
Abzahlungsdarlehen 40
Aftersales 37
AGB 179, 230
Agenturgeschäft 10, 28
aktive Rechnungsabgrenzung 150
Aktivseite 108
Allgemeine Geschäfts-bedingungen (AGB) 179, 180, 230
Allgemeine Handlungsvoll-macht 192
Altteil-/Austauschteil-besteuerung 126
Altteilewert 125
amtliches Kennzeichen 25
Anderskosten 159
Andienungsrecht 56
Anfrage 173, 175
Anhörungsrecht 214
Anlagendeckung 155
Anlageintensität 155
Annahme 173
Annahmeverzug 177
Annuitätendarlehen 40
Anpreisungen an die Allgemeinheit 174
Anschaffungswert 147
Anschaffungswertprinzip 148
Antrag 173, 175
Arbeitsmodelle 91

Arbeitsschutz 207
Arbeitsunfall 211
Arbeitsvertrag 87
Arbeitswerte 105
Arbeitszeitgesetz 198
Artvollmacht 191, 192, 193
Aufwand 117
Ausbildungsvertrag 200
Ausfallbürgschaft 70
Ausgabenpolitik 234
Ausgangsrechnung 127
Außenbeitrag 232
außergewöhnliche Belastungen 221, 222
Austauschteil 125
Auszubildendenvertretung 217

B

Ballonfinanzierung 42
BCG-Matrix 14
Beitragsbemessungsgrenze 95, 211
Belege buchen 115
bereichsbezogene Fixkosten 166
Berufsbildungsgesetz (BBiG) 199, 200, 201, 204
Berufsgenossenschaft 207, 208, 212
Beseitigung des Mangels 177
Besitzerin 173
Besitzkonstitut 190
Beteiligungsfinanzie-rung 188
Betriebsabrechnungsbogen (BAB) 159
Betriebsergebnis 145
Betriebsratswahl 214, 217

Betriebsvereinbarun-gen 220
Betriebsverfassungsgesetz 200, 213, 215, 218
Betriebsversammlung 219
Bilanz 107, 143
Bilanzkennzahlen 143
Bilanzkennziffern 155
Bindung an den Antrag 174
„Blauer Engel" 170
Break-even-Analyse 165
Bruttoentgelt 93
Bruttoertrag 99
Bruttoertragsprovision 19
Bruttoinlandsprodukt 231
Bruttopersonalbedarf 81
Buchinventur 142
Buchungssatz 109
Buchwert 147
Bundeskartellamt 229, 230
Bundesurlaubsgesetz 198

D

Datenschutz-Grund-verordnung (DSGVO) 38
Debitorenkonto 111
Deckungsbeitragsrechnung 163
Differenzbesteuerung 131, 133
Differenzkalkulation 162
Dispositionsabteilung 23
Distributionsstrategie 169
3-Wege-Finanzierung 42
Duales System 199, 200
durchschnittliche Lager-dauer 97
durchschnittlicher Lager-bestand 97

E

effektiver Zinssatz 52
Eigenbeleg 113
Eigenfinanzierung 190
Eigenkapitalmehrung 117, 146
Eigenkapitalminderung 117, 146
Eigenkapitalquote 143
Eigenkapitalrentabilität 153
Eigentümer 173
Eigentumsvorbehalt 177, 178
Einigungsstelle 215, 219
Einrede der Vorausklage 190
Einzelkosten 157
Einzelprokura 192, 193
Einzelvollmacht 193
Entstehungsrechnung 231
Erfolgskonten 117
Erfüllungsgeschäft 173, 177
Erfüllungsort 175, 176
Ergebniskonten 145
Erklärungsirrtum 172
Erstzulassung 129
Ertrag 117
erzwingbare Mitbestimmung 216

F

Fahrzeugarten 7
Fahrzeugbewertung 27
Fahrzeugdichte 11
Fälligkeitsdarlehen 40
Finanzierung 187
Finanzierungsart 187
Finanzierungsform 189
Finanzierungskosten 102
Firma 183, 184

G

GAP-Versicherung 58
Garantieversicherung 133
Gebrauchtwagen 8, 101
Gebrauchtwagengarantie 35
Gebrauchtwagengeschäft 101
Gebrauchtwagenverkauf 133
Gehaltsabtretung 74
Gehaltspfändung 74
Gehaltstarifvertrag 196
Geldpolitik 234
Gemeinkosten 157
Gemeinkostenzuschlag (GKZ) 157
Gemeinkostenzuschlagssatz 103
gerichtliches Mahnverfahren 139, 140
Gesamtdeckungsbeitrag 163
Gesamtkapitalrentabilität 153
Gesamtprokura 194
Geschäftsfähigkeit 171, 172
Geschäftsführung 186
gesetzliche Unfallversiche-rung 208
Gewährleistung 35, 177, 178
Gewährleistungs- und Garantieaufträge 135

H

Handelsregister 181
Handelsspanne 161
Händlervertrag 9
Handlungsvollmacht 184, 191
Hauptbuch 115
Hauptkostenstelle 159
Hilfskostenstelle 159
Holschulden 176

Gewinnschwelle 165
Gewinnthesaurierung 187
Gewinn- und Verlustrechnung 118
Gewinnzuschlag 105
Gleichgewichtspreis 225, 226
Grundbuch 115
Grundmarge 10
Grundsätze ordnungs-gemäßer Buchführung 107
Günstigkeitsprinzip 87

Firmenausschließlichkeit 181
Firmengrundsatz 181
Fixe Kosten 163
Fixkauf 178
Formkaufmann 186
freier Händler 9
Fremdkapitalquote 155
Frühindikator 233
Full-Service-Leasingvertrag 58

I

Inflation 235
Informationsrecht 215
Inkassovollmacht 193
Innenfinanzierung 190
Insassenunfallversicherung 80
interne Aufträge 135
interne Stellenausschreibung 220
Inventar 143
Inventur 141
Inventurwert 141
Istkaufmann 184

Sachwortverzeichnis

J

Jahreswagen 8
Journal 116
Jugendarbeitsschutzgesetz 203
Jugend- und Auszubildendenvertretung 203, 217
Juristische Person 171
Juristische Person des öffentlichen Rechts 172
Juristische Personen des privaten Rechts 172

K

Kalkulationsfaktor 161
Kalkulationszuschlag 161
kalkulatorische Kosten 159
Kannkaufmann 182
Kapital 108
Kapitalbedarf 31, 101
Kartell 228
Kassenbericht 113
Kassenbuch 113
Kaufmännisches Mahnverfahren 140
Kaufmannseigenschaft 182, 184
Kfz-Versicherungsbeitrag 76
Klassischer Ratenkredit 42
Kommanditist 185
Konjunkturbelebung 233
Konjunkturphase 235
konstitutive Wirkung 184
Kontenplan 112
Kontenrahmen 112
Konzentration 227
Konzern 228
Kooperation 227

Körperliche Inventur 142
Kostenarten 158
Kostenstellen 158
Kostenträger 158
Kraftfahrtbundesamt (KBA) 8
Krankenversicherung 211
Kreditfähigkeit 43
Kreditorenkonto 111
Kreditsicherung 189
Kreditwürdigkeit 44
Kulanz 36
Kundenfahrzeuge 8
Kündigung 201
Kündigungsschutz 204
Kündigungsschutzgesetz 198, 205, 206
kurzfristige Preisuntergrenze 163

L

Lagerentnahme 123
Lagerfahrzeuge 8
Lagerkennziffern 98
Laterale Produktdiversifikation 15
Leasing 188
Leasingbedingungen 59
Leasing mit Kilometerabrechnung 56
Lieferungsverzug 177
Liquidität 1. Grades (Barliquidität) 155
Liquidität 2. Grades 155
Lohnabtretung 74
Lohnpfändung 74
Lohnsteuerfreibetrag 93
Lohntarifvertrag 196
Lombardkredit 72, 190

M

mangelfreie Sache 178
mangelhafte Lieferung 177
Manteltarifvertrag 196
Marktausschöpfung 11
Marktformen 223
Marktmodell 226
Marktungleichgewicht 223
mehrstufige Deckungsbeitragsrechnung 166
Mehrwert 119
Mitdarlehensnehmer 70
Mittelherkunft 108
Mittelverwendung 108
Modell der vollständigen Konkurrenz 224
Mutterschutzgesetz 198

N

Nachfrist 177
Nachkalkulation 101
Natürliche Person 171
Nettoentgelt 95
Nettopersonalbedarf 81
Nettoumsatz 127
neutrales Ergebnis 145
Neuwagen 8
Neuwagengeschäft 99
Neuwagen- und Gebrauchtwagen-AGB 33
Neuwagen-Verkaufsbedingungen 21
Nicht-rechtzeitig-Zahlung 139
Niederlassung 9
Niederstwertprinzip 141
Normenkartelle 228

O

offene Selbstfinanzierung 188
Oligopol 224
OPOS-Liste 139
Orderfahrzeuge 8

P

passive Rechnungsabgrenzung 150
Passivseite 108
Permanente Inventur 142
Personalakte 87
personelle Einzelmaßnahme 219
Pflegeversicherung 211
Pkw-Energieverbrauchskennzeichnungsverordnung (Pkw-EnVKV) 15
Preisangabenverordnung (PAngVO) 15
Primanota 116
Primärforschung 12
Privatautonomie 174
Probefahrt 17
Probezeit 197, 200, 201, 202
Produktdifferenzierung 15
produktive Stunden 103
Produktlebenszyklus 13
Produktvariation 15
Prokura 184, 191, 192
Provisionsarten 19

Q

qualitativer Personalbedarf 81
qualitatives Wachstum 237, 238
quantitatives Wachstum 237

R

Rationalisierungseffekt 180
Rationalisierungskartelle 228
Rationalisierungsvorteile 179
Rechnungsabgrenzungsposten 150
Rechnungsausgang 119
Rechnungseingang 119
Rechtsfähigkeit 171, 172
Rechtsform 181, 183, 185
Rechtsgeschäft 172
Rechtspersönlichkeit 172
Recycling 169, 170
Regelbesteuerung 131, 133
Reimport-Fahrzeuge 8
Restschuldversicherung 48
Rezession 235
Risikoabwälzung 180
Rücktritt vom Kaufvertrag 177

S

Sachkonto 111
Schickschulden 175
Schlussratenkredit 42
Schriftform 173
Schufa 43
Schwerbehinderte 206
Sekundärforschung 12

Selbstauskunft 43
Selbsthilfeverkauf 178
Selbstkostenpreis 157
selbstschuldnerische Bürgschaft 70, 190
Sicherungsschein 74
Sicherungsübereignung 72, 188
Skonto 137
Soll- oder Nominalzinssatz 52
Sonderausgabe 221, 222
Sonstige Forderung 152
Sonstige Verbindlichkeit 152
soziale Marktwirtschaft 229
Sozialplan 219, 220
Sozialversicherung 209
Sozialversicherungsträger 209
Stabilitätsgesetz 234
Standkosten 30, 101
Standzeit 101
Startup-Unternehmen 238
Stellenanzeige 84
Stellenbeschreibung 84
Steuerfreibetrag 211, 212, 221
Steuerklasse 211, 222
Stichtagsinventur 142
Stillschweigen 171
Stückdeckungsbeitrag 163
Stundenverrechnungssatz 103

T

Tageslosung 113
Tageszulassungen 8
Tarifautonomie 195
Tarifvertrag 195
Tarifvertragsgesetz 196

Sachwortverzeichnis

Tarifvertragsparteien 195, 196
Teilamortisationsvertrag 56
Teilhafter (Kommanditist) 184
Teilkostenbasis 163
Trust 228
Typenkartelle 228

U

Überführungskosten 127
Übergabedurchsicht 135
Umsatzprovision 19
Umsatzrentabilität 153
Umsatzsteuer 119
Umsatzsteuerzahllast 121
Umschlagshäufigkeit 97
Umweltschutz 169
Unfallmeldung 207
Unfallversicherung 212
unproduktive Stunden 103
unternehmensbezogene Fixkosten 166
Unternehmenserfolg 145
Unternehmensmitbestimmung 213
Unternehmerrentabilität 153
Unternehmungsrentabilität 153
Urabstimmung 195

V

Variable Kosten 163
verbrieftes Rückgaberecht 50
Verjährungsfrist 177
Verkaufskalkulation 162
Verkaufspreiskalkulation 163

Verkehrsrechtsschutz-versicherung 80
Verlegte Inventur 142
Vermögen 108
Verpflichtungsgeschäft 173, 177
verrechnete Anschaffungs-kosten 123
verrechnete Anschaffungs-kosten (VAK) 157
Verteilungsrechnung 231
Verteilungsschlüssel 157
Vertrag 171
Vertrag mit Andienungsrecht 56
Vertrag mit Kaufoption 56
Vertragsfreiheit 173, 174
Vertragshändler 9
Vertretung 186
Verwendungsrechnung 231
Verzugszinsen 177
Vollamortisationsvertrag 56
Vollhafter (Komplementär) 184, 186
vollkommener Markt 223
Vollkostenbasis 163
vorformulierte Vertragsbe-dingungen 180
Vorführfahrzeuge 8
Vorrang der Individualabrede 180
Vorsteuer 119
Vorsteuerüberhang 122

W

Wagniszuschlag 105
Wählbarkeit 213
Wahlberechtigung 213
Warenbestandskonto 124

Wareneinsatz 97
Warenkonten 124
Wartungs- und Reparatur-aufträge 103
Wegeunfall 211
Werkstattbindung 80
Werkstattgeschäft 135
Werkstattindex 105
Wettbewerb 227
Wettbewerbsverbot 197
Willenserklärung 172
Wirtschaftswachstum 237

Z

Zahllast 122
Zahlungserinnerung 139
Zahlungsverzug 139, 178
Zahlungsziel 137
Zulassung 25
Zulassungskosten 129
Zulassungspauschale 129
zusammengesetzter Buchungssatz 112
Zusatzkosten 159
zweiseitiger Handelskauf 176, 179